地方高水平大学建设
教育学研究丛书

ZHONGGUO JIAOYU
YANJIU WENJI

余永德◎著

中国教育研究文集

安徽师范大学出版社
·芜湖·

图书在版编目(CIP)数据

中国教育研究文集 / 余永德著. — 芜湖:安徽师范大学出版社,2018.10
ISBN 978-7-5676-3459-6

Ⅰ.①中… Ⅱ.①余… Ⅲ.①教育研究—中国—文集 Ⅳ.①G52-53

中国版本图书馆CIP数据核字(2018)第063851号

中国教育研究文集

余永德　著

责任编辑:王一澜
装帧设计:丁奕奕
出版发行:安徽师范大学出版社
芜湖市九华南路189号安徽师范大学花津校区　邮政编码:241002
网　　址:http://www.ahnupress.com/
发 行 部:0553-3883578　5910327　5910310(传真) E-mail:asdcbsfxb@126.com
印　　刷:江苏凤凰数码印务有限公司
版　　次:2018年10月第1版
印　　次:2018年10月第1次印刷
规　　格:700 mm × 1000 mm　1/16
印　　张:25
字　　数:422千字
书　　号:ISBN 978-7-5676-3459-6
定　　价:72.80元

《安徽省地方高水平大学建设教育学研究丛书》
编　委　会

序

一、生平自述

余永德，1931年生，安徽桐城人。中共党员，副教授。少小时期生活于旧社会。幼孤，由母抚育成人。家贫，过着衣不御寒、食不果腹的生活。少入学读书，勤奋好学，但常遭辍学之苦、失学之痛而怨命运之不济与社会之不公，亦感择校从师之难和自学自得之乐而倍加勤奋学习。常一人藏在村后的林中晨读而忘食；无钱购买纸墨，遂用方砖代纸、清水代墨练习书法。1949年春家乡解放，欣喜若狂，重新燃起上学读书希望之火。于是复习功课，重温学业，于1950夏考入安徽省黄麓师范学校，1953年毕业，保送至华东师范大学教育系深造。1957从华东师范大学毕业，被分配来安徽，先后在中等师范学校与普通中学任教师或从事教育行政工作。1962年调至安徽师范大学教务处从事教学研究与管理工作。1982年调至该校教育系任教师，主讲“中国古代教育史”、“中国古代教育文选”、“中国古代教育专题研究”等课程。其间，担任该校第一届中国教育史硕士研究生导师。同时，紧密结合教学开展科学研究，以科研促教学，以教学带科研，发表论文20余篇。1992年退休。此后，集中精力整理教学、科研成果，合著专著《中华文化通志·教育学志》，主编《当代大教育论·农村教育论》、《现代家庭教育教材·综合研修卷》，参编《安徽文化史》等书。现将这几本著作中由我撰写的部分，连同发表的论文汇编成集，作为我毕生矢志教育工作的一个印记，以慰我拳拳之心。

二、本书要旨与特点

这本文集包括三个部分：

第一部分，中国教育家思想研究，其中以安徽教育家为主。诸如：老子、庄子、文翁、嵇康、朱熹、郑玉、方以智、梅文鼎、江永、戴震、程瑶田、戴名世、方苞、姚鼐、方东树、吴汝纶、吴承仕、陶行知、朱光潜等。从这些教育家的思想中，既可纵览中国古今教育思想发展脉络、源流、概貌、特点、主要思想和具体内容，又可具体深察安徽古今教育家的思想渊源、概况、思想内容以及安徽教育在全国教育发展中的地位、作用和贡献。突出安徽教育家的思想研究，是这本书的第一个特点。

从教育文化思潮来看，本文集中所论及的教育思想，虽以儒家为主，但反映了中国多元教育文化思潮及其主要流派。如道家学派，先秦有老子、庄子，汉有《淮南子》(以道家为主体，融儒、道、法家等思想)，魏晋有玄学家嵇康。汉以后，佛学传入中国，逐渐形成社会思潮，但始终是佛、教分离，学校教育仍以儒家思潮为主。至唐，韩愈一反佛教，倡导古文运动，弘扬道统，复兴儒学，经学教育思想随之大兴。宋明以下，理学昌兴，学派风行，理学教育成为主要思潮。见于本文集者，宋有关学张载、程朱理学朱熹，明有陆王理学王守仁等。明清之际，西学东渐，学界开始对儒学进行反思，对理学进行批判，对西学进行引进，涌现出诸如早期启蒙思想、“中体西用”、实学实用、通经致用等思潮，见于本书者有王夫之、戴震、方以智等人。至20世纪二三十年代，教育文化思潮更是层出不穷，如雨后春笋，普及教育、平民教育、职业教育、乡村教育、农民教育、职工教育等等。本书中有其代表人物如陶行知、黄炎培、晏阳初、梁漱溟等。中华人民共和国成立后，本书选择了毛泽东、邓小平两位伟人的教育改革思想，代表我国新时代的改革创新教育思潮。总之，我们可以从这些教育家的教育思想中较全面了解我国古今教育文化思潮的源流、脉络、派别、特点，这是本书的第二个特点。

这本文集收录的教育家中有许多是大教育家，如孔子、老子、朱熹、王守仁、王夫之、陶行知、黄炎培、晏阳初等。他们的教育思想，在当时达到了教育理论的至高度，影响后世几百年、几千年，时至今日仍影响中国、影响世界。他们终身献身于教育，诲人不倦，为社会育人，为国家育才，在人品、学品上，堪称人中贤哲，学中楷模，道德文章垂范后世，值得人们学习和效法。这是我汇编本文集的用意所在，也是本书的第三个特点。

第二部分，教育改革探索，从“三个面向”出发，以大教育观的视角，对现代教育领域诸问题做一些研究和探索。对我国高等师范教育的改革，从培养目标、课程设置、教育内容到教学方法，做了较全面的剖析和探讨。对现代家庭教育，着重从新时代和中国特色社会主义的高度，对其内涵、本质、特点、职能、作用、培养目标、新矛盾与新问题等等，做了比较系统而深入的分析。所有这些问题的探讨，对深化教育改革有一定启示。

第三部分，古皖重教兴学与书院教育，介绍了我省两汉与魏晋南北朝时期重教兴学的代表人物的实践以及宋、元、明、清时期书院教育的发展状况、教学特点，旨在使人们了解安徽古代教育发展的盛况，认识它在全国教育发展中的领先地位与所起的作用，从而增强人们对安徽的感情，提升参加建设安徽的信心和自觉性。

三、领悟与感受

我们中华民族是一个伟大的民族，有着五千多年的文明史，有着光辉灿烂的文化，素以“文明古国”、“礼仪之邦”著称于世。在漫长的发展过程中，有多少劳苦大众，一代代为之战天斗地，流血流汗；有多少英雄豪杰为之前赴后继，英勇牺牲；有多少科学家、发明家为之潜心钻研，发明创造；又有多少先贤圣哲、博学鸿儒、翰墨大家、专家学者、杏坛园丁，他们日夜不寐，埋头于典籍，挥毫于纸墨，教授于黉舍，雕塑于后生，撰写了多少巨著大作，绘就了多少异彩奇葩，成就了多少贤士大才……这一切，方使我们中华文明卓越先进，绵延不绝；中华文化灿烂辉煌，亘古常新；中华民族伟大精神不断发扬光大，世代相传；中华民族浩然正气磅礴天地，充盈人间……今天，中华民族的每一个子孙无不为之激动、振奋、骄傲、自豪，为之拼搏、进取、开拓、创新，为实现中华民族伟大复兴的中国梦而奋斗不息！

中华文化的发展繁荣，与中国教育的昌盛发达是紧密相连的。可以说，没有中国教育的兴旺发达，就没有中华文化的繁荣昌盛，就没有中华文明的进步发展。教育与文化共发展，与文明共进步，与国家共昌盛，与人民共幸福。教育是育德树人之大业，立国之根本，富强之根基，幸福之源泉。教育事业是光荣、伟大而又神圣的，教师职业是光荣、伟大而又崇高的。作为教育工作者特别是人民教师，无不深感自豪、自傲、自励、自强，为中国教育的改革创新，为中华民族的进步发展，为中华文化的繁荣昌盛贡献聪明才智。

现今，我们正处在伟大的新时代。新时代赋予了我们伟大的新使命、新任务、新目标和新征程。全国人民紧密团结在以习近平为核心的党中央的领导下，不忘初心，牢记使命，高举旗帜，奋勇前进，为学习贯彻党的十九大精神，决胜全面建成小康社会，夺取新时代中国特色社会主义伟大胜利而努力奋斗。我作为矢志教育的一名老兵，一名热衷教职的退休老师，一位耄耋之年的老人，面对如此伟大的新时代，心潮澎湃，感慨万千；初心未改，壮志犹存。乃作《临江仙》词一首，以明心志。词曰："少小初衷园丁梦，毕生矢志追寻。峥嵘岁月笑春风。杏坛责任重，一片赤诚心。伟哉中华新时代，牢记使命征程。团结奋进志坚贞。壮怀多激烈，民族大复兴。"

余永德　志于愚翁书斋

二〇一七年十月

目　录

第一部分　中国教育思想研究

略论我国古代道德教育的整体性特点

道德教育是塑造人的灵魂的系统工程。任何社会的道德教育都是与其产生的社会物质生活条件、社会制度、政治思想意识等结成一个整体而发挥效应的。我国古代特别是大一统的中国封建社会，道德教育更明显地表现出整体性的特点，并居于整个教育的核心地位。所谓整体性特点，一是社会道德构成整体而发挥教育作用，即以社会政治、思想、伦理道德给受教育者以统一的影响；二是教育对象以整体机制进入教育过程，即受教育者全身心主动投入和接受教育；三是教育活动形成整体施加影响，即各种教育途径、形式、手段和方法形成合力作用于受教育者。三者结合成为一个整体性的道德教育机制，使受教育者既是主体、又是客体，既是对象、又是动力，从而实现自我道德的完善。这一特点虽然是中国古代大一统政治制度的反映并为其服务，但它反映了道德教育的一般规律。因此，批判地研究这一特点，借鉴这一历史经验，对于改进当前的道德教育工作是有一定价值的。

一、融政治、思想、伦理、道德于一体，形成一个政治道德化、道德政治化的德育机制

道德教育在我国古代社会政治领域中始终占据极其重要的地位。无论是奴隶制社会，还是历代封建王朝，其道德教育的哲学实质都是政治的哲学。历代统治者在强化国家机器的同时，为了政治目的都要利用道德机制来维系其统治地位和社会关系。特别是将政治观点、思想意识和伦理道德融为一体，使政治道德化、道德政治化，从而构成一个目标统一、要求一致的道德教育机制，以培养和塑造人们的品德、个性与人格，成为效忠其统治的臣民与奴仆，以达社会长治久安的目的。这种统一、整体的道德教育机制和社会效应，是我国古代社会赖以维系和稳定的重要因素之一，也是古代道德教育的重要特点之一。

以夏、商、西周为例，其整个社会都是建立在“亲亲”、“尊尊”的宗法制和等级制关系基础上的，反映这种关系的社会思想、政治观点和伦理道德则完全融合为一。“亲亲”、“尊尊”既是血缘关系，又是阶级关系；既是宗法制，又是等级制；既是社会政治制度，又是伦理原则和道德行为规范，是奴隶制社会一切关系的基础。奴隶主贵族为证明这种统治关系的天然合理性，将其与“神权”、“君权”结合起来，赋予其天的意志和神的安排，因而其整体机制和社会功能越发有效。特别是西周的所谓“礼制”，把奴隶社会的政治、伦理、道德等一切关系规范化、制度化和定型化，形成了以“孝”为基础、以“礼”为核心、以“忠”为目的的伦理道德体系，作为一切教育的基石，使君臣、父子、夫妇、长幼、朋友各安其位，各得其正，成为所谓的“礼仪之邦”。

自汉以下的各个封建王朝，在高度中央集权的君主专制的基础上，形成了一整套更加严密、完备的封建伦理道德体系。封建道德的核心是“忠君”，这是衡量一切道德行为的最高准则；忠君的基础是“孝亲”，这是封建社会道德的基本规范。围绕“忠”、“孝”二德构架起囊括社会一切道德规范在内的所谓伦纪纲常的伦理道德体系，进一步使道德政治化和政治道德化。尤其是汉儒董仲舒的“君权神授”、“天人感应”的理论，使封建伦理道德更加宗教化、神秘化。后又经宋明理学家的“天人性命”、“天理良知”、“存天理，灭人欲”等说教，更使封建道德哲理化。封建统治者就是利用这一套伦理道德作为统治的精神支柱，作为学校教育和社会教化的主要内容以及取士任官的根本依据，因而封建道德的整体机制和社会效应更为深广。正因为如此，封建的伦纪纲常不仅是士人学子的行为准则，而且成为社会一切人的行动规范，可谓家喻户晓，尽人皆知，任何人都不能有丝毫逾越。我国之所以处于封建社会长达两千多年之久，与这种整体的道德教育机制和社会效应是密不可分的。舍其内核，这一体系在今天仍有借鉴意义。

二、重立志持志教育，把远大志向与尽小从微结合起来，构成一个统一的道德教育指向

所谓“志”，是指“心之所向”，即人生奋斗的目标和理想。这是人生的根本，也是道德教育的第一要义。所以，我国古代的教育和教育家都特别注重立志、持志，强调士必以志为本，以志为先，并且重视从日常实事做起，

把远大志向与尽小从微紧密结合起来，构成一个统一的道德教育指向。这是我国古代道德教育整体性的又一重要表现。

比如，孔子明确指出："三军可夺帅也，匹夫不可夺志也。"①要求士必须"志于道，据于德，依于仁，游于艺"②，成为乐道安仁、修己治邦的志士仁人。墨子强调士必须以实现"兼爱交利"的社会理想为大志，并以"强力而行"的坚定行为和"死不旋踵"的牺牲精神来实现自己的理想，在斗争中磨炼成为具有"兼爱"品德的"兼士"。孟子特别强调"志"是统帅，凡士必须树立实现"仁义"理想之志，通过居仁集义、持志养气、存心养性、自责自励等修养方法，培养高尚的德行和"浩然正气"，成为"明人伦"、"行仁义"的士君子。荀子提出"始乎为士，终乎为圣人"的奋斗目标，并强调在实际行动中锻炼德行、完善人格，成为执礼行法的"圣人"。韩非子从建设新生封建政权的角度出发，提出士要具有秉公执法、立场坚定、敢于斗争、见识远大、明于事理、正直无私等品质，成为"能法之士"、"智术之士"、"耿介之士"，即做一个坚决执行封建专制法令、效忠封建政权、实现"以法治国"的统治人才。尽管先秦诸子所说的"志"反映了不同阶级的要求，但就其高度重视立志持志教育来说，在今天看来仍很可贵。

秦汉以后的教育家继承发展了先秦诸子的立志持志教育的思想，如董仲舒从维护封建大一统政权的角度出发，提出儒生要立"内圣外王"之志，终身以古圣王之道为信念，崇尚圣儒典教，笃行封建纲常，成为正谊明道的君子圣贤。王充提出士要立"鸿儒"之大志，具有"博大疏通"、"精思著文"、"兴论立说"之才，有"核道实义"、"证实是非"、"知大圣之意"、"晓细民之情"之能，有"简练其性"、"知虑光明"、"正言直谏"、"为国为事"之德，成为兴国、振邦、匡俗的鸿儒。他极力反对那种只能"诵说一经"、鹦鹉学舌的儒生，鄙视那种"不晓政治"、"不能言事"、"空虚无德"的文吏。宋明理学家尤重立志教育，认为"志不立，天下无可成之事"，强调士要立"作君子"、"为圣人"之志，成为"明人伦"、"正身心"、"治国平天下"的君子圣人。事功学派及明清之际的进步思想家以迥异于理学家的人生目的，提出树立"经天纬地"、"匡时济世"、"经世致用"之志。如陈亮明确提出士要"志

① 杨伯峻.论语译注[M].北京：古籍出版社，1958：101.

② 杨伯峻.论语译注[M].北京：古籍出版社，1958：72.

在天下”，有“推倒一世之智勇，开拓万古之心胸”[①]的宏志，成为“智勇双全，文武并出”、建功立业的豪杰。顾炎武、黄宗羲、王夫之等人提出士要以天下为己任，成为“为万世开太平”[②]的志士。以上充分说明，中国古代教育都把立志、持志作为教育人的根本，并把理想与事功、修己与治人等紧密结合起来，构成一个统一的道德教育指向，使受教育者成为志高品正、行端德懿的志士仁人，这些经验很值得我们汲取。

三、道载于文，德寓于智，组成一个各育渗透而德居中心的德育内容体系

我国古代的道德教育始终坚持“道载于文”、“德寓于智”的原则，使整个教育和教学充分体现伦理精神和道德价值，从而组成一个各育相互渗透而德居中心的道德教育体系，力求达到最好的德育效果。以西周“六艺”为例，它既是对文化历史知识的教学，又是对技艺、技能和军事体育的训练，同时也是政治思想、典章制度和伦理道德的教育。就是说，其道德教育是通过“六艺”之教来实现的。如“礼教”，主要是学习奴隶社会的典章制度，懂得奴隶制的政治、宗教、礼俗，恪守“尊尊”、“亲亲”等级名分，遵循长幼、贵贱之序，一切行为不僭礼。所以“礼教”是融政治、思想、典章、文化、礼仪、道德于一体的政治教育，成为西周整个教育的核心。“乐教”主要是通过音乐（包括乐德、乐语、乐舞）、诗歌、舞蹈等艺术教育，和谐人的心性，陶冶人的情操，美化社会风尚，提高人们的道德素养和审美观念。可见，道德教育是乐教的内核和目的。“礼”与“乐”，一表一里，相互结合，在道德教育上起着形于外而成于内的作用，即所谓“礼所以修外也”，“乐所以修内也”。“射教”与“御教”主要是进行军事与体育的教育，训练武士所必备的军事技术、技能和体质。射御训练要合之于礼仪，和之以乐律，这是德的要求，所谓“射以观德”，“立德行者莫若射”。“书”、“数”之教，主要是训练书、写、算的能力，其中寓以审美观念和意志性格的培养。足见西周“六艺”之教，融各育于一体，寓德育于其中，而德育又居于中心地位，它对培养奴隶主贵族子弟的道德观念、情感、意志和性格，在维护奴隶社会秩序，巩固奴隶制等方面起着重大的作用。

---

① 李晓润.宋词演义[M].北京:清华大学出版社,2015:204.

② 赵吉惠.中国儒学简史[M].长沙:湖南人民出版社,2004:280.

之后，“六艺”之教逐渐发展为“六经”之教，特别是汉武帝确立“独尊儒术”文教政策以后，“五经”成为历代封建王朝钦定的教材。从本质上说，儒经教育是封建统治者赖以传播统治思想，灌输封建伦纪纲常之道，传授专制者“修己治人”之术，培养所谓“明人伦”的御用官员，为巩固封建专制政权服务的。“五经”之教，虽然在内容上各不相同，但在道德任务要求和价值取向上是一致的。如《诗经》，主要是诗歌、文学的教育，培养人们“兴、观、群、怨”等道德情感，最终达到“迩之事父，远之事君”的目的。《尚书》主要进行古代政治、历史的教育，使学生掌握古代政治思想、典章制度和伦理道德。《礼记》主要是进行礼仪、礼节和封建等级名分以及伦常的教育，使学生做到一切言行皆中礼。《易经》是关于占卜吉、凶、祸、福及人生、社会、自然哲理的教育，告诫人们要善行善德，勿乱行妄为。《春秋》是关于历史、政治的教育，使学生明辨是非善恶之理，认清治乱兴衰之由，使“乱臣贼子惧”。可见“五经”教育的突出特点就是融政治、思想、伦理道德、文化艺术为一体，而德居于中心的地位，这就从教育内容上充分保证了教育的政治化和道德化。至于以后的“四书”，各种蒙学教材，自不用说，字里行间都饱含着封建伦理纲常之道，把灌输剥削阶级意识、政治观点和伦理道德置于首位，把培养封建德操和人格作为首要任务，把“修、齐、治、平”作为最终目的。总之，我国古代道德教育始终坚持道载于文、文道统一，德寓于智、德智结合这些重要原则，因而它所收到的教育效果更为突出。这既是我国古代道德教育整体性特点的主要表现，又是我国古代教育的重要特色之一。

四、注重主体“内化”与“外化”统一，使明理与笃行、熏陶与磨炼、内省与外烁结合，构成一个知、情、意、行相统一的德育过程

道德教育是一个使外部道德转化为内在品质，再由内在品质转化为外部行为的统一过程。我国古代的道德教育不仅注重外部道德的整体统一性，而且重视主体的道德“内化”与“外化”的整体统一性，强调明理与笃行、熏陶与磨炼、内省与外烁紧密结合，使受教者内成于心、外形于行，成为明伦识理、情笃意深、品端行正的道德君子。这种知、情、意、行的统一，正是个体道德品质形成的整体性的表现。

比如，先秦诸子无一不是从知、情、意、行的统一性来塑造人的完整的

道德面貌和内心世界。孔子在教育中首先要求“学道”、“学仁”、“学礼”，全面理解和把握仁、礼的本质。尔后强调“志道”、“据德”、“依仁”、“立礼”，实现对整体伦理道德规范和行为准则的执守，并在道德践履中培养道德情感，训练道德行为，锻炼道德意志。最后，为了实现“仁道”，而愿献出自己的一切，达到“杀身成仁”的境界。这里，孔子把明理即形成道德概念、提高道德认识作为道德教育的起点，把熏陶与磨炼即培养道德情感、锻炼道德意志作为道德教育的关键和深化，把笃行践履即训练道德行为与坚定道德信念作为道德教育的最高境界和目的，充分体现了知、情、意、行品德形成过程的渐进性和统一性。孟子主张先要“明人伦”、“知仁义”，而后才能践仁履义。他特别强调在艰苦环境中磨炼，“必先苦其心志，劳其筋骨，饿其体肤，空乏其身，行拂乱其所为”①，才能锤炼出“富贵不能淫，贫贱不能移，威武不能屈”②的英雄。荀子认为，进行德育必须先“知仁义法正”，并通过“积”与“伪”即外在的主观努力的形式进行道德锻炼。他要求一个人在道德修养过程中，把“知道”与“中礼”，“安公”与“克私”，“循礼”与“守法”紧密结合起来，不断提高道德认识，锻炼道德情操，磨炼道德意志，最终达到“权利不能倾也，群众不能移也，天下不能荡也”③的境地。足见先秦儒家非常注重伦理灌输与行为践履、情感熏陶与意志磨炼等方面的结合，使知、情、意、行构成一个统一的整体过程，以培养和塑造完整的人格。

先秦诸子中与儒家并显而又对立的墨子，竭力主张以“兼爱”为中心的道德教育，强调以“强说人”、“强力而行”的方式，即主动积极劝教和勉力践行来锻炼“兼爱”的品质，强化道德意志，并在执义、践义的过程中磨炼自我牺牲精神，铸为“爱利万民”而能“赴火蹈刃”、“死不旋踵”的高尚品德。尽管墨子忽略了道德情感熏陶的一面，但这种“兼爱”的德育观，既是墨家兼爱人类的表现，又是墨家理想人格全貌的体现，较之儒家爱有差等、义有殊等来说，具有更高、更全之义。

迨至汉唐宋明时期的道德教育，都是继承了先秦儒家的德育思想，并在教育实践中有所发展。他们始终坚持把政治思想的灌输和伦理道德的说教作为德育的开端，使学生明确道德概念，理解道德本质，掌握道德原则规范，

① 杨伯峻.孟子译注[M].北京：中华书局，1960：298.

② 杨伯峻.孟子译注[M].北京：中华书局，1960：141.

③ 吕思勉.读史札记：上[M].南京：译林出版社，2016：377.

形成道德信念。同时，注重道德感化和情感熏陶，培养道德情感，陶冶道德心性，使学生心悦诚服而乐为。尤其重视道德践履，在躬行践实中提高道德品质，磨炼道德意志，养成道德行为习惯。这种既重视道德概念的明晰性又注重道德情感的深厚性，既重视道德信念的坚定性又注重道德意志的刚毅性，既重视道德行为的自觉性又注重道德习惯的稳固性，是我国古代道德教育的共同特点，为我们今天的德育工作提供了极为宝贵的经验。

五、以学校为主体，家庭、社会紧密配合，形成一个目标统一、要求一致、动作协调的德育模式

我国古代道德教育始终以学校为主体，同时与家庭教育、社会教育密切配合，这就形成了一个目标统一、要求一致、动作协调的道德教育模式，共同塑造人的道德品貌。这是我国古代道德教育整体性特点又一重要表现。譬如，夏、商、西周时期教育的主要形式是“学在官府”，这种教育形式就决定了大奴隶主贵族的学校教育与家庭教育是合为一体的，“学”既是学习和处理政事的机关，又是祭祀、学文、习武的场所；“师”既是官府宰臣，又是学校、家庭（王族）师保；教育内容既是官务政事，又是伦理道德和宗教事务。这种官府教育形式，正表明奴隶主贵族子弟的学校教育与家庭、社会教育的统一。

又如，先秦诸子创办私学，一边在校内传教授业，一边到社会游历讲学。孔子曾率领弟子以十四年之久的时间游访了十几个诸侯国家，所到之处，游说诸侯，访问大夫，求访贤者，引荐门生，考察政情民俗，甚至在“厄于匡”、“困于陈”的窘境下，仍“讲诵弦歌不衰”。墨子也曾带领门徒游访了不少国家，强说诸侯，劝教世人，宣传“兼爱交利”的思想和主张，同时向社会学习，了解民情政况，参与政事活动。战国时期的私学，尤其是齐国的稷下学宫，多采取这种游学方式，它对造就人才，促进“百家争鸣”和学术文化发展以及推动社会思想解放、政治改革都起到了巨大的作用。实际上，这种游学方式是学校与社会、教育与生活联系的一种重要而有效的形式。

在我国封建社会中，整个教育都以家庭教育为基础，学校教育为主体，社会教育紧密配合，形成了三者统一的教育模式。如对孩子的教育，不管是学校，还是家庭，抑或是社会，其道德教育均以日常行为准则、生活习惯等教育为主，即所谓“教之以洒扫、应对、进退之节”，“爱亲、敬长、隆师、

亲友之道”。待长大以后，学校、家庭、社会均以封建社会的伦纪纲常的教育为重点，使学生深明义理大道，掌握“修、齐、治、平”之术和治国治世之道，以期建成国治民安、天下太平之盛世。这种学校、家庭、社会相互配合、协调一致、要求统一的教育模式，值得我们借鉴。

综上所述，我国古代的道德教育，从指导思想到教育内容，从德育过程到德育原则、方法以及学校、家庭、社会的配合等方面，都充分体现了德育的整体性特点。这一特点根植于我国古代社会历史之中，它是我国古代社会大一统思想的产物，是集权专制制度在道德教育上的反映，也是我国古代道德教育实践经验的结晶。它不仅在培养学生的道德品质，塑造学生的人格，造就统治者所需要的人才等方面起了重大的作用，而且对于发展社会伦理道德，促进社会形成良风美俗，维护社会制度和秩序等也产生了巨大的影响。毋庸讳言，在我国古代道德教育中，往往精华、糟粕掺杂，瑕瑜互见，很多是封建的、唯心的、腐朽落后的东西，必须严肃地批判，认真地清理，取其精华，去其糟粕。然而，反映道德教育规律并为历史证明了的正确理论和有益经验，应当加以继承并发扬光大，为今天的教育服务。

（本文完稿于1990年，收入本文集时有改动）

略论我国古代书院的教学特点

书院是我国古代一种独立于官学的教育组织形式。它既是教育组织，又是与教育密切结合的学术研究机构，在教育史上占据重要的地位，起过重大的作用。书院发轫于唐朝，至北宋初年，正式形成书院制度。北宋时期，声著全国的有白鹿洞、岳麓、睢阳、嵩阳、石鼓、茅山六大书院。至南宋，书院大盛，其地位和作用甚至超过官学。此后，由于政治、学术和科举等原因，书院时兴时衰，并日益向官学化、科举化的方向演变，渐失其原来的性质和特点，甚至成为科举的附庸。但是，一些由名师大儒主讲的书院，仍保持、发展了书院讲学、研究的特色。总之，书院在其漫长而曲折的发展过程中，尽管所起的作用有所不同，但在培养人才，传递文化，传播学术思想，开创一代学风，丰富、发展古代教育思想，积累和创造教学经验等方面，都做出了重大贡献。本着批判继承、古为今用的精神，这篇文章就书院教学的主要特点（不含官学化的书院）做一些分析，旨在为当前教学改革寻求某些借鉴。

一、教授学业与研究学术相结合，担负着教学和研究双重任务

自书院出现以后，书院既担负着教育、教学的任务，又担负着研究和传播学术的任务。而且，教学与研究紧密结合，形成了独特的学风。这是书院区别于官学的重要标志之一，也是书院教学的突出特点之一。

从书院发展的历史来看，它是有学之士读书治学之地，具有习学和研究的性质。有学之士设置书院，一面读书习业，一面研究学问，俟有所成，或亲自接受学者以问教，或聚集生徒以讲习，亦有“好事者”就其居建馆收徒，延师授业。如白鹿洞书院，原为唐代士人李渤、李涉读书处，南唐升元中，因地建白鹿洞学馆，延九经教授李善道掌教；石鼓书院初为唐士李宽结庐读书的地方，宋人李真就址建书院以讲学；再如睢阳书院，始为宋初名儒戚同文绝意仕禄隐居之地，友人赵直为之筑室聚徒以教授；后府民曹诚又就地建

学舍，聚经籍，延师授学。这都说明书院从一开始就把读书与治学、教学与研究结合在一起。

唐代宫廷设置的丽正书院、集贤书院，初为校书藏书机关，后亦发展为皇帝咨询和侍讲的多重任务机构。据《唐六典》载："集贤院学士掌刊缉古今之经籍，以辩明邦国之大典，而备顾问应对。凡天下图书之遗逸，贤才之隐滞，则承旨而征求焉。其有筹策之可施于时，著述之可行于代者，较其才艺，考其学术，而申表之。凡承旨撰集文章，校理经籍，月终则进课于内，岁终则考最于外。"①《新唐书》载："玄宗尝选耆儒，日一人侍读，以质史籍疑义，至是，置集贤院侍讲学士、侍读直学士。"②当时，宫廷书院先后聚集了一批谙悉经史的巨儒学者，如马怀素、褚无量、尹知章、张说等人，可谓人才济济。可见，宫廷书院不仅是校书、修书和藏书的中心，而且是为皇帝提供顾问服务的咨询机构，还承担为皇帝侍讲、侍读的任务。

之后的书院，尤其是名儒学者主讲的书院，都是沿着学术研究与教学相结合的道路发展的。宋明时期理学大师朱熹、陆九渊、张栻、吕祖谦、王守仁、湛若水等人，以书院为基地，广收生徒，讲授理学，传授理学思想；同时，开展理学研究，探究性理学说，进行学术撰著。研究和讲授理学，是其书院的基本任务和活动的中心内容，两者实际是合为一体的。理学家们随时将自己的学术思想和研究成果教授给学生，而且他们的撰著编述，往往成书于书院，或先成书作为讲授教材（如朱熹的《四书章句集注》），或先讲授而后成书（如吕祖谦的《丽泽讲义》），诸生听讲记言汇编成集称语录或语类（如《朱子语类》）。正因为理学研究为书院教学创造了条件，而书院教学又为理学研究提供了基地，彼此互为条件，互相促进，从而推动了书院的发展和理学的繁荣。

到了清代，由于清政府严加思想控制，绝大多数书院均属官办，以考课举业、教习制艺为主，失去其原来讲学和研究的精神，实与官学无异。但是由名儒学者创办或主讲的书院仍保持着前辈研究学问、讲经授业的传统。如清初大儒孙奇逢主讲于夏峰书院，李二曲主讲于关中、东林书院，黄宗羲主讲于证人书院。之后，汉学大师戴震主讲于徽州紫阳书院，钱大昕主讲于娄东、钟山和苏州紫阳书院，阮元创立和主讲于诂经精舍与学海堂，黄以周主

① 李林甫.唐六典[M].陈仲夫，点校.北京：中华书局，1992：280-281.

② 欧阳修，宋祁.新唐书（全二十册）[M].北京：中华书局，1975：1213.

讲于南菁书院和辨志精舍，等等。尽管他们学术思想和讲授内容不尽一致，但都积极倡导教学与学术研究的结合，反映了那个时代的学风。到了晚清，由于西方思想的影响，一些志国图强的学者开始教习西学和时务，如康有为创万木草堂，以“说经”为内容，宣传托古改制思想，传习西方时务；梁启超创时务学堂，除授经史诸子外，还教习西方的政法与自然科学；再如格致书院与河北书院，注重教习西技与治事。他们把治经与时务、西学与治事结合起来，开启了我国近代学术思想的新学风。

二、自由讲学与讲会相结合，提倡学术争鸣

书院以讲学著称，尤以自由讲学与讲会结合为特点。名师巨儒为了传播学术思想，探讨学术真谛，辩论学术是非，主持或创设书院，作为自由讲学的基地；学习者为了求学，慕名求教，常是一人讲学，四方之士咸来听讲受教。如朱熹和黄干在白鹿洞书院讲学，庐山南北之士咸集；王守仁在濂溪、稽山书院讲学，前来学者多至讲堂无以容；顾宪成讲学于东林书院，远近名贤，天下学者咸集聆教受业，甚至倾动朝野。自由讲学教授是书院兴盛发展的重要原因之一，而书院的兴盛又进一步推动了自由讲学的发展。

书院讲学多采用传授式的学术讲授和论辩式的学术讲会两种形式。前者是书院教授的重要形式，以院内学生为主，外院学生亦可自由前来听讲，目的在讲授学术基本思想或阐发经义。后者多系院际之间或不同学派之间的学术讨论会、论辩会，主要目的或在论证阐发一个学派的意蕴，或辨析不同学派之异同，或论辩学派观点之真伪，或交流学术研究之新意。这种讲会学术性很强，争论也很激烈，它实际上成为社会上的学术盛会，对推动学术研究，发展学术思想，形成学术风气起着很大的作用。

历史上最有名的讲会是南宋淳熙二年（1175年）的“鹅湖之会”，朱熹和陆九渊等就教人之法展开了论辩。朱熹崇尚“道问学”、“即物穷理”，主张教人应先泛观博览而后归之约；陆九渊崇尚“尊德性”、“求诸心”，主张教人应先发明本心而后使之博览。彼此争论激烈，各持己见，虽无结果，但这次讲会开创了不同学派讲会之先声。此后讲会渐兴，相互讲学的风气日盛，如陆九渊应朱熹之邀赴白鹿洞讲“义利”之说，吕祖谦在四明参加杨简等人的讲会，黄震赴童居易的讲会，等等。南宋的讲会虽逐渐兴起，但尚未制度化、社会化。元代统治者对思想钳制较严，书院讲学及讲会之风未能得以发展。

至明中叶以后，由于“王学”、“湛学”兴起，特别是在理学和书院发达的时期与地区，讲会之风大盛，发展成为一个地区或几个地区的“联讲会”，有会规、会约，讲明宗旨，共同遵守，定期举行，成为制度。赴会者不远千里而来，人数之众常达数百千。如王守仁讲学于苏、浙、湘、黔、闽、赣等地书院，四方学者云集。湛若水更是笃志讲学，尤爱争论，他先后讲学于两京、广东及东南各郡达五十五年之久。《明儒学案》称湛若水：“平生足迹所至，必建书院以祀白沙。从游者殆遍天下。”[①]王守仁、湛若水两人对明代书院和讲会制度的发展起了很大作用。

王守仁、湛若水的弟子遍及全国，他们为了昌明师旨，立书院、开讲会，讲会之风盛极一时。据史籍及方志统计，嘉靖年间，有书院460所，占整个明代书院总数的37.13%，其中新创建的就有215所，占明代新创建书院的28.86%[②]。这些书院普遍设讲会，学者到各处讲学。如王守仁弟子钱德洪讲学于苏、浙、宣、歙、楚、广等地达三十余年，王畿讲学于两都及吴、楚、闽、越、苏、浙等地达四十余年。再以安徽讲会为例，当时讲“王学”的有泾县水西会、宁国同善会、贵池光岳会、太平九龙会、广德复初会、全椒南樵讲会，讲“湛学”的有休宁天泉讲会，讲“朱学”的有徽州紫阳讲会。宣城同仁会馆讲会，齐集六邑（宣城、南陵、泾县、宁国、旌德、太平）之士，多达八百余人。这些学术讲会把书院自由讲学之风推向极盛。

至明后期，东林书院又把讲学发展到一个新的高度。当时宦官魏忠贤专权，朝政极端腐败，以顾宪成、高攀龙为首的“东林学派”，用讲学活动评议朝政，裁量人物，使书院成为教育、学术、政治活动的中心，成为东南新兴势力反对朝政的舆论基地。东林书院这种将教育、学术、政治结合起来的做法，充分反映了这一时代的要求，开启了书院讲学的新方向，树立了教学联系社会的新学风，同时也造就了一批不畏奸权、临危不惧、匡时救世的人物。

清初著名学者主讲的书院，以东林、紫阳、姚江、还古四大书院为最著。清中叶以后，由于朝政日趋腐败，以及“汉学”兴起和八股取士的影响，除一些学者主持的书院讲习经史辞章，兼及西学与时务，仍保持自由讲学之风外，多数书院均以教习八股制艺为能事，自由讲学之风逐渐消失。

以自由讲学为特点的书院，尽管是以传授儒家思想为主，所起的作用不

① 黄宗羲.明儒学案(全二册)[M].沈芝盈，点校.北京：中华书局，1985：876.

② 陈元晖，尹德新，王炳照.中国古代的书院制度[M].上海：上海教育出版社，1981：66.

尽相同，但把院内教学活动同社会学术活动密切结合起来，使单一的教学机构变成与社会学术活动结合的多任务场所，从而大大丰富了教学内容，活跃了教学思想，开拓了学术视野，形成了新的学风。

三、自学为主与讲习指导相结合，注意培养学生的自学能力

名师大儒主讲的书院，大都倡导自学，强调学生自己读书钻研，自求自得，并把学生自学与教师指导相结合，从而构成一个以自学为主、师生共同活动的教学过程，这是书院教学区别于官学的又一个重要特点。

讲习是书院教学的基本形式。大师讲授提倡少而精，以启发式、指点式的教学方法为主，或提取要领，统括全篇，然后由学生自己深钻细究；或选取重点，着重发挥，阐明精义，使学生领悟义理，掌握意蕴；或略作启示引导，指明思路，讲明方法，令学生习读深钻；或指定书目，令学生熟读精思，细心究索，教师从旁指点；或反复质疑诘难，解答问题，师生共同讲习、讨论或论辩等等。这种以自学为主的教学方法，在宋明理学大师主讲的书院中体现得最为突出。如朱熹在白鹿洞、岳麓书院和武夷、沧州精舍主讲，总是不断教育学生要自己读书，"下困学勉行的工夫"。他认为，教师只是"引路人"、"证明人"，只能"示之于始而正之于终"。朱熹非常重视帮助学生掌握自学的方法，养成好学的习惯。他在这方面积累了很多宝贵经验，如循序渐进、熟读精思、致一不懈、虚心静虑、沉潜玩索、切己体验、着紧用力、善疑诘难、不主私意、持志笃行等，无不强调自学、善学和自求自得。对于那种博取而不求精，务广而不求深，疏易凌躐而不循序，好高骛远、贪多务得而不求实，以及那种"不越乎记诵、训诂、文词之间"[①]等违反学习规律和机械学习的方法，他认为是读书之大病，教导学生要引以为戒。朱熹指导学生读书、自学的经验，虽然只限于学习圣贤之道，但强调自学、好学，注意培养学生自学的能力，这是有价值的。

朱熹指导学生读书为学的方法，为后世儒者所遵从，并有所发展。元初程端礼主讲于江东书院，根据朱子读书法，提出了一系列原则、程序和具体方法，以指导学生自学。他所制订的"程氏家塾读书分年日程"，从教育目标、学习年限到课程书目、读书次第，都做了周密设计和具体安排。这个日

① 熊明安.中国高等教育史[M].重庆:重庆出版社,1983:212.

程表规定的书目比较全面（经、史、文结合），序列比较系统（学前、小学、大学读书次第），目标甚为明确（培养治经、通史、达文的通儒），要求十分具体（如每天读书、背诵、习字、抄书、检查、考核等都有规定）。他认为通过这样全面、系统而严格、周密的训练，就能培养通治道、考制度、知古今、达文词、为天下国家用的人才。

"程氏家塾读书分年日程"在我国古代育教史上是一个首创，对明清书院有很大的影响。如王守仁主讲的书院，订有"日课表"，规定学生每天的功课次第。清代陆世仪主讲东林、太仓书院，订出分年、分等、分类书目，划分精读、略读和浏览涉猎。大凡清末著名书院，如诂经精舍、学海堂、广雅书院、万木草堂、时务学堂等，都详立经、史、文章等课程次序，规定日程课第，以至句读、评校、抄录、摘要、写札记、作文等，以培养学生的自学能力和治学方法。

四、博学、精思、善疑、论辩相结合，旨在培养学生独立思考能力和探新创发精神

凡宋元明清著名学者主讲的书院，均以培养有学识之士为宗旨。因此，在教学上迥异于官学重课试、制艺、呆读、死记的方法，而积极倡导博学、精思、善疑、论辩的教学方法，注重学生独立思考能力和笃学求真、探新创发精神的培养，这是书院教学的又一个特点。

朱熹在教学中强调学、问、思、辨、行的统一，尤其注重一个"思"字。他认为只有通过"精思"，才能穷尽天下事物之理，既"知其所以然"，又"知其所当然"。怎样"精思"？他要求学生做到以下几点：一是虚心静虑，不主私意，不先立说，不穿凿杜撰，不执着一见，不贪快求效，而要笃志虚心，平心究索，反复玩味。二是善疑诘难，要求读书须于无疑处有疑，有疑者处无疑。并指出有疑和解疑的过程，就是致思和长进的过程，"始读未知有疑，其次渐渐有疑，中则节节是疑。过了这一番后，疑渐渐解，以至融会贯通，都无所疑，方始是学"，"大疑则可大进"。三是严密理会，铢分毫析，深思细索，逐字逐句都见着落，沉潜玩索究极致处。四是读思结合，他说："读了又思，思了又读，自然有意。……若读得熟，而又思得精，自然心与理一，永

远不忘。”[①]五是濯去旧见，以求新意。他指出：学者不可只管守从前所见。毋庸置疑，他注重学生独立思考和求真探新的思想是可贵的。

开创浙东学派的吕祖谦、陈亮等人，不仅在学术上“不名一师，不师一说”，独立思考，自辟门径，创立新说，而且在授徒讲学中也坚持以这种精神教育学生。吕祖谦强调学贵在创造。他说：“今之为学，自初至长，多随所习熟为之，皆不出窠臼外。惟出窠臼外，然后有功。”[②]他提出与“醇儒之道”不同的主张，倡导“务实”之学和学以致用，以通过治经读史培养务实躬行为本的经世理国人才，强调读史是为了观其所变，以求借鉴。他说，“须看一代之所以升降，一国之所以盛衰，一君之所以治乱，一人之所以变迁”[③]，“当如身在其中，见事之利害，时之祸患，必掩卷自思，使我遇此等事，当作如何处之。如此观史，学问亦可以进，知识亦可以高，方为有益”[④]。吕祖谦的这些主张，旨在教导学生独立思考，不落窠臼，有所创新，达到通经史以致用的目的。

事功学派的陈亮是刷新一代学术思想的人物。他提出发言立政，要“顺民之心”、“因时之宜”，主张“开物成务”、“专尚事功”、“计其功”、“谋其利”。根据这个宗旨，他提出：“成人之道”在于培养志在天下、建功立业的英雄豪杰之士，能“陈国家立国之本末而开大有为之略，论天下形势之消长而决大有为之机”，有“推倒一世之智勇，开拓万古之心胸”[⑤]，“才德双行，智勇仁义交出而并见”[⑥]。他认为只有靠“自家气力”、敢作敢为的态度才能造就这样的人才，而绝非“醇儒之道”、“存心养性”、“独善其身”的方法所能造就。他指出，“醇儒之道”只能培养“如枯木死灰”、“风痹不知痛痒”的“腐儒”，对于什么是事功之用，利民富国之术概无所知。陈亮关于“成人之道”的主张，不仅成为他教学实践的指导思想，而且贯穿于他毕生的活动中，其开拓创新思想和批判战斗精神远远高于前人。

明代王守仁虽是主观唯心论者，但他在治学和教学上强调独立思考、审慎批判和反对偶像崇拜的思想是可贵的。他说：“夫学贵得之心。求之于心而

① 黎靖德.朱子语类:一[M].杨绳其,周娴君,校点.长沙:岳麓书社,1997:153.
② 何本方.文史英华·学案卷[M].长沙:湖南出版社,1993:303.
③ 吴怀祺.中国史学思想史[M].北京:商务印书馆,2007:203.
④ 吕祖谦.吕东莱文集:七册[M].北京:中华书局,1985:431.
⑤ 徐寒.文白私家藏书:卷十二[M].北京:中国戏剧出版社,2003:7075.
⑥ 陈亮.陈亮集:下册[M].邓广铭,点校.增订本.北京:中华书局,1987:341.

非也，虽其言之出于孔子，不敢以为是也，而况其未及孔子者乎！求之于心而是也，虽其言之出于庸常，不敢以为非也，而况其出于孔子者乎！”[①]他更进一步提出“学术公有”的思想，说：“夫道，天下之公道也；学，天下之公学也；非朱子可得而私也，非孔子可得而私也。天下之公也，公言之而已矣。”[②]无疑，在阶级社会“学术公有”是不会有的，但他提出这一思想，不能不说是有独到见解的，对我们今天读书和研究亦有参考价值。

明清之际的早期启蒙思想家黄宗羲、顾炎武、王夫之、颜元、戴震等人，是开启我国民主思想之先驱。他们强烈反对君主专制和民族压迫，猛烈抨击宋明理学，反对理学统治，深刻揭露空疏无用的理学教育及腐败的科举制度，提倡“经世致用”的实学，充分表现出他们的民主思想和勇于批判的精神。特别是他们提出学校直接议政、参政的主张非常可贵。黄宗羲说：“学校，所以养士也。然古之圣王，其意不仅此也，必使治天下之具皆出于学校，而后设学校之意始备。……天子之所是未必是，天子之所非未必非，天子亦遂不敢自为非是，而公其非是于学校。”[③]顾炎武提出学校“与天子分猷共治”，颜元提出“学、教、治皆一致”，他们的批判精神与民主思想反映在教学内容与教学方法上，一反性理之教的空疏无用和尚敬主静、存养顿悟、虚浮清淡的方法，而极力主张“经世致用”之学，注重实际问题，强调实事、实教、实学，主动，重习行、践履，重自勉、自得、自强，强调独立思考，从实事、实物中求得真知。他们认为只有这样去教、去学，才能培养“经世致用”，“富国强兵安天下”的人才。启蒙思想家的教育思想和主张，虽带有严重的阶级局限性，且未打破“圣贤之道”的藩篱，却反映了时代的民主和进步的要求，标志着理学教育思想的终结，蕴含着新的教育思想的萌芽，对当时及后世的教育起过重要的作用。

五、知识教育与道德教育紧密结合，强调躬行实践和德性修养

书院在教学过程中，特别重视伦理道德教育，使知识教育与道德教育融为一体，以培养学生的伦理观念和道德品质，使他们成为封建道德规范所要求的人。这是我国古代教育的一贯传统，也是儒家教育思想的重要特点。舍

① 王守仁.王阳明全集(全二册):下[M].吴光,钱明,董平,等编校.上海:上海古籍出版社,1992:76.

② 王守仁.王阳明全集(全4册):一[M].徐枫,等点校.4版.天津:天津社会科学院出版社,2015:69.

③ 黄宗羲.黄宗羲全集:第一册[M].杭州:浙江古籍出版社,1985:10.

弃其封建道德内核（三纲五常）和唯心的修养方法（静坐、顿悟、存心、养性等），就其某些形式和做法，如修业与进德、治学与修身、笃志与践行等方面的结合以及重视日常道德行为习惯的锻炼等等，反映了道德教育的规律，有其合理的一面。

首先，重立志持志。书院教师无不强调立志之重要，认为这是为学进德的根本。立定志向，就有明确的目标，就能勤学奋勉，勇于精进，成学立德；否则，一切都无着力处，都将无所成。所以他们把“立志”作为教育学生的第一要务。朱熹说：“问为学功夫，以何为先？曰：……专在人自立志。”[①]王守仁说：“志不立，天下无可成之事，虽百工技艺，未有不本于志者。……志不立，如无舵之舟，无衔之马，漂荡奔逸，终亦何所底乎？”[②]立什么志？理学家们强调立“作君子”、“为圣人”之志，所谓“始乎为士，终乎为圣人”。事功学派强调立“志在天下”、“开拓万古”的英雄豪杰之志。早期启蒙思想家虽也强调立“为圣贤”之志，但赋予了它新的含义，即富国、富民、强天下的大志。志既立，何以持志？他们要求学生躬行践履，勤学好问，克己自励，下着力功夫，做到专一不二，持守坚定。

其次，重德性修养。书院教师特别注重学生的德性修养和锻炼，认为道德教育的目的，不仅在于形成明晰的伦理观念，更重要的是养成深厚的道德情感、坚定的道德意志和高尚的道德品质，成为有德性修养的人。所以，他们非常重视伦理道德的熏陶，注重日常待人、处事、接物行为的锻炼，强调克己律行，修身养性，见贤思齐，迁善改过，一切视、听、言、行、仪貌、容止，都要符合社会道德规范的标准，做到“礼貌习熟，德性坚定”。

再次，重践履笃行。我国历代教育家一贯强调为学进德贵在践履笃行，书院教师坚持并发展了这一传统。他们认为读书明理只是为学的第一步，践履笃行才是为学的目的。尽管他们所讲的践行并非是社会实践，知行观多属唯心主义范畴，但强调学行结合、知见于行的思想是可取的。如朱熹说：“为学之实固在践履，苟徒知而不行，诚与不学无异。”[③]王守仁也指出：“尽天下之学无有不行而可以言学者。”[④]因此，他要求学生“敦笃其行，不息其功”，

① 缪天绶．宋元学案[M]．北京：商务印书馆，1928：274.
② 王守仁．王阳明全集(全四册)：三[M]．徐枫，等点校．4版．天津：天津社会科学院出版社，2015：43.
③ 朱熹．朱熹集：五[M]．郭开，尹波，点校．成都：四川教育出版社，1996：3012.
④ 王阳明．传习录全鉴：珍藏版[M]．迟双明，解译．北京：中国纺织出版社，2016：129.

在日常生活中锻炼德操。王夫之、颜元、戴震等人则更加强调习行践履，要求学生在客观事物中求得真知，在实际活动中锻炼德行，养成德性。

最后，重教师“身教”。书院特别注重教师的“身教”，认为这是“不言之教”、“感化之教”，能产生巨大的“起化”作用。所以书院教师一般都是社会贤达、德高望重的人，能以“人师”自任，“身教”自勉，道德文章堪称学生的典范，言行举止均为学生的楷模。王夫之在这个问题上说得至为精辟，他说：“师弟子者以道相交，而为人伦之一……故欲正天下之人心，须慎天下之师受。”①在这里，他正确地指出师与生的关系是一种道义上的结合，并肯定教师关系到整个社会的人心道德。他还指出：“立教有本，躬行为起化之原；谨教有术，正道为渐摩之益。”②这又清楚地指明，师之“躬行”为陶冶、感化学生的根本，“身教”起着“渐积”、“观摩”的功效。故此，他要求教师做到“欲明人者先自明”，这与今天所强调的“教育者必须先受教育”的思想基本吻合。

六、重道敬业，尊师爱生，师友砥砺，共进学业

我国素有重道敬业、尊师爱生的优良传统，这在书院中得到了进一步发扬。主讲书院的教师，一般是德高识博，诲人不倦，悉心教人的人；而学生自由择师，倾慕在先，虚心受教，道义为重。师生道义相交，真诚相待，切磋学业，砥砺进步，一日为师，终身不忘。这一优良传统是官学不曾有的。

重道敬业、尊师爱生，首先表现在学生对教师的崇敬和爱戴上，“程门立雪”的故事一直传为佳话。但更重要的表现在学生进业上，学生在院时，虚心受教，执礼甚恭，立志成人；业成离院后，坚持学术上的师承关系，即使位高名显，对教师仍执弟子礼。爱生，表现在教师对学生“谆谆教诲”、“循循善诱”、“教不厌”、“诲不倦”的教育精神上。再是表现在教师与学生接触密切，关系融洽，感情深厚，无微不至的关怀上。最后是表现在教师了解学生，尊重学生，激励学生进步，关心学生成长，鼓励学生“青出于蓝胜于蓝”等方面。东林书院的事例为最典型，师生一起讲论术业，激励节气，讽议朝政，裁量人物，彼此结下了诚挚的师生情谊。当书院遭到禁毁，师生受到迫害时，他们以道义为重，生死相依，患难与共，表现出了崇高的气节。

① 王夫之.船山遗书:第四卷[M].傅云龙,吴可,编.北京:北京出版社,1999:2151-2152.

② 王夫之.船山遗书:第四卷[M].傅云龙,吴可,编.北京:北京出版社,1999:2152.

总之，书院教师由于学识渊博，品高德重，所以赢得学生的崇敬；他们献身教育，热心教人，更受到学生的爱戴。学生重道敬业，专心术业，虚心受教，立志成人，当然受到教师的厚爱。这种尊师重教和敬业爱生的精神，舍其封建主义的外壳，可为今天的教师继承和发扬。

以上所述特点，是在书院长期教学实践中形成发展起来的，并有其深厚的历史渊源和社会背景。我国自先秦开始就有私人办学授教的优良传统，在私学的教学中，一般都体现了自由讲学、自由择师、自由探讨和争鸣的精神，书院继承了这一优良传统，这是其一。其二，我国是文化古邦，一直以来重视文化教育，形成了丰富的教育理论和经验，特别是儒家的教育思想更为丰富。诸如：重立志笃学，重学问思辨，重践履躬行，重启发诱导，重自学、自求、自得，重伦理道德教育，重循序渐进、因材施教等等，在书院教学中得到了充分的继承和发扬。其三，书院是在官学衰落、科举腐败、士无所学的形势下发展起来的，当时有学之士为了“匡救教育”，乃创设或主讲书院以收徒授学，这就决定了书院以迥异于官学的教学方式来进行教育，这是其教学特点形成的重要原因。其四，是学术思想的发展。自宋以后，理学家们为了传播、研究理学思想，培植、扩展理学势力，把书院作为讲学的基地，在讲学过程中，既反映了时代的学风，又推动了学风的发展。这是书院教学特点形成的又一个重要原因。

总之，书院的教学特点是其以前历代文化教育遗产的历史继承和合理发展，也是社会政治和学术思想发展的必然结果，给我们留下了十分丰富而宝贵的遗产。当然，书院的教学特点在不同时期、不同学派和不同书院中表现得不尽相同，但总体来说，所表现出的特点基本一致。当前，我国正在进行教学体制、教学内容和教学方法的改革，建设具有中国特色的社会主义教育体系，书院教学的这些经验，是可为我们批判继承和借鉴的。对于其糟粕，如封建的纲常内容，唯心的修养方法，繁缛细节的行为要求，以及封建的师承关系等等，与我们的社会主义教育是格格不入的，应当予以否定。

［本文原载于《安徽师范大学学报》（哲学社会科学版）1986年第1期，收入本文集时有改动］

孔子学习理论试析

孔子（前551—前479年），名丘，字仲尼，鲁国陬邑（今山东曲阜）人。春秋末期伟大思想家、政治家、教育家，儒家学派创始者。少“贫且贱”，学无常师。中年以后，创办私学，聚徒讲授，弟子三千。曾率弟子周游列国。晚年，致力于古典文献整理，删《诗》、《书》，定《礼》、《乐》，习《周易》，修《春秋》，创立儒家学说，构建起以“仁”为核心的包含思想、政治、社会、伦理、道德、哲学、教育等方面的思想理论体系。《论语》一书是研究他的思想的主要依据。

在孔子的教育思想中，学习理论不仅是其重要的组成部分，而且是其整个教育思想的理论基础，并对中国古代的教育理论起着奠基的作用。他深刻地揭示了学习的内涵和本质，论述了学习的目的和意义，分析了学习的过程及发展，提出并实践了一些重要的学习原则和方法，从而构筑了一个较为完整的学习理论体系，形成了孔子教育思想的重要特色。无疑，在其学习理论中，由于时代和其身份的局限性，充满着新与旧、进步与保守、唯心和唯物的矛盾和斗争；尽管如此，这并未削弱其理论的积极意义，今天对它的研究仍有重要的借鉴价值。现就孔子关于学习本质论、学习过程论和学习方法论三个问题的积极意义略作评析。

一、“性与习”、“修己与治人”相统一的学习本质论

学习本质论问题，实质是哲学上的认识论问题，包括认识的来源、认识的发展和认识的目的，即认识的客观性、可能性和必要性的问题。从教育角度说，是人的发展论问题，包括学习掌握知识，发展认识能力，提高思想意识和道德品质，形成人格与个性，即人的个体发展的客观性、可能性和重要性问题。对于哲学上和教育上这个基本理论问题，孔子的立场和观点究竟如何，许多哲学家和教育家作过探讨与论析，或断定他是唯心的先验论者，或

认定他的基本立场是唯物主义的，或认为他具有朴素的唯物主义因素而兼有“天命论”思想，等等，讼论纷纭，莫衷一是。我认为，孔子虽曾讲过“天命”、“生知”、“上智”之类的唯心主义先验论的话，但综观其基本思想倾向，特别是考察他长期的社会实践和教育与学习的实际活动，不能得出先验论的结论。恰恰相反，他基本是坚持了“学知”的唯物认识论路线，至少说，具有浓厚的朴素唯物主义倾向。他明确指出“学而知之”，强调自己的知识并非来自“生而知之”，而是“好古敏以求”得来的，并以好学而自许，也不曾以“生知”的圣人而许人。这就充分肯定了人的认识来源是经过后天学习获得的，而不是与生俱来的。《论语》一书记载孔子言“学”的问题极多，内涵十分丰富。据统计，其中言“学”、“见”、“闻”、“问”、“识”、“思”、“习”、“行”分别为64、67、58、120、6、24、3、72见，共有414见。诸如：“学而知之”、“困而学之”、“默则识之”、“多闻阙疑”、“多见阙殆”、“学则不固”、“敏而好学，不耻下问”、“每事问”、“问仁”、“问礼”、“问孝”、“问政”、“问士”、“问君子”、“学文”、“学诗”、“学礼”、“学易”、“学乐”、“知学”、“好学”、“乐学”、“温故知新”、“告往知来”、“举一反三”、“闻一知十”，“知之为知之，不知为不知，是知也”，以及“四绝”、“六蔽”、“九思”等等，不胜枚举。尽管这些引语的含义有着差异，但都属于“学”这个总范畴中的不同层次，均言通过见闻、学思、习行等学习活动来认识事物，获取知识，发展才智，克服偏蔽。这样，孔子就从两方面使其学习理论建立在唯物认识论的基础上：先从本体论即认识来源上肯定知识的客观性，后又从主体论即认识主体上肯定“学知”的重要性，从而排除了知识为脑中固有的唯心论观点，否定了学习理论中的天命论和宿命论思想。

孔子还进一步论证了认识主体发生认识的可能性和必要性，首次提出“性相近也，习相远也”[①]这一基本唯物的人性论命题。孔子所谓的“性”，虽未予以明确介说，但从全句思想理解，无疑是指人的先天禀赋，即先天生理素质及其机能（如言闻、见，思必赖耳、目、心）。凡人的先天禀赋生来基本相同或者近似，它是认识发生、发展的生理基础、主体条件。所谓“习”，是指后天环境习染，主要指生活条件、教育和学习给人的影响，它是认识发生、发展的客观基础、外部条件。由于各人的生活、教育和学习等条件的不同，

---

① 胡适.中国哲学史大纲：上[M].北京：北京理工大学出版社，2016：72.

因而造成了个体认识发展上的重大差异，而不是天生圣愚。这样，孔子先从认识的主体性上肯定人的生理基础的基本相同性，指出人人皆有巨大发展的潜在可能性；后又从认识的客观性上肯定生活、教育和学习条件的不同性，指出个体发展的重大差异性，从而强调认识的主体性必须与客观性统一，即外因“习”，只有通过内因“性”起作用才能达到主、客观的一致。人的认识就在这种“性”、“习”统一中不断运动和发展，人的知识和认识能力也就在这个过程中不断形成、深化和提高。孔子这一认识运动和发展的思想，将人性论与认识论、教育论与发展论紧密结合起来，使其教育和学习的理论建立在唯物认识论的基础上，从而否定了天生圣愚的唯心先验论观点。这一理论为后世许多唯物主义哲学家和教育家如荀子、王充、张载、王夫之等人所发展。

孔子在阐述了学习与认识的客观性和可能性的基础上，进而详尽地论述了学习对于造就人格和发展社会道德风尚的意义。他认为，学习的价值不仅在于掌握前人积累的知识和经验，懂得古代文化典籍，提高知识文化水平，也不仅在于发展“举一反三”、“闻一知十”、“告往知来”的认识能力，更重要的是学习的道德价值指向，即学习古代圣贤之道，借以完善人格，发展个性，提高道德修养，使之臻于真善美的境界，进而改造现实、服务社会、治国安民，实现“仁政德治”的理想社会。用最简明的话说，就是成为“修己治人”的士君子，或谓“志道”、“为道”、“弘道”的志士仁人，最终达于“修、齐、治、平”的目的。孔子对士君子的人格要求最高、最严、最为全面，可谓是道德上的完人。据统计，《论语》中言“士”15见，言“君子”107见，言“道”与“德”98见，言“仁”104见，言“礼”74见，言“忠”、“恕”、“孝”、“悌”、“恭”、“顺”、“信”、“行”169见，共达567见。另据《论语》和“五经”诸经典中言“仁”德总范畴中之德目达49个之多，如：诚、敬、忠、恕、孝、悌、爱、智、勇、恭、宽、信、敏、惠、慈、亲、善、温、良、谦、让、中、庸、恒、和、友、顺、礼、齐、庄、肃、刚、毅、直、贞、谅、质、廉、洁、清、俭、决、明、聪、柔、愿、正、睿、义。所有这些品质，都是对士君子道德上的规范和要求。实际上，孔子关于士君子的道德面貌是指整个人生哲理和生活目的，包括思想观点、政治态度、道德品质、意志性格以及才智等全方位的修养。归纳其要点主要有：其一，“志于道”。即以正义事业为志向，具有远大的理想和坚定的信念，并有为之而献身的决心。他强调士君子必须“知道”、“乐道”、“守死善道”，并一以贯之于始终；为了“谋道”、“弘道”而敢于牺牲、“授命”，“杀身”以“成仁”，绝不可以贬其道以“害仁”。这种对“道”的坚定信念和执着追求是一个人思想品德的核心，是世界观坚定的表现，也是成就事业的根本保证。其二，“据于德”。即以人伦道德为根据，具有高尚的道德修养，并践履于行动。孔子认为，士君子首先要“修己”以德，掌握伦理道德准则，实践道德行为规范，提高道德品质，努力成为道德上的完人；而后要“治人”以德，即以“导之以德，齐之以礼”为治政、教民之本，实现治国、安民、平天下的理想。“修己”是前提，“治人”（或谓“安民”）是目的；由“修己”而始至“安百姓”而终，构成士君子道德修养的一条路线，或者说构成一条“修、齐、治、平”的政治路线。其三，“依于仁”。即以仁爱思想为依归。首先，具有“仁人”之心，“爱人”之德。这是孔子思想的核心，也是人的本质的体现。所以他要求仁人君子首先必须具有“仁”的观念，始终不渝地坚持仁道，“无终食之间违仁”。其次，要懂得人的本质，推己及人，仁爱百姓。他说：“仁者，人也”，“泛爱众，而亲仁”，既要做到“己所不欲，勿施于人”，又要做到“己欲立而立人，己欲达而达人”。再次，要“博施济众”，利及百姓，惠及万民，达到“仁以天下”的目的。最后，为了“执仁”、“行仁”，要以最大的努力而为之，甚至不惜献出生命以归仁，做到“无求生以害仁，有杀身以成仁”。其四，“立于礼”。即以礼为处世立身的根本，具有礼的观念，站稳礼的立场，严守名分等级制度，不僭越，言、听、视、动皆中礼。他还提出“游于艺”、“兴于诗”、“成于乐”，即通过“学文”、“学诗”、“学乐”等文学、艺术和知识技能的形式，以陶冶情感，和谐个性，培养道德情操和意志性格。总之，孔子这种以“道”为志向，以“德”为根据，以“仁”为依归，以“礼”立身，以“诗”、“乐”修于内，并包括一切道德规范在内的德行修养，实质是使道德政治化，政治道德化，并使个性社会化，人格现实化，从而造就一个政治、道德、个性完全统一的仁人君子。这就是孔子关于学习的道德价值观的意义所在，也是他把伦理道德教育置于一切学习之首的根本原因。

由上可知，孔子学习理论的本质就是通过学习和实践活动掌握知识，发展认识能力，提高道德素养，完善人格与个性，实现性与习的统一，成为“修己治人”的士君子。这一学习理论的创立，标志着我国古代教育和学习理论向理性阶段飞跃。这是孔子在教育理论上的重大贡献。毋庸置疑，在其学习本质论中，唯心的色彩，如言“生而知之”、“上智下愚不移”等语有时也有所见。至于学习内容的封建内核，自不用说，应予抛弃。

二、“学、思、行”与“知、好、乐”相依发展的学习过程论

对于学习的过程，孔子曾这样自述：“吾十有五而志于学，三十而立，四十而不惑，五十而知天命，六十而耳顺，七十而从心所欲，不逾矩。”①这是一个不断学习知识、发展能力、辨认是非、把握规律的过程，也是一个不断进德修身、发展个性、完善人格的过程。它表明一个人自始至终都是处在不停地学习和提高的过程中，反映了人们学习成长的普遍道路。就学习的具体发展过程来说，根据孔子对学习多层次涵义的规定，大致可分为见闻之学、思问之学、习行之学三个阶段和知学、好学、乐学三种心态。

见闻之学，在孔子“学”的总范畴中是其逻辑的起点，认识的开端。其主要特点是通过直接感知经验而获取感性知识。孔子认为，通过耳闻目睹获得的知识经验才是最可靠的，可少犯错误。他说，“多闻阙疑”，“多见阙殆”，“多闻，择其善者而从之，多见而识之，知之次也”②。可见，孔子非常重视见闻之学，强调多闻、多见、多识，在闻见中博取，在博取广识的基础上择善而从之。尽管孔子所谓的见、闻、识包含学习间接知识经验，“择善而从”包含思维和践行因素，但主要是强调亲见、亲闻，按照是非标准以择取。可见，孔子既反对轻视见闻，又反对经信见闻，尖锐指出“道听而途说”是“德之弃也”。孔子重见闻之学的思想在其学习理论中占据重要的地位。

然而，孔子重见闻之直觉经验，并未坠入经验论之中。他认为，任何人不可能、也不必要事事都需亲身直接经验，必须依仗前人已积累的知识来发展自身。所以他在强调多闻多见的同时，要求“博学于文”，即通过读书的渠道广泛学习载之于简册的历史文献，如《诗》、《书》、《礼》、《乐》、《易》、《春秋》等，系统掌握历史、文化和典章制度，用作现实之借鉴。孔子重视读书学文，并将其与见闻之知结合起来的思想，在今天仍值得重视。

思问之学，在孔子“学”的总范畴中处于高一级层次，即知识由感性上升为理性的阶段。孔子非常重视思问之学的作用，指出：“学而不思则罔，思

---

① 杨伯峻.论语译注[M].2版.北京：中华书局，1980：12.

② 杨伯峻.论语译注[M].2版.北京：中华书局，1980：73.

而不学则殆。”[①]学是思的基础、前提，思是学的深化、提高，两者必须结合、并进才能有得；否则，不仅学必迷惘而无获，思也必失去基础而成为空想，更加危殆。孔子又指出：“敏而好学，不耻下问。”[②]“问”，既与“学”又与“思”紧密相联，学而不解必生疑，有疑必思问，所以孔子说“疑思问”。他把“疑”作为问的起点，思的开端，有疑始有思，思而弗解才有问（包括自问与问人）。疑与问是发现问题、解决问题的主要方式，也是积极思考、深入钻研的重要表现；问疑、解疑的过程就是积极思考的过程。所以“问”与“思”是紧密联系不可分的。正因如此，孔子才把思问之学作为一个相对独立的学习过程，作为整个学习过程中的中心环节，作为认识向纵深发展、向理论化飞跃的高级阶段，并看作向习行之学阶段过渡的桥梁。故此，孔子特别重视思问之学，指出：“弗学，何以行？弗思，何以得？”[③]他强调要精思善问，“每事问”，“不耻下问”，积极开动脑筋，主动思考问题，发展“举一反三”、“闻一知十”的推理能力，培养“温故知新”、“告往知来”的创造性思维，并激烈反对那种学而不思、食而不化，不知问难，不晓穷原究委，甚至“饱食终日，无所用心”的思想懒汉，斥之为不堪教育造就者。可见，孔子不仅重视学，而且重视思，并把思的重点放在发展理论思维能力上。这一思想在孔子学习过程论中居于核心的地位。

习行之学，在孔子“学”的总范畴中居于最高层次，是认识最后完成的阶段，即将学到的知识经过反复复习、练习和习行而纯熟化并付诸实践的阶段。“习”见于《礼记·月令》：“鹰乃学习”；《说文》训：“习，从羽从白，数飞也”，谓鸟反复练习飞行。孔子所谓的“习”有二义：一为温习、复习，指知识的巩固，为学文阶段，如言“学而时习之”；二为练习、演习、实习，指技能的练习、演习，使之熟练化，为践行阶段，如言“习礼”、“习乐”、“习射”等。所以“习”包含学与行双重意义，既是学的巩固，又是由学向行的转化，而行乃为其主要成分。如果说由学到习是知识技能熟练化的过程，那么由习到行则是知识技能见之于躬行践履的实践化的过程。所以孔子将习与行作为相对并列、递进而又彼此联结包含的统一过程特别予以重视，强调“力行”、“安行”，行而成之。这一思想指明了学习的根本目的所在，是其学

① 杨伯峻.论语译注[M].2版.北京：中华书局，1980：18.
② 杨伯峻.论语译注[M].2版.北京：中华书局，1980：47.
③ 杨树达.杨树达论语疏证[M].长春：吉林人民出版社，2013：42.

习理论的精华。

上述三个阶段是统一的整体，见闻之学是学习的起点，经过思问之学进入理性认识，至于习行而完成，这就构成了一个相互促进、相互包含，而又相依发展、不断提高和深化的完整的学习认识过程，它揭示了人们学习认识运动的内在联系，基本符合唯物认识论原理。《中庸》一书将其概括为“博学之，审问之，慎思之，明辨之，笃行之”五步为学之序，后世教者和学者将此奉为圭臬。

孔子在论述学习过程的同时，还对学习心态的构成、发展及其对学习的意义做了分析，指明“知之者不如好之者，好之者不如乐之者”①。强调“知、好、乐”是为学进德的内驱力，成就德业的保证。“知学”，即懂得学习的道理和意义，核心是“志学”。“志”谓心之所向，即有明确的学习志向和目标，有纯正的学习动机和强烈的求知欲望，有高度的自觉性和积极性，这是学习的根本。所以孔子首先要求学者要立定志向，笃志于学。“三军可夺帅也，匹夫不可夺志也。”②有志，就能持学博学，广识博取，精益求精，成为德盛识博的人；否则，不知何所向，必将无所成。故此，孔子把志学作为学习的第一要务。“好学”，是对学习的一种喜爱之情，是比较稳固、深厚而持久的心理倾向，是由兴趣和爱好所驱使的、发自内心的自觉行动。只有对学习产生浓厚的兴趣和爱好，才能学而不厌、持之以恒、孜孜以求。所以孔子非常重视学习兴趣的培养和好学品质的锻炼，高度称赞颜回“语之不惰”、“无所不悦”、“终日不违如愚”的好学精神，并自称其具有“十室之邑……不如丘之好学”③的优秀品质。他还指出，只有拥有好学的品质，才可防止和纠正由于好仁、好智、好信、好直、好勇、好刚而导致的愚、荡、贼、绞、乱、狂等偏蔽，使人不会走向另一极端。可见，孔子不仅把“好学”作为修业的至要关键，而且把它当作纠偏成德的重要条件。“乐学”，是对学习的一种深厚的愉悦情感的体验，是更稳固、更深厚、更持久的心理定向，是以强固的动力定型为基础并由坚定信念所导向的最高学习心理境界，所以“乐学”实际是情感与信念统一的体现。孔子特别重视“乐学”这一学习心态的作用，

① 杨伯峻.论语译注[M].北京:中华书局,1958:65.

② 杨伯峻.论语译注[M].北京:中华书局,1958:108.

③ 杨伯峻.论语译注[M].北京:中华书局,1958:59.

认为它可使人达到“发愤忘食，乐以忘忧，不知老之将至”[1]的地步。

总之，孔子关于见闻、思问、习行三个学习阶段，和知、好、乐三种学习心态，在学习实践中是融为一体不可分割的。前者是就学习发展过程或形式而言，后者是就学习心态特点或结构而言，彼此是相互渗透、相互促进、相依发展的辩证统一的整体。这一学习过程理论为我国古代教学法奠定了理论基础，一直指导着中国两千多年封建社会学校的教学和治学实践，在今天仍有指导意义。

三、读书学文与师友切磋、游学考察与躬行践履相结合的学习方法论

关于学习方法，孔子在自己毕生的治学和教学实践中积累了丰富的经验，并创造了不少反映大变动时期特点的崭新的学习方法，形成了一套从校内读书学文、师友问学切磋到校外游学考察和躬行践履相结合的学习方法论。

读书学文在孔子学习方法论中是最基本的学习方法。它主要是通过读书自学的方式研读古代历史文化典籍，谙悉古圣王之道和典章制度，掌握诗书礼乐之文和射御书数之艺，通晓世俗人情世故，发展思想意识、道德品质和意志性格，成为学识渊博、品德高尚、人格完美的人物。因此，孔子非常重视读书学文，把它作为治学进业、修身立德的最基本的条件。如何进行读书学文？首先，他强调要用严谨踏实的学习作风和诚实谦逊的治学态度对待历史文化，“博学于文”，多读、多识、多思，领悟其义理，把握其真谛；其次，要从实际出发，循序渐进，穷原究委，切己体验，叩其两端，全面理解；最后要有自知之明，“知之为知之，不知为不知”[2]，切不可不懂装懂，骄傲自满，自以为是，更不可凭己臆测，主观武断，固执己见，唯我正确。他强调指出：“意”、“必”、“固”、“我”四者是学习上的大敌，学者必须引以为戒。

要“时习”、“温故”。这是巩固知识的基本方法，也是变知识、技艺为熟练技能技巧的基本方法，同时又是由故到新、发现新知识、探索新理论、开拓新思维的重要方法。因此，孔子把“学而时习”作为学习的重要原则，把“温故知新”当作为师的重要条件，强调学者要经常地、适时地进行复习、练习、实习和习行，把读书学文的过程变成由旧知到新知、由继承到创造、由

---

① 杨伯峻.论语译注[M].2版.北京：中华书局，1980：71.

② 杨伯峻.论语译注[M].2版.北京：中华书局，1980：19.

理论到践行的过程，以求获得探新、发展、创造的最佳学习效果。

孔子把“思”作为由学到知，由知达智的最重要的途径，指出学而不思，不仅茫然无获，更无从发展聪明才智。如何思？孔子提出：一要“能近取譬”、“切问近思”。这是一种由具体思维到抽象思维的方法，即以切己体验、例证或经验去思考问题，说明事理，验证理论，它对于接受和理解知识具有更直接、更具体的作用，因而也就有更深刻的意义。二要“叩两端”。这是具有辩证因素的思维方法，即把握事物的两端或对立面，从其矛盾对立中去思考问题，执两用中，求其常道。这一方法对于克服思想片面性，全面认识问题具有十分重要的意义。三是“由博反约”、“以一贯全”。这是归纳综合与演绎推理相结合的思维方法，即在博识多取、广泛占有知识的基础上，提其要，由其统，钩其玄，把握实质；然后再以约统博，以简驭繁，以一贯全，用“要”、“统”、“玄”来指导和统摄进一步的学习。这一思维方法对于知识由感性上升到理性、再以理性指导感性与实践具有极其重要的意义。

师友问学切磋，是孔子自身治学的一条重要经验，也是其指导学生学习最常用的基本方法。它的主要特点是师生、学友间相互问学，切磋知识，砥砺学问，共进学业。孔子认为：一个人为学进德主要靠自己主观努力，勤学勉进，但师友之间共同讨论学问，互勉互励是不可缺少的力量，如果独学而无友，则必孤陋而寡闻。孔子本人所以能成为学识渊博的一代伟人，正是由于他勤奋好学而又“学无常师”，虚心向他人问学求教。史籍记载，他曾问礼于老聃，师乐于长弘，学琴于师襄，问官于郯子，并且承认自己不如老农。故此，他说：“三人行，必有我师焉：择其善者而从之，其不善者而改之。”①他以此教导学生要善于向各种人学习，不耻下问，“善者”、“贤者”、“能者”固当“思齐”以效法，“不善”、“不贤”、“不能”者亦可“自省”以鉴戒。他特别强调“当仁不让于师”，在仁义面前，即使对老师，也不作让步，这种精神实为可贵。

孔子在教学诲人实践中堪称是相互问学的典范。他总是通过问学的方式同学生共同探讨，或质疑、或问难、或答问、或谈话、或促膝谈心，从不用灌注式的方式进行教学。他的弟子问仁、问礼、问孝、问悌、问志、问行、问士、问君子等等，就是相互问学的范例。实际上，整部《论语》就是孔门

① 杨伯峻.论语译注[M].2版.北京：中华书局，1980：72.

师友共同问学的真实记录。正因为孔子善于问学教诲、启发诱导，弟子善于虚心求学、切磋砥砺，因而教者充分发挥了主导精神，学者充分发挥了主动精神，起到了“教学相长”的作用，成就了大量人才，他本人也赢得了学生的至诚爱戴。孔子这一问学式与讨论式相结合的方法，为后世许多大儒特别是宋明书院继承和发展，成为儒家教学方法论的主要特点和优良传统。

社会游学考察是孔子首创的一种重要的学习方法。他根据当时社会大变革、思想大发展、学术大开放的特点及其对人才的要求，将其创办的私学置于社会的开放系统之中，使学生走向社会，考察、了解丰富的社会生活，使校内教育同社会实际联系起来。孔子游访诸侯列国，固然是以谋仕从政，宣传其仁学思想，推行其“仁政”主张为主要目的，但不能否认他有带领弟子游学考察、了解社会的动机。他率领弟子数十人以十四年的时间，游访了卫、曹、宋、陈、郑、楚等十几国。在游访过程中，他一方面察访政情，游说诸侯，访问大夫，求访贤者，引荐弟子，竭力宣传和推行自己的思想主张；另一方面，沿途教授弟子，研讨学问，讲习诗书礼乐，传习礼仪技艺。即使在困厄于匡、绝粮于陈的危境下，也不忘授学传艺，“讲诵弦歌不衰”。事实上，孔子的渊博学识和过人才智，主要是由于他社会阅历丰富，又善于从各方面汲取知识。他要求学生“多见”、“多闻”、“多识”，“每事问”实际包括向社会学习、向实际求知。孔子如此重视社会阅历和游访考察，其主要目的在于重现实、重人事，造就现实所需要的从政人才，以整治“礼崩乐坏”、“天下无道”的政治局面；但其意义却超出了孔子的主观意图，它不仅使校内学习与校外学习联系起来，为学生涉身社会，了解生活，扩大知识领域开辟了新径，而且对当时社会思想变革，学术下移，士阶层发展以及私学兴起等方面也起了一定促进作用。对于这些，尽管非孔子本人的初衷，更非今天社会考察的含义，但是应当予以历史的肯定，它对今天的教育改革亦有借鉴作用。

“躬行践履”是孔子学习方法论的最重要的方法，也是其学习的目的论之所在。他认为，读书学文、问学致思和游学考察的目的，不只是为了掌握多少文化知识，懂得多少典章制度，了解多少现实情况；其根本目的在于以知指导行，躬行践履圣贤之道，提高道德品行，改造社会现实，即前言的“修己”、“治人”、“安百姓”。学是手段，行是目的，学而不行等于不学，行而不笃亦无所成，知与行必须统一，学与用必须一致。所以他说：“诵诗三百，授之以政，不达；使于四方，不能专对；虽多，亦奚以为。”[①]因此，孔子把躬行践履作为学习的最高形式和根本原则，要求学生敏于事而慎于言，知必践行、行必有果、言必中伦、行必中虑、事必中道，视、听、言、动皆中礼。对于那种“乱言妄行”，或“言而无信”、“言过其行”，或“巧言令色”者，他斥之为寡廉鲜仁之徒。孔子关于躬行践实的思想，虽主要限于伦理道德范围，并非哲学上的实践涵义，但它却把践行提高到学习方法论的高度，从而揭示了知与行、学与用的必然联系，指导了其本人的言行和教学实践，并成为后儒进行教学和治学的指导原则，于今天仍不失其价值。

综上所述，孔子是我国古代系统研究学习论的第一人。他所建立的学习理论，包括学习本质论、学习目的论、学习过程论和学习方法论等方面，构成了一个较为完整的学习理论体系。整个理论的基石是“性与习”，即个性发展与教育和学习的统一；其中贯穿着一条总线，即“学而知之”，通过学而思、而习、而行，使人的个性与人格实现社会化、完善化，进而达于教人、治国、安天下的目的。当然，我们在研究和肯定孔子学习理论的积极意义，借以继承发扬的同时，对于其中的糟粕，如封建的内容，保守的思想以及某些唯心的修养方法等等，必须予以批判扬弃。至于某些人或出于个人目的，或囿于成见，或思想方法片面等原因，对孔子的思想理论作了种种诽谤、歪曲、贬低，或不恰当的扬高等，我们应当继续认真清理，还其理论的本意，以便更好地继承和发扬这份遗产。

（本文原载于《高教新探》1991年第1期，收入本文集时有改动）

① 杨伯峻.论语译注[M].2版.北京：中华书局，1980：135.

老子自然无为教育思想述评

老子（生卒年不详），姓李，名耳，字伯阳，楚国苦县（今安徽亳州涡阳，一说河南鹿邑）人，春秋时伟大思想家、哲学家，道家学派创始者。曾任“周守藏室之史”，从事图书典籍管理以及学术传授工作，教有弟子数人。相传孔子曾向他请学周礼。晚年隐居，不知去向。《老子》（又称《道德经》）一书，是研究其思想的主要依据。

老子的教育思想在先秦独树一帜，它既迥异于儒家尚礼乐、重政教的主张，又不同于墨家尚义利、重人为之教，更有别于法家尚法治、重律令之学，而独倡法自然、尚无为的教育理念。老子极力反对一切世俗教育，认为这些都是悖于“道”的自然法则，违背人的天然本性，都是虚伪的、狡诈的“人为”教育，是“大道废”的结果，应当彻底弃绝，并提出“绝圣弃智”、“绝学无忧”的主张。对于老子这一思想，学界历来争论纷纭，褒贬不一，特别是黜道学者斥责老子为“反智主义者”。其实这是极大的曲解，老子的本意是反对一切统治阶级制造的虚伪的、人为的教育，主张以“大道”教人，以“自然”为法则，以“无为”为准绳，使人人都能“为道明德”。因此，我们认为，老子非但不是“反智主义者”，反而是极力主张尊教重学、教民诲人的时代巨子，独树异帜的伟大教育思想家。其教育思想富有深刻的时代批判性和战斗性，在我国古代教育思想史上占据重要的地位，并做出独特而重大的贡献。

一、“返朴归真”——教育本质观

老子对教育本质的认识与儒墨各家截然相反，孔墨均以教育的政治化、伦理化为宗旨，以人性的社会化为鹄的，并以此来改造社会，塑造人格，发展个性，从而推动社会的进步。而老子从“天道自然”观出发，提出与孔墨相对立的“自然教育”本质论。他认为，“道”是宇宙万物的总根源和一切事物发展变化的总规律，也是人类社会一切生活领域所必须遵循的根本法则。“道”的根本特征是“自然”、“无为”、“自生”、“自化”。因此，教育的本质就是依循“道”的客观法则，顺应人的自然本性，引导人们不断去追求、体认和把握“道”之本体，即客观事物的本质与规律性，使人的本性顺其自然而充分的发展，最终达于“返朴归真”的至高境界。他认为，唯有如此，人的本性才能得以完全发展，社会才能得以安宁，天下才能太平，整个人类即可复归于“大道”的境域。可见，“返朴归真”的自然教育论就是使人复归自然、诚朴无邪、淳真无疵、自朴自化、自然无为，使社会无虚伪、欺诈、争夺和压迫，人人诚朴相处，长治久安。正因如此，老子才猛烈抨击一切违背“大道”法则的世俗教育，指出它们非但不能发展与完善人的自然本性，反使人弄智巧诈，相互争夺，虚伪成性，种种社会罪恶现象相应而生，所谓圣智、仁义、孝慈等之类的世俗末学，都是欺世之谎言，乱世之产物。所以他说：“大道废，有仁义；智慧出，有大伪；六亲不和，有孝慈；国家昏乱，有忠臣。”[①]就是说，仁义、孝慈、智慧等的产生都是“大道废”的结果。因而，他发出“绝圣弃智”、“绝仁弃义”、“绝巧弃利”的呼吁，并提出“见素抱朴，少私寡欲，绝学无忧”[②]的号召。由此可见，老子主张弃绝圣智、仁义、孝慈，是指杜绝统治者及其学者所制造的那套虚伪的仁义之学，废止那种扭曲人性的“人为”之教，铲除滋生社会罪恶的土壤。“绝圣弃智”是为了使人“见素抱朴”、“少私寡欲”；“绝仁弃义”是为了使“大道”行之于社会，使社会由“大伪”转为“大真”，使国家由昏乱转为大宁，使世人由伪诈转为素朴……唯此，无骗无诈、无争无夺、厚朴淳真的理想社会才能出现。这是老子“绝学弃智”的真意所在，也是他的“自然教育”的精神实质。

二、“为道”、“成圣”——教育目的论

老子的教育目的论同样与儒家等世俗教育目的相异。儒家从“有为而治”立场出发，提倡培养为政的“士”、“君子”；而老子却从“无为而治”理论出发，主张培养为道的“上士”、“圣人”。他所谓的“上士”，即能自觉体认、追求和践行“道”的人。所谓“圣人”，是其最高的理想人物，他的一切行动都能因任自然，循“大道”法则行事，既不忤道，也不以“人为”去干预道，

① 文若愚．道德经［M］．北京：中国华侨出版社，2012：64.

② 马一浮．老子注［M］．虞万里，点校．武汉：崇文书局，2016：32.

更不造作妄为而破坏道，并能辅成万物而弗有，成功万物而弗居，无私无欲，坦然大公。这是圣人最高的品格。老子在《道德经》中提到圣人共有26见，全面地论述了圣人的品格和道德面貌。

（一）“无为”、“无事”品格

老子说：“为无为，事无事。”[①]所谓“为无为”，并非什么都不为，而是说按“自然”的法则去作为；所谓“事无事”，亦非什么事都不做，而是说以“清静”的态度去处事。对待一切事物以静处之，顺其自然发展规律而辅成之，不以任何外力干扰或破坏事物固有的规律，以“无为”而达于无所不为，以“无事”而达于无所不事。可见，“无为”、“无事”是处理事物的方式和态度；“无不为”、“无不事”是处理事物的目的和结果。这是老子“自然”法则的以“静”制“动”、以“无”取“有”辩证法的具体体现，也是圣人的最高品格。他认为，只有具备这样的品格，才能“处无为之事，行不言之教”[②]，循其规律以处事，顺其自然而发展，辅成万物而不有，促成万物而不宰，人人抱朴无邪，社会安宁，天下自正。因此，老子特重“无为”、“无事”品格的培养，并作为教育人的最高目标。

（二）“无私”、“无欲”品格

老子认为，私与欲是万恶的根源，人世间一切虚伪、欺诈、争夺、残杀等罪恶都产生于私、欲二字。他说：“祸莫大于不知足，咎莫大于欲得。”[③]如果人人都私欲熏心，追名逐利，必然招致祸殃，整个社会必然大乱不宁。因此，他把“无私”、“无欲”视作圣人最重要的美德。必须指出，老子反对私与欲，并非反对人的正当生活欲望，而是反对剥削阶级社会尔虞我诈、巧取豪夺、相互倾轧等罪恶行径，认为人们正当的生活欲望必须给以满足。可见，老子提出“无私”、“无欲”的主张，目的是教导世人清除私心邪欲，培养清平公正、大公无私的品德，反对剥削者欺诈掠夺的贪婪行为，并迫使其收敛贪欲。

---

① 黄元吉.道德经精义[M].北京:中央编译出版社,2014:176.

② 马一浮.老子注[M].虞万里,点校.武汉:崇文书局,2016:4.

③ 马将伟.道德经译注[M].北京:商务印书馆,2015:86.

（三）“知足”、“知止”品格

老子认为，“知足”、“知止”是圣人的重要品格，它可使人少私寡欲，葆全身心，长足长有，故“知足之足，常足矣”。人若不知足，就会争名夺利，贪得无厌，必遭祸殃。他还指出，常人多不知足而贪名利，纵欲而不顾身危，弄得声誉扫地，身败名裂。因此，他告诫世人要善处名与利、得与失、存与亡的关系，珍爱声誉，珍惜人生。只有“知足”，才能“知止”；只有“知止”，才能“不争”；只有“不争”，才能终身不殆，永葆生命的光辉和声誉的长久。故此，老子把培养“知足”、“知止”的品格作为造就圣人的重要任务。

（四）“守弱”、“贵柔”品格

老子根据“反者，道之动”的普遍原理，提出“守弱”、“贵柔”原则作为“上士”必备的品格。他认为，凡事物始生时柔弱，但具有旺盛的生命活力，故能生长壮大；物壮时，必将走向衰老和死亡。据此，他断定“坚强者死之徒，柔弱者生之徒”，并作出“强大处下，柔弱处上”，“柔之胜刚，弱之胜强”的结论。所以，他反复教导世人要时刻“守弱”、“贵柔”，切不可显露锋芒，不可为天下先，更不可骄矜专横、好胜逞强……这样，就能以“天下之至柔，驰骋天下之至坚”。由此足见，老子强调柔弱品格的培养，目的在以柔制刚，以弱胜强，使自身永远立于不败之地。

（五）“处下”、“不争”品格

所谓“处下”、“不争”，是谓甘居人下，谦虚让人，不争名利、地位和得失。老子认为，“道”的最高品格是“生而不有，为而不恃，长而不宰”，而圣人的最高品格是“为而不争”。所以，圣人对于一切名利、地位、得失，都能泰然处之，安之若素，因而天下不仅没有能与之相争，并且“诚全而归之”。为了培养这一品格，他教导人们要做到“不自见”、“不自是”、“不自伐”、“不自矜”。唯此，就能明察事事物物，明辨是是非非，彰显功劳业绩，长久进步而立于不败之地。可见，老子注重“处下”、“不争”品格的培养，旨在以“下”取“上”、以“曲”求“全”，实现保全自身，进而保全天下的理想。

（六）"致虚"、"守静"品格

虚与静是指心地空虚明净、宁静清澈的状态，不被任何私欲物念所缠绕。老子认为，人的本心空虚清明，无疵无瑕，只因受私念物欲所蒙蔽而萌生邪念。为使心灵不被蒙蔽，必须极尽"致虚"、"守静"的功夫，以还心灵的原来面目，恢复虚静清明的状态。唯此，才能认识外界纷纭之事物，掌握自然之本质及其变化规律，从而把握常道，体道而行，并能包容万物、大公无偏、周全无遗，终身不殆。因此，老子把"虚"、"静"视作圣人修养的最佳心理品格。

以上是老子所构想的理想人格品质，归结到一点就是充分发展与完善人的自然本性，实现人格的自然化，最终达到"返朴归真"的至高境界。

三、"法自然"——学与教的根本原则

为了使人"返朴归真"，老子根据"法自然"这一根本原理，提出一套独具特色的学与教的理论与方法。

在学习理论上，老子与孔墨截然不同。孔子尚学、思、行，重学问之知；墨子尚经验，重见闻之知；老子则尚自然，重直觉体认。老子依据"道法自然"原则，提出直觉"体道"、"为道"的学习路线，即通过直观外物而体认道，认识外界事物，把握客观规律，与道保持一致性。他指出"体道"、"为道"包含三个发展阶段，即"观物"—"知常"—"玄鉴"。

"观物"。即观察体认外界事物阶段。老子认为，"道"客观真实存在，是无物无状、无形无象、恍惚不定、神妙莫测，但又寓于并表现于事事物物及其运行变化之中，要想认识和把握它，只有借助于对事物直接观察才能体认它的真象，并透过事事物物的发展变化来把握它的本体及其真实性、微妙性。他说："以身观身，以家观家，以乡观乡，以邦观邦，以天下观天下。"[①]又说："常无，欲以观其妙；常有，欲以观其徼。"[②]这是一种以物观物、以物识道的观察学习方法，应属唯物主义的认识路线。

"知常"。即认识和把握客观事物的规律性。老子认为，人若能"知常"，就可透过纷繁复杂的现象认清事物的本质，把握其普遍规律，"知人之所不能

① 邱进之.道法自然——老子的智慧[M].成都：四川教育出版社，1996：181.

② 陆永品.老子通解[M].北京：中央编译出版社，2015：1.

知，服人之所不能得”[①]，即“察稽知极”，明察万物，知晓一切，以至无所不至其极。故此，他说：“知常曰明……知常容，容乃公，公乃全，全乃天，天乃道，道乃久，没身不殆。”[②]意谓：认识常道才能明了一切，无所不包；无所不包，就能坦然大公；坦然大公，就能无不周全；无不周全，就能合于自然；合于自然，就能合于常道，体道而行；体道而行，就能长久，终身可免于危殆。这是一种逐步深入的主体内化过程，在认识客观世界的理性思维中具有深刻性。

“玄鉴”。即以内心之本明深观远照天地万物之本体及其精微大用之功能，把握“道”的全体，达到“微妙玄通”、“道物一体”的境界。为了达到这种境界，老子指出，必须涤除内心杂念，摒除一切妄见，保持虚静本明的心态，才能观照万物、察精知微、玄通至极、大用无遗。这里，老子特别强调高屋建瓴和深观远照的重要性，强调“明道”的整体性、精微性和大用性，是属于“形而上”的综合的抽象理论思维，它相对于客观实体具有远离性的特点。

由上可知，老子的学习理论以“法自然”为根本原则，即遵循自然法则，通过直观外物而体认、把握“道”的认识过程。它注重的不是直接经验的积累，也不是对间接经验的接受，而是对间接经验的排斥，对直观物体的逐步远离，注重由外向内、返回内心的深观远照，强调知的内化和认识的主体性与独立性。因而，它既具有直觉思维的特点，又具有理论思维的深刻性。但它片面强调直觉能力，排斥经验和远离实践，又带有一定的神秘色彩。尽管如此，直觉思维对于认识事物本质，发现客观真理，特别是在科学研究中是一种不可或缺的思维方式。

在教的问题上，老子虽未直接从事过教学工作，也未具体谈过教学法问题，甚至还提出“绝圣弃智”、“绝学无忧”的主张，因而历来研究者多认为他无教学法可言。其实不然，在他的关于自然、社会和人生的哲理中，寓含着十分丰富的教学法理论。

（一）“因任自然”原则

这是“道法自然”法则在教学上的运用。老子认为，教学必须遵循自然法则，顺应人的本性，因人身心自然发展顺序而教，因事物固有发展规律而

① 余明光.黄帝四经与黄老思想[M].哈尔滨:黑龙江人民出版社,1989:23.

② 陆永品.老子通解[M].北京:中央编译出版社,2015:36.

学，以促进人的自然本性之发展和对客观事物之认识。因此，他反对一切世俗的教育和教学，认为它们违反人的自然本性，非但不能使人认识自然之道，反使人格曲扭、人性异化，变成自私、虚伪、狡诈、贪婪的人。对于这种教育和教学，必须彻底铲除。他极力主张“无为”而教，“行不言之教”，以达到“无为之益”、“不教而成”的效果。为此，他要求教者应“无常心”，以学者之心为心；要顺应自然，因势利导，因其性而教；要善行、善言、善计，身先而行，以充分发挥因其自然而教的作用。

（二）“用反”、“双观”原则

这是“反者，道之动”的辩证法则在教学上的运用。老子认为，任何事物都有矛盾对立的正反两面，而且两面既相互依存又相互转化，这是客观事物运动的普遍规律。教学上运用这一法则，即以“反言”来表示“正言”：言相反而理相成，从反面深化含义，可取得加深对事物理解的最佳效果。老子在《道德经》中运用了“反言”说明相反相成的效果，诸如：曲则全、枉则直、洼则盈、敝则新、损而益、大成若缺、大盈若冲、大直若屈、大巧若拙、大辩若讷、明道若昧、进道若退、夷道若类……这些都是言反而理正，具有极强的说服力和深刻性。

老子在强调“用反”原则的同时，又提出“双观”原则，即从事物的正反两面来观察和认识问题。诸如：有与无、难与易、长与短、上与下、前与后、进与退、荣与辱、祸与福、强与弱、刚与柔、敝与新等对立两面及其相互转化的关系，既要了解其正面，又要了解其反面；既要了解其有形之表现，又要了解其无形之联系；既要了解其发生发展，又要了解其相互转化。这样，才能认识事物的全貌、本质及事物间的相互关系，从而避免认识的片面性。

（三）“虚静”、“专一”原则

“虚静”是指空虚、宁静的心态，“专一”是指心神贯注、专心致志的心境。在教学上就是保持心地高度纯净清明、全神贯注，不被任何私欲物念干扰。老子认为，只有保持这种学习心态，才能静观万物，体认事理，把握常道。因此，他要求在学习时一定要清除内心杂念，排除外界干扰，闭塞一切物欲之诱，杜绝计谋巧诈之智，废除虚伪仁义之道，毁弃奇珍异物之利，不藏一点世俗成见、不骄不躁、不矜不伐、不固执己见、不主观臆测、不自以为是，如此，才能明道知常，把握道体和妙用。

（四）“演绎”、“归纳”原则

老子认为，任何事物都是相比较而存在、相对立而发展的，并且是相互联系、相反相成、互为因果的关系，因而运用演绎和归纳方法可以探究事物的原委，推知前因后果，预知未来发展，从而认识新事物，发现新问题，获得新知识，驾驭万事万物。他说：“执古之道，以御今之有。能知古始，是谓道纪”[①]，“天下有始，以为天下母”，“既知其母，复知其子；既知其子，复守其母”[②]。以“道”驭“有”，以“古”察“今”，以“母”知“子”，这是演绎思维方式；由“有”寻“道”，由“今”观“始”，由“子”守“母”，这是归纳思维方式。这两种思维方式是人类认识客观世界的必由之路。因此，老子要求在教学的过程中运用这两种方法，并使两者结合起来，使学者既能认识“道”的本体和总规律，又能如此推知事事物物；既能认识具体事物，又能由具体事物复归于“道”的本体和总规律上。如此反复推演，使认识不断接近真理，不会被变化多端的纷繁现象所迷惑。

（五）“渐积”、“循序”和“持恒”原则

老子认为，任何事物都是由基础开始，循序渐进，不断积累而成的，不可能一蹴而就，一举成功，学习更是如此。他说：“合抱之木，生于毫末；九层之台，起于累土；千里之行，始于足下。”[③]这里，他着重强调，凡成功大事，必须从头开始，从一点一滴做起，一步一步完成，循序渐进，锲而不舍，持之以恒。还指出，做任何事情应从易、从细入手，“图难于其易，为大于其细。天下难事，必作于易；天下大事，必作于细”[④]。由易而难，故能“成其难”；由细而大，故能“成其大”。故此，老子极其重视学习中的积累功夫与渐进原则，以及持恒、坚韧的精神。

---

① 南怀瑾.老子他说[M].上海：复旦大学出版社，2016：170.

② 道德经集释：上[M].河上公，杜光庭，等注.北京：中国书店，2015：253.

③ 陈鼓应.老子今注今译[M].修订本.北京：商务印书馆，2016：303.

④ 牛贵琥.老子通释[M].北京：商务印书馆，2016：145.

（六）“贵师”、“爱生”原则

老子十分重视教师的作用，竭力倡导以“自然”为师，并且强调唯有“明德”、“为道”者，掌握自然规律、遵循客观法则行事的人才能为师。他要求为师者“行不言之教”，“处无为之事”，“先身而行”，起带头示范和引导作用，以达到“不教而成”的教育效果；要热爱学生，与学生心心相通，做到“圣人常无心，以百姓心为心”，“歙歙焉，为天下浑其心”[①]。对所有学生一视同仁，毫无偏爱之心，做到“善者，吾善之；不善者，吾亦善之，德善。信者，吾信之；不信者，吾亦信之，德信”[②]。对一切人都要给以教育，使善者更善，不善者亦能学善，长善救失，使人人都能完善本性，返朴归真。他还指出，善与不善均可发挥其教育作用，“善人者，不善人之师；不善人者，善人之资”[③]。要循循善诱，因其自然而教，循其才性而诲，以浃其心而不自知。

总之，老子的教学思想十分丰富而且独具特色。他以“道法自然”为理论基础，建构起高度尊重个性自由发展的教与学原理，矫正了世俗教育抹杀、扭曲、戕害个性的弊端；以“反者道之动”为原理建立起“用反”、“双观”教学原则，大大发展了古代辩证的教学思想；主张静观远照、玄鉴知常，注重直觉体悟和全面体道，确立了直觉主义和整体思维相统一的教学观；强调心灵净化、专一持恒、循序渐进，揭示了内外教学环境净化的必要性和重要性；倡导“贵师”、“爱生”，师生心心相通，一视同仁，充分体现了教育平等和仁爱的精神。所有这些，构成了独树异帜的道家教学理论体系，并形成与儒家教学思想既相对立、又相补充的格局，对后世产生了重大而深远的影响。

［本文系南京大学出版社2000年版《安徽文化史》（上）中的一部分，收入本文集时有改动］

---

① 老子.老子译注[M].陈剑，译注.上海：上海古籍出版社，2016：167.

② 牛贵琥.老子通释[M].北京：商务印书馆，2016：119.

③ 吴圣苓.师典[M].上海：上海人民出版社，2004：9.

浅析庄子自然主义教育思想

庄子（约前369—前286年），名周，字子休，宋国蒙（今安徽蒙城，一说河南商丘）人，战国时期哲学家、散文作家。家甚贫，居于穷里陋巷，衣着褴褛，面颜枯槁。他拒绝做官，终身不仕，超脱世俗，隐居为乐。庄子继承发展了老子“道法自然”的思想，成为道家主要代表人物。其著作《庄子》（又称《南华经》），文辞汪洋恣肆，寓意深邃，想象丰富，是研究庄子思想的主要资料。庄子的教育思想在战国时期独树一帜。

一、自然主义教育本质说和培养“至人”目的论

庄子从“道法自然”的根本思想出发，提出自然主义的教育本质说。他认为人的本性是顺应自然，教育的本质就是顺应人的自然本性，使其得到自由的、充分的发展，成为与道合一、浑同自然的绝对自由的人。并且指出，凡“人为”的教育都是违背人的自然本性，是以外力来束缚、摧残和扼杀人的本性，置人于死地。庄子在发展人的自然本性的理论基础上提出了教育目的论，主张教育的目的就是培养“至人”、“真人”（或称“圣人”、“神人”）。他强调这种“至人”、“真人”，以“道”为最高理想，以“因任自然”为根本原则，无己、无功、无名、无情，超然尘俗，物我两忘，逍遥自适。他认为有了这种精神境界，就能彻底体悟万物之道和人生之理，成为与万物齐一、绝对自由的“至人”、“真人”。他曾描绘“至人”、“真人”的形象是：睡时安适舒缓，醒时无知无识，任人称他为马为牛，毫不在意；其知情真朴、德性纯真、逍遥自在，毫无世俗牵累；不以生死为怀、不以情欲背道、不以人为助天，置生死、喜怒、哀乐于身外；不食人间五谷、吸风饮露、乘云驾雾，如同鲲鹏翱翔太空、游于四海之外。庄子所设计的这种超脱现实、远离人世、绝对自由的“真人”，实际上是一种空想，因为任何人都不可能离开社会而孤独生存。但是，从反对扭曲人性、摧残人性的阶级社会的教育，主张遵循个

性发展规律，提倡个性解放的角度来说，他的思想具有积极的进步意义。

二、以“道”为教育的根本内容

为了发展人的自然本性，培养“至人”、“真人”，庄子极力反对以虚伪的仁义道德来教育学生，而主张以“道”为教育的根本内容。他认为，直接学习、体认自然之道，领悟“道”的本性及其实质，是教育与学习的根本任务。他批评儒家的“六经”都是过时的糟粕，违背自然的本性和法则，是“削性”、“侵德”的行径。他说，“夫六经，先王之陈迹也”[①]，“然则君之所读者，古人之糟魄已夫”[②]。读这些过时的糟粕，如同陆地行舟一样，“劳而无功，身心有殃”[③]。在他看来，所有仁义道德，更是违背自然本性，都是强作妄为的东西，不仅有害于人的“性命之情”，而且更是“乱德”、“悖理”、“淫巧”的勾当。他说：“说仁邪，是乱于德也；说义邪，是悖于理也；说礼邪，是相于技也；说乐耶，是相于淫也。”[④]故此，他提出“绝圣弃智”、“绝仁弃义”，反对一切社会人文和道德知识，主张“循道而趋”、“放德而行”，因任自然而教而学。他强调“道”的本性是“自然”、“无为”，不受人的意志干扰和左右，这是天地万物的根本，人的本性亦然。只有遵循“道”的自身规律，顺应自然法则，保持“虚静、恬淡、寂寞、无为”的心态，不受任何外来干预，排除一切喜、怒、哀、乐等情欲的干扰，就能体认和领悟客观之道，把握道的本质，从而进入“道”的最高境界，即体认和把握客观事物的真实性和规律性，而与“万物齐一”的绝对自由的境界。庄子这些见解，对于反对腐朽、没落阶级的思想意识和文化道德，以及一切扭曲、扼杀人的自然本性的教育等方面，有一定进步的、积极的意义，但其抹杀和否定人类一切文化则是极其错误的。因为文化是人类文明进步的成果和标志，是人类社会进步的阶梯，如果全盘否定和毁弃文化，人类岂不是永远停滞在与禽兽不分的未开化状态，社会也将永远处于混沌未开的原始社会吗?!

---

① 曹础基.庄子浅注[M].修订本.北京:中华书局,2000:220.
② 曹础基.庄子浅注[M].修订本.北京:中华书局,2000:200.
③ 曹础基.庄子浅注[M].修订本.北京:中华书局,2000:210.
④ 曹础基.庄子浅注[M].修订本.北京:中华书局,2000:143.

三、顺应自然的教育、教学原则和方法

在怎样教与学的问题上，庄子提出一个重要的原则，即顺应自然。同时，也提出了一些与之相应的学与教的方法。

第一，顺应自然原则。顺应自然，即遵循客观的自然法则，按照学生身心和客观事物的发展规律进行教育与学习，使学生真正认识和领悟客观事物之理，把握事物的本体和本质，使学生的自然本性得到充分的、自由的发展。这是庄子主张的最根本的教育教学原则与方法。他以“庖丁解牛”为喻：庖丁为文惠君解牛，功夫纯熟，技术熟练，刀到之处，迎刃而解。文惠君惊叹他的神奇刀功，问他怎样取得这样高超的技术。庖丁回答说：我好的是“道”，“依乎天理”，“因其固然”。意谓他非常熟悉牛的肌肉筋骨生长的生理状况，顺着牛身上肌肉纹理和筋骨脉络的缝隙，刀到之处，迎刃而解，所以得心应手，游刃有余。他还以驯虎、治马、养鸟为例，认为要顺着虎性、马性、鸟性去驯养，否则，反被虎所伤害，把马和鸟喂养死。他以上述事例说明教育人必须顺应其自然本性，遵循其固有发展规律，加以引导，不可违反。庄子顺应个性、正确引导的原则，与儒家倡导的“因材施教”、“循序渐进”、“循循善诱”的原则和方法有异曲同工之妙。

第二，直觉体认的方法。所谓直觉体认，即直接地体察客观事物，认识“道”的本体，体悟“道”的本质和规律，从而实现对“道”的整体性的把握，使人的主观认识与客观自然之道相统一。因为，庄子认为“道”与具体事物不同，它具有无形、无象、无物、无状的特点，而又是无所不在、无所不包的最高实体和规律，它不能以言词加以概括和说明，因而也就不能用语言来教人们去认识它。同时，他还认为：“夫物，量无穷，时无止，分无常，始终无故。”①所以知识无涯，而人生有涯，以有涯之生命去追求无涯的知识是不可能的。要想认识和把握“道”，就必须通过自身直觉地去观察、体认和领悟，才能真正认识和把握它，实现人与道的统一，进而进入与万物齐一的无差别的精神境界。以此，庄子提出了认识过程亦即学习过程的三个阶段：其一，“接”——即观物阶段，直接接触外物以体察、认知自然之道，而不是学习现成的知识和经验；其二，“谟”（又称“名”）——即谋虑、思考阶段，

① 曹础基.庄子浅注[M].修订本.北京：中华书局，2000：236.

在观物的基础上通过深思熟虑以体悟自然之道的本质和规律；其三，"神"——即心领神会、深观远照阶段，就是从"道"的全体和大用上去把握其总规律，统观万物，心与道一体，人与道合一，以至"从心所欲不逾矩"的精神绝对自由的最高境地。

以上三个阶段就是通过直观外物而体认和把握自然之道的统一过程，它不同于儒家重间接知识经验的接受与积累，而是主张对自然之道的直接体察与体悟，强调由外向内、主体内化的过程，强调直觉思维能力和深观远照能力的培养，所以它具有直觉主义认识论的特点。正因如此，庄子特别注重学习过程中的主体性、独立性和认识的整体性与深刻性，这是儒家学习认识论远远所不及的。但是，他排斥间接知识，主张逐步远离外物，片面强调直接思维，则又带有神秘主义的色彩，导致不可知的结论。

第三，虚静谨慎的学习态度。这是庄子关于思想修养和学习态度的一条重要原则。所谓"虚静"，就是保持心地纯一、清净无为的心理状态，毫无私心杂念，不受任何外界因素干扰，客观地体察事物的自然变化，真实地体认事物的本质和规律，进而进入与"道"同一的最高境界。他说："虚则静，静则动，动则得矣。静则无为，无为也，则任事者责矣。"①做到了虚静，就能无为而体认万物，这是任事者的职责。所以，他要求学习者必须保持高度虚静的心境，做到无己、无功、无名，把个人的成败、祸福、荣辱和生死统统置之度外，从而葆身全生，日臻无差别的思想境界。

所谓"谨慎"，就是严谨认真地修养身心，保持朴素纯真的自然天性，不为物欲所累，不被世俗所害，使其天性得以自由而充分地发展，达到与物齐一，回归自然的目的。他说："谨修而身，慎守其真，还以物与人，则无所累矣。"②因此，他要求人们的修养、发展自然本性时，应做到"堕肢体，黜聪明，离形去知，同于大通"③。就是说，忘掉自身的肢体和生命，去掉内心杂念巧智，使自己与"道"合一，从而进入"大通"即同一万物的至境。

由上可见，庄子特别强调内心净化的修养方法，有其合理的一面；但过分强调内在的作用，而不讲外在客观实践的作用，这又是极其错误的。

第四，"行不言之教"。庄子认为，学道必须靠自己亲身体察和体悟，而

① 曹础基.庄子浅注[M].修订本.北京：中华书局，2000：185.
② 曹础基.庄子浅注[M].修订本.北京：中华书局，2000：468.
③ 曹础基.庄子浅注[M].修订本.北京：中华书局，2000：107.

不是靠他人言传语教，所以他竭力主张“行不言之教”。他说：“无思无虑始知道，无处无服始安道，无从无道始得道。”①其意是说，不是靠自己苦思冥想，也不是靠他人强作妄为，更不是靠主观人为和臆造，而是靠顺应自然，亲自体察和体认客观事物之本性及其本质，才能真正把握“道”，并能安于“道”，与“道”合一。他以婴儿学说话为例，并没有专派教说话的老师，可是他朝夕生活在会说话的人们中间，就渐渐学会了说话，他以此说明“行不言之教”的道理。他还强调在教育过程中，要以精诚感人，不能有半点虚假造作。他说：“真者，精诚之至也。不精不诚，不能动人。”②只有教者心诚情真，学者才能心悦诚服。这是教育的至理名言，十分可贵。

［本文系南京大学出版社2000年版《安徽文化史》（上）中的一部分，收入本文集时有改动］

① 曹础基.庄子浅注[M].修订本.北京:中华书局,2000:318.
② 曹础基.庄子浅注[M].修订本.北京:中华书局,2000:469.

《淮南子》的教育思想简析

《淮南子》，是在淮南王刘安（前179—前132年）主持下，由一批学者集体编撰而成。据《汉书·淮南衡山济北王传》记载：刘安“招致宾客方术之士数千人，作《内书》21篇……”，称《鸿烈》，后称《淮南鸿烈》或《淮南子》。该书的中心意旨在于阐发黄老学派思想，并将其加以发展。在教育方面，它承续发展了黄老学派的教育观点，而且是汉代发挥黄老学派教育观点较为完备的一部书。尽管其中糅杂一些孔、墨、申、韩及阴阳五行诸家的观点，但是并不损害其以自然为宗的主旨，反将以“道”为主的思想发扬光大。

一、对儒家教育思想的批评

崇道黜儒思想贯穿于《淮南子》全书之中，它以“道”为本，崇尚“自然”，主张“无为”，蹈虚守静；而儒家则不然，崇尚仁义，主张有为，提倡名教，以“修己治人”为鹄的。因此，该书对儒家思想持批评和反对的态度。它尖锐地批评儒家制造的仁义礼乐“皆衰世之造”，违背“道”的根本法则，是“大道废”的结果。抨击儒家诗书礼乐之教违逆了人的自然本性，惑乱了人的本心，使人昏淫智诈，逐利追名，毫无应变之才和利民之德。它指出，“礼饰以烦，乐优以淫”①，“弦歌鼓舞，缘饰诗书，以买名誉于天下。繁登降之礼，饰绂冕之服，聚众不足以极其变，积财不足以赡其费”②，结果造成社会普遍智伪凿营、欺世盗名，荒淫无耻。“万民乃始慲觟离跂，各欲行其知伪，以求凿枘于世，而错择名利。是故百姓曼衍于荒淫之陂，而失其大宗之本。”③这种所谓的教育皆是虚伪的“世俗之学”，绝非合于大道的“圣人之学”，是衰世、道失而后编造出的“邪道”。这些批评抨击了儒家教育思想的

① 刘安，等.淮南子[M].长沙：岳麓书社，2015：100.

② 刘安，等.淮南子[M].长沙：岳麓书社，2015：16.

③ 刘安，等.淮南子[M].长沙：岳麓书社，2015：16.

要害，特别是对尊儒读经、唯古是学的抨击是深刻的，具有积极的意义。

必须指出，《淮南子》的作者并不像老子那样一概反对仁义礼乐法度之政教，而是反对那些悖于黄老之道、徇古守旧、不适时宜的一套，指出："圣人制礼乐而不制于礼乐。治国有常，而利民为本；政教有经，而令行为上。苟利于民，不必法古；苟周于事，不必循旧。"[①]"法与时变，礼与俗化……法度制令各因其宜。"[②]"先王之制，不宜则废之。"[③]可见，《淮南子》并不是反对一切仁义礼乐，而是反对复古复旧的制度，主张建立符合时宜、利国利民的政教制度。这一思想和主张反映了新兴地主阶级走上政治舞台后的政治主张和愿望，具有历史进步性。

二、以"自然"为宗的教育

《淮南子》是发挥黄老学派教育思想较为完备的一部书，它从教育的地位、作用、目的、内容，到教育教学的原则和方法等问题都有所论述，并有重大的发展。

（一）充分肯定教育的价值和作用

《淮南子》作者不像前期道家那样，强调"无为之教"，主张"绝学无忧"，而是充分肯定教育的重要作用。他们在谈到教与法关系时曾明确指出：教是本，法是末。法能杀不孝，不能使人为孔曾之行；法能使人不盗，而不能使人有伯夷之廉。就是说，教育能使人具有孔丘、曾参那样的德行和伯夷那样的廉洁，成为道德高尚的圣人，而法规制度则不能，只能禁"末"，防盗、防不孝而已。还指出：教育在使人学得前人积累的知识技能，继承和发扬人类文化遗产，推动社会文化交流和进步等方面，都起着重大的作用。"教训施续，而知能流通"，正是教育发挥其功能的结果。足见，《淮南子》对于教育的社会价值与作用是极其重视的。

（二）肯定人性的可变性和受教育的重要性

对于个性的发展问题，《淮南子》也不像前期道家主张"无为之益"、"不教而成"，而是主张"教之所为"、"待教而成"，特别强调教育对于个性发展的必

① 刘安，等.淮南子[M].长沙：岳麓书社，2015：124.
② 刘安，等.淮南子[M].长沙：岳麓书社，2015：124.
③ 刘安，等.淮南子[M].长沙：岳麓书社，2015：124.

要性和可能性。该书认为，人的先天本性是平静而恬淡的，无好憎善邪之分，因后天的习染和嗜欲的引诱而产生善邪好憎之情，因而出现了人们个性上的差异。它说，“人生而静，天之性也；感而后动，性之害也。物至而神应，知之动也。知与物接，而好憎生焉”，“好憎成形而智诱于外，不能返己，而天理灭矣”①。这几句话充分说明外界环境（包含教育）对人发展的影响。同时还说明，如果是坏的习染积久成性，就要毁灭人的先天本性，成为坏人、恶人和不肖之人。《齐俗训》篇曾以“素丝染于涅则黑，缣黄染于朱则赤”为喻，阐明人性的变化完全取决于环境的影响，并由此作出结论，“人之性无邪，久湛于俗则易。易而忘本，合于若性”②，“人性欲平，嗜欲害之。惟圣人能遗物而反己”③。由上可知，《淮南子》充分肯定人的本性是可变的，因而指出教育的可能性。同时，又指出本性有可能因外物嗜欲所害而不知反，因而强调教育的必要性。因此，教育的作用就是“顺天适性”，即顺应人的先天本性，“因其所喜以劝善，因其所恶以禁奸”④。劝善禁奸，成善成性，这是教育的根本任务。在“恶”与“善”的德性问题上，它肯定物质生活的重大影响，指出：“夫民有余即让，不足则争。让则礼义生，争则暴乱起……故物丰则欲省，求澹则争止。”⑤物质生活状况决定着人们道德状况，道德的状况又反过来影响社会的治乱。以上这些观点是符合唯物主义原理的。然而，在“上智”、“下愚”的教育问题上，它的观点自相矛盾起来，认为上者如尧、舜、文王等圣人，不教而合道，不学而能知；下者如丹朱、商均等恶人，贤师不能化，虽教而无益。这说明它的唯物主义人性仍保留命定论的观点。但总的来说，《淮南子》充分肯定了教育和环境对人性发展形成起着决定性的作用，这在反对当时的宿命论方面具有重大的意义。

（三）注重人才的培养和使用

在人才培养与使用上，《淮南子》也不像前期道家主张因其自然，提倡无为而教、无为而作，而是主张培养积极有为的人才，并充分发挥他们的聪明才智。它提出培养出来的人才应是：游心于道，与造化同俱；博览古今，与古人同游；志大心细，智圆行方；积极有为，成就事业；生有荣名，死有遗业的人物。同

---

① 刘安，等.淮南子[M].长沙：岳麓书社，2015：2.
② 刘安，等.淮南子[M].长沙：岳麓书社，2015：98.
③ 刘安，等.淮南子[M].长沙：岳麓书社，2015：98.
④ 刘安，等.淮南子[M].长沙：岳麓书社，2015：215.
⑤ 刘安，等.淮南子[M].长沙：岳麓书社，2015：107.

时，具有恬然无思，淡然无虑，以天为盖，以地为舆，四时为马，阴阳为御，承云凌霄，与造化同俱的大丈夫气概。为了说明这样的人才于世于民有利，它以历史上许多被认为是圣人的事迹来证明：神农教民“树之五谷”，“尝试百草”，“一日而遇七十毒”；尧积极教化，“立孝慈仁爱”，“西教沃民，东至黑齿，北抚幽都，南道交趾，放讙兜于崇山，窜三苗于三危，流共工于幽州，殛鲧于羽山”[①]；舜“作室居”，“辟地树谷，南征三苗，道死苍梧”；禹“沐浴霪雨，栉扶疾风，决江疏河，凿龙门，辟伊阙”[②]；汤“夙兴夜寐，以致聪明……整兵鸣条，困夏南巢”[③]。以上五人都是积极有为，终身致力于为民兴利除害，成就伟业的圣人。由此，它明确指出：“圣人忧民如此明也，而称为‘无为’，岂不悖哉！”[④]并得出结论说：“天子以下，至于庶人，四肢不动，思虑不用，事治求赡者，未之闻也。”[⑤]由上可见，《淮南子》的作者与前期道家截然不同，它从“有为而治”的立场出发，提出培养积极有为的人才观点，这是一大进步。

为了培养积极有为的人才，《淮南子》指出，在学习上要“以道为本”，要有“大知”、“大慧”，不要“小学”、“小慧”。它说：“人不小学，不大迷；不小慧，不大愚。”提出“心小志大”、“智圆行方”、“能多事鲜”的人才标准，即小心谨慎，志气远大；智慧圆通，行为端正；有多种多样的才能，处事干练而少烦，并且要做到“私志不得人公道，嗜欲不得枉正术，循理而举事，因资而立功”，“事成而身弗伐，功立而名弗有”[⑥]。同时，要广读博览，不废百家之言，认为“百家书业，皆务于治”，“六艺之科，皆同于道”。它着重指出，作为人主要重视人才的培养和使用，首先要正身以教人，处无为之事，行不言之教，“民之化上，不从其所言而从其所行”[⑦]。在人才使用上，主张上者要知人善用，各得其宜，充分发挥他们的才能。它说，“贤主不任己之才，而贵于因材用人”，“大者因其大，小者制其小，使各得其宜，则能尽众人之力”[⑧]。尤其重视众人的智慧和力量，“夫求众人之智，则无不任也；用众人之力，则无不胜也”。《淮南子》的上述见解和主张，体现了新兴的封建政权对人才的要求。

---

① 刘安，等.淮南子[M].长沙：岳麓书社，2015：203.

② 王连升，郝志达，周德丰.中国文化要义[M].武汉：华中科技大学出版社，1999：104.

③ 刘安，等.淮南子译注[M].陈广忠，译注.长春：吉林文史出版社，1990：910.

④ 王云五.两汉三国政治思想[M].台北：台湾商务印书馆，1969：78.

⑤ 刘安，等.淮南子[M].长沙：岳麓书社，2015：204.

⑥ 顾迁.淮南子[M].北京：中华书局，2009：267.

⑦ 顾迁.淮南子[M].北京：中华书局，2009：147.

⑧ 顾明远.教育大辞典：第9卷 中国古代教育史（下）[M].上海：上海教育出版社，1992：178.

（四）提出许多具有普遍意义的见解

第一，提倡“顺天适情”，反对“迫性拂情”。它指出：“达人之学，欲以通性于辽廓，而觉于寂寞也；若夫俗人之学也，则不然，擢德搴性，内愁五脏，外劳耳目。”[①]这是说，世俗之学违背了人的自然法则，束缚了人的本性，损害了人的健康；而达人之学，顺应人的自然本性，符合教育的规律，使人的本性得以自然地发展。因此，它提出教育和教学工作都要“以恬养性，以漠处神”，顺应人的恬静、淡漠的自然本性，使其得到充分的发展。

第二，要因材施教，它认为人的习性不同，才能各异，要“用之于其所适，施之于其所宜”，如此，可使“天下无弃才”。否则，逆其所适，违其所宜，则如同以铁为舟，以木为釜，必遭失败。

第三，要循序渐进，不可逾越，如同染者先青而后黑，工人下漆而上丹，则可；若先黑而后青，下丹而上漆，则不可。

第四，培养“以小明大，以近论远”的推理能力。它说：“悬羽与炭，而知燥湿之气，以小明大；见一叶落，而知岁之将暮；睹瓶中之冰，而知天下之寒，以近论远。”[②]认为这种推理能力对于人察物明理，认识事物之间的必然联系和本质规律非常重要，“通于太和而持自然之应者，为能有之”[③]。

第五，防微杜渐。它说：“积羽沉舟，群轻折轴”，在教育工作中对于任何细小毛病都要重视，应杜绝于未发，防患于未然，不然由小而大，必将酿成大祸。

第六，勤学力行。认为学习必须坚持不懈，持之以恒，才能不断增长知识和才干。它说：“夫物常见则识之，常为则能之。”[④]

以上几点充分说明，《淮南子》关于教育、教学的思想已完全突破了前期道家的框子，建立起适应新的历史时代要求的黄老道家教育思想体系，是十分可贵的文化教育遗产。

［本文系南京大学出版社2000年版《安徽文化史》（上）中的一部分，收入本文集时有改动］

---

① 刘安，等．淮南子［M］．长沙：岳麓书社，2015：73．

② 刘安，等．淮南子［M］．长沙：岳麓书社，2015：171．

③ 刘安，等．淮南子［M］．长沙：岳麓书社，2015：51．

④ 刘安，等．淮南子［M］．长沙：岳麓书社，2015：223．

文翁化蜀

文翁是西汉时期一位勤政爱民、颇著政绩的地方官员，是一位尊儒兴教，首创地方官学的教育实践家。他对蜀地的开发和文化教育的发展起着重要的推动作用。《汉书·文翁传》称："巴蜀好文雅，文翁之化也。"

一、主要事迹与教育活动

文翁（生卒年不详），名党，字仲翁（一说翁仲），庐江舒县（今庐江西）人。汉景帝末、武帝初年间，由郡县小官擢拔为蜀郡（今四川成都地区）太守。因他治蜀颇著政绩，蜀人尊称其为"文翁"。据史料记载，文翁自少好学。精通《春秋》，崇信儒术，推行儒家仁政学说和政治路线，勤政爱民，重视学校教育和社会教化。他在任蜀郡太守期间，做了两件大事：第一件事是兴修水利。穿凿湔江口，引水灌溉农田1700顷，使农业生产得到了发展，人民生活得到了改善。第二件事是首创郡学，培育人才，实施教化。当时蜀地僻陋，文化落后，风俗陋坏。《汉书》记载："蜀地僻陋，有蛮夷风，欲诱进之。"[①]文翁为改变蜀地文化风俗落后状况，采取了两项重要措施：

其一，从所属郡县的小吏中选拔聪慧开敏、有才智的优秀人才十余人，派往京师长安（今西安市）为博士弟子，学习儒家经典或律令，对他们进行培养深造。在去京师前，文翁亲自给以告诫教导，鼓励他们勤奋学习，努力成才，寄予殷切期望与重托。还以减省府内行政开支的钱购买蜀地特产如刀、布等物，作为馈礼赠给博士导师。他们学习数年，成才回蜀，"文翁以为右职"，委以高职和重用，有的后来还被擢拔为太守、刺史。由于这一措施，蜀地引进了中原先进文化，培养了一批有德有才的从政从教人员，从而推动了蜀地文化教育的发展和敝风陋俗的改变。

① 柳诒徵.中国文化史：上[M].北京：中国文史出版社，2015：367.

其二，在蜀郡治所成都创立郡学一所，招收所属各县子弟入学，进行培养和教育。学生在校期间，一律免除兵役和其他各种劳役，使他们专心致志地学习。肄业后，按才德高下任以官职，高者补郡县吏，负责治政理民；次者为孝悌力田，做文化教育的乡官，负责社会教育与教化。由是蜀郡子弟争先恐后地前来求学受教，培养造就了大量人才。由于文翁兴办儒学，厉行教化，迅速改变了蜀地文化习俗的落后面貌，成为全国兴办教育的先进地区。《汉书》记称："由是大化蜀地，学于京师者比齐鲁焉。"由于文翁办学的成功，汉武帝特诏令在全国推行他的经验，兴办郡县学。从此，西汉的地方官学纷纷兴办起来。西汉地方学校的建立和兴起，文翁当推首创之功，这对以后学校教育的发展也产生了深远的影响。文翁死后，蜀地人民为了纪念他，修建祠堂四时祭祀不绝。家乡人民为了纪念他，曾于明嘉靖初年，在安庆建立"二良书院"（文翁为"二良"之一），培养后生，以示继其业。现在成都重点中学"石室中学"，就是在当时郡学旧址上建立起来的，这所中学的建立也是为了纪念这位先贤。

二、办学宗旨与教育方法

办学宗旨是根据一定的社会与政治的需要而确立并为其服务的，文翁办学的宗旨就是为了培养人才、推行社会教化、提高人民的思想文化素质、改变蜀地文化落后的面貌，即前述的"蜀地僻陋，有蛮夷风，欲诱进之"。据记载，文翁"教民读书法令"称："读书"，即习读儒家经典，明晓封建社会的礼仪等伦理道德和文化知识；"法令"，即学习汉代的法令与官务政事，掌握一定的法律知识，学会办理官府的日常工作。可见，文翁的教育着重于封建道德和政事两大内容，充分体现了德育首位及培养理政能力的特点，使学生以后能够理政爱民，推行道德教化。就是说，他的教育内容充分体现了教育宗旨，注重读经致用，紧密与政务和社会需要结合。再从他对学生成才后的任用看，他按"学而优则仕"和德才兼备的原则予以任用，"高者以补郡县吏，次为孝悌力田"，即德才兼优者任郡县官，掌地方政府工作；德才稍次者任"孝悌力田"，掌管地方文化教育和教化工作。由上可见，文翁兴学设教的目的，一是培养勤政爱民的儒吏，二是培养负责社会教育、教化的文儒。最终目的是改变蜀地蛮夷之风，提高人民文化思想素质。文翁的这一教民化民的思想和实践，是非常可贵的。

在教育方法上，文翁很有独创之处。他不是让学生关门读书，死记教条，而是引导学生在实际中学习，把学得的知识及时运用到实践中去。如他经常挑选学生到郡府内从旁观察如何处理政事，或交给一定行政工作，让学生逐步学会办理政务。他每次外出巡视工作，都要挑选学行俱优的学生随同前往，考察政情民俗，使他们了解社会、认识社会。他还经常派遣学生进出郡府，传达各种指令和了解日常政务等等。以上这些方法，实际上是将读书学习与工作实际、社会实际密切结合起来，既有利于学生增长知识，锻炼才干，熟悉社会，培养分析问题和解决实际问题的能力；又可引起县邑官员、百姓对学校的倾慕与对教育的支持、重视，激发他们参与教育事业的荣誉感和光荣感。因此，蜀郡属县学生纷纷前来为郡学弟子，也有富人捐钱给学校，要求选其子弟入学受教。总之，文翁办学的目的是为了教民化俗，路子是对头的，经验是成功的，方法是正确的，尤其是他的仁政爱民思想和为社会奉献的精神尤为可贵。

[本文系南京大学出版社2000年版《安徽文化史》（上）中的一部分，收入本文集时有改动]

嵇康越名教任自然教育思想述评

嵇康（223—262年），字叔夜，谯郡铚县（今安徽濉溪）人。三国时期魏国思想家、文学家、音乐家、玄学家和教育思想家。他的教育思想富有强烈的反对儒学名教的战斗精神，不仅对儒学教育思想起着猛烈的冲击作用，而且在中国古代教育思想发展史上占据重要的地位。

一、"越名教"——对儒家"名教"的揭露和批判

嵇康生在曹魏和司马两大政治集团争夺权力最激烈的年代。当时，他作为曹魏政权的一员，又是曹氏家族的姻戚，且自少"任其所尚，托好老庄"，这就决定了他对司马氏集团的阴谋篡权活动深恶痛绝，对其打着维护名教、忠于王室的招牌，却干着大肆诛杀曹氏势力的勾当更是疾恶如仇。特别是在曹魏已遭失败，司马氏夺得政权以后，嵇康一面表现出极端愤世嫉俗，傲视现实，蔑视权贵，纵性任使，放荡不羁的态度，以示对司马氏的抗争；一面高举"越名教而任自然"的思想理论大旗，对儒家"名教"进行猛烈的抨击和无情的揭露，以显示他对儒家仁义礼乐、名分等级的世俗教育毫不妥协的战斗精神。

所谓"名教"，它是儒家教育思想的理论支柱，是以封建仁义礼智等伦纪纲常为教育的主要内容，以儒家"六经"为基本教材，以培养效忠封建政权的士君子为目标，以维护和巩固君、臣、父、子等封建秩序为根本目的的一种教育。从本质上说，它是封建政治、经济与社会关系在思想意识和教育上的反映，充分体现了封建统治阶级的意志和精神，具体表现为儒家所极力倡行的仁义礼乐、名分等级之教，包括其教育思想、理论、目的、内容、制度以及教育方法等各个方面。嵇康认为，这种教育钳制人的思想，戕害人的个性，是违反人的自然发展规律的一种"夭性丧真"的教育。嵇康"越名教而任自然"的教育理论和主张，就是针对儒家"名教"而提出的，并作为批判

其思想的锐利武器和创建理想的自然主义教育的理论纲领。为此目的，嵇康对名教进行了系统、深刻而全面的揭露和批判。

嵇康从名教的产生及其恶果进行理论上的分析批判。他认为，在原始社会中，人们真朴未亏，品质完美，一切都是“物全理顺”，任因自然，而无“仁义之端、礼律之文”之约束。后由于社会丧乱，道德沦丧，统治者为了自身的利益而制造出来的一种极端虚伪的所谓“仁义”、“礼律”，以钳制人们的思想，控制人们的行为，因而产生了世俗教育，产生了所谓“名教”。他说：“大道陵迟，乃始作文墨，以传其意，区别群物，使有类族，造立仁义，以婴其心，制其名分，以检其外；劝学讲文，以神其教。”[①]又说：“智慧日用，渐私其亲。惧物乖离，攘擘立仁。名利愈竞，繁礼屡陈。刑教争驰，夭性丧真。”[②]这里，嵇康明确而深刻地指出，因为大道凌迟，统治者乃“作文墨”、“立仁义”、“制名分”、“陈繁礼”、“劝文讲学”，以实施名教，其目的是“传其意”、“婴其心”、“检其外”，使人们按照统治者的旨意去思想、言论和行动，恪守封建统治秩序，因而造成了“刑教争驰，夭性丧真”和“丧乱弘多，国乃陨颠”的恶果。由于统治者大肆推行“名教”，使社会道德更加沦丧，人心更加变坏，人的纯真自然的本性丧失殆尽，所培养出来的“士”，尽是“贪生之禽，食园池之梁菽”的害人虫之类，只知“求安”、“致荣”，拼命追逐个人名利、地位和享受，毫无为国家繁荣昌盛、民族兴旺发达效力之心，甚至造成社会丧乱、国家沦亡的结局。嵇康的这些批判击中了世俗“名教”的要害，从根本上否定了“名教”教育存在的价值。

嵇康对儒家极力推崇的教育内容“六经”进行了针锋相对的批判。当时一些儒家学者依据孟子关于“仁、义、礼、智根于心”的唯心主义观点，主观臆断“名教”思想是人们内心所固有的，因而肯定人们爱好儒家“名教”是人的先天本性，接受儒家“名教”的教育也是符合人的先天本性，合于自然，并由此而鼓吹儒家的经典“六经为太阳，不学为长夜”。对此，嵇康痛加批驳。他尖锐地指出，把儒家“名教”当作人类固有的自然本性，这是把人的社会属性与人的生理自然本能混淆起来，是以“必然之理，喻未必然之好学”，完全是违背逻辑的“似是而非议”，是根本错误的。进而，嵇康深刻地揭露“六经”的虚伪和腐朽性，痛斥道：“六经为芜秽”，“仁义为臭腐”，并

① 马秋帆.魏晋南北朝教育论著选[M].北京:人民教育出版社,1988:44.

② 嵇康.嵇康集注[M].殷翔,郭全芝,注.合肥:黄山书社,1986:331.

指出“六经”所宣扬的仁、义、礼、智等伦理道德，只不过是扼杀人的思想，控制人的行为，戕害人的个性的工具而已。他说：“六经以抑引为主，人性以从欲为欢，抑引则违其愿，从欲则得自然；然则自然之得，不由抑引之六经；全性之本，不须犯情之礼律。故仁义务于理伪，非养真之要术，廉让生于争夺，非自然之所出也。”①这里稽康强调“全性之本”、“养真之要”，在于顺任人性之自然，绝非“抑引之六经”或“犯情之礼律”，因为仁义、礼律是违背人的本性的自然发展规律的。倘若用那些芜秽臭腐的东西充塞课堂，灌输给学生，那等于“以明堂为丙舍，以讽诵为鬼语”，即把讲堂变成阴森可怕的停棺材的墓屋，把教学变为鬼们絮絮之语。因此，嵇康愤然斥责道：“以六经为芜秽，以仁义为臭腐，睹文籍则目瞧，修揖让则变伛，袭章服则转筋，谈礼典则齿龋，于是兼而弃之，与万物为更始。”②对于这种“六经”、“仁义”之名教，必须予以彻底抛弃。嵇康的这些批判，虽然其中有些偏激、片面之语，有全盘否定古代文化之嫌；但是，自汉武帝确立“独尊儒术”文教政策以后的400年间，儒家的教育思想和教育内容受到全面批判与否定还是第一次，这表明了嵇康敢于否定儒家“名教”权威和要求思想解放的大无畏精神，因而具有一定的历史积极意义。

二、“任自然”——自然主义教育理论和主张

嵇康从自然哲学观和社会观出发，提出“任自然”的教育理论和主张，以与儒家“名教”的教育思想相对抗。如果说“越名教”是他反对、否定虚伪的世俗“名教”，那么，“任自然”乃是他的理想的自然主义教育的理论核心和精髓。嵇康继承发展了老子“道法自然”的思想，认为外界一切事物，包括自然、社会和人类本身都是按照其自身原本的规律自然地发生、发展和运行变化，不可加以外力干扰，以免破坏它的自然运行法则和客观规律性。就教育来说，他认为必须顺应人的客观发展规律，因循自然法则，促使受教育者的本性自然地发展，而不受任何外来约束和限制。基于这一认识，嵇康借古时社会之淳风美俗设想一个理想的自然主义教育模式。他说：“古之王者，承天理物，必崇简易之教，御无为之治，君静于上，臣顺于下；玄化潜通，天人交泰。枯槁之类，浸育灵液，六合之内，沭浴鸿流，荡涤尘垢；群

① 马秋帆.魏晋南北朝教育论著选[M].北京:人民教育出版社,1988:44.

② 马秋帆.魏晋南北朝教育论著选[M].北京:人民教育出版社,1988:45.

生安逸，自求多福，默然从道，怀忠抱义，而不知其所以然也。”[①]又说：“若以往则万国同风，芳荣济茂，馥如秋兰，不期而信，不谋而成，穆然相爱；犹舒锦布綵，灿炳可观也。大道之隆，莫盛于兹；太平之业，莫显于此。”[②]在他看来，最理想的教育就是“承天理物”、“默然从道”，即一切顺应自然法则，遵循客观规律，实行“简易之教”、“无为之治”，而达于“大道”隆昌的太平盛世之理想境域。

嵇康进一步提出并阐明了自然主义教育所要培养的理想人物——“至人”或谓“君子”。他这样描述“至人”的思想面貌：文明在中，见素表朴；内不愧心，外不负俗；交不为利，仕不谋禄；鉴乎古今，涤情荡欲。他在《释私论》中阐述“君子”的风貌时指出：“夫称君子者：心无措乎是非，而行不违乎道者也。何以言之？夫气静神虚者，心不存于矜尚；体亮心达者，情不系于所欲。矜尚不存乎心，故能越名教而任自然；情不系于所欲，故能审贵贱而通物情。物情顺通，故大道无违；越名任心，故是非无措也。是故言君子，则以无措为主，以通物为美……虚心无措，君子之笃行也。”[③]这里，嵇康特别强调“至人”、“君子”必须具有几点重要的人格风貌特征：“见素抱朴”、“涤情荡欲”、“无措是非”、“无违大道”，即表现出淳朴纯真、朴素无瑕的个性，具有无私无欲、无是无非的品德，怀有超脱潇洒、坦荡自若、气静神虚、动静自然的胸怀，毫无世俗名利私欲缠绕，一切行动都必任因自然、遵循大道而不相悖，从而达到“任自然”、“通物情”、“全性保真”、“无措无违”的理想人生境界。嵇康所设计的理想人物，是继承并发展了先秦老庄关于人才的思想。这种“至人”在现实生活中不曾有过，也不可能实现，它只不过是嵇康为了冲击现实“名教”而提出的一种理念化的幻想；同时，也是他本人人生哲学与思想面貌的反映而已。然而，正因如此，这种“至人”思想在反对儒家“名教”的人才目标及其虚伪的世俗人生哲学方面，具有积极的历史意义。

根据“任自然”理论，嵇康提出形、神相统一的自然养生论。“养生论”是关于身体健康保养及成长、发展的理论，属于生理卫生与体育的范畴。嵇康认为，保养身体必须顺应自然发展原则，符合生理发展规律，使其自然而

① 马秋帆.魏晋南北朝教育论著选[M].北京:人民教育出版社,1988:55.

② 马秋帆.魏晋南北朝教育论著选[M].北京:人民教育出版社,1988:56.

③ 马秋帆.魏晋南北朝教育论著选[M].北京:人民教育出版社,1988:49.

和谐地发展。他特别强调“养神”与“养形”统一并重的保养之道：“形恃神以立，神须形以存。悟生理之易失，知一过之害生，故修性以保神，安心以全身。爱憎不栖于情，忧喜不留于意，泊然无感，而体气和平；又呼吸吐纳，服食养身，使形神相亲，表里俱济也。”①形与神是相互依存、相互影响的有机统一体，“养神”与“养形”并重，使“形神相亲，表里俱济”，才能保持人的有机体统一均衡而和谐地发展，从而保证健康的身体和旺盛的生命力。而且，他在论述形、神二者辩证统一的关系中，还进一步指出神之于形的主宰或统帅的关系。他说：“精神之于形骸，犹国之有君也。神躁于中，而形丧于外，犹君昏于上，国乱于下也。”②这就明确地告诉人们在处理“形”与“神”的关系时，应以养神为重，做到“修性以保神，安心以全身”，切不可将两者等量齐观，等同对待。

为了保养身心健康，嵇康还反复教导人们要懂得“生生之理”，掌握生命规律，爱护自己的身体；要清虚静泰，少私寡欲，守之以一，养之以和，修性养神，安心保身，使身心得以自然、和谐而健康地发展。他关切地劝告人们：“悟生理之易失，知一过之害生”；倘若纵情嗜欲，贪好“名利”、“声色”、“滋味”，犹如饮“甘鸩”、“香饵”，必将害命丧身。因此，他告诫并要求人们，特别是青年一代，要戒名、戒利、戒酒色，禁忌纵情嗜欲，切勿被喜忧爱憎、情欲酒色伤害身心，对名利、声色应“弃之如遗”、“逝而不顾”。

嵇康进而指出世人修养身心有五大难题必须解决。指出：名利不灭，一难；喜怒不除，二难；声色不去，三难；滋味不绝，四难；神虑转发，五难。这五大难题不解决，即使整天“口诵至言，咀嚼英华，呼吸太阳”，仍不免损害身心而“夭其年”；若此五者不存于胸，则能“信顺日济，玄得日全”，身体自然健康而益寿延年。因此，他告诫人们：要自觉地克服并战胜这“五难”，关键在于“知足”之心。他认为，人若能“知足”，就不会有任何分外要求，就能够超然于各种嗜欲之外，视“名位为赘瘤，资财为尘垢”，而“不复身于物，丧志于欲”，即使在最艰难困苦的环境下，也能泰然处之，镇定自若，自得其乐。反之，人若不知足，就会陷入名利地位等嗜欲之中而不自拔，结果丧志害身，名裂身亡。因此，嵇康要求人们自觉地培养“知足”意识，树立“知足”思想，并告诫说：“世之难得者，非财也，非荣也，患意之不足

① 马秋帆.魏晋南北朝教育论著选[M].北京:人民教育出版社,1988:48.

② 马秋帆.魏晋南北朝教育论著选[M].北京:人民教育出版社,1988:48.

耳。”嵇康关于自然养生思想及反对纵情嗜欲的观点，有其合理的因素，特别是对年轻一代在体育卫生保健与锻炼身心等方面很有价值。

三、“和内见外”——论音乐教育

嵇康从声音本于自然的理论出发，对音乐的教育作用非常重视。他指出音乐对于每一个人来说，都是“人心至愿，情欲之所钟”，这是因为音乐本身具有“自然之和”的特征，因而它才有“感人之最深”的巨大力量。其教育作用首先表现为“和内见外”之功效。所谓“和内见外”，是说音乐可以动人之心而表现于行，即陶冶心志，动感情怀，宣发心意，和谐心性；而且还可以表现为外部行动，调节人的行为，起着移风易俗的作用。他说：“声音和比，感人之最深者也。劳者歌其事，乐者舞其功……言比成诗，声比成音。杂而咏之，聚而听之。心动于和声，情感于苦言。”[①]又说：“和心足于内，和气见于外；故歌以叙志，舞以宣情。……导其神气，养而就之；迎其情性，致而明之；使心与理相顺，气与声相应，合乎会通，以济其美。故凯乐之情，见于金石；含弘光大，显于音声也。”[②]这里，嵇康充分论述了音乐之于人的“动心”、“和内”的巨大力量和作用。进而，他又阐明了音乐之“见于外”的力量，指出它可使人们“穆然相爱”，使社会“移风易俗”，乃至进入“万国同风”的境域。嵇康还进一步明确指出，只有合于社会准则和要求的“可导之乐”与“可奉之礼”结合，使之用于乡校庠塾、家庭社会以及朝宴聘享等，使人们“少而习之，长而不怠，心安志固，从善日迁，然后临之以敬，持之以久而不变，然后化成”[③]，最终达于“化成”的目的。不仅如此，音乐还能起到讽喻世事、责诫他人的作用，“使言之者无罪，闻之者足以自戒”[④]。由上可见，嵇康对音乐的重大教育作用予以充分的肯定和极高的评价，这在我国古代教育思想史上占有重要的地位，对当前改进和加强我国学校的音乐教育亦有借鉴价值。

综上所述，嵇康“越名教而任自然”的教育思想，是针对当时封建礼教的虚伪性、腐朽性而提出的，它具有反抗现实，反对封建礼教，主张个性自

① 马秋帆.魏晋南北朝教育论著选[M].北京：人民教育出版社，1988：54.
② 马秋帆.魏晋南北朝教育论著选[M].北京：人民教育出版社，1988：55-56.
③ 马秋帆.魏晋南北朝教育论著选[M].北京：人民教育出版社，1988：56.
④ 范晔，司马彪.后汉书：下[M].长沙：岳麓书社，2008：674.

由发展，要求思想解放的历史进步意义，应当予以充分肯定。另一方面，它有否定古代一切文化教育之嫌和陷入空想的消极一面。在其自然主义教育思想中，既反对“名教”，又不可能完全摆脱“名教”；既主张“自然”教育，又无实现的可能，因而造成其思想的二重性。无疑，这是当时社会现实矛盾与斗争在其思想上的反映，是时代使然。尽管如此，也不能抹杀其教育思想的批判性和战斗性的特点，不能削减其自然教育理论的深刻意义和时代价值。

[本文系南京大学出版社2000年版《安徽文化史》(上) 中的一部分，收入本文集时有改动]

周兴嗣与《千字文》

一、周兴嗣简介

周兴嗣（？—521年），字思纂，南朝梁人。祖籍陈郡项（今河南项城），世居姑孰（今安徽当涂）。官至员外散骑侍郎，有文才名世。梁武帝（萧衍）天监初年，奏《休平赋》，因文词优美受武帝嘉奖，拜官侍郎。据《梁书》记载："上以王羲之书千字，使兴嗣次韵为文，奏之，称善，加赐金帛。"①又云："高祖以三桥旧宅为光华寺，敕兴嗣与陆倕各制寺碑。及成俱奏，高祖用兴嗣所制者。"②《太平广记》亦称："梁武帝教诸王书，令殷铁石于大王书中拓一千字不重者，每字片纸，杂碎无序。帝召兴嗣曰：'卿有才思，为我韵之。'兴嗣一夕编缀进上，鬓发皆白。赏赐甚厚。"③可见，梁武帝令周兴嗣撰写《千字文》，一是为了光宅寺制碑文，二是为教诸王学习。但在此之外还有一个更为重要的原因，是武帝崇儒重学，借此既可表示他注重儒学之风，有利于思想上的统制，还可作为蒙养教材，以教蒙童。全书共一千字，故称《千字文》，均以四言成句，对偶押韵，朗朗上口，便于儿童朗读、记忆和背诵。而且，所取的字多为古籍常用汉字（仅个别字重复），文句简练，用典不深。该书问世后，流传甚广，是继汉代《三苍篇》、《急救篇》后的蒙童教育的重要读本。

二、《千字文》的基本思想内容

《千字文》的基本思想是封建伦纪纲常之道，君臣、父子人伦之理，教人践履仁、义、礼、智、信之五德，目的在于维护封建社会统治秩序，巩固封

① 周兴嗣，胡寅．千字文[M]．长沙：岳麓书社，1987：1.
② 徐汝芳．周兴嗣与《千字文》[M]．郑州：河南美术出版社，2009：7.
③ 周兴嗣，胡寅．千字文[M]．长沙：岳麓书社，1987：1.

建君主政权。具体内容是有关自然、社会、历史、地理、伦理道德、学习教育等方面的知识以及孝亲、事君、交友、修身、持家、为人、处世等方面的行为规范，涉及不少农穑稼事、园林果木、名山大川、历史名城、人物典故、祭祀庆典、宫室建筑等的知识和景观描写，含有很多修身养性、立志成人等劝诫勖勉之言，堪称一本教育儿童的小百科全书。

（一）有关自然知识教育

《千字文》首先概述了天、地、人之道，包括：日月星辰之象，四时运行之变，云雨霜露之化，以显天道之大；地生万物，如金玉珠宝之珍，山川草木之盛，鸟兽虫鱼之繁，以见地道之利；人生其间，赖天地之恩泽，生息繁衍、开物成务、演进变化，以成人道之昌行。对少年儿童进行这些自然现象和知识科普的初步教育，这对他们认识自然现象是很有教益的。

（二）有关史地知识的教育

《千字文》包含十分丰富的历史、地理知识，这是它的一大特色。就历史知识来说，自洪荒之世开始，到三皇五帝，再到三代，直至秦汉等历史朝代，大凡圣王、明君、贤臣，文武功绩，德治仁民以及发明创造、历史典故、神话传说等，均一一述及。诸如写道："龙师火帝，鸟官人皇，始制文字，乃服衣裳。推位让国，有虞陶唐。吊民伐罪，周发殷汤"，寥寥数语，概述了由远古至三代的历史发展、丰功伟绩和神话传说。又如描写王宫之宏伟及其设施之富丽："宫殿盘郁，楼观飞惊。图写禽兽，画彩仙灵。丙舍傍启，甲帐对楹。肆筵设席，鼓瑟吹笙。升阶纳陛，弁转疑星。右通广内，左达承明。既集坟典，亦聚群英。杜稿钟隶，漆书壁经……"宫室之壮观，铺设之奇丽，群臣若星，群英若云，经籍齐集等等，跃然纸上，可诗可画。再如写历代群英辅国功绩："磻溪伊尹，佐时阿衡。奄宅曲阜，微旦孰营。桓公匡合，济弱扶倾。绮回汉惠，说感武丁"，"晋楚更霸，赵魏困横。假途灭虢，践土会盟。何遵约法，韩弊烦刑。起翦颇牧，用军最精。宣威沙漠，驰誉丹青"。仅仅几十个字概述了从商到秦1500余年的历史人物的定国之功。以上所叙的历史，不仅可使少年儿童了解祖国发展的历史知识，而且是对他们进行历史文化传统教育和爱国主义教育的好教材。

再就地理知识来说，《千字文》也是极力述说祖国土地之广大，山河之壮丽。如写道："九州禹迹，百郡秦并。岳宗泰岱，禅主云亭。雁门紫塞，鸡田赤城。昆池碣石，钜野洞庭。旷远绵邈；岩岫杳冥。"①描写祖国自然景物之优美，如"渠河的沥，园莽抽条。枇杷晚翠，梧桐早凋。陈根委翳，落叶飘摇。游鹍独运，凌摩绛霄"。这些地理知识，不仅可使少年儿童了解祖国的秀丽山川，产生热爱祖国的思想感情，还可培养他们的审美观念。

（三）有关伦理道德教育与修养

前已述及，《千字文》的中心思想是宣扬封建伦纪纲常之道和道德行为规范，它以"孝"为基础，"忠"为目的，包括孝、悌、忠、信、仁、义、礼、智以及谦、恭、诚、敬、勤、谨、直等道德行为。特别强调力行"五常"之德，笃行"五伦"之仪，注重立志修身、勤奋好学、反躬自省、克己改过，并援引诸多历史人物典故，或以比喻、或以古训予以叙述，使抽象的伦理道德概念形象化、具体化，使少年儿童容易接受和受到感染。如写"孝亲"，当竭尽全力，全身心地投入，自始至终毫不懈怠。它这样写道："孝当竭力，忠则尽命：临深履薄，夙兴温凊。似兰斯馨，如松之盛。川游不息，渊澄取映。容止若思，言辞安定。笃初诚美，慎终宜令。"②就是说，子之事亲应像临深渊、履薄冰那样敬畏小心，谨慎侍奉，使双亲真正感到温暖，这样，其德似兰之芳香，如松之茂盛；其真情如川流之不息，其纯净如澄清之可照；其容止言行皆沉静谨肃，毫无不敬之意，自始至终都当如此。又如要求士子致仕当做尽职爱民，使民思其德而景仰之，它写道："学优登仕，摄职从政。存以甘棠，去而益咏。"③"甘棠"典故出自《诗经》："蔽芾甘棠，勿剪勿伐，召伯所茇。"④昔召公循行南国，曾止于甘棠树下休息，后人思其德，因爱其树而不砍伐。文意是说，学优致仕以后，应像昔日召公那样勤政爱民，民得其惠，必永远爱慕和歌颂。再如言勤奋好学、修身养性，它写道，"尺璧非宝，寸阴是竞"⑤，"耽读玩市，寓目囊箱"，"墨悲丝染，诗赞羔羊"，"性静情逸，心动神疲。守真志满，逐物意移。坚持雅操，好爵自縻"。其意是说，璧玉虽贵，不足为宝，惟光阴为重，寸阴当争。像王充之好读书，常到书市看书学

① 吴海升.安徽教育[M].合肥:安徽文艺出版社,2015:45.
② 江净帆,田穗.中华传统教育经典选读[M].杭州:浙江大学出版社,2014:6.
③ 江净帆,田穗.中华传统教育经典选读[M].杭州:浙江大学出版社,2014:6.
④ 诗经[M].朱熹,集传.上海:上海古籍出版社,2013:21.
⑤ 李颙.二曲集[M].陈俊民,点校.北京:中华书局,1996:464.

习，目从不离书籍。对于修身养性，应像羔羊、素丝那样洁白，一尘不染，保持纯真的本性，不被外物所扰动，不为私欲所侵蚀；要树立远大理想和高尚志向，始终持守良好的道德情操。

此外，在日常生活和行为习惯等方面，如饮食起居、行为举止、言谈笑貌、清洁卫生、家务劳动、农务生产、处人处事等等，都提出了规范要求，使少年儿童有所遵从。

三、《千字文》的传播与影响

《千字文》问世后，被公认为是一本好的蒙养教材。从南北朝起，至隋开始流行，盛行于唐代，经宋、元、明、清，流传1400多年，为我国蒙学所通用。其流传地域之广，时间之长，影响之大、之深，堪称我国蒙养教材之冠。并且在宋代以后，根据其文体仿编、续编或改编的《千字文》，也是教育史上所仅见。如宋代侍其玮《续千字文》、葛正刚《重续千字文》、胡寅《叙古千文》、元朝许衡《稽古千文》、明朝周履靖《广易千文》、李登《正字千文》、清朝何桂珍《训蒙千字文》等。但这些仿编本，远不能与周兴嗣原本相媲美，更不如它流传之广而久远。周撰本不但在汉族学塾中广泛流传，还有满汉、蒙汉对照本，在少数民族学塾中流传，甚至远传到日本。并且，它还被许多大书法家书写成字帖流传至今。如唐怀素、欧阳询、宋徽宗赵佶，元赵孟頫、明文徵明、清刘石巷等，均书成帖本。南朝书法家智水禅师，临帖800余本散与人间，江南诸寺各馈一本。足见，该书影响之大、之深、之广、之久。诚如明古文家王世贞称该书为“绝妙文章”，清人伍崇曜亦称“词严义正，上下千古，则当让此册”，如此称赞，并不过分。

[本文系南京大学出版社2000年版《安徽文化史》(上)中的一部分，收入本文集时有改动]

韩愈的道统论与教育观

韩愈（768—824年），字退之，河南南阳人，唐代著名文学家、教育家。先世居昌黎（今辽宁省锦州市东），因称昌黎先生。幼孤，从兄嫂生活。少刻苦勤学，25岁成进士。历任监察御史、四门博士、国子博士祭酒、潮州刺史和兵、刑、吏部侍郎等职。主张中央集权，反对藩镇割据。推崇儒学，攘斥佛老。倡古文运动，反六朝骈体，开一代散体新风。著述辑为《韩昌黎全集》。

一、“道统”、“文以载道”与教育

韩愈生当唐中叶以后，中央集权日渐削弱，藩镇割据日益严重，国势日趋衰弱，土地兼并日甚一日，阶级斗争和统治集团内部的矛盾与斗争愈演愈烈，同时佛道兴盛，儒家思想的统治地位发生了动摇。面对这种政治、经济，特别是精神支柱每况愈下的形势，韩愈从维护唐王朝统治出发，主张加强中央集权，反对封建割据，猛烈抨斥佛老，竭力捍卫儒家道统，力图巩固唐王朝的统治和儒学独尊的地位。因此，韩愈提出“道统”说作为实现上述目标的理论依据，发起和领导古文运动，倡导“文以载道”，作为重振“道统”、弘复“古道”的工具。韩愈所谓的道统，系指尧、舜、禹、汤、文、武、周公、孔孟一脉相传的仁义学说。他说：“博爱之谓仁，行而宜之之谓义，由是而之焉之谓道，足乎己无待于外之谓德。仁与义为定名，道与德为虚位……凡吾所谓道德云者，合仁与义言之也。”[①]可见，韩愈倡导的“道统”就是孔孟的仁义道德学说。具体说，仁义是其道的核心、纲领；儒家经典是载道的书籍文字；礼乐刑政是实施道的法律制度；君臣、父子、百姓等，上下有等，尊卑有序，各安其位，各尽其职。其实质是以发扬孔孟仁义道德来维护封建

① 孙昌武.韩愈选集[M].上海:上海古籍出版社,2013:253.

统治和等级制度，谋求封建社会的长治久安。因此，韩愈始终以“卫道”自命、自任，并以学道、为道为教育的根本目的，与之相异的释老等一切思想理论、观点和主张，他都斥之为“异端”，绝不允其乱道。

为达到上述目的，韩愈又极力倡导古文运动，提出“文以载道”的主张。所谓古文运动，即散文运动，学习、师法先秦两汉文体，使文风从魏晋六朝骈体对偶、华词丽藻的浮文桎梏中解放出来。所谓“文以载道”，即为文必寓以“道”，“道”必载于文；“文”是形式，是载体；“道”是内容，是目的；两者必须统一，才能张扬古道，学习古道。可见，古文运动的实质就是恢复“古道”运动，以“文”张扬古道，弘奖仁义，恢复道统，以挽救道衰统绝的危局。

韩愈依据“恢复道统”和“文以载道”这两个根本思想，对教育目的、作用、内容等问题提出了自己的主张。他认为教育的目的就是“学为道”，即“圣人之道”、“先王之教”。“学道”、“卫道”、“为道”，是教育的根本任务。诵读儒家经典，研习圣人之书文，深领圣道之义旨，把握先王之仁义道德，谨守三代之礼乐刑政及其等级秩序，是教育的根本内容和唯一途径。他说：“夫所谓先王之教者何也？博爱之谓仁，行而宜之之谓义，由是而之焉之谓道，足乎己无待于外之谓德。其文，《诗》、《书》、《易》、《春秋》；其法礼、乐、刑、政；其民士、农、工、贾；其位君臣、父子、师友、宾主、昆弟、夫妇……其为道易明，而其为教易行也。”[①]这一教育包括道德、政治制度和文化三个方面，核心是仁义道德，最终目的是培养捍卫“道统”、实现仁义、恪守刑政、维护封建等级制度的卫道者。这一教育目的是其社会政治理想的具体体现，虽未超出先儒教育目的范围，但强调“道”的精神，赋予了它现实的政治意义。

韩愈认为“道”体现于人身上即为“性”，“学为道”即通过教育发展人与生俱来的仁、礼、信、义、智五种善性。他说，“性也者，与生俱生也”[②]，“五常之教，与天地皆生”[③]。他把人性与情分开，性有上、中、下三品，“与生俱生”；情有喜、怒、哀、惧、爱、恶、欲七种，“接于物而生”。但情与性是相对应的，因而情也有上、中、下三品，“性之于情，视其品”，“情之于性

① 孙昌武.韩愈选集[M].上海:上海古籍出版社,2013:261.
② 庄适,臧励和.韩愈文[M].李作君,校订.武汉:崇文书局,2014:6.
③ 韩愈.韩愈全集[M].钱仲联,马茂元,校点.上海:上海古籍出版社,1997:359.

视其品”[①]。而三种品级的人在五性七情上表现则各不相同，故有善恶之别。他认为：上品人“中焉者之于五也，主于一而行于四”，“之于七也，动而处其中”；中品人“中焉者之于五也，一不少有焉，则少反焉，其于四也混”，“之于七也，有所甚，有所亡，然而求合其中”；下品人“之于五也，反于一而悖于四”[②]，“下焉者之于七也，亡与甚直情而行”[③]。即是说，上品者五性皆备，情动得中，故皆善；中品者，五性一少则其四皆少，情则过或不及，故善恶混而知求其中；下品者有一反则其四相反，则直情而行，故为恶。韩愈这种性、情二元对立说，是综合孟子性善、荀子性恶、扬雄善恶混合、董仲舒性三品等观点而提出的新论点，虽在“性”问题上仍坚持命定论的观点，但他指出可教、可制，并肯定情接物而生，致使陷入了不变与可变的矛盾之中。尽管如此，性、情三品说对中国古代人性论的发展还是向前推进了一步，在教育上也有积极意义。

韩愈明确指出了教育对于人性发展的重要作用，肯定上品者“就学而愈明”，中品者“可导而上下”，下品者“畏威而寡罪”。这就说明了三者都是可移的，所异者只是方法而已。在他看来，上者“可教”，中者“可导”，下者“可制”。即是说，上品愈教愈明，其善性愈益发展，乃至于圣；中品可导而为善性，亦可引而为恶性；下品只有用强制的手段使其改变恶性，不敢为恶。应当看到，“强制”是一种改造的手段，也是一种教育的方法，尤其在恶已成性而教育难有收效时，运用强制的力量来达到改造人、教育人的目的，不仅是允许的，而且是必需的。总之，韩愈既充分肯定了教育对于人性发展的重大作用，又指出了惩戒手段对于改造人性的必要性和重要性。在教育工作上，以教为主，以惩为辅，教惩结合，相互为用，无论是在过去或是现在，抑或是将来，都是必需的，社会教育更应如此。因此，韩愈的这个观点，从教育方法上来说应当是正确的；当然，其理论基础及其为统治阶级奴役和统治人民的根据，则必须予以批判和否定。

二、“传道、授业、解惑”的教师职能

首先，韩愈在《师说》这篇文章中全面而精辟地论述了教师的地位、作

① 庄适，臧励和．韩愈文[M]．李作君，校订．武汉：崇文书局，2014：6.
② 庄适，臧励和．韩愈文[M]．李作君，校订．武汉：崇文书局，2014：6.
③ 庄适，臧励和．韩愈文[M]．李作君，校订．武汉：崇文书局，2014：6.

用、任务、从师标准和师生关系等问题。全篇的核心思想是“道”，“尊师重道”是韩愈论教师的根本宗旨，也是社会兴办学校教育的根本目的。因此，韩愈首先强调教师的地位、作用和任务：“古之学者必有师，师者，所以传道受业解惑也。”[①]他明确指出，自古以来，人非生而知之，其知识、才智都是从教师那里学得的。人若无师，将始终处于无知、无识的愚昧状态。教师的任务是“传道、授业、解惑”。所谓传道，是指传授“先王之道”，即儒家仁义学说，使学生掌握仁、义、礼、智、信等道德和礼、乐、刑、政之事，懂得修、齐、治、平之道，自觉捍卫和弘扬古圣贤的“道统”，维护封建等级制度。所谓授业，是指讲授文化专业理论知识，即《诗》、《书》、《易》、《春秋》等经典古籍文献，提高学生文化修养和为文扬道的能力。所谓解惑，是指解答学生在学道受业中发现的疑难困惑，引导学生理解道业的真义，明辨事物之是非。韩愈认为，三项任务是紧密联系的，首要的是传道，以道为本，为核心，它居于统帅和指导地位；其次是授业，业必体现道，服务于道；最后是解惑，它贯穿于传道授业全过程中，从而形成了一个教与学相统一的整体。韩愈的这些见解，不仅正确地论述了教师的重要地位和巨大作用，阐明了教师的根本任务，明确了教师的基本职能；而且还正确地揭示了教学中道与业、德与智、教与学、学与问的内在关系与规律，在教育学史上有非常重要的意义，在今天也有其重要价值。

其次，韩愈论述了从师的条件与标准，即“道之所存，师之所存”。他说：“生乎吾前，其闻道也，固先乎吾，吾从而师之，生乎吾后，其闻道也，亦先乎吾，吾从而师之，吾师道也，夫庸知其年之先后生于吾乎。是故无贵无贱，无长无少，道之所存，师之所存也。”[②]他以“道”为从师的唯一标准，强调“闻道有先后，术业有专攻”，不论其地位高低或年龄长幼，只要闻道在先即可为师，就应向他学道问业。为师的目的是传道，从师的目的是学道。由此他得出“道之所存，师之所存”的必然结论。基于对师道的坚定信念，韩愈一面慨叹师道之不传久矣，因而“抗颜为师”，以维护师道为职志；一面愤激地揭露当时“耻于为师”、“不愿相师”的世俗，抨击士大夫者流“位卑则足羞，官盛则近谀”的恶习，造成社会师道败坏的严重后果。他要求人们要敢于打破这种世风恶习，勇于为师，虚心从师，挽救师道之失传，捍卫师

① 庄适，臧励和．韩愈文[M]．李作君，校订．武汉：崇文书局，2014：21-22.

② 庄适，臧励和．韩愈文[M]．李作君，校订．武汉：崇文书局，2014：21-22.

道之真旨。韩愈的这些远见卓识，科学地阐明了为师条件和从师标准；而且，他还以自己“抗颜为师”的实际行动证明为师的光荣，师业的高尚。

最后，韩愈论述了师生道业相长的关系，提出“圣人无常师”的命题。他援引孔子师郯子、苌弘、师襄、老聃等为例，并以孔子“三人行，必有我师”的话来证明“学无常师”这一客观真理。既然学无常师，就应当虚心拜他人为师，向能者求教受益，不应倨傲拒师或耻于从师。由此，韩愈又提出“弟子不必不如师，师不必贤于弟子”这条至理名言。这句话含有多层含义：一是人人皆可为师，要乐于从师，善于从师，师生术业专攻，道业相长，共同进步和提高；二是学生要虚心向教师学习专长，有信心、有毅力，奋发上进，敢于超过教师，超过前人；三是教师要虚心学习学生的长处，尊重学生，爱护学生，关心学生成长，鼓励学生超过自己，要有“学而不厌，诲人不倦”的精神，不断充实提高自己，方能启迪和培养学生，完成传道、授业、解惑的任务。韩愈“学无常师”、“能者为师”、“教学相长”、“道业相攻”的思想，继承发展了我国古代师生之间关系的理论，揭示了师生之间关系的本质，对当时及后世建立和谐互进的师生关系产生了积极而深远的影响。

三、“业精于勤”、“行成于思”的治学态度和方法

韩愈在《进学解》中集中地论述治学进业的态度和方法。首先，要勤学深思，指出：“业精于勤，荒于嬉；行成于思，毁于随。”他教导学生：学业上要求得精进，必在于勤学苦练，否则必荒废于嬉戏玩乐；行为品德上要有所成，必在于慎思而后行，否则必毁败于因循苟且，怠惰妄行。这里，他既从正面强调“业精于勤”、“行成于思”的客观真理，又从反面指出“荒于嬉”、“毁于随”的必然结果，深刻地论证了修业进德的普遍规律。

在勤学的具体方法上，韩愈提出了许多精辟的见解，诸如：“口不绝吟于六艺之文，手不停披于百家之编”，“记事者必提其要，纂言者必钩其玄”，“贪多务得，细大不捐”，“沉浸醲郁，含英咀华”，“焚膏油以继晷，恒兀兀以穷年”，“由其统”、“要其中”、“济于用”、“显于众”以及“闳中肆外”等等。他要求读书应手不释卷，口不绝文，反复吟诵批阅；提挈纲领，抓住要点，掌握精义；沉浸涵咏，反复体味，咀嚼精华；广观博览，精粗巨细，并蓄俱收；日夜兼读，勤学苦练，以终其年；尤其是要知其统序，了解其缘由始末，掌握其系统，领悟其内核，并用之于世，显之于众，使之发扬光大；而且为

文要博大精深，气势磅礴，风格豪放，如此等等，都是强调一个“勤”字，勤则业精行成。否则，必“荒于嬉”、“毁于随”，这是学者的大戒。

其次，要“自树立，不因循”。韩愈认为，无论是为学或是作文，都要“自树立，不因循”。所谓“自树立”，即要独立思考，有自己的主见，敢于树立新意，独辟蹊径。“不因循”，即不守旧拘于古，不随俗沉浮，不落陈词俗套，更不窥陈编盗窃。他说：“若圣人之道，不用文则已，用则必尚其能者；能者非他，能自树立不因循者是也。”①他还指出：“读书以为学，缵言以为文，非所以夸多而斗靡也；盖学所以为道，文所以为理耳。”②韩愈强调，读书只能“师其意”，不可“师其辞”；学以“为道”，文以“为理”，张扬圣人之道，弘扬圣人之理，发扬探新创造精神，才是“自树立，不因循”的真谛所在。

再次，要“慎其所道”。即读书为学必须有明确的目的和志向，切不可为“异端”、“邪道”所左右而坠入迷途。他说：“道于杨、墨、老、庄、佛之学，而欲之圣人之道，犹航断港绝潢，以望至于海也。”③志向既定，方向既明，就要努力学习，身体力行，切实为之，“蹴杨墨于不毛之地，蹂释老于无人之境”，使圣人之道“巍然而自正”，“浩然而独存”。

最后，要严己宽人。在道德修养上，韩愈强调要严以责己，宽以待人。他说：“古之君子，其责己也重以周，其待人也轻以约；重以周，故不怠，轻以约，故人乐为善。”④严格而全面地要求自己，就能无怠而不断上进；宽和而简朴地对待他人，就能使人乐于改过从善。他还强调一个人要想道成德就，必须自强不息，奋力作为，切忌力足而不为。他指出，“天下之祸，莫大于不足为……不足为者，敌至而不知……”⑤必招丧身灭顶之祸。这一告诫是深刻的，对于道德修养甚为有益。

韩愈的教育思想尽管是站在维护封建中央集权制度和捍卫儒学道统的立场上，但其许多见解和主张，在教育史上还是具有一定积极的和进步的意义。他倡导恢复“道统”，弘扬“古道”，对新儒学的发展起着先导和推动作用；他提倡的“古文运动”，提出“文以载道”思想，要求文道统一、道贯文中，

① 庄适，臧励和．韩愈文[M]．李作君，校订．武汉：崇文书局，2014：78-79.

② 罗根泽．中国文学批评史：上[M]．上海：上海人民出版社，2015：440.

③ 庄适，臧励和．韩愈文[M]．李作君，校订．武汉：崇文书局，2014：104.

④ 庄适，臧励和．韩愈文[M]．李作君，校订．武汉：崇文书局，2014：9.

⑤ 韩愈．韩愈全集[M]．钱仲联，马茂元，校点．上海：上海古籍出版社，1997：132.

实际是一次思想、文学和教育的解放运动，对当时及后世影响重大而深远；他关于教师的地位、作用、任务、从师标准和师生关系的论述，全面继承发展了我国古代教师理论和优良传统，对发扬“尊师重教”的风尚，抨击“耻于从师”的恶习起了重大的作用。他关于进学之道、治学之方，是有不少独到见解的，揭示了一定的治学真理，反映了一些学习规律，对后世学者影响亦很大。

（本文系上海人民出版社2010年版《中华文化通志·教育学志》中的一部分，收入本文集时有改动）

胡瑗明体达用教育思想与苏湖教学法

胡瑗（993—1059年），字翼之，泰州海陵（今江苏如皋）人，北宋初期著名学者和教育家。自幼聪颖好学，“七岁善属文，十三通五经，即以圣贤自期许”。毕生淡于仕禄，致力于教育，曾任苏州、湖州二学教授（创苏湖教学法）、太学直讲、太子中允、天章阁侍讲，凡30年，弟子数千人。精谙经学，博通百家，谙悉古乐音律。倡“明体达用”之学，开宋世学术之盛。现存著作为门人编录的有《周易口义》、《易传》、《洪范口义》、《论语说》、《春秋说》，余均散佚。

一、倡导“明体达用”的教育理论和宗旨

胡瑗生当北宋初年，宋王朝虽建立起统一的国家政权，但国势衰弱，财窘民困，天灾连年，少数民族和农民起义交相迭起，西夏和辽犯疆日益频繁，朝廷又一味妥协求和；而宋初80多年间，学校未兴，“尚文辞而遗经业”之风日盛。处于这种内忧外患、国运不济的形势下，胡瑗以“力肩斯道之传”为己任，极力倡导“明体达用”之学，以求达到匡世俗、兴邦国、治天下的目的。他强调，匡世、安邦、强国、治天下，必在人才；成才之道，必在教育；教育之本，必在学校；学校之兴，必在“明体达用”之学。他说：“致天下之治者在人才，成天下之才者在教化，教化之本者在学校。学校之兴，莫过于三代；而三代之兴，莫过于周之大司徒以六德、六行、六艺教万民。”[①]胡瑗充分肯定学校和人才对治国兴邦的重大作用，推崇三代学校以六德、六行、六艺教万民，以尧、舜、周公之道成就人才的经验。并且尖锐地指出，汉唐以来，未知先王教化之意，党同妒道，笺注传说，苟尚浮文，既悖于“圣贤之遗意”，更“无补于世用”和“一道德而同风俗”。因此，他极力主张“明

① 李军，等．中华文化通志·教育学志[M]．中华文化通志编委会，编．上海：上海人民出版社，2010：168.

体达用”为“政教之本”。可见，胡瑗这一思想，不仅有其深厚的思想渊源和社会历史背景，而且有其深刻的理论意义，它开创了宋世学术和教育兴盛之风。

所谓“明体达用”，即是精通经义，深明道体，通晓古今，掌握治事，致用于世；也就是领会尧、舜、周公之道，理解圣贤之意，通晓六经之理，熟晓“六德、六行、六艺”，掌握“君臣父子、仁义礼乐”封建秩序和伦理道德，懂得治兵安民之术，学会农田、水利、算数等生产知识，为裕民生、御外寇、强国家、治天下服务。胡瑗的“明体达用”思想，他的高足刘彝曾对“明体达用”思想有过全面精辟的阐述：“臣闻圣人之道，有体有用有文，君臣父子仁义礼乐，历世不可变者其体也；诗书史传子集垂法后世者其文也；举而措之天下，能润泽斯民归于皇极者其用也……遂以明体达用之学授诸生……故今学者明夫圣人体用，以为政教之本，皆臣师之功。”①可见，“明体达用”的教育宗旨，以“体”为本，以“用”为目的，以“六德”为核心，以“六经”为基本内容，培养“穷经以博古”，“治事以通今”的经世致用人才，造福于社会，润泽于斯民，谋利于国家，达于“圣道”之至境。胡瑗“明体达用”的教育理论和宗旨，对当时及后世教育，特别是清初颜元的教育思想影响极大。

二、创敦实尚用的“苏湖教学法”

胡瑗在“明体达用”教育宗旨指导下，通过长期教育实践积累了丰富经验，创立了独异于往昔儒家教学的“苏湖教学法”。这是他的教育思想中最为宝贵的部分，至今仍值得重视和提倡。

（一）分斋设教，学以致用

分斋教学是“苏湖教学法”的特点和精髓，也是胡瑗在教育上最富有创新意义的改革举措之一。他针对当时学校苟尚传注训诂、辞赋声律等形式主义的学风，积极倡导经义与时务的实学，重尚学以致用，并竭力在自己的教育实践中付诸实行。他执教湖州州学时，创立“经义斋”与“治事斋”，实行分斋教学制度。《通考》称：“是时方尚辞赋，独湖学以经义及时务为先，故

① 徐寒.文白私家藏书:卷十二[M].北京:中国戏剧出版社,2003:7216.

学中有经义斋、治事斋。经义斋者，择疏通有器局者居之；治事斋者，人各治一事，又兼一事，如边防、水利之类。故天下谓湖学多秀彦……及为政，多适于世用。”①《安定学案》记述更为详细，“立经义、治事二斋。经义则选择其心性疏通，有器局可任大事者，使之讲明六经”；“置治事斋，学有欲明治道者，讲之于中，如治兵、治民、水利、算数之类”②。就是说，经义斋学习六经，掌握经义，培养有较高学术和道德水平的吏治人才，为治国安邦服务；治事斋以学治民、治兵、农田、水利等社会与生产知识技术，培养专业部门的技术和管理人才，为富国富民服务。前者实际是综合性的普通专业，后者是专业性的实用技术专业。他在执教太学时，又将经义、治事分斋教学发展为经术、兵战、六艺、节义四科的教学制度，分别培养各种专门人才。这种分专业、分学科、主副结合的教学制度，是胡瑗在教育制度上的一项重大创造和革新；并且将民、兵、农、水、算数等实际知识技术纳入正规学校教育之中，与经义并重，改变了以往学校以教授儒经为主的单一教育制度，更是一项创举。这在中国及世界教育史上都具有重大的理论和实际意义。

（二）熟悉学生，教尽其材

胡瑗在苏湖与太学执教时，从学者千数，他与学生接触甚密，感情笃厚，因而对每个人的志趣、爱好、才能和特长都很了解，他根据每个人不同的情况进行施教，即所谓“甄别人物”，“就其性之所近”，“以类群居，相与讲习”，教尽其材。《安定言行录》记称：“瑗初为直讲，有旨专掌一学之政，遂推诚教育多士，亦甄别人物。故好尚经术者、好谈兵战者、好文艺者、好尚节义者，皆使之以类群居，相与讲习。”③根据学生的特点和特长，因材施教，教尽其材，使学生各按其材而得以充分发展，成就了很多名人。如高足弟子名显于世者程颐、徐积；长于政事、名贵于朝者范纯仁、钱公辅等数十人；专于《春秋》者有朱临、翁仲通；长于《易》者杜汝霖、徐唐、钱藻、孙觉；长于兵战者苗授、卢秉；长于水利者刘彝；以“明体达用”之学教于四方之民者，殆数十辈。其余，政事、文学出于人者，不可胜数。《宋史》记载：“礼部所得士，瑗弟子十常居四五”。胡瑗教之得法，成才之众，成就之高，

① 浙江省教研室.教师国学读本[M].杭州：浙江古籍出版社，2013：106.

② 杨镜如.苏州府学志：上册[M].苏州：苏州大学出版社，2013：312.

③ 杨镜如.苏州府学志：上册[M].苏州：苏州大学出版社，2013：314.

是先儒所无法比拟的。

（三）讲习讨论，启发思考

胡瑗教学以得法著称于世，他讲课条分缕析，义旨明确，详略得当，重点突出，音韵高朗，侃侃而谈，必使学生信其说、动于中、见于行。蔡襄称，先生“解经，至有要义，恳恳为诸生言其所以治己而后治乎人者，学徒千数，日月刮刺，为文章，皆传经义，必以理胜。信其师说，敦尚行实”①。尤其是他在讲论过程中，注重师生共同研习和讨论，启迪学生独立思考和探究问题，发挥学生学习的主动性。《安定言行录》记载：“……胡亦时召之，使论其学，为定其理；或自出一义，使人人以对，为之可否；或即当时政事，俾之折衷。故人皆乐从而有成效。”②胡瑗常召集学生讨论学问，最后由他作出结论；或提出问题让学生回答，再由他判断可否；或联系时务政事开展辩论，再由他评断是非，使学生心中悦服，这些教法有利于培养学生独立思考能力和探新求索精神，有利于培养“明体达用”的人才。

（四）注重直观教学和实地考察

为了使学生获得直接知识，加深理解，增广见闻，开拓胸襟，胡瑗非常重视直观教学和实地考察。如讲《三礼》仪物时，因学生对古代仪物无从见到，难以理解，他就绘成挂图，悬于讲堂内，配合讲解，“于是人人得窥三代文物之懿，朝夕对之，皆若素习”③；讲《易》时，总是“引当世之事以明之”，使学生联系当时实际进行理解。胡瑗特别重视实地考察，他说：“学者只守一乡，则滞于一曲，隘吝卑陋。必游四方，尽见人情物态，南北风俗，山川气象，以广其闻见，则有益于学者矣。”④他多次带领学生远出游历考察。有一次，他率学生从苏州至关中浏览名山大川，行至潼关，四顾黄河抱潼关，委蛇汹涌，而太华、中条环拥其前，一览千里，形势雄张，他慨然叹曰：“此可言山川矣，学者岂可不见之哉！”他深知：培养务实致用、治国安民利天下的人才，关门读书，不了解社会和大自然是不行的。社会人情风俗，自然山

① 王为国.新资治通鉴(全四卷):四[M].北京:光明日报出版社,1997:380.

② 蔡襄.蔡襄全集[M].陈庆元,点校注.福州:福建人民出版社,1999:729.

③ 熊明安.中国教学思想史[M].重庆:西南师范大学出版社,1989:202.

④ 李天石,潘清.江苏通史:宋元卷[M].南京:凤凰出版社,2012:349.

川物态，必须走进社会和大自然中去才能真正领略和学到。他的这个见解和教法，一反“两耳不闻窗外事，一心只读圣贤书”的传统教法，确实富有改革创新精神，于今天亦有借鉴与提倡的价值。

（五）重视体育、美育和身心锻炼

胡瑗在教育实践中，很重视学生身体的发育和心性的熏陶，注意劳逸结合，他经常组织学生开展身体锻炼与音乐游艺活动。《安定言行录》记载：“先生语诸生，食饱未可据案或久坐，皆于气血有伤，当习射、投壶、游息焉。”[①]《安定学案》亦记称：“先生在学时，每公私试罢，掌仪率诸生会于肯善堂，合雅乐歌诗，至夜乃散。诸斋亦自歌诗奏乐，琴瑟之声彻于外。”[②]可见，胡瑗很注重体育、美育和游艺教育，合理安排学生的学习、游艺、体育和休息，使学生有张有弛、有劳有逸，形成生动活泼的学习氛围，增强学生体质，陶冶学生心性，激发学生美感，促进学生德智体美的健康发展。胡瑗的这些思想和做法，无疑是对传统教育关门读书方法的一种批判，是他在教育上的一项革新。

（六）以身作则，严师爱生

胡瑗在几十年的教育实践中，始终以严师标准自律，为学生楷模。他言传身教，循循善诱，谆谆诲人，关心学生成长，促其早日成才，表现出了高尚的教师道德情操。欧阳修曾称赞他：“先生为人师，言行而身化之，使诚明者达，昏愚者励，而顽傲者革；故其为法严而信，为道久而尊。”[③]其严师精神还表现在师生的诚挚情谊上，他对学生亲如子弟，关怀备至，体贴入微；学生对他，如其父兄，崇敬爱戴，一往情深。诚如《宋史·胡瑗传》中所说：“亲诸生如其子弟，诸生亦信爱如父兄。”由于胡瑗严于律己，学生无不尊师重道，勤敬于学，立志成人，甚至连服饰、谈吐、举止、动静等仪表行为都效法胡瑗。胡瑗这种“重道敬业”、“尊师爱生”的师生关系，继承发展了中国古代教育的优良传统，是教育上的典范。

胡瑗是我国古代杰出的教育思想家和实践家，他倡导的“明体达用”之

---

① 毛礼锐，沈灌群.中国教育通史：第三卷[M].济南：山东教育出版社，1987：109.

② 杨镜如.苏州府学志：上册[M].苏州：苏州大学出版社，2013：314.

③ 欧阳修.欧阳修文[M].黄公诸，选注.武汉：崇文书局，2014：34.

学和教育宗旨，开创了宋世学术昌盛之先河，奠定了后世敦实尚用教育理论的基础；他创立的分斋和主副的教育体制，冲破了传统经学的单一教学制度，开辟了通向多科教育制度的新途径。他创建的“苏湖教学法”，注重因材施教，教尽其材，成就了大量人才。他改革教育内容，主张敦实尚用，注重生产知识教育、军事教育、体育和美育，注重实地考察和游历，提倡到社会和大自然中去体验生活以及采用生动活泼的学习方法，开创了新学风。他师德高尚，身教为先，谆谆诲人，树立了新的师教楷模。所有这些，都大大丰富了我国古代教育理论宝库和实践经验。

（本文系上海人民出版社2010年版《中华文化通志·教育学志》中的一部分，收入本文集时有改动）

试论张载的教育思想

张载（1020—1077年），字子厚，长安（今陕西西安）人，世称横渠先生。北宋时期杰出的唯物主义哲学家和教育家，理学思想和理学教育的奠基人之一。他与周敦颐、程颐、程颢等学者，从儒学哲理中探究出一种新的思潮，创造了宋代理学。张载学说以唯物论和“兼爱”、“均平”思想为其理论基础，以严密的理论思维方式研究社会与自然的问题，强调“学知”、“重实”、“致用”，并形成了“关学”的特点，给学术界和教育界留下了极其珍贵的遗产。

一、“教养结合”、“学政一致”和“善反本性”的教育观

张载清楚地看到教育与政治、经济的密切关系，认为教育取决于政治、经济，只有实现“民胞”、“均平”的社会政治理想和“民足”、“财阜”的生活条件，才能施以教育，提高道德文化水平。他明确指出，国家要“以道学政术为二事”，治术必须“人不足与适，政不足与间，能使吾君爱天下之人如赤子，则治德必日新，人之进者必良士”，这样就可“学与政不殊心而得矣”①。张载从这一思想出发，提出先“均平”后“教养”的主张，“使英才知劝而志行修，阜四方养士之财，使寒暖而衣食足”②。天下之民有了物质生活保障，然后才能“兴学校，成礼俗”，使“教”、“养”结合，“学”、“政”一致，实现“仁政”。所以“仁政必自经界始。贫富不均，教养无法，虽欲言治，皆苟而矣”③。张载既肯定政治、经济对教育的制约作用，要求改造社会；又肯定教育对政治、经济的反作用，要求国家重视教育。

张载充分肯定教育对人个性形成与发展的作用，如“变化气质”、“善反

① 张载.张载集[M].章锡琛，点校.北京：中华书局，1978：349.

② 高时良.中国古代教育史纲[M].北京：人民教育出版社，2001：347.

③ 张载.张载集[M].章锡琛，点校.北京：中华书局，1978：384.

本性”。他认为人有“天地之性”与“气质之性”两种。“天地之性”是人生来具有的本然之性，又称“太虚本性”，人类之共性，皆善。“气质之性”，主要指人的气质、情感、性格等心理特性，是后天习染的，人各不同，不善或为恶的。“天地之性”何以为善？张载说，天地之性合“虚”与“气”而成，“太虚”即天，“气化”即道，故性即“天道”（亦称天理），天道至诚，“天地之性”得气至全而清明纯一，故至善至美。何以“气质之性”为不善或为恶？他说，人各禀受不同阴阳二气，得气偏而不全，浊而不纯，刚柔缓急不一，“阴浊胜则物欲行”，故此为不善。因此，必须通过教育和学习改变不善的“气质之性”，反归于善的“天地之性”，即所谓“善反本性”。他说：“性于人无不善，系其善反不善反而已”①，“形而后有气质之性，善反之则天地之性存焉”②，“如气质恶者学即能移……但学至于成性”③，“为学大益，在自（能）变化气质”④。张载将“性”作二重之分，意在强调人皆有受教育的可能性和重要性，都应通过教育保存、发扬本然之善性，改变气质之恶性。他说：“学可以成圣。”但其二分法混淆了人的生理属性和社会属性的界限，抹杀了人的社会和阶级的本质，这是不科学的。特别是赋予人性以先天道德的涵义，为以后理学家极力提倡“存天理，灭人欲”提供了理论依据。

二、学“为人”、“贤人”、“圣人”的教育目的论

张载根据“变化气质”、“善反本性”的思想，提出教育目的分为“为人”、“贤人”、“圣人”三个层次。“学为人”是教育的基本目的。如前所述，人应当通过教育和学习，变化不善的气质之性，复归于人的本然之性，使之成其为“人”。他说：“学者当须立人之性。仁者人也，当辨其人之所谓人。学者学所以为人。”⑤学者应立志做一个人，明白做人的道理，有“仁人”之心，懂得爱人，这个思想是其“民吾同胞”的社会理想在教育上的体现。他又指出，如果不能立人之性，则无求上进之志，无爱人之心，必然要落为不善的鄙野之人。“为学须是要进有以异于人，若无以异于人则是乡人。”⑥

① 张载.张载集[M].章锡琛,点校.北京:中华书局,1978:22.
② 张载.张载集[M].章锡琛,点校.北京:中华书局,1978:23.
③ 张载.张载集[M].章锡琛,点校.北京:中华书局,1978:266.
④ 张载.张载集[M].章锡琛,点校.北京:中华书局,1978:274.
⑤ 张载.张载集[M].章锡琛,点校.北京:中华书局,1978:321.
⑥ 张载.张载集[M].章锡琛,点校.北京:中华书局,1978:279.

为“贤人”、“君子”作为教育目的的第二个层次。张载认为，“贤人”、“君子”应当具有“成身成性”之功，“无物我之私”，“不忘自讼”，“责己、责人、爱人”，“为必以兴人”，“中心安仁，无欲而好仁，无畏而恶不仁”①，“善以天下，不善以天下”②等等品格。教育就是要使人具有这些品格，所谓“君子之道，成身成性以为功者也”③。“求为贤人”并非教育的最终目的，因为还未达到“尽性”、“知天”、“行成”、“道济天下”的境界。因此，张载又提出“学必如圣人”。这是他的教育目的论的最高层次。他认为，“学至圣人”是最理想化的人物，是至善至美、无疵无瑕的，既知天道，又尽善性，更能践行和济世的高度发展的完人，即他所说的“尽性”、“尽诚”、“知天”、“知化”、“行成”、“利天下”的人。所谓“尽性”、“尽诚”，就是将人的本然善性自我修养完善到无私无欲、无物无我、尽善尽美的境界。“人能至诚则性尽而神可穷矣。”④所谓“知天”、“知化”，即“穷神知化”，就是知晓天地万事万物，认识外界一切变化，掌握客观发展规律，即他所说的“圣人之神惟天，故能周万物而知”⑤。所谓“行成”、“利天下”，就是将穷得之理和尽得之性付诸实践，利济于天下。他说，“惟圣人践形为实之至”⑥，圣人躬行，做到“为天地立心，为生民立命，为往圣继绝学，为万世开太平”⑦。由上可见，张载“学至圣人”的目标，并非抽象化、神秘化，而是成为德才兼备、学用结合、言行一致、利济民生、道济天下的现实中的“圣人”。这与他的社会理想和唯物论观点是统一的，这也赋予了他的教育目的论以实际意义和进步价值。

三、“尚礼”、“重实”、“致用”的教育内容

张载以“学至圣人”为教育的终极目的，其教育内容自然是“圣人”之书，即儒家经籍。《宋史本传》称：“其学以《易》为宗，以《中庸》为的，以《礼》为体，以《孔》、《孟》为法。”也就是所谓的“义理之学”。

---

① 张载.张载集[M].章锡琛,点校.北京:中华书局,1978:29.
② 吕思勉.理学纲要[M].上海:商务印书馆,1931:76.
③ 张载.张载集[M].章锡琛,点校.北京:中华书局,1978:27.
④ 张载.张载集[M].章锡琛,点校.北京:中华书局,1978:63.
⑤ 张载.张载集[M].章锡琛,点校.北京:中华书局,1978:15.
⑥ 张载.张载集[M].章锡琛,点校.北京:中华书局,1978:325.
⑦ 冯友兰.中国哲学小史[M].北京:当代中国出版社,2016:219.

张载首先强调学礼的重要性。他说："礼者圣人之成法也，除了礼天下更无道矣。"[①]学礼，就是以"天地之德"、"圣人之道"教育学生，使其持礼成性，"凡未成性，须礼以持之，能守礼已不畔道矣"[②]。同时，礼又是教民、治民的手段，"治民则教化刑罚俱不出于礼外"[③]。因此，张载将礼作为教育的中心内容，通过礼的学习与熏陶，使学生持礼成性，守礼进德，执礼教民，达到"不畔道"、成"圣人"的目的。

次学《易》。张载认为，《易》记载了天地变化、四时运行、万物发育之道（天道），反映了人事通变、天下治乱、吉凶祸福之故（人道），揭示了自然与社会及其变化、消长的规律，所谓"《易》言'穷神知化'，又言'知变化之道'"[④]。学《易》，就可以使人从哲理的高度了解、把握自然（"知天道"）与人生（"知人道"），掌握客观规律，达于"错诸事业"、"开物成务"、"道济天下"的最终目的。他特别注重孔子的这段话："夫《易》，开物成务，冒天下之道，如斯而已者也。是故圣人以通天下之志，以定天下之业，以断天下之疑。"[⑤]张载断言：圣人以《易》教人，未尝须臾学不在《易》。张载强调学《易》，说明他重视对自然知识的掌握和思辨能力的培养，以此造就重实、致用而善于理论思维的人才。

再是学《论语》、《孟子》、《诗》、《书》、《大学》、《中庸》等书。他认为，这些书皆出圣门，无舛杂理，直是少一不得。他说，"要见圣人，无如《论》、《孟》为要"，"学《诗》、学《礼》，以言以立，……不学《诗》直是无可道……《诗》、《礼》、《易》、《春秋》、《书》、《六经》，直是少一不得"[⑥]，"大学之道在止于至善，此是有本也。思天下之善无不自此始，然后定止，于此发原立本"[⑦]，"古乐所以养人德性中和之气"[⑧]，"声音之道，与天地同和，与政通"[⑨]。可见，他对学这些经书是非常重视的。因为这些经书在实现培养"圣人"的目标中都各有作用。

① 张载.张载集[M].章锡琛，点校.北京：中华书局，1978：264.
② 张载.张载集[M].章锡琛，点校.北京：中华书局，1978：264.
③ 张载.张载集[M].章锡琛，点校.北京：中华书局，1978：264.
④ 张载.张载集[M].章锡琛，点校.北京：中华书局，1978：197.
⑤ 张载.张载集[M].章锡琛，点校.北京：中华书局，1978：201-202.
⑥ 张载.张载集[M].章锡琛，点校.北京：中华书局，1978：278.
⑦ 张载.张载集[M].章锡琛，点校.北京：中华书局，1978：328-329.
⑧ 张载.张载集[M].章锡琛，点校.北京：中华书局，1978：262.
⑨ 张载.张载集[M].章锡琛，点校.北京：中华书局，1978：263.

至于其他书籍，如家语、国语、史书以及文集、文选之类，他认为，或是乱世之事，或于义理无益，所以不看亦无害，可不看、或少看，或一看即了。这种看法是其强调“义理”之学所致，无疑是不对的。

四、“自明诚”与“自诚明”相结合的道德教育思想

张载认为，完善道德是“自明诚”与“自诚明”两种修养过程。何谓“自明诚”？他说：“自明诚者，先穷理以至于尽性也，谓先从学问理会，以推达于天性也。”①其意是，修养道德应该先从学习客观知识入手，掌握义理。然后根据义理要求进行内心修养，以达于道德上的完善。这个过程又称“道问学”的过程。何谓“自诚明”？他说：“自诚明者，先尽性以至于穷理也，谓先自其性理会来，以至穷理。”②又说：“以诚而明者，既实而行之明也。”③其意是，先进行内心修养，求得道德的完善，然后根据悟性进行穷理，以达于义理的掌握，如此既实而行之明。这个过程又称“尊德性”的过程。可见，“自明诚”是“由外向内”的道德修养过程。按现代德育心理学观点来说，前者是由道德认识、信念而达于道德情感、意志，以至道德理想的过程；后者是由道德意志、情感和道德理想而反于道德认识和道德信念的过程。张载与程朱（主“道问学”）、陆王（主“尊德性”）各执一端所不同，他既强调“自明诚”，又注重“自诚明”，使两者相互结合，相辅相成。他说：“大学当先知天德，知天德则知圣人，知鬼神”④，“惟智则最处先，不智则不知，不知则安能为！”⑤又说：“不尊德性，则学问从而不道；不致广大，则精微无所立其诚。”⑥只有使两者密切结合，才能全其性，达到德才高度发展与统一。故此，张载作出结论：“儒者则因明致诚，因诚致明，故天人合一，致学而可以成圣……”⑦

如何进行道德教育和修养？张载根据“明诚”与“诚明”相统一的思想和亲身教育实践，提出了一系列要求：

---

① 张载.张载集[M].章锡琛，点校.北京：中华书局，1978:330.
② 张载.张载集[M].章锡琛，点校.北京：中华书局，1978:330.
③ 张载.张载集[M].章锡琛，点校.北京：中华书局，1978:285.
④ 张载.张载集[M].章锡琛，点校.北京：中华书局，1978:64.
⑤ 张载.张载集[M].章锡琛，点校.北京：中华书局，1978:287
⑥ 张载.张载集[M].章锡琛，点校.北京：中华书局，1978:28.
⑦ 张载.张载集[M].章锡琛，点校.北京：中华书局，1978:65.

第一，特别注重立志教育。张载强调“志”为本，如志不立，无以进德成性。他说：“志者，教之大伦而言也。”[①]“志”决定着人的行动目标和路向，是教育的大纲领。因此他要求学者首先必端正动机，然后确定志向，最后树立大志。他说：“志大则才大、事业大，……志久则气久、德性久”[②]，反之，“志小则易足，易足则无由进；气轻则虚而为盈，约而为泰，亡而为有，以未知为已知，未学为已学”[③]。张载强调立大志、志大公，成就事业，道济天下，这个思想是他关于“成德”与“治政”统一观点的具体体现，也是其道德教育的目的所在。

第二，强调礼、仁、义的教育。他认为，“礼”的教育是“成德”、“尽性”的关键。“盖礼者滋养人德性，又使人有常业，守得定，又可学便可行，又可集得义。”[④]所以，他要求学者一切行动皆中礼，做到非礼勿言，非礼勿动。“仁”的教育是张载“兼爱”思想在教育上的体现：“中心安仁，无欲而好仁，无畏而恶不仁，天下一人而已，惟责己一身当然尔。”[⑤]“安仁”有多种含义：一是责己，“以责人之心责己”，做到无欲无私；二是责人，“以众人望人”，“以人治人”，做到“使不仁者仁”；三是爱人，“以爱己之心爱人”，做到“己立立人，己达达人”。他反复强调学者要常存此心，立志于仁，以尽仁义之心。至于集义教育，他认为这是养“浩然之气”的必由之路，“养浩然之气须是集义，集义然后可以得浩然之气”[⑥]。张载把这三者作为统一的整体，认为“义”与“礼”同为“仁”的效用，又是行“仁”的条件，并同“智”、“信”结合为一体。所以他说：“仁不得义则不行，不得礼则不立，不得智则不知，不得信则不能守，此致一之道也。”[⑦]做到五者统一，就可持礼、安仁、行义了。

第三，重视敦笃、虚静、慎谨、敬和等道德素质的培养。“敦笃”，指敦厚、笃实，不轻妄的品质；“虚静”，指虚一、静心，不骄躁的品质；“慎谨”，指审慎、谨严，不妄言妄行的品质；“敬和”，指庄重、严肃、气和、心平、

① 张载.张载集[M].章锡琛,点校.北京:中华书局,1978:32.
② 张载.张载集[M].章锡琛,点校.北京:中华书局,1978:35.
③ 张载.张载集[M].章锡琛,点校.北京:中华书局,1978:287.
④ 张载.张载集[M].章锡琛,点校.北京:中华书局,1978:279.
⑤ 张载.张载集[M].章锡琛,点校.北京:中华书局,1978:29.
⑥ 张载.张载集[M].章锡琛,点校.北京:中华书局,1978:279.
⑦ 张载.张载集[M].章锡琛,点校.北京:中华书局,1978:274.

不浮躁的品质。张载认为，这些品质都是道德修养中的重要心理素质，不具有这些品质，则“尽心”、“尽仁”都无以成。他说：“虚者仁之原”，“敦厚虚静，仁之本；敬和接物，仁之用”，“静者善之本，虚者静之本”[①]，“虚心然后能尽心”[②]，“君子庄敬日强”，“不敬谨则不立”[③]。为什么呢？张载认为，人之心有偏有正，人之气有刚柔缓急，人之情有哀乐喜怒，为了纠之偏而急得之正而和，必须进行这些素质的教育，这是修养心性，完善道德的重要功夫。

第四，强调克己、自责、自勉、自强的自我教育。张载非常强调学者的自我教育，认为这是穷理尽性、成德成圣的重要条件。“克己”，就是克制自己的私心杂念，做到无私无欲。然而人欲无厌，而外物有限。如果任其发展，膨胀私心，不仅使人变成“专顾影间，区区于一物之中”的利己主义者，还会酿成人与人相互争夺，人性丧尽，天理无存，社会不宁而天下动乱的局面。故此，学者必须克制私欲，“不为外物所役”，“不以嗜欲累其心”，从而达到“无物我之私”的高度自觉性。“自责”，就是严格要求自己，改过自新，使自身思想言行合于“天下国家”之理，即社会道德标准。如何做到？一要“自讼”，内心不断开展斗争，不让私意萌发，所谓“见过而内自讼”；二要“改过”，有过必改，防微杜渐，不让其发展；三要“反责”，“过虽在人如在己”，从别人的过错中反责自己，汲取教训；四要“思齐”，见到贤者向他学习、看齐，“见善如不及”。所谓“自勉”，就是勤勉、励进，不断进步，继善成性。“所谓勉勉者，谓‘继之者善也，成之者性也’，继继不已，乃善而能至于成性也。”[④]所谓“自强”，即图强、奋进、自信、自立。它与“自勉”紧密联系，如果说，“自勉”是强调道德意识的自觉性，那么，“自强”则是强调道德意志的独立性，既能勉进，又能强进，就能其进日速，其志弥坚，强勉不息，成为道德上的完人。

第五，强调道德践行的教育。张载认为，修身成德必须见诸行为，实事实行。他说：“若要成德，须是速行之”[⑤]，“闻斯行，好学之徒也”[⑥]。他特

① 张载.张载集[M].章锡琛，点校.北京：中华书局，1978：325.
② 张载.张载集[M].章锡琛，点校.北京：中华书局，1978：325.
③ 张载.张载集[M].章锡琛，点校.北京：中华书局，1978：265.
④ 张载.张载集[M].章锡琛，点校.北京：中华书局，1978：266.
⑤ 张载.张载集[M].章锡琛，点校.北京：中华书局，1978：275.
⑥ 张载.张载集[M].章锡琛，点校.北京：中华书局，1978：30.

别强调“行”要真心实意，“行之笃者，……如天道不已而然，笃之至也”①。当行不行，是不诚的表现，“人之事在行，不行则无诚，不诚则无物，故须行实事。惟圣人践形为实之至”②。因此，张载指出，君子所贵乎道者三：言也，动也，行也。言必见动，动必见行，行必于实，三者致一，一切皆中“礼”，乃是“盛德之至”，达到道德的高度自觉与完善。

五、“教”与“学”结合，“学、问、思、辨、行”统一的教学法原理

张载的教学法思想主要来源于《学记》，同时也是其本人长期教学实践的总结，并汲取了前人教学的精华，从而形成了较为完整的教学理论体系。

张载认识到教学是多种因素结合、统一的过程：“穷理”与“尽性”统一，或谓“自明诚”与“自诚明”的统一过程；“教学”与“为学”的统一过程；“学、问、思、辨、行”的统一过程。这些思想是其教学法的基本理论依据。张载根据这些思想对教师的“教”与学生的“学”分别提出了要求。先谈教的方面：

尽人之材，适时而教。张载强调教师必须了解学生，因材施教，适时而教，这是教学成功的重要条件。他说，“教人者必知至学之难易，知人之美恶”③，“知至学之难易，知德也；知其美恶，知人也。知其人且知德，故能教人使入德”④，“教人至难，必尽人之材乃不误人，观可及处然后告之”⑤。这样才能“尽其材”，“教人使入德”。如果“进而不顾其安，使人不由其诚，教人不尽其材。人未安之，又进之，未喻之，又告之，徒使人生此节目。不尽材，不顾安，不由诚，皆是施之妄也”⑥，就不可能达到教学目的。因此，他要求教师教学要适应学生的身心发展水平和心理活动状态，“因材”、“因时”而教，“有如时雨化之者，当其可，乘其间而施之，不待彼有求有为而后教之也”⑦。

---

① 张载.张载集[M].章锡琛,点校.北京:中华书局,1978:29.
② 张载.张载集[M].章锡琛,点校.北京:中华书局,1978:325.
③ 张载.张载集[M].章锡琛,点校.北京:中华书局,1978:31.
④ 张载.张载集[M].章锡琛,点校.北京:中华书局,1978:31.
⑤ 张载.张载集[M].章锡琛,点校.北京:中华书局,1978:335.
⑥ 张载.张载集[M].章锡琛,点校.北京:中华书局,1978:335.
⑦ 张载.张载集[M].章锡琛,点校.北京:中华书局,1978:31.

渐进有序，急进无益。教学是使学生逐步积累知识、发展才智的过程，必须渐进有序。张载说，读书穷理应当有渐。“……虽不可缓，又不欲急迫，在人固须求之有渐。”[①]所谓“序”含义有二：一是指学生心理发展的“序”，包括知识、智力已达到的水平；二是指客观事理难易深浅的“序”。教学必须依此两方面的情况，由浅入深、由易而难，由“闻见”到“心知”，由“穷理”到“尽性”。超越学生已有的知识水平和智力水平而“急进”，或低于学生水平而“缓进”，都是教学上的大病。对此，张载以教幼儿为例说：“若洒扫应对，乃幼而孙弟之事，长后教之，人必倦弊。……妄以大道教之，是诬也。”[②]

启发思考，激发旨趣。张载认为，启发学生积极思考，激发学生浓厚兴趣，使之知学、善学、乐学，是教师的重要任务。他说：“人当思而得之”，“心解则求义自明”，“须是自求，已能寻见义理，则自有旨趣，自得之则居之安矣”[③]。只有积极思考，才能求义自明。有旨趣，才能乐学，“学至于乐则自不已，故进也”[④]，“盖意乐则易见，急而不乐则失之矣”[⑤]。张载强调教学中要“因时”、“尽材”、“顾安”、“由诚”、“渐进”、“心知”、“质疑”、“问辨”、“竭其两端”，其意无不在于激发学生独立思考的积极性与学习旨趣的浓烈性，并将这种理念贯彻于自己的全部教学实践中。

竭其两端，举一数反。这个思想直接源于孔子的“叩两端法”。它是张载启发学生独立思考原则的具体运用。“竭其两端”，就是竭尽事物的两个方面而教之，使学生全面把握事物之理；“举一数反”，就是举其一（一事、一物、一理），即能据此推及其类而知诸事物或问题。张载认为，任何事物都有其“两端”（一物两体），得其“一”则偏，得其“两”则全；其事理皆为“一而分殊”，由一理推知他物之理为“分殊”，学者往往为偏所蔽而不能识其全，识此而不能推及于彼。因此，教者必须“竭其两端而告之”，使能“两端并进”，全面地认识问题，并通过类推、比较，掌握分殊之理，达到“举一而数反”的目的。这是一种分析、比较、演绎、推理的方法和能力，对于学生把握事理非常重要。

① 张载.张载集[M].章锡琛，点校.北京：中华书局，1978：284.
② 顾树森.中国古代教育家语录类编：下册[M].2版.上海：上海教育出版社，1983：103.
③ 张载.张载集[M].章锡琛，点校.北京：中华书局，1978：273.
④ 张载.张载集[M].章锡琛，点校.北京：中华书局，1978：282.
⑤ 张载.张载集[M].章锡琛，点校.北京：中华书局，1978：276.

罕譬而喻，言简意臧。教师讲课要少而精；语言要简易、明了，精确表达思想；其意要密微、深刻、精善，深含义蕴，这样才能取得好的教学效果。张载说："志常继则罕譬而喻，言易入则微而臧。"[①]因此，教师要加强语言修养，做到"辞取意达"，就能增强教学效果。

再说学的方面。张载极为重视学生的为学精神和治学态度以及读书的方法。因此，提出了很多宝贵见解。

勤学博文，深究义理。张载强调学者要勤学、博学，深究义理，才能进业有成。他说："惟博学然后有可得以参较琢磨，学博则转密察，钻之弥坚，于实处转为笃实，转诚转信。故只是要博学，学愈博则义愈精微"[②]，进而又指出学不博不精的害处，"不图义理，则大非也"[③]，"万物皆有理，若不知穷理，如梦过一生"[④]。因为义理之学不下深究的功夫无法学得，更不可能轻易由此通天下之志。因此他要求学者一定要有"人一能之，己百之，人十能之，己千之"[⑤]的勤学精神，有笃学好问、博学约礼、精诚深究的好学态度。

熟记精思，潜心涵泳。张载指出，学习义理，必须首先成诵熟记，深虑精思，这是读书为学的基本功。他说，"书须成诵精思，……不记则思不起，但通贯得大原后，书亦易记"[⑥]，"经籍亦须记得……故记得便说得，说得便行得，故始学亦不可无诵记"[⑦]。这里，他指明了诵读、熟记与言、思、行的关系，很有道理。进而，他强调精思的重要性，要求读经穷理，一定要熟虑精思，潜心玩索，沉潜涵泳，游心于义理之间，以求"心解"。若不然，只是"心粗"，则不能穷究义理，结果，于学无成，这是学者所必戒的。

学则须疑，问辨方明。在学习过程中，张载又提出"学则须疑"的原则，认为"疑"是学的开始，思的起点，又是实作、求新的关键。他说："可疑而不疑者不曾学，学则须疑。譬之行道者，将之南山，须问道路之出自，若安坐则何尝有疑。"[⑧]这是言疑与学的关系。又说："不知疑者，只是不便实作，既实作则须有疑，必有不行处，是疑也。……则须有疑，是问是学处也，无

① 张载.张载集[M].章锡琛，点校.北京：中华书局，1978：31.
② 张载.张载集[M].章锡琛，点校.北京：中华书局，1978：270.
③ 张载.张载集[M].章锡琛，点校.北京：中华书局，1978：271.
④ 张载.张载集[M].章锡琛，点校.北京：中华书局，1978：321.
⑤ 张载.张载集[M].章锡琛，点校.北京：中华书局，1978：274.
⑥ 张载.张载集[M].章锡琛，点校.北京：中华书局，1978：275.
⑦ 张载.张载集[M].章锡琛，点校.北京：中华书局，1978：277.
⑧ 张载.张载集[M].章锡琛，点校.北京：中华书局，1978：286.

则只是未尝思虑来也。”[①]他特别强调“疑”对创新的作用，说：“义理有疑，则濯去旧见以来新意”[②]，“多求新意以开昏蒙”，“学者观书，每见每知新意则学进矣”[③]。有“疑”才有“思”，“思”才能解决“疑”，“疑解”才能进。所以，“解疑”的过程就是“致思”、“问辨”、“明理”的过程。他指出：“须问辨而后明，学者有所不知，问而知之。”[④]对于“问”，张载强调先要虚心；次要“每事问”；再要“不耻下问”。“疑”使学问思辨行、濯旧与创新都统一起来了，这是一条学习的重要原则。

学贵心悟，旨在求新。学习的目的在于领悟义理，有所发现，有所创新，这是张载特别强调的一条原则。他说，“学贵心悟，守旧无功”[⑤]，“濯去旧见以来新意”[⑥]。所谓“心悟”，不仅指对义理的心领神悟、融会贯通的“知”的过程，即“穷理知化”过程；还含有笃信好学、勤学博文、诚善于心的“情”与“意”的过程，即“尽性尽诚”的过程；并在此基础上进行分析、比较、演绎、综合，阐发义理，探明新意的过程，即“濯旧来新”的过程。学至“心悟”，就能达到“从心所欲，不逾矩”的境地。张载强调心悟，特重创新，反对守旧，这十分可贵。

温故知新，缘旧察来。张载指出：“温故知新，多识前言往行以蓄德，绎旧业而知新，思昔未至而今至，缘旧所见闻而察来，皆其义也。”[⑦]其含义有二：一是“蓄德”，通过检查前言往行，纠过扬善，褒是抑非，增益德性；二是“习业”，通过温习旧业，加深理解，缘旧察来，增长新知。由“故”出“新”，由“旧”察“来”，不只是“知”与“德”量的增益过程，而且是通过分析、比较、综合、概括的积极思维活动，达于质的飞跃的过程。可见，张载“温故知新”思想与“精思”、“心悟”的要求是相一致的，其共同目的在造就善于独立思考、勇于探索创新的一代学者。

学戒四失，当求谦逊。张载认为，“学者四失：为人则失多，好高则失寡，不察则易，苦难则止”[⑧]。这个思想直接源于《学记》，其意是说，好逞

① 张载.张载集[M].章锡琛,点校.北京:中华书局,1978:268.
② 张载.张载集[M].章锡琛,点校.北京:中华书局,1978:286.
③ 张载.张载集[M].章锡琛,点校.北京:中华书局,1978:321.
④ 张载.张载集[M].章锡琛,点校.北京:中华书局,1978:280.
⑤ 张载.张载集[M].章锡琛,点校.北京:中华书局,1978:274.
⑥ 张载.张载集[M].章锡琛,点校.北京:中华书局,1978:286.
⑦ 张载.张载集[M].章锡琛,点校.北京:中华书局,1978:30.
⑧ 张载.张载集[M].章锡琛,点校.北京:中华书局,1978:30.

强于人者，贪多求胜，则失之于多；好高骛远者，所求不深不实，则失之于寡；不亲自体察、钻研，所学过简，则失之于易；畏难怕苦，畏葸不前，半途而废，则失之于止。这四者是学习上的大过失。因此，张载强调指出：学者必须谦逊，虚心，不自满，不固意，实事求是，戒骄戒躁。唯有如此，学才可以进，德才可以成。

自求自得，精进不已。张载指出，为学必须通过自己的勤奋劳动，自求自得，才能精进不已，这绝非他人所能代替。他说："须是自求，已能寻见义理，则自有旨趣，自得之则居之安矣。"①自求，才能理会义理，才有浓烈旨趣；自得，才能居之安，守得定。他要求学者限定学习期限（按年、月、日，以至朝、昼、夜为时限），循循勉勉，自求不息，奋进不已，做到"言有教，动有法；昼有为，宵有得；息有养，瞬有存"②。如若停息不进，不知自求，与木偶或死人无异，这是学者的大患。

六、教养、习染并重的幼儿教育主张

张载十分重视幼儿早期教育问题，认为这是以后教育成长的基础。他指出："'蒙以养正'，使蒙者不失其正，教人者之功也。"③就是说，从幼童开始即教之以正德，使之不失其正，以培养圣人之胚模。故此，他强调"蒙以养正，圣功也"④。进而，张载指出幼儿早期教育的可能性，并强调施教要注意幼儿的心理特点。他说："古之小儿便能敬事，长者与之提携，则两手奉长者之手，问之掩口而对，盖稍不敬事便不忠信，故教小儿且先安详恭敬。"⑤小儿记忆力强，习染性大，可塑性强，这是幼儿心理发展的特点，是接受早期教育的先决条件。因之教育要"安详恭敬"，要"好恶有常"，注意外界环境的影响，培养良好的生活行为习惯。再是重视"胎教"。他说："直自在胞胎保母之教，已虽不知谓之学，然人作之而已变以化于其教，则岂可不谓之学？"⑥，"习者自胎胞中以至于婴孩时皆是习也"⑦。胎教问题为我国古代不

① 张载.张载集[M].章锡琛，点校.北京：中华书局，1978:273.
② 张载.张载集[M].章锡琛，点校.北京：中华书局，1978:44.
③ 张载.张载集[M].章锡琛，点校.北京：中华书局，1978:31.
④ 张载.张载集[M].章锡琛，点校.北京：中华书局，1978:328.
⑤ 张载.张载集[M].章锡琛，点校.北京：中华书局，1978:335.
⑥ 张载.张载集[M].章锡琛，点校.北京：中华书局，1978:330.
⑦ 张载.张载集[M].章锡琛，点校.北京：中华书局，1978:329.

少教育家所论及和重视，虽未能从理论上给以科学论证，但重视这个问题的态度是可取的。

总之，张载从胎教到婴幼儿直至成人教育，都提出了较全面的教育意见和主张，并以亲身的教育实践丰富和发展了我国古代的教育理论，又以独异的特色奠定了“关学”教育的基础。其精湛渊博的学术思想，教养结合、政教统一的教育观，多次层的教育目的论，唯物主义的教学路线，敢于探索求新的为学精神，谆谆教诲、循循善诱的教学态度，勤学精思深究的读书方法以及刚正不阿、艰苦奋斗的工作和生活作风等等，都对当时及后世产生了深刻的影响，在今天亦有借鉴继承的价值。

[本文原载于《安徽师范大学学报》(哲学社会科学版) 1987年第3期，收入本文集时有改动]

浅析王安石的人才思想与教育改革

王安石（1021—1086年），字介甫，号半山，抚州临川（今江西临川）人，北宋杰出的政治家、思想家和教育家。少负大志，22岁成进士。历官淮南、鄞县、舒州、常州、江宁。神宗时，官参知政事、同平章政事，封荆国公。极力主张改革，倡导“新学”，推行“新政”，是中国11世纪杰出的改革家。著文现存《临川先生文集》，余著已佚。

一、“教育—人才—治国”的战略指导思想

“教育—人才—治国”思想，是王安石推行“新政”、改革教育的理论基石和战略指导思想。他明确指出：天下之治乱，国家之盛衰，政教之隆替，关键在于治政者是否为贤能之才。可是，北宋一朝，尤其是在中期以后，政治坏败，朝乏贤能，治政者皆为不才、贪鄙的不肖之人，内不能度其势、知其变而修政，外不能制敌御武而固疆，造成民穷国困、财力窘竭、国力衰微、政教日坏、边患日急的局面，此乃是人才匮乏之大患。王安石为了挽救这种“积贫积弱”、“内忧外患”的危局，谋求“富国强兵”之道，稳固北宋统治，在《上仁宗皇言事书》中大声疾呼：“方今之急，在于人才而已。”[①]并在执政后，大力进行变法，实行经济、政治、军事、财政、文化教育等全面的改革。为此，他反复强调：实施“新政”，富国强兵，必须有革新从政人才；人才培养，惟有赖于教育；教育的成败又在于陶冶成才之道。因此，他把改革教育、培养人才，作为实施“新政”的组织基础和重要组成部分而置于首要的地位；并且，还将其作为治天下国家，实现长治久安的根本和战略指导思想。他说：“天下不可一日而无政教，故学不可一日而亡于天下。”[②]

王安石的“教育—人才—治国”思想，继承了儒家“教育为立国之本”

① 曾国藩.经史百家杂钞[M].长沙:岳麓书社,2015:521.

② 姚鼐.古文辞类纂[M].胡士明,李祚唐,标校.上海:上海古籍出版社,2016:652.

的一贯主张，并作了重大发展。概括其精义有如下诸点：

第一，从治国安邦、富国强兵全局出发，高度肯定教育和人才的战略地位和重大作用，尤其是把改革发展学校教育作为治国兴邦工作的重中之重。

第二，根据“新政”需要，提出新的人才标准，造就通治道、经世务、能文武的革新从政人才，并作长远计议，虑之以谋，计之以数，为之以渐，而又勉之以成，断之以果，以“成天下之才”。

第三，提出“教、养、取、任”之道，作为陶冶、选用人才的四项基本方针，并且强调，使人才育之于学校，养之以厚禄，约之以礼法，取之以德才，任之以专久，试之以政绩，使其成为一个统一的整体。

第四，改革旧的学校教育和科举考试制度；大力整顿太学，创建新学，发展地方学校；革新教学内容和教学方法；严选教师，统一教材，提高教育质量，确保“新政”所需要的革新经世人才。

上述诸点是王安石在教育上的重要理论贡献，也是他进行教育改革的指导思想。

二、改革学校教育，培养革新从政人才

王安石认为，培养革新从政人才，必须通过新的学校教育来培养；而旧学校专重讲说章句、课试文章、博诵强学，非但不能成人之才，而且会毁坏人才。他尖锐地指出：“方今州县虽有学，取墙壁具而已，非有教导之官，长育人才之事也，唯太学虽有教导之官，而亦未尝严其选。朝廷礼乐刑政之事，未尝在于学……学者之所教，讲说章句而已……故虽白首于庠序，穷日之力以帅上之教，乃使之从政，则茫然不知其方者，皆是也。盖今之教者，非特不能成人之材而已，又从而困苦毁坏之，使不得成才者。”①对于这种教育，王安石进行了全面的整顿和改革。

（一）倡导造就“通治道、经世务、兼文武、重实用”的人才目标

王安石明确指出，培养人才的目的是“为天下国家之用”，“大则足以用天下国家”，“小则足以为天下国家用”。具体要求是：懂得“朝廷礼乐刑政之事”，谙悉“先王之法言、德行、治天下之意”，掌握“文武之道”和“骑射

① 姚鼐.古文辞类纂[M].胡士明，李祚唐，标校.上海：上海古籍出版社，2016：244.

行阵”之术，明晓“礼法、天文、人事、政教”之变，以求达到“通古今”、“习典礼”、“明制度”、“知文武”，德才兼备、文武双全的目标，使之治政，则能安邦治国；使之执兵，则能强军固疆。所以他说：“所谓文吏者……必也通古今……习礼法、天文、人事、政教更张……所谓诸生者……必也习典礼，明制度，臣主威仪，时政沿袭。”然后施之职事，则以“详评政体”、“缘饰治道”。他又说：“士之所学者文武之道也……至于武事，则随其才之大小，未有不学者也。故其大者，居则为六官之卿，出则为六军之将也；其次则比、闾、族、党之师，亦皆卒、伍、师、旅之帅也。”[①]这一新目标非常全面而具体，既包括德才，又包括文武；既包括礼乐刑政，又包括天文人事，还包括诸子之书、百家之言。总的来说，贯穿着一个思想：革新政治，经世致用，使“贤者在位，能者在职”。它充分体现了“新政”对人才的要求，同时也是对当时学校专重章句浮文的目标的有力批判，对于培养新人才，树立新学风，起了积极的作用。

（二）提出“教养取任”之道，作为革新教育、陶冶人才的四项基本原则

王安石针对当时教育“非其道”的积弊，提出“教之、养之、取之、任之”四项陶冶成才之道，作为革新教育、陶冶人才的四项基本原则。所谓教之之道，他说：“古者天子诸侯，自国至于乡党皆有学，博置教导之官而严其选。朝廷礼乐刑政之事，皆在于学。士之所观而习者，皆先王之法言德行治天下之意，其材亦可以为天下国家之用。苟不可以为天下国家之用，则不教也。苟可以为天下国家之用者，则无不在于学。此教之之道也。”[②]这里，他明确指出了国家设学的目的、内容和方法以及对教师的要求。对养之之道，他强调要“饶之以财，约之以礼，裁之以法”。“饶财”，即给以厚禄，“足以养廉耻而离于贪鄙之行”；“约礼”，即以礼制律度节之，而无“放僻邪侈”之心；“裁法”，即以律令法刑制其贪鄙放僻之行。他认为“饶以财”，是“约以礼”、“裁以法”的物质基础，然后才能“约以礼”、“裁以法”，使“天下所以服从无抵冒者”，“以一天下之俗而成吾治”。取之之道，他强调人才取于乡党、庠序，由众推贤选能，审以德，问以言，观以行，试之以事而审察之，

① 姚鼐.古文辞类纂[M].胡士明，李祚唐，标校.上海：上海古籍出版社，2016：245.

② 姚鼐.古文辞类纂[M].胡士明，李祚唐，标校.上海：上海古籍出版社，2016：242.

考之行能而进退之。对任之之道，他特别强调按德才高下合理使用，任之以专，久于其职，定期考绩，黜涉幽明，使“贤者则其功可以至于成，不肖者则其罪不可以至于著”①，戒勉偷惰苟且、不肖无能之人，杜绝比周谗谄争进之辈。王安石把这四个基本原则，视作一个统一的整体，作为一个完整的教育发展过程：“教”是根本、基础，“养”是“教”的发展、前提，“取”是方法、手段，“任”是效用和目的，四者融为一体。他既从宏观上论证了成才之道，又从微观上阐明了陶冶之方，把“育”与“养”，“取”与“用”完全统一起来，具有深刻的教育理论意义。

（三）改革学校教育制度，创建新的学校

第一，改革太学，实行“三舍法”。即将太学分为外舍、内舍、上舍三级，初入学者为外舍生，员额限两千；外舍生岁试择优补升内舍生，员额三百；内舍生岁试择优补升上舍，员额一百。上舍生又分上、中、下三等，上等直接命官，中等免礼部试，下等免解。同时，整顿教师队伍，严选教师，明确职责，赏罚分明；扩大招生，严选生员，严格学习、考试、升级和生活各项制度，确保生员质量。这种多层次的太学教育制度，严其教、高其选的培养要求，育士与取士相结合的方法以及数量与质量相统一的原则，对培养“新政”所需要的人才，推动变法改革起了积极的作用。

第二，设立武学、律学和医学专门学院。武学培养文武兼备的执兵人才，担负整军强兵固防的任务。教习诸家兵法与历代用兵成败以及前世大夫忠义之节等，特重战法训练和实际操练演习。律学培养执法、治法人才，分设律令、断案科，规定凡命官举人皆得入学，习以断案、律令和古令刑书以及新颁法令，使其能够明法理政。医学培养医务人才，分设方脉科、针科和疡科三个专业，分别习以医典、治疗理论知识和诊断技术，毕业后按等使用。他着重指出，武、律、医三学注重理论与实际结合，严格操作训练和考核，使学生成为训练有素的专门人才。

第三，兴置州县学，发展地方教育。王安石一直关注地方教育事业的发展。他本人在江宁聚徒讲学达五年之久。在任地方官时，积极倡明教化，作《上仁宗皇帝言事书》、《慈溪县学记》、《虔州学记》、《原教》等文，极言兴教

① 姚鼐.古文辞类纂[M].胡士明，李祚唐，标校.上海：上海古籍出版社，2016：243.

变俗、育人成才之道。执政后，采取一系列发展地方教育的措施，诸如：令京东、京西、河东、河北、陕西五路兴学，选拔“经术行谊”之士为教授，其他各路州军，荐举京朝官有学行可为人师者兼任所属州府县学教授，并置小学教授，扩大加强教师队伍；设立路州府学官，专司教育行政领导；对教师进行职能考核，视其是否称职；凡学皆置学田，保证学校经费。由于采取这些有力措施，各地州县学得到很大发展。北宋的第二次兴学运动（熙宁、元丰兴学），就是在王安石的推动和主持下开展的。

第四，改革教学内容，统一学校教材。为了统一思想，培养经世致用的革新人才，王安石极力主张改革当时学校“讲说章句”、“苟尚文辞”、“杂而不专”等脱离实际、烦琐无用的教学内容，提出学校应以“通经术”、“经世务”、“尚实用”、“求专一”、“兼文武”为教学宗旨。教学内容应是“朝廷礼乐刑政之事”，“先王之法言、德行、治天下之意”，文武之道，天文人事，百家之书，皆在于学，使学生“通古今”、“习典礼”、“知政体”、“明制度”、“懂文武”，以为经世务之用。为达此目的，他亲自提举经义局，主持、修释《诗义》、《书义》、《周礼》（谓“三经新义”）并序，颁行于学宫，钦定为学校统一教材和科举考试的唯一标准。其意义不独在于以经述育士选士，统一学校教育内容和科举考试要求；而且对于矫邪说、放谣辞、拒诐行，正本清源，统一社会和学术思想起了积极作用，为推行“新政”奠定了思想理论基础。但这种做法也产生了一些消极影响，限制了学术上的争鸣，束缚了学术的进步和社会思想的发展。此外，他还著《字说》，正概念，一字义，以“同道德之归，一名法之守”，对廓清传注学之曲解，正订经学之精义，也起着积极的作用。

第五，改革教育方法，倡导陶冶、感化、启发、诱导教育。王安石认为，教育方法是关系人才培养的大问题，教育不得法，不仅不能育长人才，反而毁坏人的聪明才智，造成人才困缺，政乏贤能。因此，他极力主张改革强制、管压的教育方法，倡导陶冶感化、启发诱导的教育方法。他说，“善教者藏其用，民化上而不知所以教之之源”[①]，“善教者浃于民心，而耳目无闻焉，以道扰民者也”[②]。他特别强调“化”、“浃”二字，使受教者在不知不觉中受到教育、感化和熏陶，潜移默化，心悦诚服，感而情动。只有“浃于心”、“化于上”，才能

① 王安石.临川先生文集[M].中华书局上海编辑所,编.北京:中华书局,1959:731.
② 王安石.临川先生文集[M].中华书局上海编辑所,编.北京:中华书局,1959:732.

达到“以道扰民”的目的。否则，“暴为之制，烦为之防，劬劬于法令诰戒之间”，是“失其本而求之文”①，这种“以道强民”的方法，是不可能收到教育效果的。

王安石还注重学、思、行结合，反对博诵强记。他说：“古之学者，虽问以口，而其传以心，虽听以耳，而其受以意，故为师者不烦，而学者有得也”②，“其问之不切，则其听之不专，其思之不深，则其取之不固。不专不固，而可以入耳者，口耳而已矣，吾所以教者，非将善其口耳也”③。他既强调教师要善讲、切问，使学生获得感性知识；又强调教师要“传以心”、“受以意”，使学生心领意会，变感性知识为理性知识；更强调教师要“思得深”，才能学得专且固。他特别强调思的重大作用，“五事（貌、言、视、听、思）以思为主”，“思者，事之所成终而所成始也，思所以作圣也”④。通过“思”，可以“通天下之故”，成为圣人。同时，他很注重实际学习和锻炼，反对天才教学，认为人“非生而能”，其智能才力都是在后天实际中学习锻炼和教育的结果。即使先天禀赋聪明，如果没有正确的教育，其聪明禀赋亦要泯灭。他在《伤仲永》一文中深刻地阐明了这一道理，他说：“仲永之通悟，受之天也。其受之人也，贤于材人远矣；卒为众人，则其受于人者不至也。”⑤这有力地批判了天才论观点。

综上所述，王安石的教育理论和主张，在我国古代教育理论宝库中占有重要地位。他关于人才治国、教育为本的战略思想，充分肯定了教育对治国理政的重大作用，揭示了教育与政治、社会发展的内在关系和基本规律；关于培养通经致用、德才兼备、文武双全的人才的教育目标，反映了“新政”的需要和历史的进步趋势；关于“教养取任”相统一的陶冶人才之道，符合人才成长的客观规律；关于改革教育、改革科举制度，革新教育内容和教学方法，关于改革太学，重视发展专业教育和地方教育等等，都具有重大的历史进步意义和理论贡献。

（本文系上海人民出版社2010年版《中华文化通志·教育学志》中的一部分，收入本文集时有改动）

① 王安石.临川先生文集[M].中华书局上海编辑所,编.北京:中华书局,1959:732.
② 王安石.临川先生文集[M].中华书局上海编辑所,编.北京:中华书局,1959:759.
③ 王安石.临川先生文集[M].中华书局上海编辑所,编.北京:中华书局,1959:759.
④ 王安石.临川先生文集[M].中华书局上海编辑所,编.北京:中华书局,1959:54.
⑤ 孟宪承.中国古代教育文选[M].北京:人民教育出版社,1979:246.

朱熹穷理尽性教育学理之论要

朱熹（1130—1200年），字元晦，号晦庵，祖籍徽州婺源（今江西）。南宋时期著名教育家、哲学家，理学集大成者。他毕生的精力主要用于兴学校、明教化，传经著述，讲学授徒。先后修复白鹿洞书院、岳麓书院，创建武夷精舍、沧州精舍等，并从事主讲，积累了极其丰富的教育教学经验，建构起恢宏的理学教育思想体系，并使这一理学教育思想体系成为中国封建社会后期教育的指导思想。其教育学理与教育实践反映和体现了一定的教育规律，值得探索、研究。

一、“存天理，灭人欲”之教育本质论

朱熹思想体系的核心是“理”。这“理”是宇宙万物的本源，自然界的一切都是理的派生物，人类社会包括人类自身也是由理决定的。他说：“宇宙之间，一理而已。天得之为天，地得之为地，而凡生于天地之间者，又各得之以为性。”[①]“理”是怎样派生出天地万物呢？他又提出“理”借助“气”而生成天地万物。即是说“理”是本，在先；“气”是生成天地万物的材料，在后；“理”与“气”合才能生成万物。所以他又说：“所以有此物便有此气，所以有此气便有此理。”[②]这种“理先气后”的本体论，完全颠倒了物质与精神的关系，是一种典型的客观唯心主义。

在这一唯心理论的基础上，朱熹提出“性即理”的命题。他认为“理”体现在人身上即是“性”，称“天命之性”，是本然至纯至善；体现在社会上便是“天理”，即“三纲五常”，是至高至上的。他说，论天地之性，则专指理言，性即理也。当然之理，无有不善者”，“仁义礼智，性也”[③]。然而人性

① 姚进生.朱熹道德教育思想论稿[M].厦门:厦门大学出版社,2013:73.
② 张莉红,罗波.天理人欲[M].成都:四川教育出版社,2002:137.
③ 戴震.孟子字义疏证[M].何文光,整理.北京:中华书局,1961:40.

为何又有善恶之别呢？朱熹又提出“气质之性”有善有恶的观点，认为人所“禀气”有清明纯杂之异，禀清明纯净之气者，得“理”则全而正，“气质之性”则为善，即为圣人、贤人；反之，禀气昏浊混杂者，得“理”则偏而不全，反被情欲杂念所蔽，“气质之性”则为恶，即为“愚昧”、“不肖”之人。所以，他说，“论气质之性，则以理与气杂而言之”[①]，“人品之不同，固是气有昏明、厚薄之异故也”[②]。朱熹把人的善恶、贤愚、贵贱说成是先天命定的，而不是后天形成的，是一种先天决定论，是非科学的，为统治阶级压迫、奴役劳动人民提供了理论依据。

朱熹从“天命之性”纯善、“气质之性”有善有恶的观点出发，提出“存天理，灭人欲”的主张。他认为，教育的作用就是“变化气质”、“存养本性”，即通过教育去改变人的气质之恶性，保存、充养人的本然之善性。教育就是“使反其固有而复其性”的功夫，即“存天理、灭人欲”的功夫。所以他反复强调“人之一心，天理存，则人欲亡，人欲胜则天理灭，未有天理人欲夹杂者”[③]，“古之圣王设为学校，以教天下之人，……必皆有以去气质之偏、物欲之蔽，以复其性，以尽其伦而后已焉”[④]，“圣人千言万语，只是教人‘存天理，灭人欲’”[⑤]，“学者须是革尽人欲，复尽天理，方始是学”[⑥]。在朱熹看来，设教兴学，为学修业，都是为了“变化气质”、“存养本性”，以达于“存天理、灭人欲”之最高境界。这是朱熹教育学理之核心，也是其教育之本质观的哲理依据。

二、“明人伦”、“为圣贤”之教育目的论

朱熹继承、发展了先秦教育家的教育目的论，提出“明人伦”、“为圣贤”的教育目标。他援引荀子的话说：“古之学者始乎为士，终乎为圣人。”[⑦]强调“先王之学，以明人伦为本”。所谓“明人伦”，即他在《白鹿洞书院教条》中规定的五教之目：“父子有亲，君臣有义，夫妇有别，长幼有序，朋友有信。”

---

① 冯友兰.中国哲学史:下册[M].北京:商务印书馆,2011:330.

② 程水龙.《近思录》集校集注集评:下册[M].上海:上海古籍出版社,2012:126.

③ 张岱年.中国伦理思想研究[M].南京:江苏教育出版社,2005:99.

④ 朱熹.朱熹集:二[M].郭齐,尹波,点校.成都:四川教育出版社,1996:573.

⑤ 高令印,陈其芳.福建朱子学[M].福州:福建人民出版社,1986:64.

⑥ 曹德本.中国政治思想史[M].北京:高等教育出版社,2004:253.

⑦ 李梦阳.白鹿洞书院古志五种:上册[M].北京:中华书局,1995:195.

此"五伦"即他说的"天理"，亦即"三纲五常"。"三纲"，指封建社会中三种主要的道德关系，即"君为臣纲"、"父为子纲"、"夫为妻纲"；"五常"，指仁、义、礼、智、信，即封建社会中人们之间的五种道德规范和行为准则。他说，"宇宙之间，一理而已。……其张之为三纲，其纪之为五常"①，"三纲五常，礼之本也"②，"君臣父子，定位不易，事之常也；君令臣行，父传子继，道之经也"③。在朱熹的教育学理中，"天理"即"人伦"，即"三纲五常"，教育的终极目标就是教人"明人伦"，或者说是复尽天理，灭尽人欲，全面掌握和坚决履行以"三纲五常"为中心的封建伦理道德，忠实维护封建社会统治秩序，达于"诚意、正心、修身、齐家、治国、平天下"的目的。故此，他强调"三纲五常"是永恒的"天理"，具有天然的合理性和绝对的正确性，为"礼之本"、"事之常"、"道之经"，只能绝对服从，不可逾越。可见，朱熹"明人伦"、"为圣贤"的教育目的论，实质是为封建国家政权培养明君贤臣及其御用贤才而已。

为达到上述目的，朱熹要求自幼儿至小学、直至大学，都要把"明人伦"，即道德的教育与训练作为首要任务。他强调要从幼儿教育抓起，"乳母之教，所系尤切"，"必使其讲而习之于幼稚之时，使其习与知长，化与心成，而无扞格不胜之患也"④。他要求父母做到"宽裕慈惠，温良恭敬，慎行寡言者，使为子师"⑤。他肯定：小学教育是打"圣贤坯模"的阶段，要以"事教"为主，由"师范端严，学明德尊"的教师教以"洒扫、应对、进退之节，爱亲、敬长、睦师、亲友之道"及"礼乐射御书数之习"⑥，使其掌握日常生活知识和行谊礼节，养成良好的生活习惯。所以他说："小学是事，是事君、事父、事兄、处友等事，只是教他依此规矩去做。"⑦这些基本生活学习常规的教育与训练，对于儿童"收其放心，养其德性，而为大学之基本"极为重要。

至于大学教育，他认为是"学为圣贤"阶段，乃以"理教"为主，即在

① 曹德本.中国政治思想史[M].北京：高等教育出版社，2004：252.
② 孙培青.中国教育史[M].2版.上海：华东师范大学出版社，2000：222.
③ 朱熹.朱熹集：二[M].郭齐，尹波，点校.成都：四川教育出版社，1996：543.
④ 吴艳茹.中外教育史[M].北京：北京师范大学出版社，2015：97.
⑤ 吕思勉.读史札记：上[M].南京：译林出版社，2016：160.
⑥ 吴圣苓.师典[M].上海：上海人民出版社，2004：1024.
⑦ 谢兰荣.中外教育简史[M].西安：陕西师范大学出版社，2007：159.

小学“圣贤坯模”根基上，着重进行“穷理、正心、修己、治人之道”的教育，使其“察乎义理，措诸事业而收小学之成功”，达于明德亲民、止于至善之境域。就是说，大学教育在使学者明义理，掌握修己治人之道和治国理世之术，在道德、学问和事业能力上都有更加高深的造诣，成为治国安邦平天下的大用人才。所以他说：“大学之道，知之深而行之大者也。”[①]朱熹关于教育之分段与学习内容之安排，符合人的发展特点和规律，有其正确性。

三、“五学之序”之教育过程论

为实现“明人伦”、“为圣贤”的教育目的，朱熹吸取了《中庸》中的“五学之序”和《大学》中的“教育八条目”的思想，提出读书为学、进业修德的学习过程论，或称教育过程论。“五学之序”，即“博学之，审问之，慎思之，明辨之，笃行之”；“教育八条目”，即“格物、致知、诚意、正心、修身、齐家、治国、平天下”。他认为，“五学”和“八条目”是相通相融的，是互为前提而递进的过程，指出：学、问、思、辨是“穷理”，而“穷理”又是通过“格物”来实现的；笃行是“体事”，包括格物致知、修己正心、反躬践实、待人接物、处事处世、治家治国等一系列完整的统一过程，朱熹对此作了详密而深刻的阐发。下就“五学之序”分别简述之。

“博学”。博学是为学的开端。他说，“而天下之物，莫不有理”，“博学，谓天地万物之理，修己治人之方，皆所当学”[②]。他认为，世上万事万物皆当所学，“即物而穷其理”，“格物以致其知”，要明于其理，晓于其心，义理全明。故此，他强调：学要博，“阔开基，广开址”，打好坚实的知识根基，而后问、思、辨、行方有厚实的基础；否则，闻见孤寡，不足为学。当然，朱熹所言的博学，主要是指广读圣贤之书，深明圣贤之理，体悟封建纲常之道，这是他的博学思想之真谛。

“审问”。审问是为学的发展。他指出：有学必有疑，有疑必有问，问疑的过程乃是解疑与长进的过程。他说：“读书始读，未知有疑。其次则渐渐有疑。中则节节有疑。过了这一番后，疑渐渐解，以至融会贯通，都无所疑，方始是学。”[③]因此，他特别指出：教人者应当使“读书无疑者，须教有疑。

① 周立方. 福建十年民俗调查[M]. 厦门：厦门大学出版社，2007：6.

② 顾树森. 中国古代教育家语录类编：下册[M]. 2版. 上海：上海教育出版社，1983：178.

③ 顾树森. 中国古代教育家语录类编：下册[M]. 2版. 上海：上海教育出版社，1983：175.

有疑者却要无疑，到这里方是长进”[①]。教师要善于引导学生发现问题，提出问题，求得解决；学生读书，要深钻其中，要群疑并兴，善疑多问，方能大进。

“慎思”。慎思是为学的深化和关键。朱熹非常重视“思”，认为，唯有通过“思”才能穷尽天下之义理，既“知其所以然”，又“知其所当然”。在“思”的过程中，他着重强调以下几点：一要“慎”。如不慎则思不正。应虚心静虑，不主私意，不先立说，不穿凿杜撰，不执著一见，要笃志虚心，平心究索，反复玩味。二要“精”。不精则不能深究义理，得其精义。要严密理会，铢分毫析，沉思深索，逐字逐句都见着落，沉潜玩索究极致处。三要学思结合并进。不学则无以思，不思则等于不学。要“学便是读，读了又思，思了又读，自然有意。若读而不思，又不知其意味，思而不读，纵使晓得，终是臲卼不安。……若读得熟而又思得精，自然心与理一，永远不忘”[②]。四要濯去旧见，不守陈说，不随声附和，“须除了方见新意”。对于那种博取而不求精，务广而不求深，疏易凌躐而不循序，好高骛远、贪多务得而不求实，以及那种“不越乎记忆、训诂、文词”等等违反学习规律和机械的学习方法，都是读书为学、修业进德之大蔽，学者必须引以为戒，不可沾染。

“明辨”。明辨是思的进一步深化的结果。他认为学问浩繁，众说纷错，如不区其异同，辨其纯杂，考其真伪，则是非无以明，义无以立，理无以安，反贻戚其身。他说：“凡看文字，诸家说有异同处，最可观。”[③]“至于文义有疑，众说纷错，则亦虚心静虑，勿遽取舍于其间……而求其理之所安，以考其是非，则似是而非者，亦将夺于公论而无以立矣。”[④]唯此，才能究明义理，判别是非，确定取舍。

“笃行”。朱熹特别重视“行”，认为这既是为学的目的，又是学习的结果、学习过程的最后阶段。他指出：“为学之实固在践履，苟徒知而不行，诚与不学无异。”[⑤]因此，他要求学者读书穷理，必体之于身，践之于实，切不可只专就书本上做功夫。他还提出：“知行常相须”和“知先行重”的观点，强调“知”指导“行”，“行”为“知”的目的，两者必须并进，不可相离。

① 顾树森.中国古代教育家语录类编：下册[M].2版.上海：上海教育出版社，1983：175.
② 顾树森.中国古代教育家语录类编：下册[M].2版.上海：上海教育出版社，1983：172.
③ 黎靖德.朱子语类：一[M].杨绳其，周娴君，校点.长沙：岳麓书社，1997：172.
④ 顾树森.中国古代教育家语录类编：下册[M].2版.上海：上海教育出版社，1983：171.
⑤ 朱熹.朱熹集：五[M].郭齐，尹波，点校.成都：四川教育出版社，1996：3012.

他说："致知力行，用功不可偏；偏过一边，则一边受病。"[1]然而"行"最为重要，"知之之要，未若行之之实"，必须通过躬行践实，知乃益明、益深、益实。这些见解，实为进学成德之至理名言。

总之，朱熹提倡的"五学之序"，是一个递进、互促而又连贯、完整的学习、发展过程：以学为开端、为基础；由学发展为问，解决学中的疑难；进而发展为思，使学深化，达于理性认识；再进而发展为明辨，鉴别是非真伪，确定取舍；最后进入行的阶段，完成学习任务。这一学为基础，思贯其中，行为目的的学习过程论，反映了学习的普遍规律，成为朱熹教学理论的精髓。

四、"存心养性"之道德教育论

朱熹根据"存天理，灭人欲"的宗旨和培养"明人伦"、"为圣贤"的人才要求，特别重视道德教育与德性修养，并将其置于学校一切教育之首位。他强调道德教育的根本任务就是"存心养性"，即保存人的本然之善心，充养本然之善性。"存心养性"的过程，就是道德教育与德性修养的过程，包括对于道德的知、情、意、行等方面的修养、形成和发展的一系列过程。道德教育的基本内容就是"三纲五常"等封建伦理道德。在德育方法上，以立志为本，以主敬为要，以存养为先，以践履为目的，注重省察涵养与躬行践实的功夫。如此这般，朱熹构建了一个以"存天理，灭人欲"为根本任务，以"存心养性"为基础过程，以"三纲五常"为中心内容，以存养与践实为主要方法，政治化、哲理化相统一的完整严密而精致的道德教育思想体系，使我国古代道德教育理论与实践发展至一个新的阶段，影响我国古代道德教育数百年。

（一）以"志"为本

朱熹特别重视立志的教育，认为这是做人的根本，为学之第一义。他指出：为学功夫，以何为先？曰："专在人自立志"，"学者须是立志"，"立志不定，如何读书"[2]。"志"是心之所向，树立远大的人生目标和努力方向，是推动一个人读书为学、修业进德之勇猛奋进的强大动力。所以，他强调立志要从大处、远处、高处着眼，立圣贤之大志，要"学为圣人"，"直接学尧

① 喻本伐，熊贤君．中国教育发展史［M］．武汉：华中师范大学出版社，2011：219.

② 顾树森．中国古代教育家语录类编：下册［M］．2版．上海：上海教育出版社，1983：180–181.

舜”。志立以后，就要着紧用力，坚持不懈，坚毅果敢，勇猛着实地去做，坚持到底，毫不松劲。唯有如此，才能实现已定的志向，达到既定的目标。朱熹既强调立志与持志的统一，又强调远大理想与实际着力的结合，这一思想揭示了道德教育的基本规律。

（二）以“敬”为要

所谓“敬”，是指培养严肃认真、谨慎俭恭、专一恒守的人生态度和道德涵养的功夫，这是一种德性修养的积极的心理状态，或者说是一种“畏敬”之心。朱熹认为，“敬”字功夫是人生生活的前提，进业修德的必备条件，也是道德修养的最高境界。他说，“敬字功夫，乃圣门第一义。彻头彻尾，不可顷刻间断”①，“敬之一字，圣学之所以成始而成终也。为小学者不由乎此，固无以涵养本原……为大学者不由乎此，亦无以开发聪明，进德修业，而致夫明德亲民之功也”②。朱熹把“敬”提到“圣门第一义”的高度，作为圣学“成始成终”，进而达于“明德亲民”、“止于至善”的必由之路，可谓至高至重之极了。

如何做“敬”字功夫？朱熹指出，要收敛身心，不放心，不纵行，无丝毫私念杂欲，去放辟邪侈怠惰之行，使身心处于“内无妄思，外无妄动”的谨畏专一状态，达到“吾心湛然，天理灿然”之至境。他还指出：“居敬”要与“集义”结合，“涵养须用敬，处事须是集义”③。“义”是“敬”的内质，“敬”是行“义”的内心状态，两者是同一件事。因此，他要求“居敬”必须以“义”为依据、为准绳，非义之事不做，非宜之事不为，使“居敬”与“集义”即内在涵养以“敬”与外在为之以“义”统一起来。此外，他还在仪表容貌、举止动静上提出了要求，做到“整齐、严肃、严威、俨恪，动容貌，整思虑，正衣冠，尊瞻视”④。总之，从内到外，从言到行，从处事到接物，从克己到待人，都要做到“敬”字。朱熹的这一思想，是从“存天理，灭人欲”的主张出发并以此为归宿的，去其唯心内核，在道德教育方法上，注重内心修养，强调内外统一、表里一致，不无道理。

---

① 顾树森.中国古代教育家语录类编：下册[M].2版.上海：上海教育出版社，1983：181.

② 顾树森.中国古代教育家语录类编：下册[M].2版.上海：上海教育出版社，1983：182.

③ 顾树森.中国古代教育家语录类编：下册[M].2版.上海：上海教育出版社，1983：182.

④ 朱熹.朱熹集：四[M].郭齐，尹波，点校.成都：四川教育出版社，1996：2154.

（三）以“存养”为先

“存养”是指“存心养性”，即保存、充养本然之善心、善性的一种教育方法。朱熹认为，人生来具有善心、善性，教育的任务就是存养其善心，发展其善性，成为善人、圣人；否则，善心善性就会被私念物欲所蒙蔽而丧失泯灭，受恶习所染而变成坏人、恶人。因此，必须不断拭去盖在上面的私欲邪念，切实做好存养的功夫，使本明之心常存，本善之性常固。

如何存养心性？朱熹指出：一是“常存此心，勿令亡失”。动静得失，无不守住此心，使存养功夫无有间断，不使昏蔽。他说：“圣人千言万语，只要人不失其本心。”[①]这是主动存养本心的功夫。二是“求放心”，即收回放逸之心。他认为，人当常收敛身心而存于未失之时，若失落再求，已为时过晚。“存此心”实际上是“存天理”；“求放心”实际上是“去人欲”。一是主动操存，一是被动求失，必须两者结合，才能明心不昧，善性常存。三是“令心有个存放处”，即把心安顿在义理上，以“理”存心，以“义”养性，在义理上做存养功夫，心地自能湛然，天理自能灿然。四是心地虚静，“虚”即内心不藏一丝一毫私欲杂念，使“心广大如天地，虚明如日月”；“静”即不被外物所诱，不为利欲所扰，动静之间，均需做“静”的功夫，始终保持心地安定、宁静、坦然而不浮躁。以“静”养心，以“虚”养神，是朱熹及理学家们融合了佛家静以修行所强调的一种重要的心境修养方法。

（四）以“省察”责后

所谓“省察”，即自我反省、检查，不受私念杂欲乱心乱行。朱熹指出，“人之一心，天理存，则人欲亡；人欲胜则天理灭，未有天理人欲夹杂者，学者须要于此省察之”[②]。对于天理，必须通过主敬、存养的功夫以扩充发展之；对于人欲，必须通过反省、检察的功夫以克制消除之，两者相用互成而有功，才能达到“存天理，去人欲”的目的。如何做“省察”的功夫？他强调：一要防范将发之际，二要检察于已发之后。他说：“谓省察于将发之际者，谓谨之于念虑之始萌也；谓省察于已发之后者，谓审之于言动已见之后

① 吴文治.明诗话全编：九[M].南京：江苏古籍出版社，1977：9166.

② 周玉衡.传统文化与教师教育[M].上海：复旦大学出版社，2013：66.

也。念虑之萌固不可以不谨，言行之著亦安得而不察？”[①]既要反省、杜绝私欲杂念于萌芽之时，不使滋长；又要检查、纠正错误言行于发生之后，不使之著，始终保持清心寡欲，头脑清醒，明辨是非的状态，以免犯过错。他要求学者于一息之顷，必加提省之力，一事之微，必加省察之功，无时不涵养，无时不省察。若有私意之萌，就痛加惩治，时时以恐惧、戒谨、省察之心警觉私欲侵蚀，以涵养、居敬、慎独之诚进行自我修养。朱熹强调的这些省察方法，在自我教育和德性修养过程中有一定的意义。

（五）以“践履”为目的

朱熹重视学问之践履，尤重道德教育之践实，并将其作为道德修养之鹄的置于教育之首位。他反复指出，为学只有致知、力行两途，或谓理会、践实两事。从道德教育角度说，“致知”、“理会”是明理于心，属于道德认识阶段；“力行”、“践实”是践履于实，属于道德实践阶段。但道德认识仅是进德的第一步，必须发展为第二步，即道德践履，这才是进德的真正目的所在。所以，朱熹特重躬行践实，认为若徒知而不行，实与不学无异。他反复强调：圣人之学，说知说行，最终便是落在一个“行”字上，着眼于行，着力于实，躬行践实是圣门之学的功夫。朱熹在强调行之重要的同时，又指出“知易行难”，并以此反复教导学生说：“圣贤说知，便说行。大学说‘如切如磋，道学也’；便说‘如琢如磨，自修也’。中庸说‘学、问、思、辨’，便说‘笃行’。颜子说‘博我以文’，谓致知、格物；‘约我以礼’，谓‘克己复礼’。”[②]其意在说明“行”之为难，一定要学了就做，说了就行，否则就会知行脱节，成为空学、空说。正因为知易行难，所以朱熹才强调“行为重”，在教育实践中讲说时少，践履时多，要求学生时时、事事、处处都得在自身上下力气，切身去推究、去体察、去磨炼、去涵养，实地去做，扎实去行，切不可在纸上求理义，在口头上做功夫。

总之，朱熹的道德教育理论与实践，都是强调内在德性与外在行为的结合和统一，但更重视内心“存养”的功夫。其中有不少合理因素，反映了某些道德教育规律，去其封建道德内质和唯心方法论，他的教育理论在今天仍有借鉴价值。

---

① 朱杰人，严佐之，刘永翔．朱子全书：第二十二册[M]．上海：上海古籍出版社，2002：2513.

② 朱杰人，严佐之，刘永翔．朱子全书：第十四册[M]．上海：上海古籍出版社，2002：298.

五、“教无成法”、“学有成理”之教学论

朱熹全面继承、发展了儒家的教学思想，并在自己长期的教学实践中积累了许多有价值的经验，提出了一套较为完整的教学原则和读书方法，大大丰富、发展了我国古代的教学理论。他强调“教无成法”、“学有成理”、“学理”是教法的依据，“教法”必须依据学理。就是说，教学要依据为学之序及其特点来组织和实施。据此，他提出如下教学原则和读书方法。

（一）因材施教，量力所至

朱熹强调：人禀气有异，其材各殊，其识不等，教人必因人而异，因材而施，量力所至，循序渐进，不可疏易凌躐。他说，“教人之至难，必尽人之材，乃不误人”①。他根据学生的年龄、心理特点，提出小学（十五岁以前）以“事教”为主，教以洒扫、应对、进退之节，爱亲、尊长、隆师、亲友之礼，以“成乎其小”；大学以“理教”为主，教以圣贤之义理和修、齐、治、平之道，以“成乎其大”。根据事之大小、理之难易，教学应先教以小者、近者、易者，后教以大者、远者、难者，由小及大，由近及远，由浅入深，由易到难。如此因材之所及，量力之所至，循序而授，学才可以进，业才可以成，而无凌节躐等误人之患。

（二）启发诱导，学思结合

朱熹发挥了孔子的“愤启悱发”的教学思想。启发，必当其时，有愤悱之心，求通达之意，一经教师点拨，就能开其意、达其辞，豁然通晓，明彻于心，如时雨化生万物，生意盎然。启发的目的在于充分调动学生学习的主动性、积极性和创造性，自觉地进行学习进业；教师的作用，则表现在“引路”、“证明”。他说：“师友之功，但能示之于始而正之于终尔。”②这里，他既强调学生的主观能动性，独立思考，精思深虑，发挥创造，自求自得；又强调教师的主导性，善于启发，适时诱导，恰当点拨，引导学生主动积极思考。只有教师的主导性落实到学生的主动性的充分调动上，两者紧密互动、

---

① 李军，等．中华文化通志·教育学志［M］．中华文化通志编委会，编．上海：上海人民出版社，2010：185.

② 黎靖德．朱子语类：一［M］．杨绳其，周娴君，校点．长沙：岳麓书社，1997：132.

统一起来，才能正确实施启发式教学。所以，朱熹说，“大抵观书先须熟读，使其言皆若出于吾之口；继以精思，使其意皆若出吾之心，然后可以有得耳”①，“读书是自己读书，为学是自己为学”，“事事都用你自去理会，自去体察，自去涵养。书用你自去读，道理用你自去究索，某只是做得个引路底人，做得个证明底人”②。在教师的引导下，学生自己去思考、究索、理会、体察，是朱熹强调启发式教学的真义所在。

（三）博与专、故与新统一

朱熹认为，博与专、故与新是两对相统一的关系，“博”、“故”是“专”、“新”的前提和基础；“专”、“新”是“博”、“故”的发展与深化。无“博”则无以“专”，无“故”则无以“新”；反之，“专”又可促进“博”，“新”可以深化“故”。因此，朱熹首先提倡广见博识，打好基础；然博不是“乱而无统”、“杂而不精”，必须由博返约，以约驭博，使两者统一起来，才能博识义理，达于通明，致力于用。他说：“贵专而不贵博。盖惟专为能知其意而得其用，徒博则反苦于杂乱浅略而无所得也。”③并反复告诫学生：读书贪多，最是大病。

“故”与“新”，是处理已知与未知、继承与创新的关系。“温故”与“知新”，二者既相联系，又相促进，须温故方能知新，欲知新必须温故；知新又促进旧知的巩固，加深旧知的理会，扩展旧知的内涵。必须使二者统一起来，新旧知识才能“贯通浃洽”，才能在已有知识的基础上发现新意，有所创新。所以他指出：“须是温故，方能知新。若不温故，便要求知新，则新不可得而知，亦不可得而求矣。”④朱熹关于故与新、博与专相统一的思想，精辟透彻，符合读书为学的规律，对于今之学者十分重要。

（四）致知穷理与反躬践实统一

朱熹曾指出：大抵学问只有两途，致知力行而已。致知必在格物，力行必在践实。他说：“所谓致知在格物者，言欲致吾之知，在即物而穷其理也

① 郭齐家，王炳照．中国教育史研究：宋元分卷[M]．上海：华东师范大学出版社，2000：101.

② 黎靖德．朱子语类：一[M]．杨绳其，周娴君，校点．长沙：岳麓书社，1997：198-222.

③ 朱杰人，严佐之，刘永翔．朱子全书：第二十三册[M]．上海：上海古籍出版社，2002：2870.

④ 黎靖德．朱子语类：一[M]．杨绳其，周娴君，校点．长沙：岳麓书社，1997：225.

……必使学者即凡天下之物，莫不因其已知之理而益穷之以求至乎其极……则众物之表里精粗无不到，而吾心之全体大用无不明矣。”①格物致知之目的在“知义理”、“明人伦”、“正身心”，推己及人，以至于国家天下，达于“心之全体大用”，即“意诚、心正、家齐、国治、天下平”的域境。因此，他强调致知穷理必体之于身，践行于实，方为实学。致知是基础，笃行是目的，“苟徒知而不行，诚与不学无异。然欲行而未明于理，则所践履者又未知其果何事也”②。坚持两者的统一，是朱熹教学的重要思想。

在朱熹的教学思想中，读书法是其重要的组成部分。他曾提出许多精辟的见解，成为后世读书为学的圭臬。如他说，“读书之法要当循序而有常，致一而不懈，从容乎句读文义之间，而体验乎操存践履之实”③，“为学之道，莫先于穷理，穷理之要，必在于读书，读书之法，莫贵于循序而致精，而致精之本，则又在于居敬而持志，此不易之理也”④，“先须熟读，使其言皆若出之于吾之口；继之精思，使其意皆若出之于吾之心”⑤，“唯是笃志虚心，反复详玩为有功耳”⑥。朱熹关于读书的诸多论述，后经其弟子门人荟萃而取其要，定为“朱子读书法”六条——“曰循序渐进，曰熟读精思，曰虚心涵泳，曰切己体察，曰著紧用力，曰居敬持志”⑦。这六条反映了朱熹对于读书治学、进德修业的思想和要求，对后世学人影响很大。

六、结束语

朱熹的教育学理继承发展了儒家的教育思想。它源于孔子学说，承于思孟学派思想；同时，又直承了北宋诸家理学（特别是二程）的思想，还吸取了佛家的修行养心的思想因素，从而构架起一个完整、统一的理学思想体系，其教育学理乃是其理学体系的重要组成部分。它上承孔孟，直承理学，会儒家之思想，集理学之大成，既把儒学思想（包括教育思想）发展到一个新的阶段，又开拓了理学发展的新局面。他的思想在我国古代思想史和教育史上

① 顾树森.中国古代教育家语录类编:下册[M].2版.上海:上海教育出版社,1983:166.
② 朱熹.朱熹集:五[M].郭齐,尹波,点校.成都:四川教育出版社,1996:3012.
③ 朱熹.朱熹集:五[M].郭齐,尹波,点校.成都:四川教育出版社,1996:2851.
④ 朱熹.朱熹集:二[M].郭齐,尹波,点校.成都:四川教育出版社,1996:546-547.
⑤ 郭齐家,王炳照.中国教育史研究:宋元分卷[M].上海:华东师范大学出版社,2000:379.
⑥ 朱熹.朱熹集:五[M].郭齐,尹波,点校.成都:四川教育出版社,1996:2766.
⑦ 李修生.全元文:第25册[M].南京:江苏古籍出版社,2001:522.

都占有极重要的地位，发挥了巨大的作用。

朱熹的教育学理具有深刻的哲理化、政治化、道德化的属性。所谓“哲理化”，是谓其教育学理及其实践全都建立在“理学”思想基础之上，所有教育问题都以“理”为核心，并依据、围绕天与人、心与性、理与欲、教与学等关系，和天理、心性、人欲等哲学命题而立论与展开的。可以说，其教育学理实是教育哲学。所谓“政治化”，是谓其教育理论与实践建立在封建政治学的基础之上，是为封建统治者服务的，并以封建政治为轴心来确立、论证、阐述其教育学理，组织实施其教育活动，其根本目的是为了维护和巩固封建统治秩序。政治化的教育、教育化的政治，是其教育学理的本质特征。所谓“道德化”，或谓“伦理化”，是谓其教育思想与实践，全以封建伦理道德为出发点和归宿，从教育目的、任务、过程、内容、方法到具体组织与实施，都立足于伦理道德，特别是依据封建的“三纲五常”而确立和展开的。教育道德化、道德教育化，是其教育学理和实践的第三个特征。可以说，在朱熹的教育思想学理中，教育、哲理、政治、伦理道德几乎是融合为一的。

朱熹在长期教育、教学的探索和实践中，积累了极其丰富的经验。诸如：关于教学为学之理，读书穷理之法，进德修业之方，修身养性之道，成才成人之路，治人治国之策等等方面，他都提出了很多精辟见解，总结出许多宝贵经验，大大地丰富了我国古代的教育理论宝库。尤其是他热心教育、悉心教导、精心授学、耐心答问的献身精神，谆谆教诲、循循善诱、激励后学、引掖后生的师德和教学态度，为后世人师树立了典范。

朱熹的理学思想与教育学理，既是一个恢宏严密、博大精深的体系，又是一个庞杂浩繁、矛盾屡出的系统。它涉及自然、社会、人类各领域，天理人欲、天命人性、物质精神、存在意识各方面，以及教育与为学上的种种问题，必须深入钻研，全面研究，探其源流，考其真伪，辨其是非，方能正确评判。我个人认为，他的教育思想内核，即唯心主义的理论基础，封建纲常的教育内容以及某些脱离实际的关门读书修养方法等，当予批判与否定。然而，在其思想学理中，仍有不少精华，诸多见解和经验是符合教育与为学的客观规律的，具有一定价值，当予以吸取与发扬。

（本文系上海人民出版社2010年版《中华文化通志·教育学志》中的一部分，收入本文集时有改动）

郑玉耕读结合教育思想简述

郑玉是元末的经学家和教育家。他一生专以著述、教授为业，过着“山林之趣”、“自食其力”、隐居不仕的生活。他在教育实践中积累并总结了一些独到的见解和主张。

一、郑玉的生平与教育活动

郑玉（1298—1358年），字子美，号师山，徽州歙县（今安徽歙县）人。家清贫，自幼聪明好学。及长，深究“六经”，尤精《春秋》，终身不仕。元至正十四年（1354年），朝廷曾授以翰林侍制、奉议大夫，他坚辞不就。至正十七年（1357年），朱元璋农民起义军攻下徽州，守将欲征聘任用，他非但不就，还称“吾岂事二姓者焉?”因此被拘囚。次年，自缢身亡，终年61岁。

郑玉生活的年代，正是社会阶级矛盾和民族矛盾日益激化，农民起义和农民战争蜂起的动乱年代。他一面感到“忧患惊心”，困惑不解；一面“自知非用世之才”，故乃“绝意仕进”，隐居山林，潜心于学术研究和教育工作。他在家乡歙县创建了师山书院，收徒讲学，前来受业者甚众，以至室不能容。他在教学中勤于教导，悉心育人，诲人不倦，深受学者爱戴，被尊称为“师山先生”。

郑玉的学术思想推崇朱熹理学，称“朱子之质笃实，故好邃密”[①]。同时，他对陆九渊的心学也很赞同，称“陆子之质高明，故好简易”[②]。在他看来，朱陆之学所入之途不同，而所达到的目的是一致的，都是为了维护“三纲五常，仁义道德”。可见，在学术思想上，他有“和会朱陆之学”之意。所

① 李修生.全元文:第46册[M].南京:凤凰出版社,2004:314.

② 李修生.全元文:第46册[M].南京:凤凰出版社,2004:314.

以全祖望说："继草庐而和会朱陆之学者，郑师山也。"[①]其著作有《周易纂注》、《春秋经传阙疑》，辑为《师山先生文集》。

在教育思想上，郑玉主要受理学教育的影响，但由于他的生活实践与旨趣不同，因而他又提出一些有异于理学教育的思想与见解。

二、学道、行道、为圣的教育目的

郑玉认为，教育的根本目的在于教人学道行道，修己及人，立教于世，最终以至于圣人。他说，"古之学者，忧道而不忧贫，正谊而不谋利。苟其心俯仰无所愧怍，达则推以及人，穷则独善于己，所谓天地万物皆吾一体，以之参赞化育可也，以之垂世立教可也。"[②]其意是说，自古学习的目的是学道为义，而不是谋求个人名利，俯仰动静都无愧于心，显达时能造福于民，穷困时能独善其身，与天地万物融为一体，可以助万物化育以生长，可以立教垂世以教人。为了实现这一目的，他要求学者应像圣人那样无私无欲，对圣人之道"明而通"、"公而溥"，举止动静"合天德"。他说："圣人之所以异于人者，以其无欲也。无欲则静虚而动直矣。静虚故能明而通，动直故能公而溥，此圣人之所以合天德，而学者之所当学也。"[③]因为圣人无欲，故能保持心地虚静纯一，行为正直；因为虚静纯一，故能明察客观事理，通达客观规律；因为正直无阿，故能公正无私，利及广大百姓，一切行为举止都合于社会法则，符合仁义道德，这是学者所必当学习的；否则，既不能致知以穷理，更不能行道以用世。

关于学道与行道即学与用的关系问题，郑玉十分重视二者的统一，但更强调指出："幼儿不学，则无以穷天下之理而致其知；及其壮也，不究其用，则亦何以为学哉？未有用而不本之诸学，学而不究于用者。当其学时，若无所为于世，而人以为晦：及其用也，则人以为其有补于世而谓之显。"[④]他明确肯定：学是为了用，用必本于学，二者必须统一，才能穷究天下之理，有补于世道人心，有益于天下百姓。因此，他要求学者要以学道为人生的基本，以行道为人生的目的，并以德行为本，成为学用统一，德才兼备的人，即使

① 黄宗羲．黄宗羲全集：第六册　宋元学案（四）[M]．吴光，编．魏得良，校点．杭州：浙江古籍出版社，2012：677.

② 李修生．全元文：第46册[M]．南京：凤凰出版社，2004：361.

③ 李修生．全元文：第46册[M]．南京：凤凰出版社，2004：363.

④ 李修生．全元文：第46册[M]．南京：凤凰出版社，2004：370–371.

在离乱之际或颠沛流离之中，仍然能够泰然处之，镇定自若，更能够肩以天下之重任，救民于水火。他说："盖当天下离乱之际，苟德在己，则起而应天顺人，救民于水火之中。"①

由上可以看出，郑玉主张学道行道为圣的教育目的，旨在培养德行为本、德才兼备、救世救民的用世人才，这充分反映了他的教育思想的历史进步意义。

三、耕读结合，心力并重的教育原则

在郑玉的教育思想中，耕读结合、心力并重思想是最重要、最精华的部分。儒家传统的教育方法都是以脑体分离、劳心与劳力对立为特点的。郑玉一反儒家的旧传统，明确提出耕读结合、劳心劳力并重的新主张。他指出，在古代社会里，人们昼耕夜读，劳心与劳力紧密结合在一起，后来两者才逐渐分离，以至完全对立，出现了"从事于学者，则不知稼穑之艰难；从事于农者则不知礼义之所从出"②的极不合理现象。为了改变耕读分离的状况，他提出耕读结合主张，以恢复古人之道和淳厚之风。他说："夫古之时，一夫受田百亩，无不耕之士；家有塾，党有庠，术有序，无不学之人。"③现在应当恢复到古时那样，使人人"耕田以养其亲，读书以修其身……皆尽耕田之力，皆有读书之功，则人情自厚，风俗自淳"④。郑玉的耕读结合、劳心劳力并重思想，是为了培养脑体统一、德才兼备的人才，并希冀恢复古道古风，以淳厚人情风俗。他的这一理想和愿望，在阶级对立的封建社会里是不可能实现的；但它有力地冲击了封建士大夫阶级脑体分离和"劳心者治人，劳力者治于人"的旧教育传统与剥削思想，在思想领域和教育理论上具有重大的历史进步意义。

四、真体实认、实学实行的读书方法

郑玉强调读书学道旨在得其本旨，真体实认和实事实行，而不是为了学得一点表面的知识或句读文辞。他说："读书见大意。谓圣贤作经，意在言

① 李修生.全元文:第46册[M].南京:凤凰出版社,2004:338.
② 李修生.全元文:第46册[M].南京:凤凰出版社,2004:365.
③ 李修生.全元文:第46册[M].南京:凤凰出版社,2004:365.
④ 李修生.全元文:第46册[M].南京:凤凰出版社,2004:365.

表，岂拘拘注脚者所可得其本旨！要当真体实认，见之日用常行闻耳。”[①]又说：“古之人学是以所到之深浅为所见高下，所言皆实事。”[②]他强调，读书为学要实事实学，切己体认，深切领会，把握要旨，领悟精义，做到“精义入神”；要与践履实事结合，学到实处，见于日常行动，补益于世道日用，这才是读书为学的真正方法，也是学道的目的所在。他对那种不得本旨，不知精义，专心于“句读文辞”、“拘拘注脚”以及“徒以口舌辩论”为能事的读书态度和方法，加以极力反对，并指出，它非但于世无补，于己无益，而且还害及社会和国家。郑玉所倡行的这一读书为学方法，在今天仍很有价值。

五、存养、省察、居敬、谨独的修养之道

存养、省察是儒家特别是宋代理学家非常注重的心性修养方法。郑玉亦认为，个人修养的关键在于“存养”、“省察”之功。所谓“存养”，是指存心养性，即保存天然之善心，充养本然之善性，不使“善心”放荡奔逸，不使“善性”损害丧失，并且还能不断地扩展、充实和发展善心和善性。所谓“省察”，是指自我反省检查，改正缺点、纠正错误，不藏私心杂念，不受外界物欲侵蚀，保持心地高度的洁净纯一。“存养”是强调自我主动修养的功夫，“省察”是强调自我防范、反省的功夫，两者密切结合起来，就能保持“善心”，发展“善性”，成为有高尚道德情操与德性的人。故此，他着重强调：“定夫名家子，世读圣人之书……其心必有乐乎吾儒存养省察之功，修己治人之学。”[③]

在存养省察过程中，郑玉还提出“居敬”、“谨独”两种修养方法。“居敬”系指态度要庄重、严肃，严格持己，不草率轻浮，随便马虎；“谨独”系指认真、谨慎，独处时保持内心纯洁清正，无私欲邪念。如此，就可不断地提高道德修养，达到高尚的道德境界。所以他说：“以敬为主，以谨独为要，则工夫无间断而自强不息。”[④]郑玉所主张的存养省察、居敬谨独的个人修养方法，从其世界观和方法论来说，是唯心主义的，应当予以批判；但就自我教育、自我修养的方法来说，有一定道理，亦有可取之处。

---

① 李修生.全元文:第46册[M].南京:凤凰出版社,2004:407.

② 龚裕德.简明中国学习思想史[M].北京:中国文联出版社,2011:184.

③ 李修生.全元文:第46册[M].南京:凤凰出版社,2004:363.

④ 龚裕德.简明中国学习思想史[M].北京:中国文联出版社,2011:184.

此外，在学习与修养过程中，郑玉亦很重视朋友之间的帮助。他认为，朋友间的相互切磋琢磨，对于一个人的为学成才、进德为道非常重要。因为朋友之间相处密切，互相了解，情谊诚挚，彼此依赖，可以互帮互助，取长补短，改过迁善，而臻于长志辅仁、成德成才的功效。他说："自始至终，自少至老，长吾之志，成吾之才，辅吾之仁者，惟朋友是赖。"①

总之，郑玉生长于清贫穷困之家，又生活于动荡多变年代，生活境遇和时代背景造就了他"绝意仕进"之志向和"深爱山林"之情趣，铸就了他思想上鲜明的进步性。这种人生个性和思想特点明显地反映在他的教育思想上，即主张教育应以学道为道、如圣人为目的；以修己成德、利民济世为宗旨；强调耕读结合、劳心劳力并重为教育根本原则；提倡读书贵在得旨、真体实认、实事实学的学习方法；注重存养省察、居敬谨独自我修养之功和友辅砥砺之力等等。这些富有进步性的独到见解和主张，无论是在教育理论上，还是在教育实践上，都有独特的贡献。但是，其思想体系并未摆脱传统儒家教育思想的藩篱，具有明显的理学教育思想和倾向，这是他的教育思想的不足之处。

［本文系南京大学出版社2000年版《安徽文化史》（上）中的一部分，收入本文集时有改动］

① 李修生.全元文:第46册[M].南京:凤凰出版社,2004:357.

王守仁致良知教育理论之述评

王守仁（1472—1528年），明代著名哲学家、教育家。字伯安，号阳明，浙江余姚人。弘治时进士。历官云南、四川及兵、刑、吏部清吏司主事，太仆寺少卿，都察院左佥都御史，江西、两广巡抚，兵部尚书等职，受封“新建伯”，谥文成公，从祀孔庙。

他在居官期间，一直坚持讲学授徒，先后兴办、修造并主讲于龙风、贵阳、廉溪、稽山、阳明、敷文、白鹿洞等书院，弟子甚众；创立社学，兴建学校，倡明教化。学术上，主张“心即理”、“致良知”、“知行合一”说，建构了与“程朱理学”相对立的“心学”理论体系。门人将他的语录、文录、杂文等汇编成《王文成公全书》传世。

一、“致良知”的教育作用与目的论

“良知”是王守仁哲学的基本范畴，“致良知”是其教育哲学的基本命题，并且他以此作为论证教育作用和目的的根据。

王守仁认为，“良知”是“心之本体”，是不虑而知、不学而能的“是非之心”，人先天具有“天理之昭明灵觉”，并且是超乎自然、造化万物、主宰天地、廓然大公的实体，所以“良知”即“吾心”，即“天理”。他说，良知“是乃天命之性，吾心之本体，自然灵昭明觉者也”①，“良知是造化的精灵，这些精灵，生天生地，成鬼成帝，皆从此出，真是与物无对”②，是“亘万古，塞宇宙，而无不同”③。这种“良知”说，实际上是把“心”的意念活动说成先验化、神秘化的东西。

所谓“致良知”，即是求吾心之“天理”、“良知”，亦即是“存其心”、

① 王守仁.王阳明全集(全四册):三[M].徐枫,等点校.4版.天津:天津社会科学院出版社,2015:42.
② 王守仁.王阳明全集(全四册):一[M].徐枫,等点校.4版.天津:天津社会科学院出版社,2015:90.
③ 王守仁.王阳明全集(全四册):一[M].徐枫,等点校.4版.天津:天津社会科学院出版社,2015:66.

“尽其心”、“守其心”，体认己心固有的“天理”，存守内心本然的“良知”。他认为，“良知”是认识的本体，“致良知”是认识的目的。因而，教育的根本目的就在致其良知。他说，“‘致良知’是学问大头脑，是圣人教人第一义”[①]，并强调指出：“圣人之学，惟是致此良知而已。自然而致之者，圣人也；勉然而致之者，贤人也；自蔽自昧而不肯致之者，愚不肖者也……是故致良知之外无学矣。”[②]可见，王守仁不仅把“致良知”作为教育的根本目的，而且把它作为区别圣愚的唯一条件。因此，他得出结论：“良知”之外无学，“良知”之外无教。

进而，王守仁具体阐明了“致良知”对于人的教育和发展有两个方面的作用：一是教人“存天理”；二是教人“去人欲”。他认为，“良知”是纯然至善的天理，“昭明灵觉”而无人欲之蔽，教育的首要作用就在于教人“存天理”，使“其心纯乎天理而无人欲之杂”。这个“致”和“存”就是“存心”、“尽心”、“守心”，保存和培养本心固有的“良知”，纯乎天理之心，使良知常存，天理灿然，并能发用于事事物物而为一体，以求天下之治。所以他说，“圣人之学，惟是致此良知而已”，“世之君子惟务致其良知，则自能公是非，同好恶，视人犹己，视国犹家，而以天地万物为一体，求天下无治不可得矣”[③]。在王守仁看来，只要教育使人人致其良知，存其天理，就能达到人心同一、天下太平的目的，这纯粹是一种主观臆想，是欺骗、愚弄人民的伎俩而已。

另一方面，王守仁又指出，良知不是人人自能常存，时有人被物欲所蔽，私念昏心而不知察，昧于天理而不明，甚至良知泯灭，天理丧失而为恶。因之，“致良知”对于人的另一作用就是“去人欲”，使人恢复固有“良知”之明觉，克除内心私欲之昏蔽。“故须学以去其昏蔽”，使“良知”之本体无私毫之加损。这就是他所强调的“求心”、“明心”、“无心”、“省察克治”的功夫。他说：“君子之学以明其心。其心本无昧也，而欲为之蔽，习为之害。故去蔽与害而明复，匪自外得也。”[④]他要求学者必在去人欲上狠下工夫：“惩心忿，窒心欲，迁心善，改心过；处事接物，无所往而非求尽吾心以自慊

① 王守仁.王阳明全集(全四册)：一[M].徐枫，等点校.4版.天津：天津社会科学院出版社，2015：64.

② 王守仁.王阳明全集(全四册)：一[M].徐枫，等点校.4版.天津：天津社会科学院出版社，2015：61.

③ 王守仁.王阳明全集(全四册)：一[M].徐枫，等点校.4版.天津：天津社会科学院出版社，2015：70.

④ 王守仁.王阳明全集(全四册)：一[M].徐枫，等点校.4版.天津：天津社会科学院出版社，2015：171.

也。”① “去人欲”的教育，在人欲横流的私有制社会里，不是没有一定的道理；然王守仁的窒欲、去欲、无欲的要求，实质是麻痹劳动者以压制他们对剥削者的斗争，从而巩固私有制度而已。

根据“去人欲，存天理”这个总要求，王守仁提出教育的宗旨是：明人伦，为圣人。所谓明人伦，即明“五伦”：父子有亲，君臣有义，夫妇有别，长幼有序，朋友有信。他认为，这是人心之常道，圣学之真义，外此而无教无学。他说：“唐虞三代之世，教者惟以此为教，而学者惟以此为学……安此者谓之圣，勉此者谓之贤，而背此者虽其启明如朱，亦谓之‘不肖’。”②又说：“外此而学者，谓之异端；非此而论者，谓之邪说；假此而行者，谓之伯术；饰此而言者，谓之文辞；背此而驰者，谓之功利之徒，乱世之政。”③王守仁极倡“五伦”之教，是为了造就掌握封建伦常道德而成德成才，以至成圣成贤，其最终目的是使“人伦明于上，小民亲于下”，维护封建统治秩序，实现“家齐、国治、天下平”的理想。故此，他要求学校唯以“明伦”为本，学者唯以“成德”为事，要立志“为圣”、“为贤”；并反复强调，立志是为学之本，“务要立个必为圣人之心”④。否则，“如无舵之舟，无衔之马，漂荡奔逸，终亦何所底乎？”⑤王守仁关于立志“为圣贤”的教育目的是承袭先儒传统的教育目的论，但他从“良知”出发，以“去人欲，存天理”为任务，以“明人伦”、“为圣贤”为目的，最终又以“良知”发用为归宿，使其教育目的论哲理化、政治化，适应了封建社会走向腐朽没落后期的政治需要。

二、“知行合一”的成德成人说

“知行合一”是王守仁的又一个哲学命题，也是其教育认识论的基本概念。他认为，教育过程既是“致良知”的过程，又是“知行合一”、成德成人的修养功夫。

王守仁提出“知行合一”是针对朱学“先知后行”说，以及“冥行妄

① 王守仁.王阳明全集(全四册)：一[M].徐枫，等点校.4版.天津：天津社会科学院出版社，2015：175.

② 王守仁.王阳明全集[M].上海：上海古籍出版社，2011：61.

③ 王守仁.王阳明全集(全四册)：一[M].徐枫，等点校.4版.天津：天津社会科学院出版社，2015：184.

④ 顾树森.中国古代教育家语录类编：下册[M].上海：上海教育出版社，1962：229.

⑤ 王守仁.王阳明全集：中[M].吴光，钱明，董平，等编校.上海：上海古籍出版社，2015：804.

作"、"悬空思索"之弊而提出的，目的在于解决知行分离而达两者之统一，以求"致良知"圣学之功。他认为：良知是心的本体，万理皆俱于吾心，心与理原本为一，不能外心以求理致知，因之知与行必统一于吾心。这是他提出"知行合一"的理论依据。据此，他着重强调以下几点：其一，知与行的一体性，"知中有行"、"行中有知"。他说："只说一个知，已自有行在。只说一个行，已自有知在。"①知即行，行即知，二者原本一体。所以，他的结论是："圣学只一个功夫，'知''行'不可分作两事。"②其二，知行并进为功。他说："'知'是'行'的主意，'行'是'知'的功夫；'知'是'行'之始，'行'是'知'之成。"③知指导行，行成知之功，知行并进而有功，不可缺离。倘若不知而行，便是"冥行妄作"；或知而不行，便是"悬空思索"而无着实处。所以，他的又一个结论："知，方才行得是……行，方才知得真。"④其三，真知必行，不行是未知。他说："'知'之真切笃实处，即是'行'；'行'之明觉精察处，即是'知'。"⑤真知必"真切笃实"，真行必"精察明觉"，否则，既不是真知，更不可能真行。所以，他得出第三个结论，"真知即所以为行，不行不足谓之知"⑥，"未有知而不行者；知而不行，只是未知"⑦。

王守仁关于"知行合一"的观点是以其先验的"心学"理论为基础，并以"致良知"为目的的。他所谓的知与行，仅仅是体认和体验"良知"，即内心道德理念，并非指知晓与掌握客观事物知识和规律，更非指变革客观现实的实践。"知即是行"，实质是"销行以归知"，"行即是知"的实质是"混行以代知"，抹杀了认识论上两个不同的概念，混淆了知与行的区别，不仅在理论上是错误的，而且在实践上导致知行取消论。然而，"知行合一"理论，对于批判"先知后行"说，克服当时社会知而不行、知行脱节的时弊和坏学风，对于道德修养、成德成人等方面，是有一定积极意义的。

第一，强调进德过程的统一性。他强调，知必行，不行不可谓知，行必

① 杜占明.中国古训辞典[M].北京:北京燕山出版社,1992:781.
② 王守仁.王阳明全集(全四册):一[M].徐枫,等点校.4版.天津:天津社会科学院出版社,2015:22.
③ 王守仁.王阳明全集(全四册):一[M].徐枫,等点校.4版.天津:天津社会科学院出版社,2015:15.
④ 王守仁.王阳明全集(全四册):一[M].徐枫,等点校.4版.天津:天津社会科学院出版社,2015:16.
⑤ 王守仁.王阳明全集(全四册):一[M].徐枫,等点校.4版.天津:天津社会科学院出版社,2015:44.
⑥ 王守仁.王阳明全集(全四册):一[M].徐枫,等点校.4版.天津:天津社会科学院出版社,2015:44.
⑦ 王阳明.传习录注疏[M].邓艾民,注.上海:上海古籍出版社,2015:10.

知，不知则是“妄行”；以知指导行，方才“行得是”，以行完成知，方才“知得真”。知与行的过程就是明德成德相统一的过程，即明晓纲常伦理和见诸道德行为的过程，两者必须统一于心之本体——“良知”，方能“知之真切笃实”，“行之明觉精察”，不致陷入“懵懵懂懂”、“冥行妄作”、“茫茫荡荡”、“悬空思索”的误途。这里，他既强调了掌握道德伦理的必要性和重要性，又强调了实践道德的自觉性和笃实性。唯有两者统一起来，才能成德成人，至于圣学之功。在道德修养的过程中，对于私欲妄念，要做好“省察克治”的功夫，既要“防于未萌之先”，又要“克于方萌之际”。他说：“……‘知行合一’，正是要人晓得一念发动处，便即是‘行’了；发动处有不善，就将这不善的念克倒了。须要彻根彻底，不使那一念不善潜伏在胸中：此是我立言宗旨。”①克制邪念妄欲，杜绝不良动机萌发，是进行道德意识修养的重要功夫。同时，他还指出行必须有“著实”处，“须在事上磨炼做功夫”。学任何事，都得躬行践履，不能离开实际行动，方有进益。他强调道德修养要和实际行动结合，反对“悬空”，尽管他是从“心”出发，这一见解仍不失其正确性。

第二，强调为学过程的统一性。王守仁认为，尽天下之学无有不行而可以言学，学之始，则已即是行了。他不同意将学、问、思、辨、释为学，最后才去行，他认为五者是合而为一的。他说：“凡谓之行者，只是著实去做这件事。若著实做学问思辩的工夫，则学问思辩便是行矣。学是学做这件事，问是问做这件事，思辩是思辩做这件事，则行亦便是学问思辨矣。”②对此，他进一步解释说：“盖学之不能以无疑，则有问，问即学也，即行也；又不能无疑，则有思，思即学也，即行也；又不能无疑，则有辨，辨即学也，即行也。辨既明矣，思既慎矣，问即审矣，学既能矣，又从而不息其功焉，斯之谓笃行；非谓学、问、思、辨之后而始措之于行也。”③所谓“学”是“求能其事”，“问”是“求解其惑”，“思”是“求通其说”，“辨”是“求精其察”，“行”是“求履其实”。因此他的结论是：“析其功而言则有五，合其事而言则一而已。”④这里，他特别强调学的过程就是行的过程，未有不行而可言学者。这一见解对于当时和后世克服学行脱节、理论与实践分离之弊，起着积极的

① 王守仁.王阳明全集(全四册)：一[M].徐枫，等点校.4版.天津：天津社会科学院出版社，2015：83.

② 王守仁.王阳明全集(全四册)：一[M].徐枫，等点校.4版.天津：天津社会科学院出版社，2015：155.

③ 王守仁.王阳明全集(全四册)：一[M].徐枫，等点校.4版.天津：天津社会科学院出版社，2015：47.

④ 王守仁.王阳明全集(全四册)：一[M].徐枫，等点校.4版.天津：天津社会科学院出版社，2015：47.

作用。

三、“顺情导性”的正蒙教学思想

王守仁是我国古代心理学的杰出代表人物，他的全部教育理论都是建立在其“心学”的基础上。因此，他非常重视学生的心理个性特点，提倡“顺情导性”之教，尤其是在蒙童教育上，注重儿童身心的发展水平。这是他的教育思想和教学实践的重要特色。

第一，合“心之常道”的教学内容。王守仁认为，“六经”是志“吾心之常道”，而“吾心”之价值具于“六经”，因之“求六经之实于吾心”是教学的根本任务。他说：“《六经》者非他，吾心之常道也……君子之于《六经》也，求之吾心之阴阳消息而时行焉，所以尊《易》也；求之吾心之纪纲政事而时施焉，所以尊《书》也；求之吾心之歌咏性情而时发焉，所以尊《诗》也；求之吾心之条理节文而时著焉，所以尊《礼》也；求之吾心之欣喜和平而时生焉，所以尊《乐》也；求之吾心之诚伪邪正而时辨焉，所以尊《春秋》也……故六经者，吾心之记籍也，而六经之实则具于吾心。”[①]读经的功效在求心之“阴阳消息”、“纲纪政事”、“歌咏性情”、“条理节文”、“欣喜和平”、“诚伪邪正”而时发用，不能盲从经典，迷信典籍，沉溺于“记诵辞章”、“名物考察”、“形迹比拟”之间，更不能“章绘句琢以夸俗”、“诡心色取”、“相饰以伪”，纷惑其心而废圣人之学；而要“自知”、“自得”，发挥己见，求尽其心。王守仁既提倡尊经读经，又反对迷信经典，主张“自知”、“自得”，这一见解尽管在哲学上是立论于唯心主义的“心学”，但在教育上对于反对迷信经典、唯典籍是从的教条主义，是有力的批判，不失为创见。此外，他认为读书、写字、学琴、习射等，对于陶冶学生心性亦很重要。

第二，“学贵得之于心”的为学之道。王守仁认为，“人各有是非之心”，为学必须以“心之是非”为标准，不能以前人之言为是非。他说：“夫学贵得之心，求之于心而非也，虽其言之出于孔子，不敢以为是也，而况其未及孔子者乎？求之于心而是也，虽其言之出于庸常，不敢以为非也，而况其出于孔子者乎？”[②]合于“公言”则是而从之，异于“公言”则非而弃之，不以圣

① 王守仁.王阳明全集(全四册)：一[M].徐枫，等点校.4版.天津：天津社会科学院出版社，2015：185.

② 王守仁.王阳明全集(全四册)：一[M].徐枫，等点校.4版.天津：天津社会科学院出版社，2015：67.

贤之是非为取舍标准。他说："夫道，天下之公道也；学，天下之公学也。非朱子可得而私也，非孔子可得而私也。天下之公也，公言之而已矣。"[①] "道"与"学"属于天下之"公"，必以"公言"为准绳，任何人不得而私，妄论伪言，这是天下的公理。因此，为学必须发挥独立思考、敢于创新的精神，不迷信，不盲从，惟"公"为准，惟"是"之从。王守仁关于学术为公的思想，冲破了千百年来学术界对孔、孟、朱熹等先儒的偶像崇拜，不独表明他在学术上创新立说、藐视权威的无畏精神，而且对于启迪学界独立思考、社会思想解放具有重大而深远的意义。

第三，"随人分限所及"的施教原则。王守仁认为，人的资质不同，才力各异，"良知"开悟有别，施教必须"随人分限所及"，不可躐等。他说："我辈'致知'，只是各随分限所及。今日'良知'见在如此，只随今日所'知'扩充到底；明日'良知'又有开悟，便从明日所'知'扩充到底。如此方是'精一'功夫。与人论学，亦须随人分限所及。"[②]所谓"分限所及"，即根据学生的资质、才力、个性、"良知"等发展水平，考虑教学内容的深浅、难易和分量，因人而异，因材而施，循序渐进，不可超越"分限所及"。他以良医对症下药治病和农人浇灌树苗为喻，证明君子之教必须顺其情、尽其性、养其心，才能益精其能，成德成才。他说："圣人教人，不是个束缚他通做一般：只如狂者便从狂处成就他，狷者便从狷处成就他，人之才气如何同得？"[③]个性刚烈者，便顺着刚烈个性去引导培养；个性谨懦者，便顺着谨懦个性去引导培养，不能统一要求，强求一律。他强烈反对束缚学生个性和"逾越分限"、"食而不化"、"揠苗助长"等违背身心发展规律的错误教法，极力提倡循序渐进、因材施教、启迪自由、发展个性的教法。他特别注重"点化"、"解化"、"谏师"，在教师指点引导下，要自家"求解"、"求得"，独立思考，融会贯通。他指出："学问也要点化，但不如自家解化者，自一了百当。不然，亦点化许多不得。"[④]在师生关系上，他反对师道尊严，提倡道义相交，平等相待，主张师生之间直言相谏。他说："人谓事师无犯无隐，而遂谓师无可谏，非也。谏师之道，直不至于犯，而婉不至于隐耳。"[⑤]还强调说：

① 王守仁.王阳明全集(全四册)：一[M].徐枫，等点校.4版.天津：天津社会科学院出版社，2015：69.
② 王守仁.王阳明全集(全四册)：一[M].徐枫，等点校.4版.天津：天津社会科学院出版社，2015：83.
③ 王守仁.王阳明全集(全四册)：一[M].徐枫，等点校.4版.天津：天津社会科学院出版社，2015：89.
④ 王守仁.王阳明全集(全四册)：一[M].徐枫，等点校.4版.天津：天津社会科学院出版社，2015：97.
⑤ 王守仁.王阳明全集(全四册)：一[M].徐枫，等点校.4版.天津：天津社会科学院出版社，2015：44.

“凡攻我之失者，皆我师也，安可以不乐受而心感之乎！”[1]这些观点和主张，大大发展了我国古代教学理论和实践。

第四，顺应“童子之情”的蒙养之教。对于儿童教育，王守仁提出了许多很有价值的主张。他首先揭露和批判了违背儿童身心发展的错误教法，指出：“若近世之训蒙稚者，日惟督以句读课仿，责其检束，而不知导之以礼；求其聪明而不知养之以善；鞭挞绳缚，若待拘囚。”[2]结果导致学童“视学舍如囹狱”，“视师长如寇仇”，甚至造成“规避顽鄙”、“设诈饰诡”、“偷薄庸劣”、“日趋下流”的恶习。对这种驱儿童于恶、扼杀儿童天性的教育，王守仁痛加斥责，极力提倡顺应儿童性情，鼓动儿童兴趣，顺导儿童志意，发展儿童天性的教育方法。他说：“大抵童子之情，乐嬉游而惮拘检，如草木之始萌芽：舒畅之则利达，摧挠之则衰痿。今教童子必使其趋向鼓舞，中心喜悦，则其进自不能已。譬之时雨春风，沾被卉木，莫不萌动发越，自然日长月化；若冰霜剥落，则生意萧索，日就枯槁矣。”[3]他强调教童子必如“时雨春风，霑被卉木”，否则，“冰霜剥落”，必枯槁无疑。因此，他要求教育儿童必须废止督责、检束、鞭缚等摧残身心的方法，代之以诱导、启迪、讽劝等栽培涵养的方法，使他们心中喜悦，自进不已。

对于儿童的教育内容，他主张以“诗歌”、“习礼”、“读书”来陶冶儿童的性情，激发儿童的志意，长养儿童的身体。他说：“故凡诱之诗歌者，非但发其志意而已，亦所以泄其跳号呼啸于咏歌，宣其幽抑结滞于音节也；导之习礼者，非但肃其威仪而已，亦所以周旋揖让而动荡其血脉，拜起屈伸而固其筋骸也；讽之读书者，非但开其知觉而已，亦所以沈潜反复而存其心，抑扬讽诵以宣其志也。”[4]他强调此三者对于儿童来说，可顺导其志意，调理其性情，潜消其鄙吝，默化其粗顽，使之日渐于礼义而不苦其难，入于中和而不知其故，达于日长月化、陶冶长养的目的。

在课程组织上，他提出要根据儿童身心发展特点进行合理安排，并将每日课程分为五节：先考德；次背书诵书；次习礼或课艺；次复诵书讲书；次歌诗。这样可使学童德业并进，动静劳逸结合，有利于怡情养性，使身心获

① 王守仁．王阳明全集（全四册）：一［M］．徐枫，等点校．4版．天津：天津社会科学院出版社，2015：44．

② 王守仁．王阳明全集（全四册）：一［M］．徐枫，等点校．4版．天津：天津社会科学院出版社，2015：76．

③ 王守仁．王阳明全集（全四册）：一［M］．徐枫，等点校．4版．天津：天津社会科学院出版社，2015：75–76．

④ 王守仁．王阳明全集（全四册）：一［M］．徐枫，等点校．4版．天津：天津社会科学院出版社，2015：76．

得和谐发展。此外，他还为学生安排“会歌”、“会礼”等比赛观摩活动，以活泼学童的学习和生活。王守仁的这些见解和安排，可称得上开创了中国古代儿童教育理论与实践的生动、活泼的新局面。

四、“化民敦俗”的社会教化主张

王守仁从维护封建社会秩序的角度出发，非常重视社会教化，主张对劳动人民实行封建道德灌输和思想控制。他认为，“平定”农民起义并非难事，而难者在破除劳动者的反抗意识，即所谓“破山中贼易，破心中贼难”[①]，并强调“扫荡心腹之寇，以收廓清平定之功，此诚大丈夫不世之伟绩”[②]。因此，他把加强社会教化作为自己从官治政的重要任务。他在巡抚赣南时，订立《南赣乡约》，实行“十家牌法”，将道德教化与行政管理紧密结合起来。他在《南赣乡约》中规定：“凡尔同约之民，皆宜孝尔父母，敬尔兄长，教训尔子孙，和顺尔乡里，死丧相助，患难相恤，善相劝勉，恶相告戒，息讼罢争，讲信修睦，务为良善之民，共成仁厚之俗。”[③]显然，这是以封建礼教麻痹人民思想意识，服从封建统治；然而，他注重社会教育，重视社会风化建设，对任何社会都是必要的。

总之，王守仁的教育思想是以其时代社会政治现实为背景，以主观唯心主义为理论基础的。他的教育思想的核心是“心即理”、“致良知”，目的在教人“存天理，去人欲”，成为“明人伦”的“君子”、“圣人”，为巩固封建专制制度服务。“存心养性”、“知行合一”、“体认天理”、“求理于心”，是其成德成人的基本途径和方法，他凭借这些方法建构起与程朱理学教育相对立的心学教育理论体系。尽管他的教育思想贯穿着主观唯心主义哲学原理，但其中包含着不少合理的、有价值的成分，特别是在教学和儿童教育实践方面，提出许多超越前人的深刻而独到的见解。诸如，学者以“立志为本”，学校以“成德为事”；知行相统一的成人之道；倡导学术公有与独立思考，反对偶像崇拜和教条主义学习；强调“点化”与“自家解化”，“自求”与“自得”；提

① 王守仁.王阳明全集(全四册)：一[M].徐枫，等点校.4版.天津：天津社会科学院出版社，2015：131.

② 王守仁.王阳明全集(全四册)：一[M].徐枫，等点校.4版.天津：天津社会科学院出版社，2015：131.

③ 王守仁.王阳明全集(全四册)：二[M].徐枫，等点校.4版.天津：天津社会科学院出版社，2015：130.

倡“顺情导性”，因材施教，循序渐进；强调激发儿童兴趣，诱导、启迪、讽劝的积极涵养方法，倡导生动活泼的学习，反对束缚学生个性和师道尊严，提倡爱生谏师以及重视社会教育，等等。所有这些，都符合教育教学规律，并且大大丰富发展了我国古代教育理论宝库和实践经验，对当前教育改革仍有借鉴价值。

（本文系上海人民出版社2010年版《中华文化通志·教育学志》中的一部分，收入本文集时有改动）

略论王夫之习成性与成的人性论与教育发展观

王夫之（1619—1692年），字而农，号姜斋，湖南衡阳人。明末举人，明末清初的唯物主义思想家、哲学家和教育家。因隐居湘西石船山，故称“船山先生”。早年曾组织“匡社”进行爱国活动。明亡，举兵衡山，抵抗清兵；失败后，奔赴南明政权，官“行人司行人”。不久，退隐湘西，著述讲学凡40年。他的思想理论特点是将现实斗争同学术研究结合在一起，富有强烈的批判精神。他的著作宏富，包括传注经史子书，多达百余种共四百多卷，今存《船山遗书》传世。

一、“习成性与成”的教育本质论

王夫之的教育思想建立在唯物的、发展的人性论基础上，提出“习成性与成”的新命题，肯定人性是后天形成的，是生活环境的产物，是教育与学习的结果，并随着生活条件和教育的变化而变化、发展而发展。他把“性”分为“生理之性”与“习成之性”两种。“生理之性”是指人的“自然之质”，即耳、目、口、鼻、心等器官及其机能，人自获得生命开始，各生理器官就不断生长发育，其生理机能也随之不断生成和发展。他说，“夫性者生理也，日生则日成也……形日以养，气日以滋，理日以成”[①]，“命日生，则性日成”[②]，而且，这种“生之理”是在日用中才得到不断发展的，“目日竭而后明”，“耳日竭而后聪”，“心思日竭而后睿”，“可竭者天也，竭之者人也”[③]。否则，其“生之理”必枯竭而失去聪明。这种先天之性是后天成性的生理基础。“习成之性”是指后天习得的知识、才能、认识能力、思想品德和个性性

① 王夫之.尚书引义[M].北京:中华书局,1976:63.

② 李军,等.中华文化通志·教育学志[M].中华文化通志编委会,编.上海:上海人民出版社,2010:214.

③ 李军,等.中华文化通志·教育学志[M].中华文化通志编委会,编.上海:上海人民出版社,2010:214.

格等。他非常强调“后天之性”靠“习成之”，人的一切聪明才智都是在生活环境和教育学习中形成发展起来的，是“日生”、“日新”而日益“富有”的过程，是“未成可成，已成可革”[①]，“屡移而异”的变化发展过程。王夫之既肯定“生理之性”是“日生日成”，指出它具有巨大的发展潜能，从而强调人人皆具有无限发展的可能性；又充分肯定“习与性成”，指出生活条件和教育学习对其形成的决定作用，从而强调人人皆有受教育与学习而“成性”的必要性。两者正确结合，相互促成，就能“继善成性”，成就人性的巨大发展。这一人性发展理论，从根本上否定了历史上关于人性的种种唯心之说，把人性论发展到一个新的阶段。

在人性发展论的基础上，王夫之进一步论述了教育对其形成的巨大作用：一是“继善成性”；二是“矫正恶习”。他认为，人的一生都是性日生日新日成的过程，即：“继善成性”的过程，亦即是教育的过程。他说：“甚哉，继之为功于天人乎！天以此显其成能，人以此绍其生理者也。……存乎天者莫妙于继，然则人以达天之几；存乎人者亦孰有要于继乎！……秩焉纪焉，精焉至焉，而成乎人之性，惟其继而已矣。……继之则善矣，不继则不善矣。天无所不继，故善不穷。人有所不继，则恶兴焉。”[②]“继”，是“生生不息”、“进进不已”、“勉勉不倦”之意。全句意谓：天地万事万物生生不息、运行不已全在“继之为功”，外界事物不断发展变化，人能不断地认识其变化，掌握其规律，并在认识和改造客观的实践中“继继不已”、“勉勉不息”，使主观与客观相一致、相发展，不断完善自己的认识能力。这样，“天人相与为功”，则“性日生日成”而达于“秩、纪、精、至”的境地，故谓“继善成性”。教育的主要作用就是“继善成性”，使学者通过教育而“勉勉不息”地掌握客观事物变化及其规律，丰富他们的知识，发展他们的智力和才能，培养他们的道德，完善他们的个性，以至“成性”、“成人”。这一过程即教育的过程，即“继善成性”的过程。所以他说，“学成于继”，“至于继，而作圣之功，蔑以加矣!”[③]

教育的另一作用是“矫正恶习”。王夫之认为，人之所以产生“恶习”，是失教或不良习染造成的。他说：“人之不幸而失教，陷入于恶习，耳所闻者

① 王夫之.尚书引义[M].北京：中华书局，1976：65.
② 王夫之.周易外传[M].北京：中华书局，1977：182.
③ 王夫之.周易外传[M].北京：中华书局，1977：183.

非人之言，目所见者非人之事，日渐月渍于里巷村落之中，而有志者欲挽回成人之后，非洗髓伐毛，必不能胜。”[①]又说，“世教衰，风俗坏，才不逮者染于习尤易，遂日远于性而后不可变”[②]，“习之气溺人也。不特性之醇者无以养其真，而质之疵者亦且以失其故”[③]。王夫之充分肯定“教”，可“养性之真”，成为真善真美的人；可“矫习之恶”，转恶为善。人若失教或教衰俗坏而陷于恶习，就会丧失人的“天然之美质”，变成“趋于私利”难以挽救的恶人，甚至堕落成为“野人”、“禽兽”之类，这时，非经“复施斫削之功”，“尽其壅培修剔之力”，非受“洗髓伐毛”的再教育、再改造的工夫，则难以矫正。因此，他强调从小就要有良好的环境，施以良好的教育，“养其习于童蒙，则作圣之基立于此”[④]。

由上可见，王夫之既肯定人的先天禀赋是人性形成的生理基础，又充分肯定环境对人性发展的重大影响，他更强调教育在人发展中的主导、决定作用，从而正确地把握了天赋、环境、教育三者的辩证关系，这在教育理论和实践上是有重大意义的。

二、“主动重行”、“知行相资”的教育过程论

王夫之根据“习成性与成”的人性发展论，在教育上特别注重“动”的原则。他认为，“动”是宇宙根本的法则，也是人教育发展的根本法则。他阐释《周易》，强调“天行健，君子以自强不息”一语，“圣人尽人道而合天德。合天德者，健以存生之理；尽人道者，动以顺生之几”[⑤]。人认识客观事物，发展认识能力、聪明才智和德性，全在于“健”、“动”二字，即在不停的运动中形成发展起来的。因此，他得出结论：“天下日动而君子日生，天下日生而君子日动。动者，道之枢，德之牖也。”[⑥]王夫之“主动”的教育思想，实质是强调发挥教学双方的主观能动性：教者要充分发挥主导作用，调动学生的主动性，不停顿地学习求进；学者要充分发挥内在潜能，发扬主动精神，自强不息，奋进不已。两方面能动性的结合，就能知日进而不已，能日进而

① 陆学艺，王处辉．中国社会思想史资料选辑：宋元明清卷［M］．南宁：广西人民出版社，2007：508.
② 王夫之．张子正蒙注［M］．北京：中华书局，1975：114.
③ 陆学艺，王处辉．中国社会思想史资料选辑：宋元明清卷［M］．南宁：广西人民出版社，2007：531.
④ 陆学艺，王处辉．中国社会思想史资料选辑：宋元明清卷［M］．南宁：广西人民出版社，2007：508.
⑤ 王夫之．周易外传［M］．北京：中华书局，1977：65.
⑥ 王夫之．周易外传［M］．北京：中华书局，1977：207.

不息，成为“识博”、“德盛”、“智达”的人才。所以，“主动”的教育法则，既是教师教书育人的重要原则，又是学生为学成才的必由之路。

根据“动”的总法则，王夫之非常注重“行”，认为教育与学习就是由“致知”到“践行”的过程，知必须转化为行，践行于实，方为真知。他说，“在人之知行言之：闻见之知不如心之所喻，心之所喻不如身之所亲行”①，“非力行焉者，不能知也”，“力行而后知之真也”②。他还说，“行可兼知，而知不可兼行”③，“凡知者，或未能行；而行者，则无不知”④。行可兼知，行是知的目的，知要落实到行上。所以他说：“君子之学，未尝离行以为知也，必矣!”⑤但是，知行又是“相资以为用”，“并进而有功”的发展过程：“知行相资以为用。惟其各有致功，而亦各有其效，故相资以互用；则于其相互，益知其必分矣。同者不相为用，资于异者乃和同而起功，此定理也。”⑥两者既互相区别，各有功效，又相互联系，始终不相离。王夫之强调知行结合，相辅相成，特别强调“行之维艰”。他说：“圣人之道本易知而简能，而合之者为甚难矣。故曰‘知之匪艰，行之维艰’。行焉而后知其艰，非力行者不能知也。”⑦因为“知易行艰”，就必须着力于行，才能力行圣人之道，这是教育的目的所在。因此，他要求“教必著于行”，“学必践于实”，教育与学习的过程就是躬行与践实的过程。王夫之注重践行，强调知行结合，尤重“行之维艰”，从而建构起一条由行到知再到行的教学认识路线，清算了宋明以来理学家们“先知以废行”和“销行以归知”的种种谬说，使教育教学过程建立在唯物认识论的基础上。

三、教与学统一、学与思结合的教学法原理

对于教学问题，王夫之运用朴素的辩证法思想论述了教与学、学与思的关系，提出一系列教学原则与方法，把教学理论发展到一个新的高度。

---

① 王夫之．船山全书：第一册[M]．船山全书编辑委员会，编校．长沙：岳麓书社，1988：510.
② 王夫之．船山全书：第七册[M]．船山全书编辑委员会，编校．长沙：岳麓书社，1996：573-574.
③ 王夫之．尚书引义[M]．北京：中华书局，1976：78.
④ 邓潭州．王船山传论[M]．长沙：湖南人民出版社，1982：165.
⑤ 王夫之．尚书引义[M]．北京：中华书局，1976：78.
⑥ 王夫之．船山全书：第四册[M]．船山全书编辑委员会，编校．长沙：岳麓书社，1988：1256.
⑦ 王夫之．船山遗书：第四卷[M]．傅云龙，吴可，编．北京：北京出版社，1999：1804.

（一）教与学统一，重在“自悟”

王夫之明确指出，“教”与“学”是师生双方统一活动的过程。他说：“夫学以学夫所教，而学必非教；教以教人之学，而教必非学。”[①]其意谓：“学”，是学教师之所教的，但学的过程并非教师教的过程；“教”，是教学生之所学的，但教的过程并非学生学的过程。“学”是目的，“教”是手段，双方活动是统一的，作用是双向的，任务是一致的。但教与学又有区别，教不等同于学，学也不等同于教，两者互有矛盾与差异。就教者言，是教导学生“致知”、“进善”的过程，有个“教之道”即“善教”问题；就学者而言，是接受教师教导，自觉“受业”、“成德”的过程，有个“学之理”即“善学”问题。他说：“善教者必有善学者，而后其教之益大。教者但能示以所进之善，而进之之功在人之自悟。”[②]“善教”，是教师善于启迪诱导，充分发挥主导作用，“示以所进之善”的过程，是善学的条件；“善学”，是学生善于受业进德的过程，要充分发挥自觉性、主动性，以求“进之之功”，是善教的依据。“教之道”必须依据“学之理”，而学之理的关键在于“自悟”、“自觉”。故此，他说，“学，觉也”，“所未知者而求觉焉，所未能者而求效焉，于是而有学。因所觉而涵泳之，知日进而不已也；于有效而服习之，能日熟而不失也”[③]。这里，他揭示了“教”的本质在于教师要充分发挥主导作用，善于启迪诱导，培养学生的自觉性，主动地进行学习；又揭示了“学”的本质在于学生要充分发挥主动性、积极性，“自觉”、“自悟”，进业成才。两者紧密结合，构成一个矛盾统一的自觉活动过程，从而完成“传道、授业”与“进道、习业”的任务。王夫之这一教学原理是对教学理论的重大发展。

（二）学思结合，以思为主

王夫之对学与思的关系作了精辟的阐发，提出学思结合、以思为主的原则。他说：“致知之途有二：曰学，曰思。学则不恃已之聪明，而一唯先觉之是效；思则不徇古人之陈迹，而任吾警悟之灵。乃二者不可偏废，而必相资

① 王夫之.船山遗书：第五卷[M].傅云龙，吴可，编.北京：北京出版社，1999：2395.

② 王夫之.船山全书：第七册[M].船山全书编辑委员会，编校.长沙：岳麓书社，1991：275.

③ 陆学艺，王处辉.中国社会思想史资料选辑：宋元明清卷[M].南宁：广西人民出版社，2007：529.

以为功。”[①]他充分肯定学与思是获取知识的两条基本途径，不学则无以知，不思则无以学。但学必须虚心，吸取前人已有的知识成果；“思”，必须独立思考，辨析是非，探明真谛。两者的相互结合，才能取得相资并进的学习成效。在学、思过程中，他强调学要博，思要精。学不博，则不能知多识广，认识事物之理，而思必失去客观基础；思不精，则不能由显入微，把握事物本质，更不能推其常变，审其从违。他说，“庶物之理，非学不知，非博不辨”[②]，“学愈博则思愈远，思正有功于学，而思之困则学必勤”[③]。学时要思，思时要学，学愈博，则思愈深远，愈精彻；思愈精，则学愈勤勉，愈广博。两者相资相促、相辅相成，人的知识才能就是在这种辩证统一的运动中获得和发展起来的。但是王夫之更强调“思”，认为“思”是关键，唯有通过抽象思维，才能“穷其隐”、“察其微”，达于对事物本质属性的认识，并可超越时空域限，掌握更多更广的理性知识。王夫之这一学思结合、以思为主的教学思想，大大发展了我国古代学思结合理论。

（三）顺性利导，因材而授

王夫之根据学生身心发展各有差异的特点，提出“顺性利导”、“因材而授”的教学原则。指出学生的个性、气质、知识、能力、志向等各不相同，教师必须了解学生的特点，因人而异，因势利导，才能做到教无不可施，人无不可喻，学无不可成。他说：“吾之与学者相接也，教无不可施。吾则因其所可知，而示之知焉；因其所可行，而示之行焉。其未能知，而引之以知焉；其未能行，而勉之以行焉。未尝无有以诲之也。”[④]他充分肯定“因材施教”在教学育才中的重要性。

人性各殊，材质有异，教思无穷，教术不同，但教理则一，因人而异。他说，“教思之无穷也，必知其人德性之长，而利导之；尤必知其人气质之偏，而变化之”[⑤]，“故教者顺其性之近以深造之，各如其量而可矣”[⑥]。教者

① 王夫之.船山全书:第七册[M].船山全书编辑委员会,编校.长沙:岳麓书社,1991:301.

② 王夫之.船山全书:第十六册[M].船山全书编辑委员会,编校.长沙:岳麓书社,1996:1203.

③ 朱汉民.中华文化通志·智育志[M].中华文化通志编委会,编.上海:上海人民出版社,2010:131-132.

④ 秋至乐.中国古代十大思想家[M].北京:红旗出版社,2014:172.

⑤ 王夫之.船山遗书:第四卷[M].傅云龙,吴可,编.北京:北京出版社,1999:1836.

⑥ 李军,等.中华文化通志·教育学志[M].中华文化通志编委会,编.上海:上海人民出版社,2010:219.

必须顺应学者特点，“如其量”以授教之，“顺其性”以深造之，“导其长”以诱进之，“纠其偏”以变化之。这样因势利导，扬长避短，补偏救失，引导向上，就可增其识、长其智、成其善、矫其恶，成德成才。因此，他断言：“顺其所易，矫其所难，成其美，变其恶，教非一也，理一也，从人者异耳。”[①]这是一条教学定理，但又不能“贬道附从”，应当激励学生进学之志，勉其努力上进之心，自觉求进。王夫之既指出人的材质各异的客观性，从而强调因材施教的必要性，不可一概施之，成乎躐等；又指出学者的志向、努力程度和发展可能，从而强调发挥其主观能动性的重要性，不可“贬道附从”，降低要求；还指出教者要有“教之智”，善于启发学生“自勉”，从而强调发挥教师的主导作用，不可“徇人之理”，顺其自然。这些见解发前人所未发，精辟独到。

（四）“适时”与“循序”相结合

王夫之继承发展了古代教育家、特别是《学记》中时、序、渐、积的教学思想，认为教与学是因时而有序、渐进发展的过程，不可停歇间断或凌越躐等。他解释“时”这一概念：“时者，有序而不息之谓也，恒守也。”[②]意谓教学是在一定时间内运动的有序而进的渐进过程，又是有恒不息的奋进过程。教者因时、有序而教，学者就能因时、有序而进，恒守学业。“教之时”应依“受之机”，“受之机”乃为“教之时”，两者是教学统一体中的两个侧面，相互依赖，相互促成，不可分离。只有当学生有强烈的求知欲和志向时，才能自觉地受教习业；但学生的求知欲和志向又必须在教师启发引导下才能产生、巩固和提高。因此，教师既要“待人自悟”，有“愤悱之心”、“求通之志”，而后施之以教；又要善于激发学生“真心内动”，引导其动机，启发其自悟，主动自觉地去学习。否则，“不愤而启，不悱而发，喋喋然徒劳而亡益也”[③]。启发必待时机，时机必须激发，“教之时”与“受之机”，“待人自悟”与“激发自勉”是相辅相成、辩证统一的。王夫之这一观点大大发展了孔子“不愤不启，不悱不发”的教学思想。

王夫之对“序”亦作多层次阐发，它包含：一是物情事理之序，即教学

① 孙培青.中国教育史[M].2版.上海:华东师范大学出版社,2000:272.

② 王炳照,郭齐家,刘德华,等.简明中国教育史[M].北京:北京师范大学出版社,1987:259.

③ 王夫之.周易内传[M].李一忻,点校.北京:九州出版社,2004:366.

内容的内在逻辑顺序；二是学生身心发展之序，即“性日生日新”顺序；三是教学法之序，即依据前二者设计、组织教学之序。据此，他提出五步教学程序，“始教之以粗小之事，继教之以粗小之理，继教之以精大之事，继教之以精大之理，而终以大小精粗理之合一”[①]。他认为，教师因序而教，学生因序而学，不凌越躐等，不贬道附从，不拘守陈迹，更不搞“顿悟”和“速成”，就能教之以序，学之以达，德业就能循序而上进。总之，王夫之把“时”与“序”作为教学的统一整体，既注重适时而有序，又强调有恒而不息；既注重循序而渐进，又强调勉力而奋进。这一思想对于教学和为学是很有价值的。

（五）教贵躬行、自明、恒教事，学贵自求、自得而乐为

王夫之极为重视教者的“示范”作用，认为师生之间是一种道义上的结合，教师的作用不仅关系着学生的成长，而且维系着整个社会的人心道德。“师弟子者以道义相交而为人伦之一……故欲正天下之人心，必慎天下之师受。主教有本，躬行为起化之源；谨教有义，正道为渐摩之益。”[②]教师的任务是传道、授业、育人，学生的任务是学道、习业、成才，所以师生关系必须以道义结合为基础。同时，教师还负有扶正人心、敦尚风化的重大作用。因此，必须慎师重教，尊重教师；教师必须严于律已，“恒其教事”，做到“躬行”、“自明”。他特别强调教师内在德性对学生的感化力，教者纯正率行之德心，学生才能纯正效行之心术，从而“受成于心”。因此，他要求教师：“唯孺子之以道义居心，而不仅以技巧相尚，故自全成人之美。”[③]并且指出教师要有自知之明，“以其昭昭，使人昭昭”，学生才能“遵其道”、“听其言”、“喻于义”，达于“熟知之”、“决信之”、“率行之”的目的。否则，“以己昏昏教人昏昏”，是“自丧其德”，误人子弟。

王夫之还强调，为学进业是学者自己的事，必须靠主观努力，好学乐为，自求自得。他说：“养蒙之道通于圣功，苟非其本心之乐为，强之而不能以终日。故学者先在定其情，而教者导之以顺。”[④]只有“本心乐为”，有“自悟之

① 施克灿.中国教育思想史[M].北京:高等教育出版社,2008:146.

② 李军,等.中华文化通志·教育学志[M].中华文化通志编委会,编.上海:上海人民出版社,2010:22.

③ 王夫之.船山全书:第八册[M].船山全书编辑委员会,编校.长沙:岳麓书社,1991:526.

④ 朱永新.滴石集[M].上海:复旦大学出版社,2012:41.

心”、“求通之志”，才能奋勉而乐为，自求而自得。否则，“终其身于不知不能”，更无以“深造之以道”，进德成才。教师要培养学生“自修”、“自勉”之心，树立“自求”、“自得”之志，下深求之力的功夫，以“人而一能之，己百其功而不已……人而十能之，己千其功而不辍”①的毅力来为学进业。这些见解都符合学习的特点和规律。

总之，王夫之以其唯物论和朴素的辩证法思想，全面地总结、批判、继承并发展了中国古代的教育理论和经验，建构起具有特色的教育理论体系，内容极其丰富深刻。他关于习成性与成、变化日新的人性论，阐明了教育对于人发展的巨大作用，揭示了教育的客观规律。他关于知行并进统一的原理，使教育、教学理论建立在科学的基础之上。他提出一系列教育、教学原则和方法，意见精辟，见解独到，有许多发前人之未发的观点，大大丰富、发展了我国古代教育理论的宝库，并起到承前启后的作用。这一切对于当前教育改革亦有启迪和借鉴的价值。

（本文系上海人民出版社2010年版《中华文化通志·教育学志》中的一部分，收入本文集时有改动）

① 王夫之.船山全书:第七册[M].船山全书编辑委员会,编校.长沙:岳麓书社,1991:184.

浅析王夫之教育思想的改革批判精神与民族爱国特质

王夫之（1619—1692年），是我国17世纪伟大的爱国主义者、启蒙思想家，杰出的唯物主义哲学家和教育家。他毕生的爱国活动，主要是将“反清复明”、复兴民族国家的斗争同学术研究和教学工作结合在一起。其斗争精神、学术路线与理论成就，对当时及后世都产生了重大影响。他根据时代的特点和要求所建立起来的理论体系，不仅完成了对中国古代哲学、史学、政治学、伦理学以及教育理论等学术领域的反思、清理与总结，而且对当时的社会现实进行了深刻的剖析、揭露与探索，充分表现出时代精神与理论创新。本文试就其教育思想所表现的改革批判精神与民族爱国特质略作评析，以便从中寻获某些启示，作为当前教育改革的借鉴。

一、王夫之教育思想的改革批判精神

王夫之的思想是时代的产物，其教育思想所表现出的改革批判精神，正是时代的要求。其时中国封建社会处于大动荡时代：封建地主经济日渐解体，资本主义经济开始萌芽，新旧经济矛盾和斗争展示着未来社会发展的前景；农民战争风起云涌，席卷全国，动撼了封建王朝的统治，君主专制面临崩溃，封建制度将要走到尽头。明王朝覆灭，代之以清王朝贵族的封建军事专政和民族压迫，使民族矛盾上升为主要矛盾，并与阶级矛盾交相激化，斗争达于极点。在这种政治、经济危机的爆发下，思想学术界也相应地爆发了危机：理学的动摇，汉学（当时称“朴学”）的兴起，西方自然科学之传入，社会上出现了反对君主专制、反对民族压迫、反对理学思想的新思潮，并在批判的基础上提出了“经世致用”的主张和初步的民主要求，以之作为匡时济世、复兴民族国家之道。王夫之的思想正是在这种动荡变革的社会背景下产生的，充分反映了时代特点；其思想的产生和传播，又推动了社会新思潮的发展，对社会进步起了启蒙和呐喊作用。概括其教育思想的改革批判精神，集中表现在以下两方面。

(一) 批判理学教育思想和传统教育制度

自宋明以来，理学成为学校的统治思想，它专教人“存天理，灭人欲”，空谈“天人性命”，授以“伦纪纲常”，培养所谓“明人伦”的士君子。这种教育在世界观上是唯心主义的，在政治上是维护封建君主专制统治的。王夫之抓住理学教育这个要害问题进行深刻揭露与批判。

其一，批判反动的理学教育宗旨和封建的伦理道德说教。无论是程朱“理学”（主张“性即理”），或是陆王“心学”（主张“心即理”），都是以空谈“天人性命”的唯心主义为特色，以宣扬封建“伦纪纲常”为内容，以灌输“存天理、灭人欲”为宗旨的教育理论。集理学之大成者朱熹就这样说过，“圣人千言万语，只是教人‘存天理，灭人欲’”[①]，“革尽人欲，复尽天理，方始是学”[②]。王夫之针对这一教育目的论，首先揭露其“理”与“欲”对立的荒谬性，提出“理必寓于欲”，“公欲即天理”的进步主张。他说：“礼虽纯为天理之节文，而必寓于人欲以见。……故终不离人而别有天，终不离欲而别有理也。……廓然见万物之公欲，而即为万物之公理。”[③]又说：“理尽则合人之欲，欲推即合天之理。……人欲之各得，即天理之大同；天理之大同，无人欲之或异。”[④]王夫之坚决反对理学家们脱离人欲而讲天理，强调理在欲中、理欲统一，肯定天下之公欲即天下之公理，只有保障人们物质生活欲望得到满足，才有天下公理之实现的可能。教育绝不可以“灭人欲”而以求“存天理”为目的，否则必陷入释老的绝欲主义，“盖厌弃物则而废人之大伦”。王夫之的这一观点，不仅揭露了理学思想的荒谬性与反动性，批判了理学教育窒息人欲、禁锢思想的虚伪性和危害性，更重要的是它正确揭示了物质生活（“欲”）与精神生活（“理”）的统一关系，阐明了发展人们精神生活必以保障物质生活为前提，冲破了统治中国近五百年的“存天理，灭人欲”的道德信条，使人们的思想从理学的桎梏中解放出来，使教育成为发展人性、造就人才的真正武器，并为之后的进步思想家、教育家进一步批判理

① 高令印，高秀华．朱子学通论[M]．厦门：厦门大学出版社，2007：71.

② 伍德勤，贾艳红，袁强．中外教育简史[M]．合肥：安徽大学出版社，2002：89.

③ 谭丕谟．宋元明清思想史纲[M]．武汉：崇文书局，2015：168.

④ 肖剑平．王船山人格思想研究[M]．湘潭：湘潭大学出版社，2014：240.

学思想及其教育理论打下了思想基础。

进而，王夫之又从哲学根本问题上对其“天理”的唯心主义本质给以批驳。他指出，天地之间除客观存在的万事万物及其发展变化的规律之外，别无其他什么“超然于万物之上”的“天理”，也别无什么“万物皆具于心”的“良知”。他说：“万物皆有固然之用，万事皆有当然之则，所谓理也，……具此理于中，而知之不昧，行之不疑者，则所谓心也。以心循理，而天地民物固然之用，当然之则各得焉，则谓之道。”[①]王夫之肯定“天”是客观存在，“理”是客观规律，“心”是人对客观事物及其规律的认识，“道”是客观规律“存于心而推行于物”[②]，即认识客观，把握必然，依循规律，预见事变而改造客观。据此，王夫之认为，教育就是教人认识和掌握客观事物及其规律来改造客观世界，同时改造和发展主观认识能力，包括智力、才能、德行和性格，绝不是理学家们所鼓吹的什么“存天理”、“致良知”，复其本然之善性。对于理学家们所臆造的“天人性命”、“天理”、“良知”之说，王夫之斥之为“异端”、“邪说”，其害造成：人心以蛊，风俗以溜，学风腐朽，士节沦丧，这是宋明国家倾覆、民族败亡的祸根。王夫之的这些批判，从根本上动摇了“心性之学”的理论基础，揭穿了理学教育的反科学实质，使教育建立在唯物主义的科学理论基础上。

其二，批判传统的教育制度和空疏浮泛的学风与记诵章句的读书方法。自汉独尊儒术以来，学校教育专以传注之学为能事，传译经文，注释篇章，记诵章句，造成一种极端繁琐腐朽的学风。宋明以后，理学家们标榜继承儒家“道统”，发明儒学“精义”，其实是记问章句、腐悖时文、谈心言性之学，教以利、学以禄、追名逐利之教。王夫之对这种背离现实、脱离实际的教育制度，崇尚书本、专事空谈的腐朽学风和方法给予深刻的揭露和批判。他指出，“晨览夕披，疲役于此，义不能振，机不能乘，则与六博投琼、耽酒渔色也，又何以异哉？夫人心一有所倚，则圣贤之训典，足以锢志气于寻行数墨之中；得纤曲而忘大义，迷影迹而失微言，且为大惑之资也”[③]。这种“寻行数墨”、诵章读句的方法，只能使人“忘大义”、“失微言”，与沉湎于酒色玩乐无异。接着，他继续揭露说：“数五经、《语》、《孟》文字之多少而总记之，

① 王夫之. 船山全书：第十六册[M]. 船山全书编辑委员会，编校. 长沙：岳麓书社，1996：1163.
② 王夫之. 张子正蒙注[M]. 北京：中华书局，1975：64.
③ 王夫之. 船山遗书：第五卷[M]. 傅云龙，吴可，编. 北京：北京出版社，1999：3099.

辨章句合离呼应之形声而比拟之，饱食终日，以役役于无益之较订，而发为文章，侈筋脉排偶以为工，于身心何干邪？于伦物何与邪？于政教何与邪？……其穷也，以教而锢人之子弟；其达也，以执而误人之国家。”①王夫之痛斥这种训诂校订、驰骋辞藻、浮言糜调的读书之客，无异于“浮屠之言”、“释老园悟”，亦无异于“酣歌恒舞，白刃垂头而不觉者”②，只能害人、害己、害国家。这是对宋元理学教育的批判。至于以“致良知”为目的的陆王“心学”教育，更是崇尚虚静，寂守空幻，“不规其大，不研其精，不审其时，……读书万卷，止以导迷”③，其害尤烈于宋元理学。最后，王夫之沉痛断言：如此读书，如此为学“不如不学无术者之尚全其朴也”；并告诫学者说：“儒者之徒而效其卑陋，可勿警哉！”④

总之，王夫之对理学及传统教育的揭露和批判是深刻的、彻底的，它不仅动摇了理学教育的理论基础，揭穿了它的反动实质及其毒害，而且冲决了禁锢中国近五百年学术思想的堤坝，为改革教育、解放思想、刷新社会，变革政治开启了新的思路。

（二）改革学校教育，扶进天下人才

王夫之在批判旧教育的基础上，根据社会政治形势和任务的需要，又提出了一系列改革教育的意见和主张，作为造就人才以复兴民族国家的杠杆。其基本改革主张如下：

首先，提出“教本政先”、“政立”、“民安”、“而学校兴”的主张，将教育列为治国的根本。这是王夫之总结了中国历代兴衰存亡的历史经验，解决教育与政治、经济关系而提出的精辟见解。他说：“盖王者之治天下，不外乎政教之二端。语其本末，则教本也，政末也；语其先后，则政立而后教可施焉。”⑤这里他着重强调三点：一是“教为立国之本”。重教，国则兴，政则治；失教，国则衰，政则乱，是“尽古今兴亡之理”。因此，必须以教为本，广立学校，讲求正学，养育天下人才，为立国治政之用。二是“政立而后教可施”。因为国家盛衰，政治治乱，经济隆替，决定着教育的兴衰和成败。因

① 王夫之.船山遗书：第五卷[M].傅云龙，吴可，编.北京：北京出版社，1999：3100.

② 王夫之.船山遗书：第五卷[M].傅云龙，吴可，编.北京：北京出版社，1999：3099-3100.

③ 王夫之.船山遗书：第五卷[M].傅云龙，吴可，编.北京：北京出版社，1999：3100.

④ 王夫之.船山遗书：第五卷[M].傅云龙，吴可，编.北京：北京出版社，1999：3099-3100.

⑤ 王夫之.船山遗书：第三卷[M].傅云龙，吴可，编.北京：北京出版社，1999：922.

此，必须“立政为先”，改革政治，使政立国强，社会安定，为实施教育、造就人才创造先决条件。三是“政教并兴”，“财、兵、智”统一。立政，不以一人疑天下，不以天下私一人，要公以天下；兴教，必讲正学，育植仁义之士，为“濯愚”、“刷耻”、“强兵”、“固族”之用；财足，要使“民自有其恒畴”，“有其力治其地”，使“财阜”、“民安”，保障充裕的物质生活和安宁的社会条件，才能兴学校，育秀士，敦美俗，充分发展人的聪明才智。王夫之关于“教本政先”，“政教并兴”和“财、兵、智”统一的观点，正确揭示了教育赖以政治、经济发展，而其发展又对政治、经济起着巨大作用的规律，确立了教育在建国安邦中的根本地位。

其次，改革学校育士制度，造就国家可用之才。这是王夫之针对当时教育之积弊而提出的改革主张。他认为那种空谈心性、崇尚浮文、记问章句之学，名利仕禄、忘义趋利、不务实用之教，如果长此不革，其祸无穷。因此，他提出自幼童家庭教育到县、州、府学以至中央太学、国子监的教育，都要以“圣功之学”为宗旨，即通过圣人之学，“以立修己治人之体”，“以善精义入神之用”，“体”、“用”结合，“学”、“用”一致，造就“才皆可用”，“用皆治正”的实用人才。也就是说，教育要使学者立圣先之大志，谙悉圣学之道，掌握人伦物理，把握客观规律，达到修己立人、治国安邦、利济天下的目的。为此，他主张国家要以“一以文教”之权，统一各级学校制度，广兴天下之学；各级官员要“以公天下之心，扶进人才”；要严选教育行政长官、校长和教师，保证实施教化，革新士风和培育人才；要严格选拔生员，严格课程、考试及择优升级，升学制度，确保生员质量；要废止皇族及贵族特设宫廷学校和特殊学校，严禁捐贡鬻卖生员制度，杜绝把学校变成培养贵族之地和“臭铜之府”。王夫之的这些改革意见和主张，无疑是合理的和进步的。

再次，改革科举取士制度，坚持“选贤使能”的用才标准。这是王夫之针对当时科场和任用人才之积弊而提出的改革措施。他首先肯定科举制度通过考试而取才，可使庶士之俊异者得以入选而任政的积极意义。但他同时也指出其积弊之严重，科举制度造成士风日坏，学风日衰，官风日腐，而民累于下的严重情况，如不改革，必将酿成害国殃民之大祸。因此，他提出“裁生徒，节贡举，省进士，谨资格，持之以难，择之以慎”[①]等改革主张。科举

① 王继平. 中国史论集(全3册)：中[M]. 湘潭：湘潭大学出版社，2013：75.

取士要严格考试制度，减少录取名额，坚持择优拔能；用人任政，要坚持选贤使能，量才授官，论绩晋位，黜劣涉能，严明政风，裁减冗员；要严禁卖官鬻爵，杜绝“尸避徭役，公私谒请，流连嬉宴”，“贿赂猎获”，“籍起上流”，“登进苟且”等卑劣行迹，以严肃政纪，严明士风。这些改革意见表明，王夫之已清楚地认识到取士用人问题，不仅直接影响到学校育人和学风、士风，而且还直接关联到国家的政风、民风的重大问题。因此，他主张把教育改革、科举改革、政治改革三者作为一个统一整体来解决，使学校与科举结合，育士与取士统一，用人与行政一致，以培养和取任德才兼备的真正人才，为理政、治国、固族、安邦之用。王夫之的这些改革意见，是其民族爱国思想的生动体现，不失其历史的进步意义。

最后，改革教育内容，主张实用、实学，学以致用。王夫之从“经世致用”，“务实求治”的思想出发，强调要以“别开生面”的探新精神研习儒家经典，探幽入微，发明大义，以致其用；以“入其垒，袭其辎，暴其恃，而见其瑕矣”[①]的批判态度博览百家群书，去瑕存瑜，推陈出新。他特别强调教与学都要“皆有当务”，“必修之事，尽可为之力”，“学”与“用”结合，“当务”与“力为”一致，理论与实践统一。因此，他指出各级学校都要以天人、治乱、礼乐、兵刑、农桑、学校、律令、吏治之理为重要教学内容，以培养今日之才，任今日之事。这种务实、重用、求新的教育教学内容，对当时及后世都产生了积极影响。

此外，在教学方法上，王夫之发展了前人经验，提出了不少新鲜见解。诸如：主动的教育原理；教与学相统一的教学过程；“教之道”依据“学之理”的教学法理论；知行相资，行为基础；学思结合，以思为主；独立思考，探发创新；深知其心，因材而授；时序结合，循序渐进；好学乐为，自求自得；教师自明、躬行、恒教事等教学原则方法。

二、王夫之教育思想的民族爱国特质

王夫之的教育思想，不仅表现出自觉的改革和批判精神，而且还充分表现出强烈的民族爱国特点。他根据当时的斗争形势和政治任务的需要，提出造就一代有远大志向、民族气节、高尚德操、实学才干的爱国豪杰之士，为

---

① 王夫之.老子衍庄子通[M].王孝鱼,点校.北京:中华书局,1962:13.

“扶危济难”、“匡时救世”，复兴民族国家贡献力量。他指出，只有首先造就一代豪杰，才能革新社会现实，振兴民族国家。王夫之关于先造就豪杰而后达于圣贤的人才目的观，将当时政治之急需与未来之理想统一起来了。

“豪杰”应具有哪些品格呢？王夫之提出了以下具体要求：

第一，具有坚定、正确的志向和远大的奋斗目标。王夫之认为，这是“豪杰”的根本品格。他说，“学者以大心正志为本”①，“志正而后可治其意，无志而唯意之所为，虽善不固，恶则无不为矣”②。志是根本，立志，就能掌握客观事物之理，识辨大义，明析是非，自觉地克服私心杂念，否则必“唯意之所为”，恣情纵欲，无恶不作。因此，他强调学校必须教育学生立“至善”之大志，树“大公”之正心，成为匡济天下的豪杰。就是说，“豪杰”之士必须树立公而无私的信念，确立“至善”、“至正”的远大目标，献身社会事业，“善”以治天下，“公”以济天下，使政立、国治、天下平，社会安宁，人民幸福。在当时，就是要以复兴民族、振兴国家为己任。他指出，只有具有这样的大志，才能“踞豪杰地”，如“凤舞九千仞”，干一番大事业。他嘲笑那种毫无志向，“徘徊竹篱堂舍间”的小人；反对那种随俗浮沉，或为利禄奔营，或安于家庭小窝而消磨志气的末俗庸人。他痛斥这种醉生梦死的人，是与时代要求格格不入的。

第二，具有坚贞不屈的民族气节和高尚操守。王夫之认为这是“豪杰”品格之核心。他特别强调豪杰在困难面前，要表现出大无畏的英雄气概。当民族危亡时，要成为坚贞不屈的志士；身处逆境中，要保持高尚的节操。他尤其强调豪杰必须具有高度自觉的爱国主义精神，反对民族侵凌和压迫，反对民族投降主义。要有临危不惧、宁死不屈，“蹈乎刀锯鼎镬”的英雄本色；有若权不自我，势不可回，身可辱、生可捐、国可亡，而志不可夺的铮铮铁骨，绝不可苟安偷生，卖身求荣，或“旦而秦、暮而楚”，或“以哀鸣望瓦全”的奴颜媚骨。王夫之强调的这些民族气节，正是中华民族之浩然正气传统的生动体现，也是其本人民族爱国品质，而且是他终身为之奋斗所表现出的精神特质。

第三，具有“匡时救世”的胆识和“经世致用”的真才实学。王夫之竭力主张造就有胆有识、有才有学的人才。他们不仅要有匡时救世之志，有堂

① 王夫之.张子正蒙注[M].北京：中华书局，1975：137.

② 王夫之.船山全书：第十二册[M].船山全书编辑委员会，编校.长沙：岳麓书社，1996：189.

堂巍巍，壁立万仞的气魄，有不苟流俗污世的不凡风貌；而且要有经世致用的真实本领，有扶危济难的实际才干，有做切实事的实干作风。他们在实际生活和斗争中，善于“辩大义”、“察微言”、“审时势”、“明伦理”、“修政教”、“重实用”，成为匡时局、救乱世、正人道、治世务的“志士”。这种豪杰志士不以是非、去就、毁誉为得失，不为箪豆竿牍、妇人稚子所萦迴。他强烈反对那种寻章摘句、诠释经传的“俗儒”，崇尚天理、空谈心性的“陋儒”以及崇玄虚、骋辞藻、争名逐利、湎于酒色的“腐儒”。

第四，具有高尚的道德修养和道德践履的自觉性。王夫之对“道德”一词作了全新的解释，指出“道”是事物之理，即客观规律；“德”是掌握事物规律并据之于心（“道得则谓之德”，“成器之在心而据之为德”）；以规律为指导，推广运用，成就事业，造福社会，谓之“盛德”。因此，他强调“豪杰”之士必须掌握人伦物理，把握社会和自然的发展规律，以形成道德意识，从而提高道德修养的自觉性，此即他所说的“从道而生德”。然后将道德意识化之于内心，形成深厚的道德情感、信念，从而增强道德体验的笃实性与道德信念的坚定性，此即他所说的“从德以凝道”。最后根据道德原则指导行动，“善其用”、“践其实”，改造自然，变革社会，成就事业，善以天下，达于“至善”的境地，成为道德上的完人，此即他所说的“勇于德则道凝”。王夫之既强调“豪杰”道德修养的自觉性，又强调其道德行为的实效性，更强调其道德信念的坚定性，由道德认识到道德情感、意志、信念以及道德行为的高度统一，构成了一个道德品质高尚的“豪杰”之士。

至于造就“圣贤”，那是最高理想人格。他除具有“豪杰”所必有的品格外，应是个性的全面发展与完善，主体与客体高度结合与统一，认识与实践自觉融合与一致，臻于真、善、美的至纯境界，成为“经天地”、“尽人道”、“治万物”的一代圣贤。

综上所述，王夫之关于造就“豪杰”而后期之于“圣贤”的人才思想，充分反映了时代精神，表现出深刻的民族爱国特质。他的深刻而丰富的思想，精辟而独到的见解，勇敢而富有成效的斗争精神，冲击了当时的教育制度，开启了近代教育的新端绪，在今天仍有借鉴和启迪的价值。

（本文原载于《安徽省教育学会通讯》1988年第4期，收入本文集时有改动）

略论王夫之在教学理论上的历史贡献

我国17世纪进步思想家、哲学家和教育家王夫之，在总结和清理中国古代学术思想上有着重要的贡献。他不仅对君主专制和理学思想展开猛烈的抨击，而且对中国古代唯物主义哲学思想进行了系统的总结，将其发展到一个新的高度。在教育理论方面，他对传统的教育思想作了理论概括和阐发，针对许多问题提出了全新的观点，把中国古代教育理论推向一个新的水平，对近世教育思想也起了一定的启蒙作用。本文仅就其下述几个教学理论问题略作论析，旨在为当前教学改革提供某些借鉴。

一、“先行后知”、“知行并进”的认识论，使教学理论建立在唯物的认识论基础上

王夫之的教学理论是建立在唯物主义认识论的基础上的。他首先肯定客观存在的物质性和可知性；客观存在是认识的源泉，认识是主体对客体的反映。他指出，“气”是构成万物的实体，“理”寓于万物之中，“知”是即物以穷理，格物而致知。因此，人的认识只能由物而来，这就肯定了物质的第一性，认识的第二性。人如何认识客体？王夫之提出，“形、神、物”三者相交而产生认识，即感觉器官（形）与外界事物（物）交接，经过心之思（神）才产生认识。“形”与“物”交，是认识的第一步。“事之来”是认识的前提，但关键在“心之德”。这是认识的第二步。“心之愈思而愈得，物所已有者，无不表里之具悉；物所未有者，可使之形著而明。”①明确指出“心”之思维能动性，可深入事物内部，超越时空界限，达于全面的、本质的和无限的认识。他还着重强调行在认识过程中的作用，提出“行先知后”，“知行相资并

① 范玉秋，田力．中国哲学与传统文化[M]．天津：天津人民出版社，2015：230.

进”的新命题。他说，“非力行焉者不能知也”①，“力行而后知之真也”②，“知必以行为功，行不以知为功”③，“行可兼知，而知不可兼行”④。但是知行又是“相互为成”，“并进而有功”⑤。王夫之这一唯物主义认识原理对于教学的理论意义，就在于建立了一条由物到感知、到思维、再到实践，而行贯始终的教学认识路线。建立于其上的教学过程就是即事以穷理、格物以致知、笃行以践实的过程，即认识外界事物，把握客观规律，并用之于客观实践的过程，亦即学、问、思、辨、行相统一的过程。

在由学到知、由知到行的教学过程中，王夫之特别强调三个“结合”。

首先，“知”与“物”结合。这是指“即事穷理”，或谓“格物致知”。王夫之认为有事才有理，有物才有知，“理”是事物之固有，“知”是人对事物之理的认识。因此，他强调“学之始事，必于格物”⑥，“庶物之理，非学不知”⑦。学习必须首先从“即事”、“格物”开始，通过实事、实物的研究，才能认识物之理、事之由，掌握客观规律。否则，必然是“绝物以穷理”而陷入“荡志以入邪”的陆王心学之迷途；或是“奉格物以为宗”而走上“玩物以丧志”的程朱理学之歧路。其结果必然是“坠其志”、“息其意”、“弃圣学”“入异端”，这是学者所必戒的。如何使“知”与“物”结合？他指出，先要“与物交”以知其实，即通过耳目等器官感知外界事物，形成感知觉。他说：“合，故相知。”否则，“于物不审，名不能言，事不能成”。次是“存象于心而据之为知”，即在大脑中形成事物的表象。再是“博取之象数，远征之古今”，即广泛取得事物的具体材料和历史与现实的知识经验，作为探究事物之理的依据。最后是“思以穷其隐”，即将取得的感知材料和知识，通过思维加工形成概念，把握事物之内在联系，达于本质的、概括性的认识。进而，他又指出，格物与致知相互联系、相辅相成，又各有致用、各有主从。“格物”为“致知”提供素材和依据，“致知”是“格物”的发展与提高；但“格物”之功在“学问为主，而思辨辅之”，只识其“形”，未得其“理”；“致知”之

① 肖剑平.王船山人格思想研究[M].湘潭：湘潭大学出版社，2014：98.

② 肖剑平.王船山人格思想研究[M].湘潭：湘潭大学出版社，2014：98.

③ 肖剑平.王船山人格思想研究[M].湘潭：湘潭大学出版社，2014：101.

④ 刘志伟.魅力领导[M].北京：国家行政学院出版社，2012：154.

⑤ 肖剑平.王船山人格思想研究[M].湘潭：湘潭大学出版社，2014：99.

⑥ 孙培青，李国钧.中国教育思想史：第二卷[M].上海：华东师范大学出版社，1995：384.

⑦ 孙培青，李国钧.中国教育思想史：第二卷[M].上海：华东师范大学出版社，1995：384.

功在“思辨为主，而学问辅之”，在识“形”的基础上“穷其理”。这里，王夫之揭示了教学过程中“知”与“物”的辩证关系，有力地反驳了程朱“格物为宗”和陆王“绝物求觉”的主张，正确解决了教学同实践相结合的理论问题。

其次，“学”与“思”结合。王夫之对学与思的关系作了精辟的阐发，提出学思结合、以思为主的原则。他说：“致知之途有二：曰学、曰思。学则不恃己之聪明，而一惟先觉之是效；思则不徇古人之陈迹，而任吾警悟之灵。乃二者不可偏废，而必相资以为功。”[①]王夫之肯定学与思是获取知识的两条基本途径，不学则无以知，不思则无以学。“学”不能依仗自己之聪明自以为是，而应当虚心吸取前人已有的知识成果；“思”不能迷信书本，拘守古人之陈言，而要独立思考，辨析是非，探发真谛。只有两者结合，才能取得相资、并进的学习效果。在学、思的过程中，他强调学要博，思要精。学不博，则不能知多识广，认识事物之理，而思也就失去客观基础；思不精，则不能由显入微，把握本质，更不能推其常变，审其从违。他说：“学愈博则思愈远，思正有功于学，而思之困则学必勤。”[②]学时要思，思时要学；学愈博，则思愈深远、愈精彻；思愈精，则学愈勤勉、愈广博。两者互为条件，相促相济，相辅相成，人的知识就是在这种辩证统一的运动中获得和发展的。否则，必将陷入“纯固之士”或“敏断之士”的错误深渊。所以他极力反对将学思分离开来、对立起来。这一学思结合的教学思想，不仅总结、继承和发展了我国古代学思结合的优良传统，打破了往昔诸儒经验论和唯理论的偏见，而且将其发展到辩证认识论的高度。

最后，“知”与“行”结合。王夫之明确指出：知而知所行，行而行则知之，两者相结合、并进而有功。因此，在教与学的过程中，首先要“皆有当务”。他指出，学者之所以学，教者之所以教，皆有其当务；读圣贤之书，要把握其精义，察当世之时务，辨今日之是非，使学者成为可用之才，尽今日之事。次要“教必著于行”，教是教事之理、时之务，必须以行为出发点和归宿。因此，他不仅要求“学当有务”，而且要求“教必著于行”，教育学生实践力行。王夫之所以重视行的作用，不仅因行可检验知的真伪，得到知之功效，而且因为“行之维艰”。他说：“圣人之道本易知而简能，而合之者为甚

① 衷尔钜.王夫之[M].长春:吉林文史出版社,1997:243.
② 刘虹.中国教育通史:清代卷(上)[M].北京:北京师范大学出版社,2013:59.

难矣。故曰‘知之匪艰，行之惟艰’，行焉而后知其艰，非力行者焉不能知也。”[①]因此，教与学都必须着力于行，践行于实，才能理解和掌握真正的知识，这是教与学的目的所在。故此，他下结论道：“君子之学，未尝离行以为知也必矣。”[②]

总之，王夫之的教学理论是建立在唯物主义认识论的基础上，它是我国古代教学理论的重要发展。他提出的知与物结合、物为基础，学思结合、以思为主，知行统一、行为目的的教学原则，反映了教学的客观规律，对指导教学实践具有重大意义。

二、“学夫所教”与“教夫所学”，“教之道”与“学之理”相统一的原理，把教学方法论发展到一个新的水平

对于教学法问题，王夫之首先是从教与学两个方面展开分析的。他明确指出教学是“教”与“学”两方的双向共同活动：“夫学以学夫所教，而学要非教。教以教人之学，而教要非学。”[③]这就是说，“教”是教学生之学的；“学”是学教师所教的。“学”是目的，“教”是手段，两方活动是统一的，作用是双向的，任务是一致的。但教与学又有区别，教不能代替学，学也不等于教，两者有矛盾与差异。就教者言，是教导学生“致知”、“进善”的过程，有个“教之道”即“善教”的问题；就学者言，是接受教师施教与启迪，自觉“受业”、“成德”的过程，有个“学之理”即“善学”的问题。“善教者必有善学者，而后其效益大。教者但能示以所进之善，而进之之功在人之自悟。”[④]“善教”，是教师善于启迪诱导，充分发挥主导作用，“示以进善”，是善学的条件；“善学”，是学生善于受业进德，充分发挥自觉性，以求“进之之功”，是善教的依据。“教之道”必须依据“学之理”，而“学之理”的关键在于“自悟”、“自觉”。故此，他强调指出：“学，觉也，所未知而求觉，所未能而求效。”这里，王夫之既揭示了“教”的本质意义在于教师要发挥主导作用，善于启迪诱导、培养学生的自觉性，主动地进行学习；又揭示了“学”的本质意义在于学生要发挥主动性、积极性，“自觉”、“自悟”，接受教导。

① 李书增.中国明代哲学[M].郑州：河南人民出版社，2002：1712.

② 王夫之.船山全书：第二册[M].船山全书编辑委员会，编校.长沙：岳麓书社，1988：314.

③ 张齐政，刘辰.王船山研究拾遗[M].长沙：中南大学出版社，2013：246.

④ 李军，等.中华文化通志·教育学志[M].中华文化通志编委会，编.上海：上海人民出版社，2010：218.

两者紧密结合，构成一个矛盾统一的自觉活动过程，从而完成“传道”、“授业”、“进道”、“习业”的任务。这一思想是王夫之对教学方法论的重要贡献。

其次，竭力倡导“主动”的教育、教学。这是王夫之为反对程朱陆王“主静”的教育主张而提出的一条重要原则。他认为，“动”是宇宙一切事物变化发展的根本法则，离开“动”则无天地间万物之生生不息、万事之变化不已，也就无人之“性日生日成”，“日新日革”。因此，人的教育和学习必须依循这一法则，才能认识客体，刚健身心，而达于“圣德之纯”的境地。他说：“圣人尽人道而合天德。合天德者，健以存生之理；尽人道者，动以顺生之几。”[①]穷究社会人事之理（“尽人道”），认识客观自然法则（“合天德”），关键在于“健”、“动”二字。“健”与“动”，就是变化日新、自强不息的原则。在“健”中“合天德”，在“动”中“尽人道”。所以人的一切潜能、知识、智慧和德性都是在自强不息的运动中形成和发展的。因此，他断言：“动者，道之枢，德之牖也。”[②]人若守“静”，不竭尽其能，不运用其智，饱食终日，无所用心，则其才不能“穷物理”、“应事机”，其智不能“沛发而不衰”，其贤将不及“圈豕”、“飞虫”、“顽石”。“主动”原则的实质在于强调教与学双方的主观能动性，即教师要通过自己在不倦的教学活动中发挥主导作用，充分调动学生的主动精神，受其教育；学生要在不停的学习活动中充分发挥主动精神，自强不息，精进不已。教者主观能动性的发挥，达到学者主观能动性的调动，两方面能动性的统一，就可培养“识博”、“德盛”、“智达”的人才。所以，“主动”的原则既是教师教育成功的重要条件，又是学生为学进德的必由之路，它打破了理学家长期“主静”谬论的束缚，使教育教学思想产生一个根本的转变。

再次，注重“因材”、“因时”、“因序”而教。他指出教师教学必须“深知其心”、“因材而授”、“各如其量”。为此，教师先要深入了解学生，全面掌握学生的个性、气质、才能、志向诸特点以及知识基础、努力程度和今后发展等状况，然后针对不同实际采取不同的方法进行教学，因人而异，因势利导，就能做到教无不可施，人无不可喻，学无不可成。他说，“君子之教因人而进之，有不齐之训焉。……以人言之，始则视其质，继则问其志，又进而

① 张齐政.船山研究新视野[M].北京：光明日报出版社，2015：238.

② 陈远宁.中国古代易学发展第三个圆圈的终结：船山易学思想研究[M].长沙：湖南大学出版社，2002：472.

观其所勉与其所至，而分量殊焉”[①]，“教思之无穷也，必知其人德性之长而利导之，尤必知其人气质之偏而变之”[②]。教师根据学生的知识、能力、态度之状况，既因其所“可知”、“可行”而“示之知”、“示之行”，又要因其“未能知”、“未能行”而“引之以知”、“勉之以行”；还要顺应学生个性、气质、德性之长短，“顺其性”以诱进之，“导其长”以深造之，“纠其偏”以变化之。这样，就可增其识，长其智，成其美，变其恶，成德成才。所以他指出，“其情殊也，其体异也，其效亦分也……各如其量而可矣”[③]。由此，他断定：教思无穷，教法各异，其理则一，因人而异，这是一条不可移易的教学定律。这一分析，是王夫之通过较全面地总结并发展我国古代“因材施教”的教学思想后得出的。

进而，王夫之对“因时”作了深层的分析。他指出：“时者，有序而不息之谓也，恒守也。”[④]“时”是教学法的一个基本概念，包含有序而进和有恒不息二义。因为教学是在一定时间内运动的，是有序而进的发展过程，又是有恒不息的前进过程。教者“因时”而教，“有序”而进，学者就可有恒不息，恒守学业。故此，教师要当其可教之时而教（“当其可”），乘其可受之机而授（“乘其间”）；“可教之时”依据“可受之机”，“可受之机”乃为“可教之时”，两者相依相存、互促互成。只有当学生有强烈求知欲望和志向时，才能自觉地发挥潜力接受教育；但学生的求知欲和志向，又必须在教师的启发引导下才能产生、巩固和提高。因此，教师既要“待人自悟”，有“愤悱之心”、“求通之志”，而后施之以教；又要善于激发学生“真心内动”，诱发其动机，启发其自悟，主动自觉地去学习。否则，“不愤而启，不悱而发，喋喋然徒劳而无益也”[⑤]。启发必待时机，时机应需启发，“教之时”与“受之机”，“待人自悟”与“激发自勉”是相辅相成、辩证统一的。王夫之这一观点，将孔子“愤启悱发”思想向前发展了一大步。

对于“因序”而教，王夫之亦作了多层次的阐发。他指出“序”含有多义：一是物情事理之序，它体现为教学内容的内在逻辑顺序；二是学生身心

① 张齐政，刘辰.王船山研究拾遗[M].长沙：中南大学出版社，2013：247.

② 张齐政，刘辰.王船山研究拾遗[M].长沙：中南大学出版社，2013：247.

③ 熊考核.王船山美学[M].北京：中国文史出版社，1991：265.

④ 李军，等.中华文化通志·教育学志[M].中华文化通志编委会，编.上海：上海人民出版社，2010：220.

⑤ 王夫之.船山遗书：第一卷[M].北京：北京出版社，1999：141.

发展之序，即“性日成日新”的顺序；三是教学法之序，即依据前二者设计、组织教学顺序，如由事入理，由简到繁，由小及大，由粗至精，终以大小精粗合其成。教师“因序”而教，学生“因序”而学，不凌节躐等，不贬道俯从，不拘守陈迹，更不搞“顿悟”与“速成”，就能教之以序，学之以达。总之，王夫之将“时”、“序”作为一个统一的教学整体，既强调适时而有序，又注重有恒而不息；既注重循序而渐进，又强调勉力而奋进。这一思想不仅对我国古代关于“时”、“序”概念作了较全面的总结与阐发，而且对今天的教学亦有指导意义。

最后，强调知、好、乐、为和自求自得。这是王夫之关于“学之理”的重要思想。他认为，为学进业是学者自己的事，必须靠主观努力，要有“自悟之心”、“求通之志”，要知学、好学、乐学，要自励乐为、自求自得，这是学习成才的关键。“知学”指正确的学习动机、志向和目标，懂得为何而学。首先要从立志入手，“志立则学思从之，故才日益而聪明盛……盖学者德业之始终，一以志为大小久暂之区量”①。志是根本，只有“贞其志”、“志于道”，即立“纳之于豪杰而后期之于圣贤”之大志，德业才可上达而止于至善。“知学”仅是解决学习的认识问题，只有“中心好之”，对学习有浓烈的兴趣和爱好，才能“绝外慕以一其心”，专心致志，孜孜不息，精益求精。继之发展为“乐学”，只有“本心乐为”，以愉悦和乐的心绪去学，从学中体验并加深愉悦和快慰，才能“怡一心以深于道”。“好”、“乐”主要是情感，还应进至为意志、行为阶段，才能“自励”、“乐为”、“自求”、“自得”，深造之于道，“德成而道广”。因此，他指出教者当熟察学生的知、好、乐、为的学习心态，教育其知学，激发其爱好，培养其感情，锻炼其意志，训练其行为，始终保持最佳的学习心理状态。教导学者当树立“自修”、“自勉”、“自强”之心，坚定“乐为”、“自求”、“自得”之志，下“深求之力”的功夫，以“人一己百”、“人十己千”之毅力为学进道。唯此，才能德日以盛，学日以成，终极于圣学之道。如果学者“苟且徇己”而不自勉，“苟简速成”而不自强，“秘传密语”而不自觉，则必陷于终身不知不能的愚昧地步，这是学者所必警戒的。总之，王夫之关于知、好、乐、为和自励、自求、自得思想，实质是强调学的主动、自觉精神，它包含知、情、意、行相统一的心理活动过程，相

① 张齐政.船山研究新视野[M].北京：光明日报出版社，2015：242–243.

因而进，相促而成。他的这一见解符合现代心理学所揭示的学习心理规律，对于古代学习理论是一个重要的发展。

三、教贵“躬行”、“自明”、“恒教事”，师生“道义相交”，开创一代新师风

王夫之极其重视教师的作用和师生关系。认为师生之间是一种道义上的结合，教师不仅关系到学生的成长，而且关系到整个社会的人心道德。他明确指出：“师弟子者以道义相交而为人伦之一……故欲正天下之人心，必慎天下之师受。”[①]教师的任务是传道授业，学生的任务是学道习业，所以师生关系是建立在道义结合的基础上的。同时，教师还负有扶正人心，移风易俗的重要作用。因此，他强调国家和社会必须高度重视教师，教师本人必须“躬行”、“自明”、“恒其教事”，才能完成传道、授业、育人的任务。

教师首先要有高尚的德操，做到言行一致，表里如一，成为学生的表率。教师的行为对学生起着示范和感化的作用，收到“不言而化成”的效果。他尤其注重教师的内在道德对学生的感化力，教者纯正率行之用心，学者才能纯正效行之心术，方可达到“受成于心”的教育效果。故他称“身教”为“心教”，或曰“不言之教”。因此，教师“言必正言，行必正行，教必正教，相扶以正，义正而情自合……唯孺子之以道义居心，而不仅以技巧相尚，故自全成人之美”[②]。王夫之强调教师外在行为与内在德性的统一，这在道德教育理论与实践上有着深刻的意义。

在教师学识方面，王夫之指出必须具备渊博的文化知识，“先自明”而后才能“明人”。他说：“夫欲使人能悉知之，能决信之，能率行之，必昭昭知其当然，知其所以然，由来不昧而条理不迷。……然后垂之为教，随人之深浅而使之率喻于道，所以遵其教，听教言，皆去所疑而可以见于行。”[③]他强调教师要有丰富而渊博的知识，对其“当然”、“所以然”皆昭然于心，对其“本末由来”、“显微精粗”俱晓然于目，“以其昭昭，使人昭昭”，才能使学生“遵其教”、“听其言”、“喻于道”，最终达于“悉知之”、“决信之”、“率行之”

① 李军，等. 中华文化通志·教育学志[M]. 中华文化通志编委会，编. 上海：上海人民出版社，2010：221.

② 李军，等. 中华文化通志·教育学志[M]. 中华文化通志编委会，编. 上海：上海人民出版社，2010：221.

③ 张齐政，刘辰. 王船山研究拾遗[M]. 长沙：中南大学出版社，2013：57.

的目的。否则，必然是“自昏昏教人昏昏”。他斥责“昏昏者”之教人，是“自丧其德”，误国害人。对于那种不学无术的“艺苑教师”，或“泥古非今”或“守其一说”，不通古今，不识义理，不知其变，不致其用，不能“推故致新”者，抑或以其空谈“天人性命”之异端邪说以迷惑人心者，他认为都不可为人师。

王夫之还明确指出，教师的“躬行”、“自明”取决于其本人对待教育事业的态度，只有热诚献身教育事业的教师才能做到。因此，他强调“必恒其教事”、“学不厌”、“诲不倦”，专精教业，精通教事，悉心教人，才能完成培育人才的任务。他的这些精辟见解，对提高教师素养，发展新的师生关系具有重大的意义。

由上所述，王夫之是我国古代一位杰出的教育思想家，他总结、继承和发展了我国古代教育理论。他以唯物主义哲学理论为基础，提出了关于教学过程的理论，关于教与学相统一的思想，关于教学方法论原理以及教师与师生关系的论述等等，不仅观点精辟，而且有许多是发前人所未发，把我国古代教学理论发展到一个新的阶段，对近代教育教学思想的产生和发展起到了启蒙的作用。

（本文原载于《安徽省教育学刊》1992年第2期，收入本文集时有改动）

方以智、梅文鼎科学启蒙教育思想述略

明清之际，是我国封建社会“天崩地裂”的大动荡时代。在政治上，阶级斗争激化，民族矛盾日烈，危机四起，王朝更迭，民不聊生，封建专制制度处于摇摇欲坠之中。在经济上，商品经济进一步发展，资本主义生产方式初露曙光，封建地主经济开始朝资本主义经济转向；随之而起的市民阶层登上历史舞台。在学术思想领域，西学东渐并与东方固有文化发生激烈冲撞，促使中国部分先进知识分子重新反思、探索和追求，促使新的世界观、社会观、价值观和科学观的产生，先后涌现出一批反映时代精神与要求的启蒙思想家、教育家、科学家和社会改革家。他们思想的共同点是：从爱国、匡世、济民的立场出发，反对空疏误国的理学，反对专制主义，反对民族压迫，主张学习西技西学和“经世致用”的实学，提倡务实学风，提出了初步的民主思想，主张改革社会，改良政治，主张改革传统儒学教育，要求个性解放，等等。他们这些思想成为这一时代的新思潮，启悟了一代人的觉醒，开启了新的学术路向，指明了新时代的方向，为中国近代社会民主革命准备了初步的思想和社会基础。在这批先进爱国的知识分子中，有许多皖籍学者，如思想家、科学家方以智，数学家、教育家梅文鼎，哲学家、教育家戴震等人，作出了重大的贡献。

一、方以智的科学启蒙教育思想

方以智（1611—1671年），字密之，号曼公，安徽桐城人，明清之际杰出的哲学家、思想家，同时也是一位科学启蒙教育思想家。早年，东游江浙，参加“复社”活动，与名士交游砥砺，一时名扬东吴。崇祯间，中进士，任翰林院检讨。40岁后，因躲避清廷迫害，遁入佛门。其学渊博，对天文、地理、历史、物理、生物、医药、文学、律数、音韵、书画、琴剑等“无不析其旨趣”，特别强调“质测”（实验科学）之学。主张“寓通幾于质测”，即哲学不能离开科学，科学要以哲学为指导。肯定宇宙万物皆“气”所形成：“一切物皆气所为也，空皆气所实也。”反对“离气以言理”，“离气以言道”，整个宇宙都是物质的。他认为时间与空间不能彼此独立存在，宇即在宙中，宙即在宇中。他的著作很多，主要有《通雅》、《物理小识》、《东西均》、《浮山集》等。在教育思想上，他坚决反对理学教育，主张学习西技西艺和实学，坚持以自然科学为基础并与哲学教育有机结合，充分体现了时代的特点和发展要求，开启了近代科学教育之先河。

（一）批判理学唯心论教育，力主唯物主义科学教育

方以智以自然科学的理论，对理学唯心论教育展开了深刻的批判。他指出，无论是程朱的“性即理”，还是陆王的“心即理”，都是主张先有理（心、性）即精神，而后才有物即物质存在，这种心物颠倒的观点是悖于客观事理和实际的。他强调有物才有理，理寓于物中；舍物而求理，乃是唯心主义的谬说。他说：“一切物皆气所为也，空皆气所实也。物有则，空亦有则，以费知隐，丝毫不爽，其则也，理之可征也，而神在其中矣。”[①]这段话明确地肯定：一、气是宇宙万物之本源，是客观存在的，物质是第一性的；二、凡物皆有其则，即自身发生发展和运动变化的法则，即理或规律，它寓于外物之中，是客观存在的；三、凡“理”均可为人们所认识，通过“以弗知隐”，即透过事物的表面现象而推验事物内在本质。据此，方以智痛加批判程朱理学是“离气执理”，陆王心学是“扫物尊心”，老庄之道是“扫器言道”。他们的共同特点都是颠倒物先理后的关系，否认物质的客观实在性，否认物先于精神存在，其实质都是求理于性、求理于心的唯心主义谬论。他进而指出，理学家们如此教人“舍物求理”，非但不能认识客观事理，掌握事物的本质和规律，反使人昧于万事万物而陷入“万物皆备于我”的深渊，又何由格物以穷理呢！他说：“言动象占，见其物宜；俯仰远近，极事变通；此学而不厌者，真绝学也。本末源流，知则善于统御，舍物则理亦无所得矣。又何格哉！”方以智明确肯定：由物求理是认识客观事物之理，掌握事物“本末源流”，把握“极事变通”之故，“善于统御”万物之则的必由之路。这种认识客观事物的路线绝不能颠倒。

① 北京大学哲学系中国哲学史教研室．中国哲学史教学资料选辑：下册[M]．北京：中华书局，1982：275.

方以智还揭露了理学家们鼓吹的“格物致知”和“存心养心”的反动实质。指出他们所谓的“物”与“知”，既不是外界事物，又不是客观真理，而是所谓的心中固有的“天理”、“良知”，实质即是封建伦纪纲常。二程曾一语道破天机：“致知在格物，非由外铄我也，我固有之也。因物有迁，则天理灭矣。”①可见，这“物”，是指心中固有之物，即欲念；这“知”是指心中固有之知，即天理良知。“格物致知”的实质，就是教人“存天理，灭人欲”，“革尽人欲，复尽天理，方始是学”，等等。理学家们如此种种说教，其根本目的就是教人相信并恪守封建纲常道德规范，以巩固封建专制统治秩序，维护封建社会的长治久安。

方以智也曾讲“格物致知”，但他所强调的是客观事物及其规律，特别是自然科学理论知识。他提出“质测之学”和“通几之学”两个科学概念，并用以替代理学教育。所谓“质测之学”，系专指研究自然的物理现象和规律的学问，包括物理、天文、地理、象数、律历、声音、医药等自然科学知识。他说：“物有其故，实考究之，大而会元，小而草木蠢蠕，类其性情，征其好恶，推其常变，是曰质测。”②所谓“通几之学”，系指研究隐藏于天地万物中的发展机奥和普遍的本质联系与规律的学问，即哲学理论知识。他说：“寂感之蕴，深究其所自来，是曰‘通几’。”③关于“通几”与“质测”的关系，他指出，“质测即藏通几”．即“通几”寓于“质测”之中；然“通几”是深究事物内在本质联系，反映事物的普遍本质与规律的，故而又高于并统御“质测”，并可克服“质测”的局限性与片面性。这里，方以智已清醒地认识到自然科学（质测之学）与哲学（通几之学）的辩证关系，并且还深刻地认识到中国历来学术传统只重人伦而轻物理的弊端，因而提出质测与通几并举的教育方针，力图重构中国新的学术传统，重建中国的教育内容，并试图以自然科学为基础构架新的科学体系，从而推进中国自然科学的发展和国家的振兴，这是方以智的最高明之处，也是他在学术与教育上重要的贡献。

① 王守仁．王阳明全集（全四册）：四［M］．徐枫，等点校．4版．天津：天津社会科学院出版社，2015：197.

② 吕凌峰，李亮．明朝科技［M］．南京：南京出版社，2015：162.

③ 陈小野，黄毅．证候实质研究：汇通／结合的分野［M］．北京：中医古籍出版社，2014：224.

（二）主张学习西技西艺，提倡“经世致用”的实学

如前所述，西学东渐给中国固有传统文化以严峻的挑战和激烈的冲撞，同时也给中国文化带来了重大的转机，给中国知识分子带来了和煦阳光和新鲜养分。它启迪了中国知识分子的大脑，开拓了中国知识分子的思路，开阔了中国知识分子的眼界。他们纷纷把目光瞄向西方，学习、引进并介绍西学，特别是西方的自然科学和技术，方以智就是首批的重要代表人物之一。

方以智在认真反思中国传统文化的基础上，着力对西方文化进行分析研究，批判地汲取会通西学，包括西方的天文、数学、物理、舆地、医学等自然科学知识，并将其融进自己的学术思想的框架，先后撰成《物理小识》、《雅通》、《东西均》等著作，对于我国介绍、传播西方先进的科学和技术起了巨大的作用。如《雅通》和《物理小识》两书，主要是言质测之学和哲学，包括天文、算学、地理、矿物学、动植物学、农学、医学以及西方制器工艺等，它不但汇集、总结了中国古今自然科学技术，而且还吸收融会了西方近代科学知识和技术。他把这一切知识统称为“实学”，即实实在在的实用之学。方以智将这些实学按其性质和作用分为三大部分，即物理（即质测之学），宰理（即社会科学），至理（即哲学）。所谓“物理”，是专言天地事事物物之理。“……象数、律历、音声、医药之说，皆质之通者也，皆物理也”①，“天裂孛陨，息壤水斗，气形光声，无逃质理”②。他明确指出，“物则”、“质理”是实学的最基本的内容，是宰理与至理的基础。“宰理”是专言政教，“伦理治教，则宰理也”③，包括伦理、道德、法律、政治、教育等方面的理论知识，即社会科学。“至理”是“专言通几，则所以为物之至理也”④，即哲学理论。以上三部分构成了方以智所谓的“实学”的完整而统一的内容。他强调，这些实学特别是自然科学技术，都是备于事事物物及人情世故之中，都是学者所必学与致用的学问。所谓圣人之学，也就是“备物致用”的实学，求天地之物则，寻天地之至理，无不是为了民生日用。他指出远在三代时期，尧、舜、周公以三事、三物教万民，“三事”指正德、利用、

① 陈小野，黄毅．证候实质研究：汇通／结合的分野[M]．北京：中医古籍出版社，2014:224.

② 梅汝莉，李生荣．中国科技教育史[M]．长沙：湖南教育出版社，1992:424.

③《安徽文化史》编纂工作委员会．安徽文化史：中[M]．南京：南京大学出版社，2000:1141.

④ 陈小野，黄毅．证候实质研究：汇通／结合的分野[M]．北京：中医古籍出版社，2014:224.

厚生，“三物”指六德（智、仁、圣、义、忠、和）、六行（孝、友、睦、姻、任、恤）、六艺（礼、乐、射、御、书、教），三事实即为三物，目的在使万民掌握民生日用之器，而各食其力，各安其生。方以智的教育宗旨就是以“实物”为基础，通过对实事实物之则的研求（质测之学），进而探索万事之至理（通几之学），使人们识其物、通其故、明其理、知其端几，以至于“备物致用”、“各食其力”，并且能“达国体、观古今、究得失”，致用于社会，造福于人群。我们应当肯定方以智注重经世致用的实学，尤其是注重自然科学的教育思想。

总之，明清之际，方以智在学术上和教育上都占有重要的地位，起过重大的作用。他以时代的眼光对中国传统学术思想进行认真的反思，对宋明理学展开深刻的批判，对西技西学作出有益的引进与传播，开启了学界的眼光，开辟了学术的新思路，并且启迪了一代人的思想智慧。他坚持唯物主义理论，主张在“实物”的基础上实行自然科学与哲学并举的教育，强调经世致用的实学，培养明物则、能几理的实用人才等思想主张，不仅闪烁着时代的光芒，而且开启了近代科学启蒙教育之先河。然而，由于社会传统文化沉积太重，西学刚刚传入，和时代有尖锐矛盾以及方以智本人的生活经历等原因，他的科学思想未能向前跨越一步。

二、梅文鼎的数学教育思想

梅文鼎（1633—1721年），字定九，号勿庵，安徽宣城人，清初天文学家、数学家。出身于历算世家，自幼承家教。据《梅文鼎传》称：“少时侍父及塾师罗王宾仰观星气，辄了然于次舍运旋大意。”[①]他自己也说：“鼎自童年受《易》于先大父，又侧闻先君子余论，谓象数之学，儒者当知，谨识之不敢忘。”[②]说明其家学渊源为梅文鼎毕生从事天文数学研究奠定了思想基础。及长，师事明代逸民倪竹冠（宣城人）先生，习《大统历》等历算之书。他自述在此学习的情况时说：“壬寅之夏（作者注：康熙元年）获从竹冠倪先生受台官《通轨》，大统历算交食法，归与两弟依法推步，疑信相参。乃相与晨夕讨论。为之句栉字比，不惮往复求详。遇所难通，则废瞑食以助其愤悱

① 陈久金.中国古代天文学家[M].北京：中国科学技术出版社，2012：505.

② 李迪.梅文鼎评传[M].南京：南京大学出版社，2006：24-25.

……稍稍窥见藩篱。”[①]还将此时习研所得书成《历学骈枝》四卷。此后，他沉潜于天文、数学研究之中，不事科举，不求仕禄，专门从事数学星历之研究，讲求经世实用之学，精研天文历算，制作测算仪器，以探求自然规律为职志。他曾以名儒硕学之士游历京师，以布衣为康熙召见，与言历算之奥义，深受礼遇，时传为士林盛事。又受学者、教育家李光地之聘，于李氏家塾中为其本人及弟子教习数学。他在历算研究中，既重视研习、总结中国古代历算之遗产，又注重学习、引进西方数学之新说，会通中西数学，并提出“西学中源”即西学源于中学的观点。所著历算丛书达86种之多，可谓一代数学巨匠。

梅文鼎在教育上多有卓见，特别是他力主以数学为根基培养各种专门人才的主张，实为创见。

（一）创设习研数学学校的构想

梅文鼎认为，三代以前人人皆懂数学，他在《中西算学通自序》中称：“三代以上，未有以数学者名家者，盖夫人而能数学也。内则‘六岁教数与方名，’则既服习之童子之年，而周官大司徒‘以乡三物教万民’，‘六日九数’，其属保氏掌之以教国子。鲁论言游艺在志道、据德、依仁，后孔子弟子身通六艺者七十二人。当其时，上以是为治，下以是为学，无往不资其用。”[②]他还以大禹之治水和周公之制礼证明数学、技艺器用之重要，“禹平水土，以八年底绩，非有数以纪之，何以率作兴事，屡省考成？……使无勾股测量之法以为之程度，其能克期授功而奏平成万世永赖乎？周公之制礼也，自六官以至万民，王宫以逮郊垌，田野服食器用百工技巧之事，规画尽制，洪织具举，尤其较著者矣”[③]。由此足见，其时人人皆能数学，皆会百工技艺器用之事。只是到秦燔书、汉尊儒术以后，儒学不得真传，对数学技艺器用之事，上者视之以为迂，士子视之以为粗迹，百官胥吏皆“尸其官而不习其事”，致使数学技艺之学衰落。即使如此，在汉唐等朝数学、技艺之实仍继续绵延而未绝，如汉有杜忠、许商《算术》各数十卷；唐代官学置算学博士，以十经为学

① 李俨，钱宝琮．李俨钱宝琮科学史全集：第九卷[M]．沈阳：辽宁教育出版社，1998：111．

② 北京师联教育科学研究所．清代前期主流教育思潮与教育论著选读：上[M]．北京：中国环境科学出版社，2006：517．

③ 北京师联教育科学研究所．清代前期主流教育思潮与教育论著选读：上[M]．北京：中国环境科学出版社，2006：517．

（注：唐代算学设置《周髀》、《九章》、《海岛》、《五经算术》、《孙子》、《五曹》、《缀术》、《缉古》、《张丘建》、《夏侯阳》共十门课程），五年而学成。元代天文学家、数学家和水利专家郭守敬，制用算学知识治历治水、观测天象，成绩卓著。至明以后，由于重举业、轻实学，八股取士把士子尽引入章句帖括、功名利禄之途，“古数学诸书仅存者，皆不为文人所习……”①，而那些“身为计臣，职司都水，授之握算，不知纵横者十人而九也”②，数学衰微至极点，致使中国科学发展极为缓慢，技术极为落后。作为以数学为终身职志的梅文鼎，一方面目睹“数学之衰，至此而极”的状况，另一方面又受到西方数学传入的刺激，他不得不考虑如何复兴我国古代数算，借以振兴中国的科学技术，于是他提出创立研习数学的专门学校，使欲学习数学之士子有受教的基地，使教师有讲习数学之课堂，使“古人遗绪不致为异学掩抑，后有达者必将见”；同时，还可使同道之人有切磋天文、数学的场所，进而形成良好的研究学术风气，推动我国数学和自然科学的发展和复兴。

梅文鼎还设想了创设学校的具体实施方案：“略仿苏湖规则，于经义之余，兼综庶务”，并“设为义塾，约乡党同学，为读书之事”③，就是说，参仿北宋胡瑗苏州、湖州二学的教学体制与方法，除学经义之外，兼习庶务、治事之类的实学内容，诸如“医方、算术、六书、九数、制器、审音、丹经、子集百家众说，兼收并蓄”。此外，还包括列朝史籍记载等知识。在这些实学中，他更注重自然科学之研习，尤重九数等数学之功，因为它是“经世有用之学”。学生在校学习过程中，按“计日为程，因材而笃，随其资力”进行施教，使其“各有所就”。同时，他还拟将学校办成学术研究机构，集诸家于一堂，“问辩集群彦，欢然洽主宾”，足以“相劝勉而期于有成”。他特别强调培养专门学术人才的重要性，谓“学术者人才所由生，而治乱系焉”④。并且，他还设想将学校作为“义塾”即义务性质的教育，免费接纳乡党学子前来攻读学业。他想，倘若“此志果就，即当息影却扫于山村，庶几收拾累年杂稿，次第成帙，稍存一得之愚，以待来学。则数十年癖嗜苦思，亦将有所归著”⑤。

---

① 梅文鼎.绩学堂诗文钞[M].何静恒，张静河，点校.合肥：黄山书社，2014：53.

② 李国钧，金林祥.中国教育思想通史：第四卷[M].长沙：湖南教育出版社，1994：264.

③ 阮元.畴人传合编校注[M].冯立昇，邓亮，张俊峰，校注.郑州：中州古籍出版社，2012：347.

④ 杨钟羲.雪桥诗话余集[M].刘承干，参校.北京：北京古籍出版社，1992：95.

⑤ 阮元.畴人传合精校注[M].冯立昇，邓亮，张俊峰，校注.郑州：中州古籍出版社，2012：347.

梅文鼎提出创设以数学为主体的专门实业学校的构想，虽未能如其所愿，但是，在当时举业极盛、学术极衰、教育空疏、数理不传的情况下，他竟然向传统教育挑战，提出创办新式的专业学校教育来改造并替代旧的传统学校制度，特别是试图办成义务性质的“义塾”，为国家社会培养各种专门学术研究人才和经济实用人才，这不仅表明他本人具有科学务实精神和时代意识，而且还表明他在教育上已具有近代学校和人民教育的思想。

（二）编著熔中西学于一炉的数学丛书

梅文鼎以自己对自然科学的酷爱和对历史的责任感，用毕生精力从事天文、数学研究，编著了大量历算丛书，据统计达86种之多，当时刻印有31种。在编著这些丛书的过程中，他提出并遵循“西学中源”的原则，即以中国古代历算为本源，通过对西方数学的比较、考订和消化，吸收西学算法的优点和精华，从而会通中西数学，形成自己的见解、观点和思想体系。所谓“西学中源”，即西学（注：指数学）源于中学。他说：“算术本自中土传及远西。”[①]他曾将西方天文数学许多观点原理与中国古典历算论断相对比，如称：西人“地球寒暖五带说”，即中学《周髀》的“七衡说”；西学浑天仪原理，即中学的盖天法；西学的三角论，即中国的勾股定理；西测地圆说与《周髀算经》称“北极之下，朝耕暮穫”之说相符契。他甚至认为，中国的“盈朒方程”是中国所独有，而为西学所无（注：实际当时西方多元方程论尚未传入中国）。如此等等，证明中国古代数学先于并优于西学，而且可统摄西学，因而他得出“西学中源”的结论。应当指出，当时西方近代数学已很发达，这个结论是不够全面的，是不完全符合实际情况的。

然而，梅文鼎毕竟是个自然科学家，他以实事求是的精神对待中西学说，既反对崇中排外或崇外非中，又反对泥古薄今或非古是今，主张以“征实”即实践检验为标准评定学术上的问题，他说，“数学者，征之于实，实则不易，不易则庸，庸则中，中则放之四海九州而准。……又何古今中外之不可一视乎？”[②]，“余则以学问之道，求其通而已。吾之所不能通而人则通之，又何间乎古今，何别乎中西？”[③]他明确肯定，西方近代数学较之中国古代数学

① 周宪，陶东风．文化研究：第21辑［M］．北京：社会科学文献出版社，2015：214.

② 李迪．梅文鼎评传［M］．南京：南京大学出版社，2006：284–285.

③ 周德昌，王建军．中国教育史研究：明清分卷［M］．上海：华东师范大学出版社，2009：303.

为先进，如西人的“几何之学，以点、线、面、体为测量之资，制图作器，颇为精密”[①]。由于西学的传入，中国的“古人测算之法，得西说而始全”[②]。他本着“徵实”的准则，会通中西学说，介绍传播大量西方近代数学知识，藉以发展我国的数学和自然科学，改变我国科学的落后面貌。他先后编纂了许多介绍西方天文数学书籍，诸如彙集、评价中西数学的《中西算学通》（九种），天文学方面有《交食》、《七政》、《五星管见》、《揆日纪要》、《恒星纪要》，算术及计算工具方面有《笔算》、《筹算》、《度算释例》，几何学方面有《几何通解》、《几何补编》，三角学方面有《平三角举要》、《弧三角举要》、《环中黍尺》、《堑堵测量》，等等。这些著作对西学在我国的传播起了重大的作用，促进了我国近代数学的产生和发展。

（三）重实践、徵实、求精、求通的治学方法

梅文鼎在学术上有一个突出的特点，即讲求经世致用之实学，而历算又是实测之学，它来自实践，用于实践。所以，他在研习历算过程中特别注重实践的方法。这里说的“实践”，包括实地观察、实测、实验、比较、考证和仪器测算等科学研究的方法。他极力提倡治学必“悉本实测为端”，“徵之于实”，“贵符天验”，唯善是从，反对泥古非今、排外保守思想和穿凿臆断的轻妄学风，批评“耳目有未接，则直断以为无，理数有未通，则尽斥以为谬”[③]的错误做法。他告诫学者“无泥古以疑今，无执一以废百”。于其所未知或难断者阙疑以暂存之，待以后再研究求通，这是学者所必须谨记的。他还强调读书学习当以“求精”、“求通”为要务，要凝神笃虑，寝室梦寐，唯书是求；要句栉字比，往复求详，得其说，通其意，资其用，惟精惟实，融会贯通；要认真严肃，不畏困难，切不可轻忽草率，不求甚解，或强不知以为知。唯此，方可“资之深，则左右逢源”，并可“通数千载之前，与数万里之外”。

在教育和学习的过程中，梅文鼎非常重视躬行示范与实际锻炼以及师友父兄之功的作用，反对空言说教。他以蜾蠃教诲其子为喻（注：指动物模仿行为），说明躬行示范可收到“其教不肃而成”的效果，使“以言教者劳而鲜功，以神感者简而易从”。他满怀信心地指出，凡成事必善虑而后动，并在艰

① 萧一山.清代通史:上卷[M].北京:中华书局,1962:989.

② 李迪.梅文鼎评传[M].南京:南京大学出版社,2006:445.

③ 梅文鼎.绩学堂诗文钞[M].何静恒,张静河,点校.合肥:黄山书社,2014:143.

难险阻中锻炼。他特别强调师友父兄之功，谓“师友者，学术所从出；学术者，人才所由生，而治乱系焉”。因为可以“服习于父兄师长之训”，可以“相互劝勉而期于有成”，促使“志气有以自立而术业自精”。梅文鼎还很重视环境对人的思想品德与学业以及事业的影响，提出科学论点，肯定“孝弟成风而君子常多”论断。因此，他教导人们必须善择环境，加强思想锻炼，切不可受恶劣环境影响而贪图安逸。他肯定：倘能做到这些，便可“为学则易成，赴事功是有就”。梅文鼎的这些治学思想和主张，在今天仍然很有价值。

总之，梅文鼎对我国数学及数学教育做出了杰出的贡献。他以高深的数学造诣会通中西学，编纂大量数学丛书，对传播和发展我国近代数学起了重大作用。他提出创设实科学校，培养各种专门学术人才和经济实用人才，是一次向旧学校、旧教育的勇敢的挑战，开了我国近代学校教育制度之先声。他提倡重实践、徵实、求精、求通的读书治学方法，提倡师友切磋、兄长教诲、切实锻炼之功，不仅极有见地，而且对开启一代新学风也起着重要的作用。所有这些，对于当前深化教育教学改革，具有积极的意义。

[本文系南京大学出版社2000年版《安徽文化史》（上）中的一部分，收入本文集时有改动]

皖派朴学名家江永、戴震、程瑶田教育思想简析

皖派朴学系清代中期经学流派之一。它源于徽州江永，形成于戴震，故称皖派。继其学者有段玉裁、王念孙、王引之、程瑶田、凌廷堪、金榜、孙广森、任大椿等人，均为皖派钜子，尤以段氏与二王最能得戴震之学，故有“戴段二王”之称。皖派的特点是学宗汉儒，上承许慎、郑玄之学，专主训诂考据，以文字学为基点，从训诂、音韵、典章制度等方面考证古经典，旁及史籍、诸子，以探究和发明经义与社会人生哲理。学风崇尚汉儒朴学之风，严谨质朴；反对空谈心性理学，抨击理学家“以理杀人”。治经虽崇汉学而不轻信汉儒，不墨守陈说，以求得其原意而后止；其言训诂名物，虽常博引汉人之说，然贵精而不贵博；提倡实事求是，“无征不信”。治学方法讲求注疏、虚已、搜证、断杂、推论为要。皖派学者在我国古代典籍文献的校勘、辨伪、训诂、考证和整理，在古代名物制度的考订，在文字、音韵的审识和鉴别以及在治学的学风和方法等方面，都作出了重要的贡献。

一、江永的教育思想

江永（1681—1762年），字慎修，徽州婺源（今属江西）人。清代著名经学家、音韵学家，同时也是一位教育家。自幼聪慧好学，少时即习读《十三经注疏》。年二十四补廪膳生，六十二岁为贡生。会诏举经明行修之儒，荐举力辞不就。他学识渊博，长于比勘，深究三礼，谙悉先秦名物及古代礼乐制度，精于音理、音韵之学，擅长勾股，兼通古今中西，为一代之通儒。他毕生绝意仕禄，长年闭户授徒著述，弟子甚众，其中以戴震、程瑶田、金榜尤得其传。治学专主考据，兼及义理，开皖派经学训诂考据之风。其著作甚富，主要有《礼经纲目》、《仪礼释例》、《律吕阐微》、《河洛精蕴》、《乡堂图考》、《近思录集注》、《中西合法拟考》、《善余堂文集》等。

(一)“遵古法，通古籍，谙时务”的教育宗旨

江永生活的年代正是康乾极盛时期，同时也是思想斗争最激烈、学术纷争最活跃的时期。其时，清政府为了进一步加强封建君主专制，大力提倡理学，编纂古籍文献，以控制思想，笼络士人。另一方面，西学东来给中国思想学术界吹入了新鲜空气，增强了活力；“实学”倡兴和“朴学”兴起，使学界注重研究儒家经典，强调读经史以致用，主张通过对经籍的正确理解，对名物制度的考证训诂，研究和解决社会、政治、经济等现实问题，以与空疏误国的理学相对抗，从而达到经世致用的目的。因此，中学与西学、理学与反理学、变革与守旧、民主要求与专制主义的矛盾和斗争，构成了这一时代的主要内容，并成为新的时代特点而推动着历史的进步和社会的发展，同时也成为这一时期学术思想进步与否的分野。江永站在历史进步的一面，学宗经学，尊崇汉儒，注重考据训诂，主张立学教人应以遵古法，通古籍，谙时务为主旨。所谓“遵古法”，即遵循古代先圣学习之成法。他在《耘经家塾记》一文中援引《学记》云：“大学之教也，时教必有正业，退息必有居学。不学操缦，不能安弦；不学博依，不能安诗；不学杂服，不能安礼；不兴其艺，不能乐学。故君子之于学也，藏焉修焉，息焉游焉。”①他强调，这是古人立学教人之方，也是学者业精学成之首，指出：治其正业，于是心而业精；亦有息游之地发逸其心神，于是心旷而神适。一张一弛，学业于是乎成。简言之，“遵古法”就是藏、修、息、游相结合，也就是正业（正课学习）与居学（课后学习）、休息与游乐的结合。“通古籍”即习读古代经籍、史书、诸子，必须精通熟悉，研精殚思、寻绎必徹其旨。换言之，就是精通古代经史诸子之书，领悟其意蕴，把握其主旨。“谙时务”就是了解现时社会状况和任务，熟悉群众百姓日用生活境遇，想百姓之所想，急群众之所急，致力于社会国家问题之解决和百姓日用之进步。概言之，第一句是言成人之道，教人之方，第二句是言教育和学习的内容，第三句是言教育的最终目的。总起来构成了他的教育宗旨。江永提出的这一主张，反映了当时读经致用的客观要求，有其进步意义。

① 孟宪承. 中国古代教育文选[M]. 北京：人民教育出版社，1979：96.

（二）独立思考，自立意见，允许存异治学原则

江永认为，讨论古今，探求事理，从来学人见解不可能尽同，必然有异，即使为同，然同中亦可能有异；即使为异，然异中亦可能有同，这是治学中必然存在的普遍现象。因此，在治学上应当进行独立思考，自立意见，并允许不同意见存在，切忌强求同一，或苟于人，或强人同己，或恶人异己。他指出："夫不能自立而苟同人者，浅也；强欲人同己者，惑也；恶人异己以为入室操戈者，忮也。"①这些都是治学的大患，因为苟同于人，知识必然浅薄；强人同己，必然使人迷惑不解；恶人异己，是嫉妒他人的行为，学者必须引以为戒。江永提出的这一治学原则，既是当时学术思想开放的反映，又是对扼杀人们思想的宋明理学的批判，不仅在当时具有进步意义，在今天仍有现实的意义。

此外，江永非常重视课内与课外，学习与游乐、休息相结合的学习方法，认为这是成就学业、激发文思，调养身心、陶冶情操、锻炼人品的有效方法。

二、戴震反理学重实学的教育思想

戴震（1723—1777年），字东原，徽州休宁（今属黄山）人。清代著名学者、哲学家、教育家。自幼家贫，勤奋好学，过目成诵。早年，师从江永，学礼经、算学、舆地、音韵、文字之学。晚年，赐同进士出身，授翰林院庶吉士。曾任《四库全书》纂修官，卒于任上。戴震学识渊博，深研天文、数学、历史、地理，精通古音、声韵，尤精名物训诂，从训诂探讨经籍义理。在哲学上，肯定自然万物是认识的本原，先有天地自然，后有人的认识。他坚决反对程朱理学，提倡"理存于欲"，强调"就事求理"、"以学求理"，批判理学是"以理杀人"。他一生致力于教育、研究、编纂和疏注考证。著作极多，后人编入《戴氏遗书》。

（一）对理学教育的彻底批判

理学是宋明以来封建王朝统治的思想支柱，也是封建统治者控制人民思想的精神枷锁。无论是程朱理学，或是陆王心学，其共同特点都是宣扬唯心

① 徐道彬.皖派学术与传承[M].合肥:黄山书社,2012:85.

主义的“天人性命”、“天理良知”之类的谬说，鼓吹封建主义的“三纲五常”等道德说教，专门教人“存天理，灭人欲”，俯首听命，心甘情愿地接受统治者奴役，为统治者服务，从而维护封建社会秩序，巩固封建专制。戴震首先抓住理学这个反动的政治本质展开了彻底的揭露和批判，一针见血地指出理学“以理杀人”的残酷现实：“尊者以理责卑，长者以理责幼，贵者以理责贱，虽失谓之顺。卑者、幼者、贱者以理争之，虽得谓之逆。于是下之人不能以天下之同情，天下所同欲，达之于上。上以理责其下，而在下之罪，人人不胜指数。人死于法，犹有怜之者；死于理，其谁怜之！”[①]他进一步指出理学“以理杀人”比之酷吏“以法杀人”更为阴险、毒辣和残酷，“酷吏以法杀人，后儒以理杀人：浸浸乎舍法而论理……死矣！更无可救矣！”[②]戴震的这一批判，彻底揭露了理学的反动实质，把反理学斗争与反封建专制的斗争紧密结合起来。

进而，戴震又从理论上对理学所谓“存天理、灭人欲”的教育目的论展开了无情的批判。他指出，理学家们所谓“理”或“天理”，既不是指客观存在的事物的法则，又不是指人类社会发展的规律，而是他们所宣扬的“得于天而具于心”的那个“理”，即先天的、心中固有的主观理念。这种内心主观理念，实际是封建统治者的阶级意志的表现，它与外界事物根本相违，与客观真理决然相悖，是彻头彻尾的唯心主义的谬论邪说。理学家们以“存天理，灭人欲”为教，实际是将封建统治者的意志强加于人民，以统治人民的思想，扼杀人民的个性，灭绝人民的情欲。在这种教育下培养出来的人，不是空谈心性、昏于事理的“迂儒”，就是追逐名利、祸加斯民的“酷吏”，他们于国、于民、于天下，只有百害而无一益。所以戴震愤然批判，“后儒冥心求理”，使后世学者“学成而民情不知，天下自此多迂儒。及其责民也，民莫能辨。彼方自以为理得，而天下受其害者众也”[③]。这一批判给理学教育思想以致命的打击。

（二）“学以致圣贤”的教育作用和目的

戴震认为，人的天赋材质虽有不齐，但其差别甚微，以后所以有圣贤智

① 谭丕谟.宋元明清思想史纲[M].武汉：崇文书局，2015：200.
② 胡适.戴东原的哲学[M].上海：上海古籍出版社，2014：189.
③ 胡适.戴东原的哲学[M].上海：上海古籍出版社，2014：189.

愚之别，乃是由于后天学习和教育不同的结果。他说："人之血气心知，其天定者往往不齐，得养不得养，遂至于大异"[①]，"然人与人较，其才质等差凡几？古贤圣知人之才质有等差，是以重问学，贵扩充"[②]。先天材质只给人提供发展的条件，后天的差异就在于有无得到教育与学习，学则可以发展为圣，不学则必为愚。所以他强调指出："人之初生，不食则死，人之幼稚，不学则愚。食以养其生，充之使长；学以养其良，充之至于贤人圣人。"戴震还进一步指出，虽然人的材质有等差之异，天资有鲁钝聪明之别，但并不是不可改变的，完全可以通过教育和学习的途径加以改变，使愚变智，使钝变聪。他在解释孔子所谓"唯上智下愚不移"这一观点时指出：所谓"不移"并非说"不可移"，而是说"自绝于学"，所以"不移"；如果给以良好的教育和学习的条件，"启其心则憬然觉悟"，"加之以学，则进于智矣"。他肯定通过教育和学习可以改变天资禀赋上的差异，使人由昧变明，由愚变智，成为聪明睿智，以至成为圣人。故此他说，"……就人言之，有血气，则有心知；有心知，虽自圣人而下，明昧各殊，皆可学以牖其昧而进于明"[③]，"学可增益其不足而进于智，益之不已，至乎其极……则圣人矣"[④]。

戴震充分肯定教育对于人的智能发展的巨大作用，他既承认人的天资禀赋基本相近或相同，人人都具有无限发展的潜能，从而肯定了人人都有受教育的可能性；又指出人的天资禀赋唯有通过教育才能获得充分发展，从而肯定了人人都要受教育的重要性。而且，他还指出人的天资禀赋虽有差等，但不是一成不变的，可以通过教育促其改变，并获得发展，从而彻底否定了"天生圣愚"和"智愚不变"的先天决定论观点，将其教育理论建立在唯物主义理论的基础上。

在培养目标上，戴震从自己的社会政治主张出发，并针对当时专制暴虐的残酷现实，和学校专门培养祸国殃民的"酷吏"以及理学教育专事培养"冥心求理"、"不知民情"的"迂儒"等现状，提出了与所有旧学校教育相迥异的培养目标。他主张学校教育当是培养"在行事"、"达情遂欲"、"治国安民"的贤才，即所谓的"圣人"、"贤人"，而绝不是那般害民的"酷吏"和无

① 冯友兰.中国哲学史：下册[M].北京：商务印书馆，2011：459.
② 孟宪承，陈学恂，张瑞璠，等.中国古代教育史资料[M].北京：人民教育出版社，1961：415.
③ 戴震.孟子字义疏证[M].北京：中华书局，1961：18.
④ 戴震.孟子字义疏证[M].上海：上海古籍出版社，1980：415.

知的“迂儒”。他说，“古人之学在行事，在通民之欲，体民之情，故学成而民赖以生”①。就是说，学校培养出来的人必须“行百姓人伦日用之实事”，了解人民群众的愿望，体贴人民群众的疾苦，满足人民群众物质文化生活的需要，使广大人民群众能安居乐业，社会得以发展繁荣，国家天下得以长治久安。戴震认为，这种“贤才”是最理想的人物，也是社会需要的、备受尊敬的人物。他说：“是圣人也，是正道也：吾所尊而守者，躬行实践、劝善惩恶、救人心、赞治化、天下尊之、帝王尊之之人也。”②

进而，戴震又指出，这种“贤才”具有智、仁、勇的品格。首先，富有聪明才智和丰富的知识，豁智明达，不蔽于偏见。其次，富有仁义道德，仁而无私，处处以仁为最高道德准则，事事合乎仁义，体民情，遂民欲，不祸害斯民。最后，富于谋略，有勇有谋，有决心，有毅力，躬行实践，劝善惩恶，自强不息，不奴役人，等等。他强调，“行达道之必以智仁勇”，只有智、仁、勇三者具备的人，才能行事于世，达民情，遂民欲，措天下于治安。戴震提出的这一教育目的和培养目标，具有鲜明的时代特点，充分反映了新时代对人才的要求。同时，也是他对当时社会现实和理学教育主张所作的抗争，因而它具有积极的和战斗的意义。

（三）经学为主，同时注重实用科学的教育教学内容

戴震所处的年代正是经学衰微、科学兴起的时代。当时，经学教育开始出现向科学教育转向的趋势，这在戴震的教育教学中已有明显的反应。他认为，学校教育、教学的任务首要在通经明理，理民致用，即通晓经文的本意，明悉先儒之治道，致用于世，治国安民，绝不能像汉儒那样繁琐传说，像唐儒那样经注义疏，更不能像宋儒那样空凭胸臆。他指出，那种治经、读经的方法，尽失“六经”、孔孟之本意，乃是“失道祸民”。因此，他主张治经、读经必须通过对经文字、词、句的训诂、考据和研究，以求掌握其理，克敬其事，从而以还“六经”之本旨和圣贤之道。他说：“经之至者，道也；所以明道者，其词也；所以成词者，字也。”③他强调指出，唯有如此，才能“平心体会经文”，“通乎圣贤之志”，此即他所谓的以“六经”、孔孟之旨，还之

① 胡适.戴东原的哲学[M].上海:上海古籍出版社,2014:189.

② 胡适.戴东原的哲学[M].上海:上海古籍出版社,2014:189.

③ 周大璞.训诂学初稿[M].武汉:武汉大学出版社,2015:25.

“六经”孔孟。他还指出，通经明理对于培育人才、化理斯民、经世致用的重大意义。戴震这一通经致用思想，直接目的是反对宋明理学，冀图以经学教育代替理学教育。同时，也是为了矫正汉唐以来教育之偏的。无疑，这在反对理学教育和以往旧教育等方面，具有积极的意义。

戴震在强调通经致用的同时，很注重实用科学的教育。他本人在天文、数学、地理、水利、机械制造等实用、自然科学方面都有很深的研究，并有很多编纂和著作。他是继徐光启等人之后提倡科学教育的又一重要人物。他认为，在诸经中蕴含着丰富的自然科学知识，如没有这些知识，就无法精审识断，会通诸经。因此，他主张在经学教育的同时，还必须施以自然科学知识的教育，使学者掌握必要的实用科学知识和技术，作为通经以致用的重要工具。当然，他的原本意图是在通经，但在提倡自然科学教育，以实用的科学知识技术来矫正并代替理学教育方面，具有积极的意义。而且，它还有更深层的意义，即突破了经学教育的范围，把教育内容扩展到自然实用科学领域，含有近代教育的因素。戴震还曾构想建立一个包括经学、自然科学、社会科学和语言学、哲学等学科庞大的学科体系。戴震的这些构想和主张，反映了当时社会政治、经济和文化科学发展的需要，同时也体现了学校教育内容由经学教育开始向科学教育转变的趋向。

（四）“去私解蔽”、“贵精贵化”的为学与修养方法

在读书和思想修养方面，戴震提出了不少很有价值的见解，概其大端有下列几点：

1.明理解蔽，强恕去私

戴震认为，人皆具有学以尽其材而进于神明的材质，然而，为什么有人能学而聪明睿智，成圣成贤，有人则不能呢？问题的症结在于能否“去私”、“去蔽”。他指出：“人之不能尽其材，患二：曰私，曰蔽。”[①]“天下古今之人，其大患，私与蔽二端而已。”[②]他尖锐而深刻地指出私与蔽的严重危害性：“私也者，其生于心为溺，发于政为党，成于行为慝，见于事为悖为欺，其究为私己。蔽也者，其生于心为惑，发于政为偏，成于行为谬，见于事为凿为

① 冯友兰.中国哲学史：下[M].上海：华东师范大学出版社，2000：320.

② 孟宪承，陈学恂，张瑞璠，等.中国古代教育史资料[M].北京：人民教育出版社，1961：417.

愚，其究为蔽已。”[①]就是说，自私自蔽的人，在思想上会沉迷不悟、糊涂不清，在政治上会结党营私、偏邪不正，在行动上会为非作歹、荒谬绝伦，在处事上会违背欺诈、穿凿愚昧。他还指出，“私”的产生是由于“欲之失”，“蔽”的产生是由于“知之失”。所谓“欲之失”，是指“过欲”、“纵欲”；“知之失”，是指“偏见”、“无知”。这里，“私”是思想意识问题，“去私”属于道德教育范畴；“蔽”是认识方法问题，“解蔽”属学习明理范畴。因此，戴震提出以“恕”去“私”、以“学”解“蔽”两种不同的解决方法。他说：“去私莫如强恕，解蔽莫如学。”他还指出，“私”有时是由于偏、蔽所致，如果要在行为上“求其至当”，则必须“先务于知”，通过不断地学习，明察事物之“常理”，把握事物之“必然”，才能克除私蔽，而臻于仁义、忠恕、神智之境地。故此，他说：“不私，则其欲皆仁也，皆礼义也；不偏，则其情必和易而平恕也；不蔽，则其知乃所谓聪明神智也。”这里，他把明理解蔽视为强恕去私的先决条件，并把去私、去偏、去蔽三者的教育结合起来，以达于“既仁且智”的圣境。戴震的这一见解，不仅在当时反对理欲对立的理学教育具有积极的意义，而且对目前教育教学的改进也有一定的启迪价值。

2.贵精贵化，独立思考

戴震强调读书学习贵在“精”、“化”二字。所谓“精”，就是“致精于道”，即深刻地认识和掌握客观事物的本质和规律；“化”就是“致心之明”，即对客观事物本质和规律明彻于心，进于神明。他说，“学贵精，不贵博，吾之学，不务博也”，“知得十件而都不到地，不如知得一件，却到地也”[②]，“问学犹饮食，则贵其化，不贵其不化，记问之学，入而不化者也”[③]。他特别强调“精审”、“精思”、“自得”、“自化”，强调积极思维与独立思考，真正把客观的知识“化于心”、“藏于中”，融会贯通，左右逢源，运用自如。所以他说：“自得之则居之安资之深取之左右逢其源，我之心知极而至乎圣人之神明矣。”[④]对于那种食而不化、死记硬背的“记问之学”，他认为，非但不能增益人的学问，反要窒息人的智慧，造成人“智穷”的现象。戴震这一“贵精”、“贵化”、独立思考的治学思想，突出强调了学者的主观能动性和自觉

① 梁启超.梁启超全集:第七册[M].北京:北京出版社,1999:4198.

② 龚裕德.简明中国学习思想史[M].北京:中国文联出版社,2011:216.

③ 梁启超.梁启超全集:第七册[M].北京:北京出版社,1999:4199.

④ 梁启超.梁启超全集:第七册[M].北京:北京出版社,1999:4199.

性，精思深索，自得自化，充分发挥“心知”的作用，积极地、主动地、创造性地进行学习，其见解是非常精辟而宝贵的，对于当前治学和学生学习很有意义。

3. 注重基础训练，反对躐等

戴震认为，读书学习必须打好基础，练好基本功，特别是读经一定要由字、词、句开始，通过训诂考据弄通文句的本意，才能掌握其精义。否则，逾越躐等，好高骛远，凭空臆测，不仅一无所得，反要受其害。他以渡江和登高为喻，没有船不能渡江，没有梯不能登高，没有基础知识做工具，是无法登堂入室而获得高深知识的。所以他非常重视字、词、文句等基础知识的训练，以求达到掌握经籍意蕴的目的。这一见解符合学习规律，很有启迪价值。

以上是戴震教育思想的主要方面，其实他的教育见解和主张要丰富得多。他对理学教育的全面批判，标志着理学教育思想的终结。他的唯物主义哲学理论和反对专制主义的政治主张，为其教育思想奠定了唯物的和进步的理论基础，并赋予了新时代的意义。他极力主张以经学教育代替理学教育，特别是提倡科学教育，实际上是反对封建礼教对人民思想的束缚，蕴含着近代新教育因素的萌芽。他在长期教育实践中积累的丰富的教育教学经验十分珍贵，至今仍有价值。所有这一切都是他对教育理论的重大贡献。当然，他的教育见解和主张还不能完全摆脱旧教育传统的束缚，在有些问题上难免包含封建的和错误的东西，应当予以否定。

三、程瑶田的教育思想

程瑶田（1725—1814年），字易田，一字易畴，号让堂，徽州歙县人。清代经学家，皖派朴学钜子。乾隆间举人，选授嘉定教谕，太仓州学正。曾师从江永，学宗汉许慎、郑玄之学，旁通群经诸书，谙熟名物礼制，长于旁搜曲证，但不废义理，不为经传注疏所束缚。教育上主张学为子、臣、弟、友之道，通经致用，针砭制义科举仕禄制度。强调志学、博文，提出文存则道存，道存则教存；学必有术，术在学中，不在学外等观点。注重以身率教，廉洁自持。著作有《论学小记》、《论学外记》、《考工创物小记》、《禹贡三江考》、《数度小记》等，多收录于《通艺录》中。

（一）“学为子、臣、弟、友之道”的教育主旨

程瑶田认为，人生于世必与各方面的人相互交往，在家则有父母兄弟，出外则有亲朋好友，任仕则有上下臣属等等，处理好人与人之间的种种关系，是一个人立身的根本。因此，立学设教的目的就在于教人学会为人之道，以便立身于世。他说：“学也者，学为人子，学为人臣，学为人弟，学为人友之道也。”①为子、为臣、为弟、为友之道，实际上就是封建社会的种种人伦道德关系，即君臣、父子、夫妇、兄弟、朋友的“五伦”关系，这是封建社会赖以维系、巩固和长治久安的思想理论基础，不可须臾以离；否则，人们行为必将乱伦离轨，社会必将分崩离析，天下大乱。他说，“苟非学焉，何以能不失欢于父母？何以能翕昆弟而刑于厥妻也？何以能使宗族无间然而乡党有所于式也？立乎朝廷何以能致其身？行乎宗庙何以能相厥事？临乎众庶何以能泽及于所治也？”②，“天下之达道五，而人之行百，其切于吾身而不可以须臾离者乎！”③因此，他强调君子之教人必以人伦为根本，使学者“诚志学矣，习而安之，久而弗倦不迁于见异焉”④。唯有如此，才能学道志诚，不逾矩，“是故可以出处，可以默语，可以同群与，可以事君父，可以从今而道古”⑤。程瑶田的这一思想是对儒家一贯主张的“明人伦”的教育目的论的具体阐述和发挥。

（二）“始学于文，终之于艺”的教育内容

程瑶田指出，天下圣人之道均载于文，学道必须首先学文，而后才能了然于心，践之于实，不啻亲炙圣人之谕而昭然若揭。他说：“文存则道存，道存则教存，吾学其文而有获，不啻亲炙焉，而诏我以语之，呼我以喻之也。”⑥他列举了尧、舜、文、武、周公等古圣之德能传于后世，均由可徵之于文，才使后人若闻若见而知之；孔子以四教（文、行、忠、信）教人，而

① 李琳琦.徽州教育[M].合肥:安徽人民出版社,2005:201.

② 张寿安.以礼代理:凌廷堪与清中叶儒学思想之转变[M].石家庄:河北教育出版社,2001:271.

③ 张寿安.以礼代理:凌廷堪与清中叶儒学思想之转变[M].石家庄:河北教育出版社,2001:271.

④ 吴海升.安徽教育[M].合肥:安徽文艺出版社,2015:98.

⑤ 杨华.由“尊德性”而“道问学”:学风转轨与清初孟学[M].上海:上海社会科学院出版社,2013:173.

⑥ 吴海升.安徽教育[M].合肥:安徽文艺出版社,2015:99.

文居首位，授之以《诗》、《书》、《礼》等，均说明学文乃是学者终身之事，不可一日以缓，不可须臾以离。

程瑶田还特别指出，始于博文，应当“终之于艺”。他认为，“文在《六经》曰‘六艺’”，而“六艺”皆为载道、统德、据仁之文，所以学道必学“六艺”。他指出：“孔子言学则曰：‘志于道，据于德，依于仁，游于艺’，是故游艺者，学者之终事也。”[①]他把“游艺”视为学者的终身之事，并作为学习的最终目标，于是方能“得其道”；“得其道”，方能“尽伦尽职”、“德修于身”；而后方可“据德”、“依仁”、“兼善天下”。故此，他明确肯定：“游艺者，学之终事也，通经致用，艺者出治之本也。”这里，他把“游艺”既视作志道、据德、依仁的先决条件，又作为学道、修德、进业的终极目标，并将学文与志道、修业与进德、游艺与修身、通经与致用几者紧密结合起来。这一见解充分反映了他对文道统一、智德结合这一客观规律的深刻认识。

（三）“学必有术，术在学中”的治学方法

程瑶田指出，人之学习必有一定方法，而其方法必在学中，不在学外。如习礼，必须在事父母、敬师长、友兄弟等日常生活中习得，倘若“荡然于礼法之外”，绝不可能习得这些礼节。他还指出“术”既是言方法，又是言道路，不仅要使人在学中学得方法，学会去做；而且还要使人识得道路，知道所由的路向，循规蹈矩，不偏不倚，不过不及，恰到好处。故此他断定：术之言法也，又道也，如道路之可由也。这里，他把“术”界定为法与道的统一，其见解确很精辟。

如何读书？他强调，“第一要读经书，要温经书”。这是根本，否则，如无根之树。但如读而不温，则如树虽有根，而无雨以润之，无水以溉之，日就枯槁，是亦自拔其根，何以能使枝叶发荣滋长，而垂条结繁呢？然读经、温经，旨在求其义理，领悟其意蕴，把握其中的道德仁义，以求通经而致用，绝不是为了求其利达之心，那是敦末捐本；也不是为了挟策呻吟，爱博而贵多，好怪而记丑，攫其饾饤而不遗乎群碎，用以迎合于人而希弋获；更不是为了以制义为掇取科名之径术，专事记诵辞意，寻章摘句，乃至“密授之册”，这些做法都与读经致用的根本目的相悖。

① 《安徽文化史》编纂工作委员会.安徽文化史：中[M].南京：南京大学出版社，2000：1155.

（四）重视“慎独”的思想品德修养方法

在教育过程中，程瑶田很重视“慎独”的修养方法。他解释“慎独”为“毋自欺”，指出：故意诚之功在毋自欺，而自毋自欺之事曰慎独。所谓“意诚”，是指人的“真好真恶之情发于性”，“当好当恶之实”见于行，而绝非私意之谓。如果不诚其意，则其意皆为私意，私意即是“自欺”；而自欺之根出于私，私之根又自以为独自一人，无人知察，遂有私心邪念萌发，干起坏事。他还指出，在稠人广众之中干坏事的人是很少见的，只有在闲居独处时为不善以至无所不至，所以人不可不“慎独”。就是说，“慎独”不仅是慎审内心私意，杜绝其于萌发之前；而且要慎审行将发生的不善行为，警戒其发生之际。这样，才能诚其意而尽其当好当恶之实，全其真好真恶之情，使人之性即思想品德臻于真善美的至高境界。程瑶田的这一思想发展了儒家重自我修养的一贯主张，舍其思想内核，就其修养方法来说，是重要的自我教育方式之一。

［本文系南京大学出版社2000年版《安徽文化史》（上）中的一部分，收入本文集时有改动］

桐城文派主要代表人物的教育思想

桐城文派是清文学流派之一，它始创于康熙年间，鼎盛于乾嘉时期，直至清末，文风衰落；五四新文化运动兴起，桐城文风随之销声匿迹。其重要代表人物有戴名世、方苞、姚鼐、方东树等。他们在学术思想上，本孔孟之道，崇程朱之学，文从古法，主张“义法”、“神气”统一之说，讲求为文必义理与文章、内容与形式相统一。在教育上，他们的共同特点都是重教兴学，反对科举和八股，提倡读经习文，培养弘道明体、济众达用之有用人才。他们中的大多数人长期从事教育和教学工作，在教育实践中积累了丰富的教育思想和经验，在当时影响很大。

一、戴名世的教育思想

戴名世（1653—1713年），字田有，一字褐夫，号南山，安徽桐城人。清初著名散文家、教育家，桐城文派的奠基人。

戴名世自幼从父读书，勤奋好学，少怀忧世嫉俗之志。20岁开始收徒授学，教人子弟。青年时期，即以文章闻名于世。后尝客游于燕、赵、齐、鲁、吴、楚等地，以会友、著文、谋职为事。中年，致力于古文，主张文必立其诚、言有物，阐明经义，率其自然，反对八股文体，极力提倡道、法、辞并重，精、气、神统一，奠定了桐城文派的理论基础。康熙四十八年（1709）举进士，授翰林院编修。康熙五十二年（1713）遭《南山集》文字狱被杀害，终年60岁。戴名世一生著作甚富，今存有《戴名世集》。其教育思想见于其散文中。

（一）猛烈抨击科举制度和八股文体

明清时期，大兴科举八股取士之制，规定科试题卷必以四书经文为据，试文必以程朱理学注释为准，文体必合于八股定格，若有丝毫离格，即以废卷处置。这种举业文体，无不是陈词滥言，空疏无物，因袭雷同，窒息文思，造成社会士子无学无术，国乏人才，学风益坏，文风日下，世运日衰。对此，戴名世极端深恶痛绝。他从振兴文风、学风立场和维护社会、国家利益的角度出发，对科举之制和八股文体展开了深刻地揭露和抨击。他指出："自科举之制兴，而天下之人废书不读久矣，以未尝读书之人，而付以天下之事，其不至决裂者，盖未之有也……至其晚节末路，相习为速化之术，而风俗之颓，人才之不振，其流祸至于不可胜言。"①如此科举之制，凡对国家、社会负有使命感和责任心者，无不叹息痛恨于科举之设，强烈要求予以废止禁绝。

至于讲章句时文之害，戴名世认为其祸尤烈。首先是使教育废颓，使士人不读书，不明理，不求圣贤之道，不谋世之实用，而专求徒效于八股之法，竞奔于进阶仕禄之途，无功无名于世。他指出，"时文之法者陋矣，谬悠而不通于理，腐烂而不适于用"②，使士人"苟且以从世俗之好，而以是为奔走势利之具。数十百年以来，天下受讲章时文之荼毒，而后之踵之者愈甚，而世益坏。是故讲章时文不息，则圣人之道不著"③。进而指出，那班竖儒老生所创之时文，皆是"叛圣侮经"之行径，因而造成经义衰微，文风衰颓，古文之亡。他说，"自科举取士，而有所谓时文之说，于是乎古文乃亡"④，"吾谓古文之亡，亡于时文；而时文之亡，亡于竖儒老生……而适以见其叛圣侮经，自取于无忌惮之甚"⑤。对如此讲章句之学、举业之文，他认为"其为祸更烈于秦火"。所以，他大声疾呼，"欲天下之平，必自废举业之文始"⑥，并竭力倡导"振兴古文，一洗时文之法之陋"，以匡文风之不逮，拯世俗之乖离，挽古文之坠绪，扬圣人之意蕴。

（二）主张"明体达用"的教育宗旨

在教育目的问题上，戴名世从恢复弘扬圣人之道的角度出发，并根据当时社会之需要，主张学校教育应以造就"明体达用"之有用人才为宗旨，所谓"明体"，即明晓古昔圣贤之道体，即是通过六经、四书等经典的学习，求

① 吴枫.中华思想宝库[M].长春:吉林人民出版社,1990:492.

② 徐文博,石钟扬.戴名世论稿[M].合肥:黄山书社,195:63-64.

③ 吴枫.中华思想宝库[M].长春:吉林人民出版社,1990:492.

④ 王树民.曙庵文史杂著[M].北京:中华书局,1997:311-312.

⑤《安徽文化史》编纂工作委员会.安徽文化史:中[M].南京:南京大学出版社,2000:1159.

⑥ 孟醒仁,孟凡经.吴敬梓评传[M].郑州:中州古籍出版社,1987:355.

通“修、齐、治、平”之理，谙悉圣人治世济民之道。他说：“古者先王之教兴，士自小学以入大学，正心、修身、齐家、治国、平天下之理，莫不犁然具备，以故能施于天下后世，而功名直昭垂至今”[①]，学莫大于辨道术之邪正，明先王之大经大法，述往事，思来者，用以正人心，而维持名教。因此，他强调“六经”为本，“四书”、“五经”皆系圣人之言，明道之书，一切源流旨归皆统一于经。读书学习就是为了掌握经籍之义旨，明辨道术之邪正，把握大经大法，鉴往思来，匡正人心，维系名教。否则，则无以读书，无以明体，更无以治世济众，功垂于世。他曾援引柳宗元、韩愈的话阐明研读“六经”的作用和重要性，谓柳子之言曰：“本之《书》以求其质，本之《诗》以求其恒，本之《礼》以求其宜，本之《春秋》以求其断，本之《易》以求其动。”韩子之言曰：“将蕲至于古之立言者……养其根而俟其实，加其膏而希其光。”[②]由此可见，戴名世把读经明体、把握经义作为教育的根本宗旨和育人的首要任务。

“明体”的目的在于“达用”，即以圣人之道服务社会，治世济众。所以，戴名世在力主通经明体的同时，还非常注重“实用”之学，造就实际有用之人才。他明确指出，诸如礼乐制度、农桑学校、明刑讲武之属，阴阳历数、乐律兵法之类以及文辞史事、稗官碑志、金匮石室、野老遗民、布衣诸生等等，皆为世用之实事实学，均可发其蒙、开其聩，造就博施济众人才之不可或缺。他强调，只有培养这样实学实用的人才，才能有益于社会，有益于国家，且能功垂后世。戴名世的这一主张，无疑是对专为追求名利仕禄的举业教育和专门培养“腐儒老生”的腐朽教育的有力批判，具有历史的进步意义。

（三）强调读经习文、注重实学的教育内容和方法

戴名世根据“明体达用”的教育宗旨，在教育内容和方法上特别重视读经，指出：首先，经书为文之本，明道之书，士子必须“沉潜于义理，反复于训诂”，“沉浸醲郁，得其精华”，即沉浸于经义之中，体悟其义理，领会其精华，把握其大体大用，立身行己，匡世济众，绝不是为了追求举业之事和名利仕禄。其次，是习读古文辞，诸如先秦、汉唐之学等，他认为这些书文皆根柢于圣人之经籍，发明圣人之意旨，均为道德文章之典范。天下之人竞

① 吴枫.中华思想宝库[M].长春:吉林人民出版社,1990:492.

② 姚鼐.古文辞类纂[M].胡士明,李祚唐,标校.上海:上海古籍出版社,2016:364.

而习之，至于白首，钻研其中，吟咏讽诵，揣摩习熟，引申触类，剖析毫芒，得其精华，玩其旨趣，于是道德文章自可进而常新不敝。最后，学习礼乐制度、农桑学校、明刑讲武、阴阳历数、乐律兵法等实用之学，均当穷之于原本，用之于社会而造福于民众。

总之，戴名世对于科举、八股及其教育的批判是深刻而富有战斗力的。他倡导"明体达用"的教育宗旨，提倡实学，主张培养治世济众的有用人才，在当时具有历史进步意义。他倡导古文、反对时文，主张文、道统一的思想，奠定了桐城文派的理论基础，开创了一代文风、士风和学风，这在教育上的意义也是不应低估的。但由于历史的局限性及其本人崇信程朱理学，使其教育思想囿于传统和理学的藩篱而未能超越前儒，且有"厚古薄今"、脱离现实的倾向，这些应当予以批判和否定。

二、方苞的教育思想

方苞（1668—1749年），字灵皋，号望溪，安徽桐城人。清朝前期著名散文家、教育家、桐城文派主要代表人物。康熙年间，曾因戴名世《南山集》案牵连入狱，后因帝爱其才得赦。雍乾之间，先后任翰林院学士、内阁学士、《统一志》总裁、《三礼义疏》副总裁、礼部侍郎等职。

方苞幼承家教，聪颖好学，据说6岁时即能熟读诸经。24岁入京国子监，以文誉称"江南第一"。其学力主朱熹性理之学，文倡"义法"，讲求道统与文统的统一。在教育上，主张"移情说"，谓"矫之久以成性"，"陶冶而成才"；反对科举、辞章之学，认为若以举业教学，则既无以修身心，又无以备天下国家之用。他数十年从事教学和著述，弟子甚众，著作颇多，汇编为《方望溪全集》。

（一）"矫久成性"、"陶冶成才"的教育作用观

"移情说"是方苞教育思想的理论基础和核心，认为人性本善，但情可变，性可移，教育的作用就在于"矫久以成性"，"陶冶而成才"。他说："凡物矫之久，则性可移，而况人性所固有之善乎？"①他以揉木为轮来说明：虽槁暴而不复挺者，但矫之久则成性之。他强调学校之设，教化之行，乃为矫

① 李国钧.清代前期教育论著选：中册[M].北京：人民教育出版社，1990：305.

民之情，移民之性，使之尽性成才，即他所说的：其显者渐民于耳目心志之间，其微者足以赞化育而密移于性命之际，又其上则务复其性者是也。由此，他作出结论是：君子之学，所以复其性也。方苞这一思想继承了儒家的唯物人性观和教育作用说，着重强调教育在发展人性、培育人才方面的巨大作用，使其教育思想建立在正确的理论基础上。

（二）“明道正仪”、“穷理备用”的教育目的论

根据“移情说”，方苞提出教与学的目的在求“明道正仪”、“穷理备用”。所谓“明道正仪”，即学习通晓圣贤之道，规范身心言行，这是思想、道德和行为的标的。所谓“穷理备用”，即穷究人伦日用之事理，以备天下国家之用，这是掌握和运用知识造福国家社会的目标。他说，“昔王以道明民，范其耳目百体，以养所受之中，故精之可至于命，而粗亦不失为寡过；又使人渐而致之，积久而通焉，故入德也易而造道深”[①]，“古人之教且学也，内以事其身心，而外以备天下国家之用，二者皆人道之实也”[②]。他特别强调，“明道正仪”、“穷理备用”二者皆为人道之实事，并且是内外统一、学用一致的。即是说，教育的根本目的就是教人谙熟社会人伦道德之常理，熟悉世人生活日用之常事，资以内修身心，外备世用，以成个人之德业和服务社会之功效。

为了实现上述目标，方苞强调指出，凡设学兴教必须倡正学，尚义理，崇师道，明教化，以道明民，以德塑人，以礼约行，使受教者勉强奋进，自克自励，“专笃以厉所学，深固以植其行”，使“耳目百体一式于仪则，而无须臾之纵”，乃至“足以践吾之形而复其性”，最终达于建“奇节伟行非常之功”。方苞尤为重视学礼、执礼，以礼成身之作用，谓能以礼自克自律，即为“圣人之徒”，否则，乃与禽兽无异。他说：“孔子之告颜渊，惟以非礼自克。盖一事或违于礼，一时之心或不在于礼，则吾性之信智义仁皆亏，而无以自别于禽兽。”[③]他认为礼在成身成人教育过程中的作用非常重大。

总之，方苞所极力主张的“内修外用”的教育目的论，是先儒“内圣外王”教育目的的继承和发展，同时他特别强调道业之实，德道统一，学用一致，并运用和造福于国家社会，这一思想不仅摈弃了宋明理学家空谈性理的

① 方苞.方苞文选[M].刘季高,注.合肥:黄山书社,1987:165.
② 方苞.方苞文选[M].刘季高,注.合肥:黄山书社,1987:223.
③ 李国钧.清代前期教育论著选:中册[M].北京:人民教育出版社,1990:308.

糟粕，而且也是对举业教育和讲章专注的陋儒之学的深刻批判与否定，在当时具有积极的历史意义。

（三）非科举、斥章句、治经学、崇义理的教学思想

方苞在毕生的治学、著述和教学过程中，始终把治经学、崇义理置于第一位，而把科举之教、记诵词章之学置于末流并加以痛斥。他指出："自记诵词章之学兴，而二者为之虚矣。自科举之学兴，记诵词章亦益陋矣。"[①]他认为，由于科举及辞章之学，使士人根本不治经、不读书、不明义理，而专门致力于举业制艺，竞趋于仕禄之途，导致教学之废日久，而危害斯世斯民尤甚。对于这种章句无补之学，他称之为"章句陋儒"，痛斥为"异端"、"蠹学"，并殷切希望士人学者应尽摈弃之，而代之以圣人之经籍和先儒之义理，重振经籍义理之学。在他看来，圣人经籍义理之学乃为务学之根本。他断定：唯有以经为本，唯义理是从，方能"内修外用"，以至践形复性而蹈圣人之境域。总之，方苞力主通过读经治经，把握经义之途径来发展人的道德、个性和才能，以造就崇圣道、明义理、正身心、备世用的有用人才，这一教学思想对于反对举业之教及记诵辞章之学起着积极的作用。

三、姚鼐的教育思想

姚鼐（1731—1815年），字姬传，一字梦谷，号惜抱，安徽桐城人，进士出身，清著名散文家、教育家，桐城文派主要代表人物之一。

姚鼐自幼聪敏好学，初受业于其伯父散文家姚范，继师事桐城古文家刘大櫆，深受其古文熏陶。年甫弱冠，即以文名于世。乾隆间中进士，选翰林院庶吉士，官刑部郎中，记名御史。历任山东、湖南乡试主考官、会试同考官、四库馆纂修官。辞官后，先后主讲于扬州梅花书院、歙县紫阳书院、南京钟山书院、安庆敬敷书院历40年，并主持修复安庆府学。他在长期的书院教育工作中，悉心教导，精心诲人，从无倦怠，直至终老，这种热心教育、诱掖后生的精神，堪称为师者之典范。

在学术思想上，姚鼐力主程朱理学，反对陆王心学。论文主张义理、考注、辞章三者统一，阳刚、阴柔相济，为桐城派文论夯实了系统而完整的理

① 方苞.方苞文选[M].刘季高,注.合肥:黄山书社,1987:223.

论基础。治学以经为主，崇尚义理，兼及诸子及历史诗文，反对舍程朱而宗汉，反对科举时文及辞章声病之学。因此其教育思想以崇尚儒家经义教育、特别是崇信程朱理学教育为特点。其著作甚富，主要有《惜抱轩文集》、《九经说》、《三传补注》等。另编有《古文辞类纂》75卷，为清代最有影响的古文选读本，流传甚广。其教育思想主要有以下几点：

（一）主张培养通经致用的"聪明才杰"之士

姚鼐极力主张教育应以培养通经致用的"聪明才杰"之士为目标，指出国家以经义教育培养天下之士，是为明晓古代圣贤之道，通晓经义之本体，深领宋儒义理之精髓，使其成为通经致用的"聪明才杰"之士。他认为，这种通经义、致世用的人，较之世俗词章笺疏之陋儒要超出十倍、百倍。

进而，姚鼐指出，天下学问有义理、文章、考证三事，而这三者是统一的、不可分的。"义理"是文章的本体、内容和核心，"文章"是义理的依托和表现形式，"考证"是证明义理正确性并为义理服务，三者异趋而同归，即最终旨意均在于阐扬义理。因此，他强调国家设教兴学均当以经义为贵，以朱子教训为学，使天下之士通过对儒学经典的研习达到通晓圣人之义理，把握经义之本质为目的，而不是专事词章笺疏、专注训诂之俗学，也不是单求强记博识稽古名物制度之能事，更不是为了竞趋于举业时文之途与仕进宦达之名。否则，必与圣人之道相违，与聪明才杰之士相悖。所以，姚鼐极力反对舍义理而专事词章笺疏、专注训诂之陋儒，竭力主张培养明圣道、通经义、致世用的聪明才杰之士。

姚鼐还进一步指出，长期以来，大道甚微，经义淆乱，士不悦学，衣冠之徒诵习圣人之文辞而不求其义，厌义理，鄙经义，更有甚者不考究经义而作时文，使经义猥为科举之学，造成教育衰废、人才荒疏、道废俗坏的混乱局面。针对这种状况，姚鼐提出必须大力加强经学教育，以圣人之六经培育天下之士人，使为士者皆能以重振圣人之道为己任，以经义致用天下、造福社会为目的，而不致重蹈道毁俗坏、世乱族亡的覆辙。

应当肯定，姚鼐主张培养通经致用的聪明才杰之士，对于恢复、弘扬古代圣人之道和振兴儒家经学教育，对于批判当时轻经义、重辞章训诂的声病之学，对于反对科举时文的学风、文风以及匡救世俗等方面，都具有一定的积极意义。

（二）尚“经义”、兼及“小学”的教育内容

为了培养通经义、致世用的聪明才杰之士，姚鼐首先竭力推崇经学教育，以四书五经教育学生。他认为，圣人之经如日月星辰之悬照于人，学者必当钻研习读，深究其中义理，掌握圣人之道体，把握经义之本质，以求恢复圣贤之大道。然历来世俗之教学，尽舍经义而重文辞，专主讲章笺疏；或杂之以谶纬经僻邪说；或以清谈虚玄、放荡颓靡，或竞于考证训诂，穿凿繁琐，驳难猥杂；或徇私意猖狂枉行，空谈心性；或猥为科举时文之学，竞趋于仕进名利之途……凡此种种，远非圣人之本意，亦非圣学之真谛，于世、于学实为大患。在他看来，唯有程朱义理之学，其言精微广大，甚得圣人之意旨，学者应当通过深究细研，以求通晓经义之真谛，而不被种种偏见邪说所蒙惑。所以，姚鼐把经义教育置于学子之教的第一位，并且把学习程朱义理之学作为研习经典的重要内容和必经之路。

其次是“小学”教育。姚鼐认为，学者亦当研习深究。他说：“六艺者，小学之事，然不可尽之于小学也。夫九数之精，至于推步天运，冥测乎不得目睹之处，遥定乎前后千百载不接之时，而不迷于冥茫，不差于毫末，此术家之至学……夫六书之微，其训诂足以辨别传说之是非，其形音上探古圣初制文字之始，下贯后世迁移变之得失，此博闻君子、好学深思者之所用心，小子所不能逮也。至于礼乐，则固圣贤述作之所慎言，尤不得以小学言矣。”①因此，学者当以此为学习经义的基础而须臾不离。至于儿童的蒙养教育，姚鼐指出要以小学书为基本教材，使他们从小就开始接受圣人之道的简明知识和初步训练，为将来的成长打好根基。此外，他还极力提倡研读历代优秀古文，并亲自编成《古文辞类纂》一书作为学习古文的范本。

总之，姚鼐崇尚经义，兼及六艺及小学的教育内容，较之那些讲章辞赋笺疏等声病之学要全面、深刻得多，对于造就通经致用的“聪明才杰”之士和尚实学之风有着重要的意义。

---

① 北京师联教育科学研究所.清代前期主流教育思潮与教育论著选读：上[M].北京：中国环境科学出版社，2006：153.

（三）提倡精读深思，把握义理，反对词章笺疏、传注时文的学习方法

在教学与读书方法上，姚鼐特别注重经义的理解和掌握，要求学者读书学文，必须深究义理，把握经义，不可只记读文字而忽视经义。对于那些专事讲章、辞赋、训诂、笺疏之学和科举时文之类的学习方法，他认为于学无益，于世道无补。他曾深刻地批评道：自汉以后，群经对立，各抱一经，师弟传授，相互嫉怨，互不通晓，离圣人之道相去甚远。及其发展为谶纬之说，迷信怪僻充斥其间，完全丧失了圣道的旨意。魏晋时期，清谈虚玄之风盛行，放诞颓废，以至天下覆亡。及至明末清初，陋儒专以古人名物制度、训诂书数为能事，相互攻难，尽舍程朱而以汉为宗，抓住细枝末节而丢去经义的根本。凡此种种读书为学方法，皆是与圣人之道相背而驰，为世道之大患，学者当以为戒，切不可重蹈覆辙。至于科举之学，科考时文，是引导学子促于科举之途，追求仕禄，其文日陋，其智日毁，其心日坏，背离圣人之道更远。所以，他强调指出，讲圣人经典不得猥为科举之学，以圣人经典教学则不得存科举之意。同时，姚鼐非常注重学者的立志持志，提倡勤学好问、身体力行、尽心为之等学习品质的训练和培养。所有这些见解和读书方法，对今天的教与学来说，仍有启迪价值。

四、方东树的教育思想

方东树（1772—1851年），字植之，号仪卫，安徽桐城人。清著名散文家、教育家，桐城文派重要代表人物。

方东树自幼勤奋好学，受到良好的家庭教育。少时就读于塾师，后为诸生。及长，受业于姚鼐。擅长古文，学问广博，泛览经史百家，但以研究经史、义理之学为主。在学术思想上，以恢复、弘扬古道为旗帜，反对汉学之考据，竭力推崇朱熹理学，认为朱子“集群儒之大成，使斯道昭明，如日中天。其遗文教泽、一字一言，皆如布帛菽粟……欲兴起人心风俗，莫如崇讲朱子之学为切”[①]。他毕生献身于教育，历主庐州、亳州、宿松、廉州、韶州等地书院，致力于书院教育事业发展，并关心书院文献的保存。同时，热心

① 陈谷嘉，邓洪波. 中国书院史资料：中册[M]. 杭州：浙江教育出版社，1998：1875-1876.

扶植各地蒙学，以收“入孝而出悌，尚义而怀刑”之教育功效。他在长期的书院教学中，谆谆教诲，诱掖后进，导以学行，始终以德行为先，以恢复古道为目的，而学文则为余力余事。年八十，抵祁门主东山书院，不幸越两日病卒。著作有《汉学商兑》、《昭昧詹言》、《书林扬觯》、《攷槃集文录》、《仪卫轩文集》等十余种。

（一）力主培养明道、执义、达用的人才

方东树的整个教育思想、理论和实践均在于恢复和弘扬古道，因而他认为教育应为以培养明道、执义、达用的人才为目的。他说，学校教育必当是崇正学，儆斯人，成善俗，而复于古道也。又说：天下之学，皆以“修己治人”为本，“舍是以为学，非圣贤之学矣”①。这里所谓的“正学”，系指古代圣贤之道，即周公、孔子治人治世之道及朱子义理之学。所谓“修己治人”，系指以圣贤之道修养身心，完善德行，发展个性（所谓尽性），乐天知命（掌握天人、事物发展规律），安土爱生（安宁乡里，爱养人类），成为德性完美的人，并能将圣贤之道发扬光大，推及社会，利及天下，为天下国家“处大事，当大任，决大疑，成大功，立大名，不惑不惧”②，即使在任何艰难困苦和险阻中，或贫贱富贵条件下，抑或荣辱生死面前，都能不惑不惧，死守善道，毫不动摇，抵达目的。他还强调，“学道”与“复道”，“修己”与“治人”，是统一的整体，绝不可将二者分裂对立。这是因为“学道”以“修己”，是为了“复道”以“治人”，孰笃社会良风美俗，道济天下百姓，使圣道普及于世。进而，方东树指出，作为明道、执义、达用的人才，必须具备智、仁、勇三德。他认为，这三种品德是入圣人之道之门，非此则无以开入门之途。他指出：智仁勇，示人以入道之门，而谓之达德，渊哉粹乎，言欲人道者，不可离智仁勇，凡事类然，故曰达也。学者只有具备了智、仁、勇这三德，才可进入圣道之境域，进而以求明道、弘道、执义、达用，最终实现道济天下的目的。由上可见，在教育目的论上，方东树非常注重人的内在德性修养和外在德操行为的统一，以造就完善的人性，这一主张在今天仍有一定积极意义。

---

① 李国钧.清代前期教育论著选：上册[M].北京：人民教育出版社，1990：409.

② 李国钧.清代前期教育论著选：上册[M].北京：人民教育出版社，1990：49.

（二）崇尚经籍义理之学的教育教学内容

为了培养明道、执义、达用的人才，在教育、教学内容上，方东树竭力主张以经籍义理之学教育学生。他认为圣人之道载之于经籍，见之于义理，学者必以是为学，教者必以是为教。他指出：若道则无乎不包，是以昔之哲人，尊之以先于天地，亲之以切于身心。学者舍是为学则非学，教者舍是为教则非教。他竭力主张所有学校都要以经籍义理包括"四书"、"五经"和朱子之书为教学的主要内容，使学生谙悉经籍之义理，把握圣道之真谛，并以此修身养德，推及于世，恢复和弘扬古道。他在《汉学商兑重序》中引用庄子的一段话："诗以道志，书以道事，礼以道行，乐以道和，易以道阴阳，春秋以道名分。"以此来说明六经教育的重大作用，并作结论说："六经之为道不同，而其以致用则一也，此周公孔子之教也。"①就是说，诗经是言志的，可以表达人的志向，抒发人的感情；书经是言三代政事的，可以使人记取历史经验教训；礼经是记载古代礼仪制度的，规范人的行为礼节；乐经可以和谐人的性情，陶冶人的个性；易经是阐明阴阳变化，使人了解客观事物发展变化规律；春秋是记周代的历史，使人明确上下名分，分清是非。虽六经为道各有不同，但其教育人的作用是一致的，故此，他特别重视经典的教育。同时，他还认为，朱子书深体圣人之心，最得经义之微，最懂周公、孔子之言的真体大用，是学习圣人之道的最切近的途径和重要内容。他说："兴起人心风俗，莫如崇讲朱子之学为切。"②正因为他竭力主张以圣人经典和义理之学为教育内容，所以对当时汉学家们专主考据训诂、名物制度以及科考时文之学等，均加以反对，斥之为舍本求末，引学者相率以求名谋利、误入歧途的做法。方东树的这些见解和主张，对于加强经学教育，培养明经达用人才，恢复圣人之道，弘扬古代文化有积极的意义。

（三）教育、教学的原则和方法

在教育、教学原则和方法上，方东树着重强调以下几点。

第一，重经义、致用。他认为学习经籍的目的，在于明理识义，掌握和恢复古道，而不是为了谋取官禄名利，荣宗耀祖，显耀门庭。因此，他把明

① 谭国清.传世文选：晚清文选[M].北京：西苑出版社，2009：136.

② 李帆.清代理学史：中[M].龚书铎，编.广州：广东教育出版社，2007：367.

经以致用作为教育和教学的头等任务。他要求学者通过对经籍的学习，领悟经义的精髓，把握古道的实质，并能切己力行，体之于身心，用之于社会，以至道济一世，利及天下百姓。故此，他认为，苟讲明学问，约己立志；行为士法，文为世贵；当世推重，后世流传行成言立，仕则道济一世。对于那些不研经籍，不穷理析义，不求致用，专事记诵词章训诂的汉儒，或专以科考时文、猎取仕禄名利的陋儒，或潦草苟率、敷衍滥恶、空谈妄论等学习方法，都是与圣人著经立意背道而驰的。他说："以此教人，导之为愚。以此自力，固不获益。毕世治经，无一言几于道，无一念及于用。"[①]而且是"既诬前贤，又自迷误，致从事差谬，又因以迷误来学"[②]。他指出，以这种方法教人乃是一种犯罪行为，教者与学者必须引以为戒，免受其害。

第二，德行为先。方东树极力提倡教育后进，要以德行为先，以立志修身、增益精神、修养德性、执义行道为要。因此，他把德行的培养和训练置于教育教学的首要地位，以学文为余力余事。他认为，只有这样才能培养学生轻财尚义、明道好仁、致用济众的优秀品质，成为智勇双全、仁义辈出的高尚道德之士。对于那种夸夸其谈、炫耀自己、行权弄术、缺德短行的人，他认为极卑鄙和可耻。方东树的这一主张，是对孔子主张"行有余力，则以学文"的思想和儒家一贯倡导的德居首位的教育原则之继承和发展，对当前学校加强道德教育很有启迪意义。

第三，智仁统一。方东树认为，孔门论学论道，不出智仁二德，而今之世往往把两者分开而偏重一端，或是仁多智缺，乃失之愚柔；或智多仁缺，又流于谲诈。这两者都是与圣人教育的本意相悖，使人竟成了不完全的人。因此，他特别强调，要"以智全仁"、"以仁善智"，使两者紧密相结合并统一起来，方能培育既仁且智、仁智双全的人，进而达到圣人"尽性"之境域。因此，他肯定：圣人论尽性之事，曰与天地相似，故不违；智周万物而道济天下，故不过；旁行而不流，乐知天命故不忧；安土敦乎仁，故能爱生。这就是说，做到了智仁统一，就能尽性尽仁，与天地融而为一，认识万事万物，道济天下百姓，一切行为合乎规则，并能掌握自然、社会发展规律，笃行于仁，安宁乡里，爱养人类……不违、不过、不流、不忧，就进入了圣人的境界，成为仁智完全的人了。这一见解符合辩证的原则，反映了仁智统一的育

① 谭国清.传世文选:晚清文选[M].北京:西苑出版社,2009:137.

② 江藩.汉学师承记(外二种)[M].北京:生活·读书·新知三联书店,1998:320.

人规律。

第四，注重教师亲身教育。方东树从亲身教育中深切体会到，作为一个教师必须亲自教育，身体力行，身为表率，才能收到教育的效果。反之，如同“乡会主试房考”职在选人授官，“而冒师生之名”，毫无教导之功，不应以师礼相待。

以上教育、教学原则和方法，是方东树长期教育实践的总结，也是他的教育思想最精华部分，它不仅丰富并发展了桐城文派的教育思想，而且对于现今的教育教学改革也很富有启迪性。

由以上四位代表人物的教育思想，我们可以看出桐城文派的教育思想有如下主要特点：一是他们都普遍重视教育，把它置于传承文化、培育人才、匡世济众，传道兴邦的重要地位，并亲自为之实践，身体力行，奋斗不懈；二是都力主培养通经义、致实用的有用人才，为国家社会之用，造福民众百姓，因而一致反对以仕禄名利为目的；三是极力提倡以经义教育学生，推崇义理之学，倡导研习古文，反对科考时文、词章笺疏、名物训诂之学；四是强调读经习文，深领义理，特别是注重思想道德的教育与培养，成为有高尚道德和完全人格的人，等等。以上这些既是对儒家传统教育思想的继承和发展，又是他们学术思想在教育领域的体现，同时是封建社会末世社会思想发展的必然产物，对当时教育产生了较大的影响，对今天教育改革亦有借鉴价值。

[本文系南京大学出版社2000年版《安徽文化史》(上)中的一部分，收入本文集时有改动]

积极倡导新学的吴汝纶教育思想与实践

吴汝纶（1840—1904年），字挚甫，安徽桐城人。清代末期散文家、教育家，桐城文派后期代表人物。他的教育思想与活动对我国创办新教育、新学制起了积极的推动作用。

一、吴汝纶的主要教育活动

吴汝纶少时家贫好学，天资聪颖。1864年中举人，次年中进士，授内阁中书。曾国藩慕其才，留佐幕府，切磋学问，与张裕钊、黎庶昌、薛福成称“曾门四弟子”。后历任深州（今河北深县）、冀州（今河北冀县）、寿州（今安徽寿县）知州。他在治政中，“以教育为先”，“不惮贵势”，廉洁奉公，锐意兴学，发展教育，开发民智，并亲自讲课授业，诱导学生，以此来推动政治工作的开展，使深冀二州的文教斐然。自1889年起，吴汝纶辞去官职，专门从教，主持河北保定莲池书院十余年之久。1902年，吴汝纶任京师大学堂总教习（校长），赴日本考察，对日本的教育制度、学制、内容、教学设施、教学方法以及学校管理等进行了详细调查，所得材料汇编成《东游丛录》。这次对日教育考察在我国近代教育史上是最早的一次。《东游丛录》也是最早较全面地介绍日本教育的一本专著，对我国近代兴办学校教育的影响较大。他由日本考察回国后，即返故里筹建桐城中学堂。由于积劳成疾，他于1904年病逝。吴汝纶一生廉洁从政，热心教育，勤于教导，学问渊博，著作颇丰，后人将其著作汇编成《桐城吴先生全书》。

二、吴汝纶的教育思想

吴汝纶生当封建君主专制制度崩溃，中国封建社会解体，逐渐沦为半殖民地半封建社会的时期。一方面，清廷极度腐败无能，外来侵略日甚一日，阶级矛盾和民族矛盾日益激化，中国面临亡国灭种的危险；另一方面，中国人民日益觉醒，特别是农民和爱国的知识分子，为反对外国侵略和封建专制的统治、拯救民族危亡，展开了殊死的斗争。吴汝纶的思想反映了这个时代的特点，他站在爱国的立场上，力谋国家强盛、民族复兴、社会进步，并致力于通过改革和振兴教育来实现救国图强的目的。

（一）主张废科举、兴学校，造就救国图强的有用人才

自1840年鸦片战争失败以后，我国无数爱国志士为了挽救国家民族的危亡，极力主张效法西方资本主义，变法维新、改良政治、兴办实业、富国强兵。其中一项重要的内容就是废科举、兴学校，改革和振兴教育，为国家造就急需的实用人才。他们认为，清廷所以腐败无能，国家所以积弱穷困，民众所以贫穷落后，就是因为人才匮乏，而人才匮乏的原因又在于科举制度与学校教育不能育才养士和取士任人，如不废科举、兴学校，学习西技西学，就不可能造士选士，以御侮救国图强。因此，他们极力主张废科举、兴学校，改革振兴教育，培养和造就有用之才。吴汝纶在这个关系国家、民族存亡的重大问题上，态度鲜明，行动坚定。1897年，当德国强占我国山东胶州湾时，他就愤慨地指出："德人攘我胶州，乃深知我不能战，为此强霸之举。俄法连和，英倭连和，暂事旁观，若胶州竟归德人，则四国各有分割之势，吾国自此亡矣。此是敷天大愤，祸不专在一省。"①又指出："朝政不改，国必亡；士学不改，种必灭。"②因此，他以救亡图存的急切心情提出，"专由学堂造士，用外国考校之法，较有实际"③；并致函清廷管学大臣张百熙，"非请停科举，则学校难成。前既屡而论之，此事终望鼎力主持"，敦促他尽快废止科举。

关于兴学校的问题，吴汝纶主张首先应普及小学教育，因为这是整个教育的基础，然后循序渐进而中学、大学。他说："欲令后起之士与外国人才竞美，则必由中、小学校循序而进，乃无欲速不达之患。而小学校不惟养成大、中学基本，乃是普国人而尽教之，不入学者有罚，各国所以能强者，全赖有此。"④但他又明确指出，为了尽快培育人才为救国图强之急用，必须采取捷径应急的办法，选拔高材生进大学教习西技西学，使之迅速成才，以备急需。

① 吴汝纶.吴汝纶全集：三[M].施培毅，徐寿凯，校点.合肥：黄山书社，2002：168.
② 吴汝纶.吴汝纶全集：三[M].施培毅，徐寿凯，校点.合肥：黄山书社，2002：366.
③ 吴汝纶.吴汝纶全集：三[M].施培毅，徐寿凯，校点.合肥：黄山书社，2002：365.
④ 吴汝纶.吴汝纶全集：三[M].施培毅，徐寿凯，校点.合肥：黄山书社，2002：435.

所以他说："某素持私论，谓救急办法，惟有取我高材生教以西学，数年之间，便可得用。"①他还指出办新式学堂必须有新式教师来任教，有新式官员来任政，否则事亦难成。他说："吾国开办学堂，苦乏教员，又壮年入官诸人，不得不粗明新学。尚书先开师范学校、仕学院，实为扼要办法。"②吴汝纶的意见，切合我国当时国情客观形势之需要。

（二）积极主张改革旧的教学内容，提倡教习西技西学

为了培养国家急需的有用人才，吴汝纶非常重视改革旧的教学内容，提倡教习西技西学。他明确指出："救之之法，必以士大夫讲求西学为第一要义。使我国人人有学，出而应世，足以振危势而伐敌谋，决不似今日之束手瞪目，坐为奴虏……亦足立致殷富，自全于败乱之时。救种之道，莫善于此。"③他把学习西学作为救国图强致富的第一要义，予以高度重视，要求所有学校"以西学为主"，尽快开设西学课程，讲授西语、西文、西方科学技术知识以及西国政法各书。他指出，西学当世急务，不可不讲，非各立学堂，认真讲求声光电化之学，不能自存。并且强调学习西文对了解西国的重要性：能通西文，然后能尽读西书；能尽读西书，然后能识西国深处；中西交往涉及西国政法各书，阅之可以增长见识，不为迂腐守旧之误。吴汝纶积极主张讲习西学的见解并在教学实践中积极贯彻执行，这在当时是很激进而深刻的。他在主持莲池书院时，即教习西国新法，学习西文，"务使学者洞达中外之变，学问事功，胶合为一，淬砺奋发，足以备缓急一旦之用"④。1899年，他从书院中选拔17名优秀生，每天到英国传教士处学习英文，当时书院中兼习西文的恐只有莲池一处。他还延聘日本学者中岛裁之在东文学堂任教，传授日文及欧美政治、历史、宪法诸学。在桐城中学堂聘请日本学者早川东明任教，讲授日文、法学和理财等专门知识。对于学习和引进西方先进技术，如矿山、铁道、税关、邮政、海陆军法、炮工、船厂等，他认为这是富国强兵之道，应为最紧急事，不可稍缓。对于逆时代潮流的顽固派反对学习西学的种种言论，他痛加驳斥，指出："天算格致之学，本非邪道，何谓'不悖正

① 吴汝纶.吴汝纶全集:三[M].施培毅,徐寿凯,校点.合肥:黄山书社,2002:435.
② 吴汝纶.吴汝纶全集:三[M].施培毅,徐寿凯,校点.合肥:黄山书社,2002:435.
③ 吴汝纶.吴汝纶全集:三[M].施培毅,徐寿凯,校点.合肥:黄山书社,2002:229.
④ 柴汝新.莲池书院研究[M].保定:河北大学出版社,2011:89.

道'？西学乃西人所独擅，中国自古圣人所未言，非中国旧法流传彼土，何谓'礼失求野'？……此等皆中儒谬论。"[①]以上观点充分说明吴汝纶力倡西学的立场，这反映了时代的潮流，冲击了传统的封建旧学，有力地推动了新学的发展。

（三）关心乡梓教育，创办新式学堂

吴汝纶对家乡桐城的教育非常关心，尤其是对家乡创办新式学堂，培养新式人才更为关注。1898年，清廷诏令将各省州府县书院改为学堂，学习中西学，他随即致函桐城乡贤，申述改学之意义。信中说："昨读上谕，天下书院尽改学堂，民间社学、义塾，一律讲习西学，风气大变。"接着，他强调指出："吾皖尚沾沾守旧，不能作新人才，此大患也。智者谋事，当先机独断，若至众人同见，则已措手不及。今天下已汲汲谋新，岂可默守故见。"[②]建议将桐城白鹤峰书院改为学堂，讲习西学，以应国家人才之需求。1899年，他又多次致函桐城乡贤诸老，宣传新学，敦促和商讨创办新式学堂事，要求他们克服社会阻力，尽快促成此举。他说："中国办事人有二弊：敷衍一也，始勤终怠二也。吾辈此次办理学堂，期于有进无退，人不善换人，法不善换法，决无止息之期，并时时求同志者，预备接替。"[③]由于他的推动和努力，并亲自参与筹建工作，桐城中学堂于1902年正式成立，他亲自担任学堂堂长（校长），主持制定了学堂各项规定和章程，包括学堂性质、办学宗旨、教育任务、办学计划、招生对象、课程设置、学习年限、学校管理、教学管理以及具体实施等方面。他在《学堂招考说帖》中明确提出"求充实学问"，"与外国竞胜"的办学宗旨。他说："今所开学堂乃为诸君求充实学问。前数十年即耳食西学，尚可勉强支拄，此后诸国内犯日深，非有实在本领，不足与外国人才相抵，一不能抵则优胜劣败，不惟无处可谋衣食，兼恐种类遂为就者所兼并。……倘蹶然奋起，不甘为人奴隶，请自今日来考学堂为始；入学之后，稍窥新学藩篱，即保全人种种之心必日加日甚，非学至与外国竞胜不止。"[④]他还亲笔为学堂题书匾额"勉成国器"，楹联"后十百年人才奋兴，胚胎于

① 吴汝纶.吴汝纶全集：三[M].施培毅，徐寿凯，校点.合肥：黄山书社，2002：130.
② 吴汝纶.吴汝纶全集：三[M].施培毅，徐寿凯，校点.合肥：黄山书社，2002：196.
③ 璩鑫圭，童富勇.教育思想[M].上海：上海教育出版社，2007：455.
④ 吴汝纶.吴汝纶全集：三[M].施培毅，徐寿凯，校点.合肥：黄山书社，2002：463.

此；合东西国学问精粹，陶冶而成”，悬挂于校礼堂，勉励全校学生奋进成才。在教育内容上，他除注重教习国文外，非常重视教授西文、西学，开设日文、法学、数学、物理等课程。对于体育、健康卫生、生活习惯以及课外阅读、扩大视野等方面，他都很重视。由上可见，吴汝纶创办桐城中学堂的根本指导思想是“合东西国学问精粹”，以陶冶人才；“勉成国器”，为国家社会之用。桐城中学在他的正确思想指导下，办得很有特色，不仅成为我国近代教育史上最早的新式学校之一，而且成为我省培养人才的摇篮，对全省乃至全国教育事业的发展做出了应有的贡献。

总之，吴汝纶的教育思想和教育实践反映了新时代的特点，顺应了历史的潮流，特别是他为了救国图强、振兴国家，提出了一系列改革旧教育，开创新教育的主张，对于推动我国新文化教育的发展起了积极的作用。

（本文完稿于1992年，系为《安徽省情·安徽古今著名教育家》丛书特约撰写，后该书未出版，收入本文集时有改动）

吴承仕的教育思想与活动

吴承仕（1884—1939年），字检斋，徽州歙县人。我国近现代著名的经学家、古文字学家、教育家，伟大的爱国主义者和坚定的共产主义战士。他在研究经学、文字、音韵、训诂等方面造诣极深，成就显赫，贡献巨大，在我国近现代学术史上占据重要的地位。

一、吴承仕生平简介

吴承仕出生于一个家学深厚的普通士大夫家庭，从小受到良好的家庭教育和儒学熏陶。5岁入塾启蒙，17岁中秀才，翌年中举人。23岁举贡会考，殿试录取一等第一名，钦点为大理院主事（掌管刑狱典籍簿策的长官）。任职期间，曾事师国学大师章太炎，成为章门三大弟子之一。他积极拥护辛亥革命，曾任民国临时政府司法部佥事。1924年以后，历任北京师大、北京大学、中国大学、东北大学教授及安徽师大中文系系主任等职。20世纪30年代起，他接受了马克思主义思想，从此由一位博学鸿儒转变成为一个坚定的马克思主义者，并以辩证唯物史观重新研究中国古代经学、小学和名物制度，成为我国第一位用马克思主义观点专门从事经学研究的大学者。“九·一八”事变后，中国面临亡国灭种的危险，吴承仕遂全力投入了抗日救亡的斗争，响应共产党抗日民族统一战线号召，主张国共合作，停止内战，一致抗日，并积极支持和参加学生的抗日爱国运动。1935年，他亲自参加“一二·九”运动，与学生并肩战斗，与敌人进行顽强斗争。还先后创办了《文史》、《盍旦》、《时代文化》等进步刊物，发表了大量文章，宣传抗日救亡和民主爱国思想，声援抗日爱国行动，抨击国民党专制主义，揭露日寇侵略阴谋。1936年，吴承仕光荣地加入了中国共产党，成为坚定的共产主义战士。1937年，卢沟桥事变后，北平沦入日寇之手，他奉党的指示由北平转移至天津，在极其险恶的处境下，仍坚持地下的抗日救亡斗争。1939年秋，因日寇、汉奸、特务的重重迫害，加之长期身心劳瘁，又赶上天津发水灾，饥寒交迫，不幸身染伤寒，被迫潜至北平就医，却被日寇收买的医生陷害致死。

吴承仕的一生，是战斗的一生，革命的一生，追求真理的一生。1940年，党中央在延安为吴承仕举行了隆重的追悼会，中央领导同志敬送了挽词、挽联，对他给予了极高的评价，充分表达了中国人民对他的崇高敬仰和深切怀念。

二、吴承仕的治经新路与革命活动

（一）精研经籍，开辟新径

吴承仕是我国著名的经学大师，是我国第一位运用马克思主义观点研究经学的大学者。最初，他受业于章太炎，深得师传，精通经学和小学，谙悉古文字、音韵、训诂，尤以研究"三礼名物"著称，时称"北吴南黄"（南黄指黄侃），名震国内外，他锐意在前人研究的基础上开辟新径。他认为，研究古代经籍、名物制度，不能像前儒那样为了师古复古，维护封建旧制度，而应该借古代经籍、礼制、名物的研究，弄清古代社会的历史，探明历史的发展规律及其阶级实质。特别是他接受马列主义以后，便竭力以马克思主义的立场、观点和方法重新审视和分析中国古代的经籍义理、名物制度，提出并发表了许多独具新意和创见的观点、文章与论著，纠正了前儒研究中的种种错误观点，校正了研究经学的方向，为当时及后世研究经学和古代礼制开辟了新的途径。

他的学问渊博，著作宏富，研究问题包括经史子集，文字、音韵、训诂，哲学、史论、政评、诗文等方面，共发表200余万言。其中以经学、小学成就最高，而经学之中尤以研究《三礼》成就为最突出。如经学著作中《经典释文序录疏证》、《经学通论》、《国故概要》三本专著，考证源流，校计众说，勘定真伪，引据详确，论述精辟，阐发深闳，代表他研究经学的最高成就。再如《三礼名物略例》一书，把礼分为礼意、礼制、礼器、礼节四类，并提出研究《三礼》应"以名物为本"，"自丧服开始"的独到见解。他认为，"礼"是直接反映古代社会上层建设的意识形态，因而也就是以反映当时的经济基础；服制同样是如此，既反映了某种经济社会的意识形态，又表现了嫡庶贵贱、亲疏远近的关系，还能从服制的变化中寻绎得出社会阶段的演变和权位财产的继承权。因此，他强调研究中国古代历史，要从《三礼》入手，以名物为本，由丧服开始，通过文字训诂来考订名物，又通过名物来说明古代制度，从而揭示古代社会发展的历史阶段及其阶级实质，认识社会的发展规律。这些灼见把研究古代经籍发展到一个全新的高峰。

（二）追求真理，投身革命

在国家民族患难之秋，作为一位伟大的爱国主义者吴承仕，真乃心急如焚。他为了寻求救国救民之道，从1930年起开始接触马克思主义著作，从中找到了国家独立、民族解放的真理。最初，他向老朋友范文澜教授借来《共产党宣言》一书，认真读完后，深有感触地对范老说："这本书讲得很有道理，难怪你要参加共产党。"又向他借了一些马列著作，反复认真学习，使他的思想发生了质的飞跃。以后，又在自己的学生齐燕铭、张致祥（均是中共党员）等同志的帮助下，系统地学习了许多马列著作，而且极其认真，像读古代经籍一样逐字逐句细读，加旁注眉批，写要点体会，力求透彻领会，把握精髓，并用来改造自己的思想，指导自己的行动和学术研究。他在总结学习体会时说：一直到19世纪中叶马克思发现唯物史观和剩余价值说以后，才把经济、政治、历史等等研究部门奠下科学的基石。他又说：我们的世界观是前进的、批判的、革命的、辩证的和唯物的，要想把握住这种世界观，必须学习现代的哲学、社会学、政治经济学等，必须了解现代政治机构及国际间矛盾情形，互相比较，互相印证，才能认识自己对于世界应肩负的责任，才能认识自己对于时代应做的工作，才能站到现世纪的两军阵前做一员英勇的战士。这表明他已把握了马克思主义这一客观真理。

吴承仕掌握了马克思主义真理以后，便积极地投入党所领导的抗日救亡运动和人民大众的革命斗争洪流中。"九·一八"事变后，吴承仕矢志以抗日救亡为己任，奋起抗日救国。他向全国人民大声疾呼：现当民族危机迫在眉睫之际，只有集中一切力量作抗日救亡的决死战，才是我们唯一的出路。他亲自领导北京师大文史系的师生对日本侵略者进行口诛笔伐，揭露他们的侵略阴谋，还联系一批进步教授联名通电全国，严正要求国民党政府立即奋起抗日。他积极关心、资助和参加进步青年学生组织的抗日救亡活动，并一直站在抗日斗争最前列，同人民大众同呼吸、共命运。甚至亲自投入学生示威游行的行列，冒着国民党军警大刀、水龙头的威胁和敌人跟踪搜捕的危险，与学生并肩战斗，大义凛然，视死如归。他针对国民党反动政府的投降卖国、独裁专制政策，以笔代戈，以文伐敌，先后创办多种进步刊物，发表了大量文章，宣传抗战，反对投降卖国，反对专制独裁，传播民族解放思想和民主革命主张。这些活动充分表现了他高度的爱国主义精神、大无畏的斗争胆略和坚定的革命信念。

三、教导青年锻炼成才，献身国家民族

在吴承仕的一生中，他除早年从事一段时间政法工作外，大半生都在专门从事教育和学术研究工作。他从事教育工作的目的是非常明确的，就是教导青年“做一员英勇的战士”，成为国家、社会的有用之才。因此，他教导青年学生要积极上进，面向现实，跟上时代，有正确观点，有明确方向，有渊博学识，认清形势和肩负的历史责任，投身火热的斗争中去锻炼成才。为了培养和造就这样的人才，他教导青年学生要着重做到以下几点：

（一）要有正确的学习目的和方向

他明确指出学习的目的就是认识世界，认识时代，站在斗争的前列，肩负时代的任务。现实的任务就是为民族的独立和解放而斗争，只有斗争才是唯一的出路。因此，青年人的读书学习、研究学问，都必须为这个现实斗争服务。这是唯一正确的目的，绝不可为学习而学习，为自己的生活享乐而学习，更不可为升官发财而去剥削压迫他人，或不顾国家民族利益，卖身求荣、为当汉奸卖国贼而学习。

（二）要有正确的观点，即先进的历史观和世界观

他认为，世界的一切都是变迁生灭的历史过程，我们对于一切的态度，是前进的，不是保守的；是批判的，不是拜物教的；是辩证的，不是形式逻辑的；是唯物的，不是观念论的。这是我们的历史观，也就是所谓的世界观。他强调指出，只有以这个历史观和世界观去认识世界、认识历史，而后才能认识自己对于世界应负的责任，才能够认识自己对于时代应做的工作，进而去改变现实，改造世界。

（三）要有正确的学习路线，即认识和实践的统一

他反复教导青年学生通过实践去认识、去学习，又以认识指导实践，为社会服务，为劳苦大众谋利益，为民族的自由、独立和解放而斗争；要理论联系实际，使两者统一起来，跟上时代，在实践中锻炼成才，才是有出息的人，决不可把自己关在“象牙塔”内，脱离现实生活，脱离人民大众的火热斗争。

（四）要有正确的学习内容

他教导青年尤其是文史专业的学生，不能偶像崇拜、迷信盲从，或者抱残守缺，尽在故纸堆里讨生活，要重视学习社会，学习斗争，学习政治、经济、哲学等社会科学，了解现实的形势和任务，懂得社会发展的规律。为此，他在中国大学任教期间，对国学系陈旧的课程设置和教学内容进行了大胆的改革和更新，增设了反映新思想、新理论、新观点的课程，如中国政治思想史、政治经济学、唯物辩证法、现代文艺思潮、中国通史、中国近代史和西洋文学史等等。这些新设课程对学生开拓新思路、接受新思想起了重要的作用，使不少学生走上了革命的道路。

（五）要有正确的学习和研究方法

他指出读书学习、研究学问分精博二途：一是从事于博，博综大略，谋常识之丰富；二是从事于精，各务所好，以图天才之发展。但是，精博又非决然两路，非博无以致精，非精无以持博，两者是相互联系、相互统一的。只有将精博结合起来，才能融会贯通，既有丰富广博的知识，又有专门精深的造诣。他非常注重学生的独立思考和各种能力的培养，反复教导青年要学会思考、学会批判、学会表现、学会工作和斗争。他举例说，生产关系到了某一阶段，可推知未来的社会将如何前进；文学是以即小喻大、推己及人为功，描写一个农夫贫苦生活的最小部分，可喻及农村破产的最大灾象，并看出整个世界的经济情形及中国与世界的经济关系。所以，他热忱地希望青年以时代的观点，清晰的头脑检验、鉴别和运用所学的知识、理论，分辨真伪是非，决定自己当做的工作，不可做知识的奴隶。

吴承仕不仅育人有法，教导有方，而且他对己要求极严，事事以身作则，

处处为学生表率；对学生关怀备至、谆谆教诲、循循诱进、扶植后学，奖掖上进，从而赢得了广大师生的崇敬和爱戴。

四、关心乡梓，捐资办学

吴承仕对家乡歙县的教育极为关心，在他积极倡导、扶持和资助下，歙县于1934年创办了复兴小学。他以“复兴”为名，意在教育师生以复兴山河为己任。为了办好这所学校，他亲书对联百幅出售充作经费，购置图书。学校举行开学典礼，他专程从北平赶回祝贺，亲自给学校书题贺联，撰写校歌，制订教学计划。为了使学生身心都得到发展，他专设劳作课，让学生学劳结合，手脑并用；积极开展体育活动，进行军体训练，增强学生体质。1937年冬至1938年春，他从天津暂回家乡小住，亲自组织复兴小学师生进行抗日宣传活动，如师生共同演出《一片爱国心》、《觉悟》、《复活》等剧，震动全县。他又发动学生向社会募捐，购买“儿童号”飞机，支援前线抗日。复兴小学在吴承仕的大力支持、殷切关怀和热忱教导下，成为真正育人的摇篮，学生在德智体方面都得到充分的发展，有不少学生早在20世纪三四十年代就走上了革命的道路。

（本文完稿于1992年，系为《安徽省情·安徽古今著名教育家》丛书特约撰写，后该书未出版，收入本文集时有改动）

略论黄炎培大职业教育主义理论

黄炎培（1878—1965年），号楚南、任之，江苏川沙县（今属上海）人，我国近现代著名教育家、民主革命家，中国近代职业教育的首创者。早年从事新教育和民主革命活动。1917年创立中华职业教育社，竭力倡导、实验、推广职业教育。1926年创办乡村改进实验区，倡行大职业教育主义。他先后参与南京高等师范学校、河海工程学校、暨南学校、上海商科大学、厦门大学等校的筹建。1931至1949年，他积极投身抗日救亡与和平民主运动。中华人民共和国成立后，他历任政务院副总理、全国人大常委会副委员长及政协副主席等职。他的教育论著辑成《黄炎培教育文选》。

一、职业教育之理论本质和重大意义

黄炎培认为，职业教育是人类谋取生存和改造社会的基本手段。他说："世界一切问题的中心，是人类；人类一切问题的中心，是生活……有生活，必有需要、有供给，那么人类必定有各个的特性、各个的特长，而人与人间亦必定有彼此相感的精神和相结的方式，在人群递嬗间，更必定有老辈根据的经验，来供给后辈的仿效，从仿效中获得改进的门径。吾们敢说，职业教育这套理论，虽措词容有不同，而这理论的主干，是不易磨灭的。"[①]就是说，人类为了求得生存和发展，必须解决生活这唯一中心问题，人们之间就必须结成一定的群体、生活方式和相互关系，来从事生产，传递生产生活经验，解决人类生活之供需。就个人言，为了"求生"、"求群"，必须接受学习前人经验，掌握社会生产知识技能，提高生活能力，从事生产劳动，以为求生、谋群的手段。就社会而言，这是人类赖以生存和延续的基础，社会赖以维系与发展的根基，而且古今中外"一切主义，一切学说，都是从这基本观念产

① 黄炎培.黄炎培教育文选[M].中华职业教育社，编.上海：上海教育出版社，1985：203.

生出来”[①]。舍此，人类无以生存生活，社会无以绵延发展，更无主义、学说、理论、制度可言。这是黄炎培关于职业教育立论的根本依据。

因此，黄炎培强调指出，教育的实质本为人生，凡教育皆具有职业之性质与功能。他说：“以广义言之，凡教育皆含职业之意味。盖教育者，因授人以学识技能而使之生存于世界也。若以狭义言，则仅以讲求实用之知能为限，亦犹实业教育也。”教育的本质在“治生”，进而“乐生”，在授人以学识技能而生存于世界。这是他对教育本质的概括。同时，他指出，职业教育是教育的必然发展，生活日益纷繁，实业日益发达，生计问题亦日益紧迫，“于是复有所谓职业教育，专以职业上之学识、技能教授不能久学之青年”[②]，获得生活的供给和乐趣，同时尽对社会之义务。故此，他说：“职业教育者，在学说上为后起之名词，在社会上为切要之问题，而在教育上实为最新最良之制度也。”[③]他阐明了职业教育的根本性质、特殊功能和重大意义。

对于中国的社会生计问题，黄炎培明确指出：“今吾中国至重要、至困难问题，厥惟生计”，“求根本上解决生计问题，厥惟教育”，“舍沟通教育与职业，无以为计”[④]。尤其在农村，农民占全国国民数量十之八九，愚穷现象最为严重，生计问题最为紧迫，解决中国社会生计问题，尤在农民，而农民生计问题之解决，更在教育与职业相沟通。然而，当时中国教育与农村隔绝，与职业不相沟通，学校与社会分离，求学与服务脱节，非但“无解决生计问题之希望”，反“尽驱国人为高等游民，以坐待淘汰于天演”，成为“解决生计问题之莫大障碍”[⑤]。鉴于此，他提出根本解决问题之办法：“曰推广职业教育；曰改良职业教育；曰改良普通教育，为适于职业准备。”[⑥]使学校与社会联系，教育与职业沟通，求学与就业结合。之后，他又提出“大职业教育主义”方针，积极倡导和试行“富教合一”、“建教一体”的乡村改进理论和“划区施教”方案，期以教育之力，改善农村一般生活，以立全社会革新之基。所谓“大职业教育主义”，他说：“办职业学校的，须同时和一切教育界、

① 黄炎培.黄炎培教育文选[M].中华职业教育社，编.上海：上海教育出版社，1985:289.

② 黄炎培.黄炎培教育文选[M].中华职业教育社，编.上海：上海教育出版社，1985:44.

③ 朱定震，陈伟忠.黄炎培研究文集：二[M].上海：文汇出版社，2001:94.

④ 李军，等.中华文化通志·教育学志[M].中华文化通志编委会，编.上海：上海人民出版社，2010:301.

⑤ 黄炎培.黄炎培教育文选[M].中华职业教育社，编.上海：上海教育出版社，1985:53.

⑥ 黄炎培.黄炎培教育文选[M].中华职业教育社，编.上海：上海教育出版社，1985:54.

职业界努力的沟通和联络；提倡职业教育的，同时分一部分精神，参加全社会的运动。”[①]即职业教育要参与一切、容纳一切须加入政治活动，以增加实力；并与职业社会作实际之联络，以期合作。就是说，大职业教育主义，要以社会一切事业为中心，同政治、经济建设和社会革新联系起来，同广大民众特别是农民群众建设新生活结合起来，以推进教育的改造与全社会的革新。“富教合一”，即将农村生产与农民教育相统一，求学与职业相结合，实施教育与开发地方产业相结合，使农民富裕，提高物质文化生活。“建教一体”，即乡政建设与农村教育相互沟通，形成一体，实现农村全面治理。“划区施教”，即划定农村区域（一村或数村），以社会为教育对象，来办教育事业和各项实际事业，进而逐步推向全农村，以谋整个社会事业之改造。这套“以富以教以治”的乡村改进理论，黄炎培称之为“大职业教育主义”。可见，“大职业教育主义”是总纲，“富教合一”、“建教一体”是实施方案，“划区施教”是具体方法，最终实现社会的全面改造与建设，几方面构成了一个统一的整体。这套理论的提出与实施，标志着黄炎培由教育救国论向人民教育论的重大转变，把职业教育建立在政治的、经济的和社会改造与建设全方位的基础之上，并为之服务。这是黄炎培职业教育理论的重大发展和进步。

二、职业教育之目的

黄炎培在最初论述职业教育目的时，仅就经济范畴而言，即振兴实业，发展生产力，解决社会生计问题。其目的是：“为个人谋生之准备；为个人服务社会之准备；为世界、国家增进生产力之准备。”[②]他后把“谋个性之发展”列为目的之一。对此，他阐发说：“职业教育，将使受教育者各得一技之长，以从事于社会生产事业，藉获适当之生活；同时更注意于共同之大目标，即养成青年自求知识之能力、巩固之意志、优美之感情，不惟以之应用于职业，且能进而协助社会、国家，为其健全优良之分子也。”[③]通过职业教育“使人依其个性，获得生活的供给，发展其能力”[④]，在“精神和知能两方面，完全

① 黄炎培.黄炎培教育文选[M].中华职业教育社,编.上海:上海教育出版社,1985:155.
② 黄炎培.黄炎培教育文选[M].中华职业教育社,编.上海:上海教育出版社,1985:59.
③ 黄炎培.黄炎培教育文选[M].中华职业教育社,编.上海:上海教育出版社,1985:101.
④ 张传燧.解读中国近代教育思想[M].广州:广州教育出版社,2009:57.

适合于人群的需要”[①]。这样，职业教育之目的趋于完整，并将其终极目标概括为“使无业者有业，使有业者乐业”。这一目的之确立，使职业教育与职业劳动、学校与社会、求学与服务紧密结合起来，使学生在德、智、体诸方面获得健全发展，这在教育理论和实践上都具有重大的意义。

20世纪30年代以后，民族危机成为中国社会的主要矛盾，黄炎培又把职业教育的目的统一于国家、民族的解放斗争之中，提出“为民族谋求独立与繁荣”的总目标。他说，我们的总方针“往远处说，是在实现一个民生幸福的社会。在那社会里，确切达到了‘无业者有业，有业者乐业’的目的。……就近处说，本社的使命，是在以最高的积极性，参与抗战建国的努力。吾们确信，职业教育，只有在民族解放、民权平等、民生幸福的社会里，才能实现他的造福人群的理想。反过来讲，又赖职业教育的努力，吾们民族解放、民权平等、民生幸福的国家社会，才能加速的出现”[②]。

基于时代的要求，黄炎培对职业教育明确提出如下新使命：一、养成忠勇坚确而开展的斗士，同时为科学权威的执行者和器材管理运用并制造者；二、养成志行贞固，践履笃实，接受并发挥科学精神与知能的实行家；三、养成以双手负荷新文化创造责任的先锋队；四、养成富于平民精神、自立立人、自治治人而兼能自养养人的公民；五、养成适于新生产组织的健全分子；六、养成矢忠矢孝，即知即行，以手以脑贡献于国家民族的强有力的保卫者[③]。他要求人人在国家民族生存的基础上，忠于服务，战胜困难，做切实贡献，“人人须勉为一个复兴民族国家的新国民，人格好，体格好；人人有一种专长，为社会、国家效用”[④]。这一目的将职业教育完全置于国家独立、民族解放的大方向下并为之服务，具有鲜明的民族性、民主性和战斗性。

中华人民共和国一成立，黄炎培即指出：新中国的职业教育必须为“增加生产，繁荣经济”，“建设人民民主国家”服务，“为提高劳动者文化技术水平，造就新型知识分子服务”，其意义将更辉煌，使命更庄严、更伟大。他满怀信心地指出：“只有实现社会主义和共产主义，才能使人类职业问题获得最实际而完满的解决，才能十足地完成它最伟大的‘无业者有业，有业者乐业’

① 李军，等．中华文化通志·教育学志[M]．中华文化通志编委会，编．上海：上海人民出版社，2010：303.

② 黄炎培．黄炎培教育文选[M]．中华职业教育社，编．上海：上海教育出版社，1985：284.

③ 黄炎培．黄炎培教育文选[M]．中华职业教育社，编．上海：上海教育出版社，1985：293.

④ 黄炎培．黄炎培教育文选[M]．中华职业教育社，编．上海：上海教育出版社，1985：202.

的使命。”[①]

由上可见，黄炎培关于职业教育的目的是伴随着时代的步伐而前进的，随着历史的使命而发展的，这充分体现了他的民主革命精神和对教育本质的认识。

三、职业教育之办学方针

为确保职业教育的实施及其目的的实现，黄炎培根据大职业教育主义总方针，提出社会化和科学化的办学方针。

“社会化”的办学方针涵义有三：一是面向全社会办教育，社会需要某种人才，即办某种职业学校；二是全社会办职业教育，社会各方积极支持学校；三是办职业教育要参与社会一切事业，使学校教育与社会活动紧密结合，形成一体。他说：“离社会无教育，欲定所施为何种之教育，必察所处为何种之社会。”[②]黄炎培把“社会化”看作职业教育唯一的生命，指出：“职业学校最紧要的一点，譬如人身中的灵魂，‘得之则生，弗得则死’。是什么东西呢？从其本质来说，就是社会性；从其作用来说，就是社会化。……职业学校的基础，是完全筑于社会的需要上。”[③]因此，他强调：办职业教育必须根据社会需要，特别是农村社会生产、生活的需要以立方针，办何学校，设何专业，开何课程，修业长短，培养规格，学生出路，生产实习，教学时间安排，等等，都要切合社会实际的需要，绝对不允许“关门学习”，“在书本里讨生活”，也绝不允许“理想家和书呆子”干这些工作。

社会化的实质是“平民化”，即办职业教育必须首先面向平民阶层，特别是面向城乡工农劳苦大众，使他们有受职业教育以谋生计的机会。他说，职业教育“本身是平民化的，是为解决平民生计问题而产生出来的，是进步的”[④]。因此，他反复强调，办职业教育必须“从平民社会入手”[⑤]，“须下决心为大多数平民谋幸福”[⑥]。离开平民社会，离开乡村农工，便无职业教育可言。他大声疾呼：“吾国方盛倡普及教育，苟诚普及也，学校十之八九当属于

① 黄炎培.黄炎培教育文选[M].中华职业教育社，编.上海：上海教育出版社，1985：332.
② 朱宗震，陈伟忠.黄炎培研究文集：2[M].上海：文汇出版社，2001：119.
③ 黄炎培.黄炎培教育文选[M].中华职业教育社，编.上海：上海教育出版社，1985：179-180.
④ 黄炎培.黄炎培教育文选[M].中华职业教育社，编.上海：上海教育出版社，1985：333.
⑤ 黄炎培.黄炎培教育文选[M].中华职业教育社，编.上海：上海教育出版社，1985：151.
⑥ 黄炎培.黄炎培教育文选[M].中华职业教育社，编.上海：上海教育出版社，1985：165.

乡村，即其所设施十之八九，当为适于乡村生活之教育。”[①]他曾深入苏、皖、赣、浙、鲁、冀等省考察乡村教育状况，提出切合乡村实际的教育意见，并在苏浙等地创办以职业学校为中心、以乡村社会为教育对象的乡村改进实验区，全面推进乡村经济、政治、文化、科学、教育的改造。

“科学化”的办学方针，是指职业教育要建立在科学的基础上，用科学方法解决职业教育的问题。他说：“用科学解决，百业有进步；不用科学解决，便无进步。……职业教育，直接求百业的进步，间接关系国计民生大问题，并不会在科学之外，别有解决的新方法。”[②]如何用科学解决职业教育问题？他指出：一是用科学解决其物质方面问题，包括学校的专业设置、课程选定、教材编写、实习设施与配置以及教学训练的制定等等，都要调查研究，因地、因时、因需制宜，经过实验，逐渐推广，使其科学化。二是用科学解决人事方面问题，用科学管理方法组织建设职业教育机构，实现管理科学化。黄炎培还十分重视职业心理特点，指出要“因职业的各各不同，与人的天性、天才、兴趣、环境的各各不同”[③]，因人、因地、因需而施教，注重职业训练与个性发展的结合，并提出不同年龄阶段的重点和要求：小学（职业陶冶）、初中（职业指导）、高中（职业训练）、职后（职业补习），使职业教育符合心理发展的特点。

四、职业教育之教学原则和方法

黄炎培认为，“教育是方法，不是目的。是预定了的一种目的，而以教育为达此目的的方法”[④]。职业教育的目的在于“养成实际的、有效的生产能力，欲达此种境地，需要手脑并用”[⑤]。因此，他提出“手脑并用”，“做学合一”，“知识与技能并重”，“理论与实际并行”，“职业训练与职业道德统一”以及“学习一贯互进法”等原则和方法。

“手脑并用”、“做学合一”，是职业教育最重要、最基本的教学原则和方法。他指出：劳力与劳心对立，手与脑分离，是旧教育的最大祸害，我们的职业教育要一反过去，“使动手的读书，读书的动手。把读书和做工两下并起

① 黄炎培.黄炎培教育文选[M].中华职业教育社，编.上海：上海教育出版社，1985：93.
② 黄炎培.黄炎培教育文选[M].中华职业教育社，编.上海：上海教育出版社，1985：169.
③ 黄炎培.黄炎培教育文选[M].中华职业教育社，编.上海：上海教育出版社，1985：170.
④ 黄炎培.黄炎培教育文选[M].中华职业教育社，编.上海：上海教育出版社，1985：234.
⑤ 朱永新.中外思想教育史[M].南京：南京大学出版社，2015：236.

家来。要使人们明了，世界文明是人类手和脑两部分联合产生出来的。作工自养，是人们最高尚最光明的生活。……吾们亲身做工，同时还要用书本来阐发作工的原理和方法"[①]。他在教学实践中，极力贯彻这项原则，如规定职业学校半日上课学习，半日工作劳动；注重生产实习，毕业生实习一年能胜任工作者，再发毕业证书，务期培养既能动手、又能动脑，手脑并用、即知即行的专门实用人才。由这一原则引申出来的"知识与技能并重"，"理论与实际并行"等教学原则，均是为培养"手脑并用"的人才服务，并使之具体化。诸如提出学校一切设施要与社会沟通，与职业结合；所授功课应为生活所必需，切不可重理论、轻实习；业务训练万不可长惰而废服务；等等。

黄炎培非常注重职业道德教育与训练，认为这是职业教育的真义所在。他指出："职业学校除普通的道德训练外，须切合于是项职业社会之需要。"[②]他把"为群服务"，"为大多数平民谋幸福"作为职业训练的第一要义，将"劳工神圣"，"利居众后，责在人先"作为职业道德的基本规范，务使学生养成服务社会之人生，养成责任心、勤劳习惯和互助合作精神，养成职业之感情和乐趣，养成积极的创造精神、稳健的改进精神和理性的服从美德，养成优美和悦之情操和健全的人格，养成经济观念和科学态度，等等，一切为着社会发展、国家繁荣、民族强盛而劳动。这些职业道德教育，一反过去"读书做官"、"劳动为耻"、"劳心者治人"等封建道德观念，具有深刻的进步意义和时代精神。

黄炎培还积极倡导"学习一贯互进法"，即初中毕业→就其才能、个性补修高中某种分科→毕业后依所学实习一年→升入专科大学→毕业后依所学就职一二年→入研究院或就学外国→学成正式就职。他认为，这一方法有如下优越性：一是学而习，习而复学，使其所学与社会需要相配合，免蹈一般学非所用的流弊；二是使青年聚精会神于一种专科，学于此，习于此，所学知识必较普通教育方法所得切实而熟练；三是可使中材子弟得较可靠的一技之长，立身而报国，天资较高者必可养成具有实际学力与实际服务的专家，将见重于国家社会。

以上原则和方法，揭示了教学的普遍规律，对于打破脑体对立，学校与

① 黄炎培．黄炎培教育文选[M]．中华职业教育社，编．上海：上海教育出版社，1985：194．

② 李军，等．中华文化通志·教育学志[M]．中华文化通志编委会，编．上海：上海人民出版社，2010：307．

社会隔绝、理论与实际分离的旧教育制度，建立脑体结合、学校与社会沟通、理论与实际统一的新教育制度，对于培养手脑并用、智能双全的实用人才等方面，都具有重大的理论意义和实际意义。

综上所述，黄炎培的职业教育理论，充分体现了他的民主爱国精神和时代特征。他关于职业教育的本质、地位、作用、目的、方针的论述，比较正确地解决了教育与生产力发展、社会改造、民生改善以及个人生计等方面的关系。他倡导的“大职业教育主义”理论，“富教合一”、“建教一体”与“划区施教”主张，以及乡村改进实验，较为切合我国社会实际，符合广大民众特别是农民群众的切身利益，创建了我国职业教育的新制度。他提出的“手脑并用”、“做学合一”等教学原则和方法，揭示了教学的基本规律，建立起具有特色的教学新体系。黄炎培的职业教育理论、思想和主张，在我国近现代教育史上占据极重要的地位。对当前改革和发展我国教育特别是职业教育仍具有借鉴意义。

（本文系人民教育出版社2000年版《当代大教育论·农村教育论》中的一部分，收入本文集时有改动）

略述陶行知的乡村教育思想

陶行知（1891—1946年），原名文浚，又名知行，后改为行知，安徽歙县人，我国近现代伟大的人民教育家，杰出的人民民主革命战士和党外布尔什维克。曾留学美国，受教于杜威、孟禄，受他们的教育思想影响很大。回国后，致力于中国教育的改革，提倡新教育。先后倡导并竭力推行乡村教育运动，普及民众教育和“科学下嫁”运动，抗战教育运动，等等，矢志“要使全中国人都受到教育”而献身于人民教育事业，为革命培养了大量人才。他在长期教育实践中探索中国教育的新路，建构起一套独具特色的崭新教育理论——“生活教育”，为改革中国的旧教育，创造人民新教育作出了重大贡献。本文仅就陶行知的乡村教育思想略作概述。

一、乡村教育之地位——“立国根本大计”

为了加深对这个问题的认识和理解，必须先对当时的历史背景和教育状况加以了解。当时，我国正处在“天崩地裂”的大动荡、大分裂、大斗争、大改组的历史时期。一方面，以清政府为代表的腐朽封建势力已被推翻，但封建地主阶级及其政治势力仍然存在。又一方面，东西方帝国主义者侵略霸占中国，妄图灭亡中国的野心日甚一日，中国面临灭亡、灭种的危险。再一方面，中国人民、进步知识分子、一切爱国人士日益觉醒，救国救民、图存复兴，反抗外来侵略的斗争日益激烈壮大。中国人深知，面对如此尖锐、激烈复杂的斗争，中华民族不是在斗争中复生，就是在斗争中灭亡。所以，中国人民为谋求救国救民之道，曾提出过包括教育在内的改造社会的主张和构想，并为之前仆后继、奋斗牺牲，但都以失败告终。五四运动以后，马克思列宁主义在中国广泛传播，特别是中国共产党的成立，让中国人民有了新的希望和精神力量。因而，在知识教育界涌现出两大思潮：一是以马列主义理论为指导的工农群众教育运动；二是以资产阶级教育思想为指导的新教育运动。这两大思潮反映了不同的立场、方向和矛盾斗争。到了20世纪二三十年代，中国教育问题的热点转向农村教育，并在理论上和实践上形成了诸多学派，因而出现了较为广泛的乡村教育运动。其中主要学派和代表人物有：陶行知的乡村教育、黄炎培的职业教育、晏阳初的平民教育、梁漱溟的乡村建设理论。尽管他们的理论和实践的立场、观点、方法不尽相同，但都有一个共同的特点，即顺应了社会潮流，反映了时代气息，在一定程度上符合广大人民群众的利益，因而具有历史的进步性和民主性，对我国近现代农村教育理论的形成和教育实践的发展起了积极的推动作用。我们认为，只有从历史的高度，才能准确而深刻地认识和理解他们思想的重大意义。

陶行知极其重视乡村教育，反复强调，中国以农立国，全国十之八九人口在农村，可是农村教育极不发达，乡村学校只占总数的百分之十。而且这百分之十的学校又走错了路，教人离开乡下往城里跑，羡慕奢华，看不起务农，脱离劳动，把农民子弟变成书呆子……这种极不合理的状况，决非“立国的根本大计”。因此，他提出教育下乡运动，主张改变乡村教育，把乡村教育作为“立国根本大计”来抓，走“教育与农业携手”的新路，以建设适合乡村实际、适应农民生活需要的乡村教育。这种活的乡村教育要教农民造富致富、自立自治，为发展农村经济，改造农村社会，改善农民生活，转变农村贫穷落后面貌服务。他强调指出，只有坚持这样发展的道路，才是农村真正需要的教育；只有这样的乡村教育，才能真正成为立国的根基，使中国农村“从农业文明过渡到工业文明”，成为现代文明的新农村。

二、乡村教育之理论——“生活教育理论”

生活教育理论是陶行知教育思想的理论基础，包括“生活即教育”，“社会即学校”，“教学做合一”等基本理论。其精神实质在使教育与社会生活联系，与生产劳动结合，理论与实践统一，使教育适应人民大众实际生活的需要。对这一理论，陶行知曾概括说：“从定义上说，生活教育是给生活以教育，用生活来教育，为生活向前向上的需要而教育。从生活与教育的关系上说，是生活决定教育。从效力上说，教育要通过生活才能发出力量而成为真正的教育。‘教学做’合一是生活法亦即教育法。……在‘劳力上劳心’，以期理论与实践统一。‘社会即学校’这一原则是把教育从鸟笼里解放出来。……总之，生活教育理论是半殖民地半封建的中国争取自由平等的教育理论。”[①]可见，生活教育理论是教育与生活、学校与社会、理论与实践相统一的理论，是民族解放、大众解放、人类解放的武器，它具有生活的、行动的、大众的、前进的、世界的、有历史联系的六大特质，它的使命是要运用生活的力量来改造生活，改造社会，造福人民，争取国家独立、民族解放，使人民大众都能享受文明幸福，做国家的主人。

（一）“生活即教育”

这是生活教育理论的核心，其意是：以生活为教育的中心，教育要以生活为基础。陶行知所讲的“生活”，是指人民大众改造社会、改造农村的生产实践和生活实践。因此，生活即教育的实质就是以人民大众和社会生产生活为中心的教育。而人民大众的生活是运动的、变化的、前进的，因而，他不断随着人民大众生活之变化而赋予生活教育以新的内涵和目标，在不同时期按照人民大众前进生活的需要，提出过平民教育、乡村教育、国难教育、抗战教育、民主教育等等，都贯穿着新的向前向上的生活内容。可见，“生活即教育”是以人民大众前进的生活实际为中心内容，以改造社会、改造农村、造福人民为任务，以争取民族独立、国家富强、人民解放，创建新社会、新国家为目标的反帝反封建的民族民主革命的教育。

（二）“社会即学校”

这是生活教育理论的重要思想。基本含义是以社会为学校，以人民大众的社会生活为教育场所，使教育从“鸟笼”里解放出来，实现学校与社会、教育与生活的结合。他说，“整个社会是生活的场所，亦即教育之场所”，“社会是大众的唯一学校，生活是大众的唯一的教育”[②]。在社会这个大学校里，人人都是先生，人人都是学生，随处都是活书，都是学问，都是本领。因此，我们必须把学校置于这个大社会的课堂之中，使学生学习生活，增进知识，增长才干，增强信仰，去改造生活，创造生活。

---

① 江苏省陶行知教育思想研究会，南京晓庄师范陶行知研究室．陶行知文集[M]．南京：江苏人民出版社，1981：694.

② 陶行知．陶行知全集：第2卷[M]．方明，编．2版．成都：四川教育出版社，2009：277-278.

（三）“教学做合一”

这是生活教育的教学论和方法论。其基本含义是：生活法亦即教育法，怎样做便怎样学，怎样学便怎样教，教的方法根据学的方法，学的方法根据做什么。他说：“在生活里，对事说是做，对己之长进说是学，对人之影响说是教。教学做只是一种生活之三方面，而不是三个各不相谋的过程。”[①]因此，“教学做合一”是按生活原样进行教育教学的方法。他特别强调“做”是“教”与“学”的基础和中心，先生合乎做来教乃是真教，学生合乎做来学方是实学。教学做都要在“必有事焉”即人民大众的生产生活实践上用功夫，才能获得真知，学得本领，达到改造生活、创造未来的目的。可见，教学做合一乃是以生活为基础，以做为中心，以教会学生为目的的教育方法，核心思想在于培养“手脑并用”、“脑体结合”、“知行统一”的新人。

总之，生活教育理论是一个完整的理论体系。“生活即教育”是其理论核心，“社会即学校”是其教育的课堂，“教学做合一”是其教育的方法论，三者在实践基础上统一成一个整体。这一理论的创立和实践，在反对传统教育、洋化教育中起着冲锋陷阵的作用，在创建新的人民教育制度和体系等方面起着重要的推动作用。

三、乡村教育之目的——培养农民“向上向前”的“生活力”和“创造力”

根据生活教育的总目标，陶行知提出乡村教育的目的在于培养“向上向前”的生活，并富有“生活力”和“创造力”的新农民。对于这样一代新农民应达到以下目标。

第一，成为“最有生活力”的农村新主人。

陶行知反复强调乡村教育必须教育农民热爱农村、扎根农村、改造农村、造富农村，使他们富有“向上向前”生活的精神，成为“最有生活力”的农村新主人。他所讲的“生活力”，是指具有前进的、健康的、劳动的、民主的、科学的、艺术的生活，力求向上向前；具有征服自然，改造社会，造福农村，创造美好幸福生活的本领；具有自主、自立、自治、自动的能力，走

① 陶行知.陶行知全集：第2卷[M].方明，编.2版.成都：四川教育出版社，2009：528.

“共同自治”的道路，成为能组织、能团结、能为共同幸福从事共同活动的新国民。他指出，培养这些能力，是农民自身生存发展的需要，是农村社会共同进化的需要，是生活事业本体之需要，是增进富力、增强国力之需要，因而它是乡村教育最重要、最紧迫的任务。

第二，成为“手脑双全”、富于“创造力”的农村建设者。

陶行知针对旧中国的教育“单教劳心不教劳力”、“脑体分离”的通病，提出教育的出路在“教劳心者劳力”，“教劳力者劳心”，造就脑指挥手，手开动脑的手脑健全的人。他明确指出：“唯独贯彻在劳力上劳心的教育，才能造就在劳力上劳心的人类；也唯独在劳力上劳心的人类，才能征服自然势力，创造大同社会。”①因此，他要求学校把培养“体脑统一”、“手脑双全”、富有“创造力”的人才置于一切教育的首位，使人具有健康的体力、劳动的身手，科学的头脑，艺术的兴趣和团体自治的精神。

陶行知尤其重视“创造力”的培养，并提出“创造教育”主张，指出创造教育之真谛在于“创造健康之堡垒，创造艺术之环境，创造生活之园地，创造学术之气候，创造真善美之人格”②，培养人的向前开辟创造的能力，并运用产生新价值之力量创造美好幸福的新生活，创造合理和谐的新社会，创造科学民主的新中国和自由平等的新世界。为此目的，他积极倡导“科学下嫁”，使人人都能在科学的生活中学科学，在共同的创造中学创造，养成科学的头脑和科学的能力，走科学的创造之路。学校要大力加强科学教育，培养学生的科学兴趣，发展学生的科学智慧和创造天才，教会他们去追求真理，创造生活，特别是要从小抓起，“厉行小学之科学教育，造就科学的儿童，以建设二十年后之科学的中国”③。对此，他提出给儿童实行六大解放：一、解放儿童的头脑，使之能思；二、解放儿童的双手，使之能干；三、解放儿童的眼睛，使之能看；四、解放儿童的嘴，使之能读；五、解放儿童的空间，使之能接触大自然和社会；六、解放儿童的时间，使之有时间学习生活，学习创造。只有做到这六大解放，才能培养出科学的儿童。

第三，成为“从农业文明走向工业文明”的创造者。

陶行知明确提出，中国农村的出路是“从农业文明走向工业文明”，走农

① 陶行知.生活教育文选[M].成都:四川教育出版社,1988:197.
② 陶行知.陶行知全集:第4卷[M].方明,编.2版.成都:四川教育出版社,2009:38.
③ 陶行知.陶行知全集:第2卷[M].方明,编.2版.成都:四川教育出版社,2009:68.

业工业化的道路。乡村教育的重要任务，就是教农民认识并创造合理的工业文明，在合理的工业上出头，执工商业之牛耳，做机器的主人；教农民掌握驾驭自然力量的科学，使科学成为工业文明之母，把科学用到农业上去，使地尽其用，野无荒地；教农民打破“贫而乐、安于现状、不思进取”等思想观念，重定人生价值标准，确立适应工业文明的道德、思想、法律、教育和人生观，做新文明的创造者，使农业成为工业化的农业，农民成为农业工业化的主人。他强调这是中华民族的真正出路，也是农村教育的最终目的。

四、乡村师范教育与乡村教师——乡村教育及乡村改造根本之谋

陶行知极其重视乡村师范教育之改革和乡村教师之培养，指出这是乡村教育与乡村改造成败之关键。他说：“地方教育及乡村改造的成败，是靠着人才为转移。所以乡村师资是地方教育之先决问题，也就是改造乡村的先决问题……我们要想达到运用教育改造乡村的目的，必须出代价去培养教师，去培养教师的教师……这是地方教育根本之谋，也是改造乡村根本之谋。”[①]他针对当时师范教育城市化，脱离农村实际，毕业生不愿下乡，乡村教师奇缺等问题，提出“师范教育下乡运动”，亲自创办晓庄试验乡村师范，设想“征集一百万个同志，创设一百万个学校，改造一百万个乡村”计划，并提出一系列改革主张。他反复强调，乡村师范教育最重要的是要根据乡村实际需要，一切从乡村人民和儿童向上向前的生活出发，创建活的乡村师范，造就活的乡村人民教师，去培养活的学生、活的国民，其根本宗旨是“培养乡村儿童和人民所敬爱之导师”，使他们具有“农人身手，科学头脑，艺术兴趣，改造社会精神”[②]，全心全意为改造和发展乡村教育奋斗终身。为此，他要求乡村教师必须做到下列几点。

（一）成为学校和乡村的灵魂。他指出：“在教师的手里操着幼年人的命运，便操着民族和人类的命运。”[③]因此，教师必须具有高尚的人格，坚定的生活信仰，执着的理想追求，深挚的人民感情，有一颗同“农民甘苦化的心”，把全部身心都献给乡村人民和儿童，只有这样才能成为学校和乡村的

① 陶行知.陶行知全集:第3卷[M].方明,编.2版.成都:四川教育出版社,2009:354.
② 陶行知.陶行知全集:第8卷[M].方明,编.2版.成都:四川教育出版社,2009:228.
③ 陶行知.陶行知全集:第2卷[M].方明,编.2版.成都:四川教育出版社,2009:352.

灵魂。

（二）成为社会改造的领导者。他指出："教育就是社会改造，教师就是社会改造的领导者。"①因此，教师必须具有高度的社会使命感和责任感，具有改造社会的精神、毅力和决心，并运用教育的力量指引、帮助农民为改造旧农村、建设新农村、创建新中国而团结奋进。

（三）成为真理的传播者、捍卫者。他要求教师必须具有科学的头脑，追求捍卫真理的精神，讲真话，驳假话，反伪知，用真知识、活知识把农民的头脑灌输成科学的头脑，使他们为自己致富，为社会、国家致富。

（四）教师的天职是变化、自化、化人。因此，乡村教师必须首先"农民化"，有"农夫的身手"。要深入农村，拜农民为师，做农民的小学生和知心朋友，做到"农民化"，而后才能"化农民"，才能引导他们不断向上向前、创造新的生活。

总之，陶行知的乡村教育思想符合我国农村的特点，适合广大农民实际生活的需要，具有鲜明的中国特色。他在教育理论上的建树独树一帜，闪烁着真理的光芒；他在乡村教育实践上开拓创新，功绩卓著，开创了中国乡村教育的新道路；他献身人民教育事业和探索真理、追求革命的精神以及他所走的革命道路，为中国知识分子树立了光辉典范。这一切，对我国农村教育改革和发展具有深远的指导意义。

（本文系人民教育出版社2000年版《当代大教育论·农村教育论》中的一部分，收入本文集时有改动）

① 陶行知.陶行知全集：第2卷[M].方明，编.2版.成都：四川教育出版社，2009：352.

晏阳初平民教育思想述评

晏阳初（1893—1990年），我国近现代著名教育家，平民教育运动与乡村改造的倡导者和实行者。原名兴复，曾用名遇春，四川巴中人。他毕生致力于中国和国际平民教育，探索以教育改造乡村社会的道路，创造了一套完整的平民教育理论与经验，对我国及世界都产生过重大影响。

一、平民教育的地位和使命

晏阳初一向认为，中国是以农业立国的国家，农村是中国社会的基础，中国社会一切问题的解决与否都取决于农村。可是，农村破产，民生凋敝，整个社会患着“瞎、聋、哑”的顽症，广大农民陷于愚、穷、弱、私的悲状之中，中国丧失赖以生存和发展的基础。而当时所谓的“新教育”，不顾中国的特点、时间和空间，全模仿外国，变成“中国人在中国办外国教育”，结果导致了整个中国教育的破产。对于中国问题的解决，他明确指出：既不能仿古，也不能仿欧，唯有从中国特点出发，从平民教育入手，特别是把教育重点放在农村广大贫苦农民的教育上，提高国民素质，培养国民元气，改进国民生活，才能从根本上巩固国家的基础。否则，国家主权将会旁落，民族将会无以生存，乃至亡国亡族。所以，他把拯救国家民族的希望全寄于教育上。他说，中国“亡不亡全在教育界。教育界可以支配中国，支配前途，改造社会”[①]。因为“民为邦本，本固邦宁”。平民教育正是从“本”上巩固国家的基础。由此可见，晏阳初把平民教育视作立国之根本，作为民族自立、国家自固的根基，作为改造社会、解决人民“瞎聋哑”、愚穷弱问题的根本保证。

基于上述认识，他提出平民教育有三大使命：“人的改造”、“社会改造”和“民族再造”。他指出：中国由于外国侵略者入侵和国内封建势力压迫，造

① 孙孔懿.论教育家[M].北京:人民教育出版社,2006:243.

成国家纷乱，社会不宁，人格不平等，民众被剥夺了受教育的权利，特别是农村受害尤烈，广大农民完全陷入“脑矿”未开的落后愚昧状态。但在广大农村蕴藏着无比巨大的潜在力量，是世界上最大的“脑矿”蕴藏地。因此，开发农村人口“脑矿”是平民教育最重要、最紧迫的使命，通过给三万万农民受教育的机会，开启民智、唤起觉醒，谋治愚穷弱私，提高国民素质，完成“造人”的使命。他强调这是解决中国整个社会问题的根本。

晏阳初把“人的改造”与“社会改造”、“民族再造”三者紧密结合进来。当他把平民教育转入乡村建设以后，这一运动就成为人的改造、社会改造和民族再造相统一的乡村建设运动，即通过教育改造人这个根本，进而实现社会与民族的改造和再造。“社会改造”的使命在于改造农村旧生活，创造农村新生活，在改造生活中发扬民族优秀传统和美德，培养民族新人格。“民族再造”包含民族文化和民族生活两个方面的改造，其使命是“对于民族的衰老，要培养他的新生命；对于民族的堕落，要振拔他的新人格；对于民族的涣散，要促成他的新团结新组织”①，并在民族优良文化传统的基础上，创造中华民族的新文化和新生活，最终实现整个国家民族伟大的新生命的创造。晏阳初的这些见解虽有其理论价值和实际意义，但在当时的社会现实条件下是无法实现的。

二、平民教育的宗旨和目标

晏阳初提出平民教育的根本宗旨为“除文盲，作新民”。他阐述这一宗旨时说：“我们内受固有文化的陶育，外受世界共同新潮的教训，自觉欲尽修齐治平的责任，舍抱定‘除文盲作新民’的宗旨，从事于平民教育的工作而外，别无根本良谋。”②全国绝大多数人口是文盲，过着“瞎聋哑”的生活，一个文盲充斥的国家何能生存于世，又何能与世界先进文明国家相抗衡。故此，平民教育必须首先以“除文盲”作为第一目标，使“男男女女、老老少少，一齐见光明”③。“作新民”是平民教育的最高目标，即提高民众文化，唤醒民众觉悟，振奋民众精神，塑造民众人格，发展民众智慧，培养民众能力，成为有知识力、生产力、公共心和健康体魄的“整个的人”。他说：“平民教

① 毛礼锐，沈灌群．中国教育通史：第五卷[M]．济南：山东教育出版社，1988：562.

② 毛礼锐，沈灌群．中国教育通史：第五卷[M]．济南：山东教育出版社，1988：561.

③ 宋恩荣，杨华军．晏阳初画传[M]．成都：四川教育出版社，2011：103.

育的目的是教人做人。做什么人？做‘整个的人’。第一要有知识力，第二要有生产力，第三要有公德心。”[①]为达到这个目标，他提出应急需实施三个方面的教育：第一，知识教育，培养知识力。使农民掌握必要的文化科学知识，增强自觉意识和国家民族观念，提高改造生活、创造生活的能力。第二，科学技术教育，培养生产力。使农民掌握和应用科学技术，提高改造自然的本领，培养自给自养的能力，做到“农民科学化，科学简单化”。第三，公民教育，培养公共意识和组织能力，克服自私散漫恶习，养成团结互助美德，提高自治、自强、自卫的生活能力和习惯。

总之，晏阳初提出的“除文盲，作新民”的宗旨，是以我国历史文化背景和社会现实为依据的，具有历史的和实际的意义。

三、平民教育的原则、内容和方法

为了培养“新民”，实现“民族再造”，晏阳初一反古董式的中国教育和西洋式的舶来教育，提出实施“实验的改造民族生活的教育”，贯彻“教育即生命”，“教育即生活”的原则。所谓“教育即生命”，即教育在于培养民族新生命，振拔国民之新人格，以谋民族之振新和人民之觉醒。所谓“教育即生活”，即教育必须与实际生活相一致，在生活历练中以求改造旧生活，创造新生活。因此，他要求教者与学者都要深入农村，在农村实际生活中受教育、受锻炼，发现问题、研究问题和解决问题，绝不能脱离农村实际，躲在城市或书斋里搞农村教育，否则，非但无助于农村问题的解决，反使国家、民族受害，误国误民。

依据上述原则，他提出运用“三种教育方式”，实施“四大教育”，完成“六大任务”的构想，并进行了实验。三种教育方式是：学校式教育、社会式教育、家庭式教育。四大教育是：以文艺教育救愚、以生计教育救穷、以卫生教育救弱、以公民教育救私。通过这三大方式和四大教育，使广大农民成为有知识力、生产力、强健力和团结力的新民，去实现政治建设、教育建设、经济建设、自卫建设、卫生建设、礼俗建设六大任务，完成整个乡村建设和民族再造的使命。

对于进行这些教育，他还提出了具体要求，进行了大量实验。他指出，

---

① 晏阳初.平民教育与乡村建设运动[M].宋恩荣，编.北京：商务印书馆，2014：50.

文艺教育要从扫盲入手，使农民掌握学知识的工具；进而进行文化教育、提高认识力，使农民具有文化生活、社会生活及改造自然的能力，从而达到治愚的目标。他曾编辑了多种常用字词表、识字课本，编写了数百种平民通俗读物、自修课本和大量民间文艺、歌曲、绘画等资料，供农民学习和阅读。关于生计教育，他强调：一是从发展农业生产入手，加强农业科学研究和农业知识与技术的学习推广，以振兴农村经济；二是教育农民通过办自助社、合作社及合作联合会等形式，使破产农民走上互助合作经济的道路；三要改良农村手工业，兴办农村工业，发展农村副业，以增加农民经济收入。他还组织了生计巡回训练实验学校，作为推广农业科学技术的基地。通过这些措施，达到“治穷”的目的。关于卫生教育，他认为要通过建立由村到县的农村医疗卫生保健制度及巡回治疗与卫生教育培养身心强健的力量，使人人成为健康的国民。公民教育，通过民族精神教育、公民意识训练和道德观念培养，使他们具有公共心、团结力、自治力，形成地方自治的基础。

对于三大教育方式，他要求学校式教育要以农村青年为主要对象，分设初级和高级平民学校及卫计巡回学校，采用开导式、导生传习制等方式，利用业余时间进行教与学。社会式教育，以平民学校毕业生同学会为其中心组织形式，向民众及有组织的农民团体进行四大教育。家庭式教育主要是将社会各个家庭成员组织起来（如成立家主会、主妇会、少年会、闺女会、幼童会等），按其特点和需要进行四大教育。他特别强调，实施这些教育要因时、地、人制宜，相互分工合作，相互推动，持之以恒，形成一个统一的良好教育环境。

总之，晏阳初所倡导的平民教育运动，实际是一次试图通过教育谋图改造中国社会的乡村建设运动，实现人的改造、社会改造与民族再造，最终达到创建新农村、新中国的目的。其立场是爱国的，愿望是善良的，行动是积极的，精神是可贵的，在我国及世界的教育史上有其历史地位和进步意义。但他并未抓住中国社会问题的本质及根源所在，他所走的道路和采用的方法，是一种社会改良主义，这就决定了他的理论的破灭和实践的夭折。

（本文系人民教育出版社2000年版《当代大教育论·农村教育论》中的一部分，收入本文集时有改动）

梁漱溟乡村教育思想述评

梁漱溟（1893—1988年），原名焕鼎，字寿铭，广西桂林人。我国现代著名思想家、教育家，乡村建设运动倡导者。早年加入中国同盟会，一度热衷于空想社会主义，转而研究佛学及东西文化比较，而独发孔子哲学。1917至1924年，执教于北京大学。其后，从事乡村建设运动。历任广州建设委员会代主席、河南村治学院教务长、山东建设研究院研究部主任和院长。抗日战争和解放战争期间，为抗日救亡与和平民主奔走呼号。中华人民共和国成立后，历任全国政协委员，中国文化书院主席。主要著作有《东西文化及其哲学》、《乡村建设理论》、《中国文化要义》、《东方学术概观》、《人心与人生》等。

一、乡村教育的社会地位和功能

梁漱溟对教育赋予了特殊的意义，认为中国原本是一个大农业社会，素以农业立国，农村蕴藏着深厚的中国固有理性文化和民族精神，它是中国社会的根本，也是中国文化的根基。中国社会的一切建设，离开乡村和乡村建设，都将失去其根基而无新生命。他说："构成中国社会的是一些农村。……其实是要农村兴盛，全个社会才能兴盛；农村得到安定，全个社会才能真安定。设或农村没有新生命，中国也就不能有新生命。我们只能从农村的新生命里来求中国的新生命。"[①]他又说："就从这点上说，中国的建设问题便应当是'乡村建设'。"[②]他所谓的乡村建设即是乡村教育，包括经济、政治、教育或文化三个方面，实质是以乡村教育为中心，通过"乡治"的道路，谋求乡村社会之发达和民族之自觉，完成"乡村文明"建设之大任，进而辟造全社会之改造，全民族之觉醒和中国固有之文明。他把这一乡村教育称为"乡村

① 梁漱溟.梁漱溟教育文集[M].宋恩荣，编.南京：江苏教育出版社，1987：17.
② 梁漱溟.梁漱溟教育文集[M].宋恩荣，编.南京：江苏教育出版社，1987：41.

建设运动”或“乡村自救运动”。他说：“此乡村建设是一个含有极充分、极强烈的民族自觉的乡村建设运动，……所谓‘民族自觉’，就是使中国人认识自己，认识自己的民族精神。……充分的含有民族自觉的意思的乡村运动，才是中国民族自救运动转变到最后的一个方向。”[①]可见，梁漱溟非常重视乡村特别是乡村教育在中国社会改造及建设中的特殊地位和重大作用，它维系着中国文化的复兴、民族精神的觉醒、中国社会的改造和人类文明的创造。乡村教育的具体功能表现在以下几个方面：

（一）教育是“绵延文化而求进步的重要武器”

梁漱溟认为，文化是人类赖以生活的基础，是社会得以延续和发展的基石，而教育负有绵延文化而求其进步的重要功能。就是说，教育担负着传递文化、改造文化、辟造文化、推进文化进步的主要任务。他反复强调，中国文化的特征是理性开发早、凝固力强、时间久长而空域广，从而形成了中国人固有的理性、民族精神和伦理道德，它是人本的、现实的、合于人类理性思维而远于宗教的，这是中国文化的根本，也是中国社会和民族精神的根本。然而，近百年来，由于西方文化的侵入而发生中西文化的冲撞，造成了中国人理性破坏，民族精神崩溃，文化失调的问题。在他看来，解决中国社会问题，就是解决中国文化失调的问题。故而，“教育应尽其推进文化改造社会之功”[②]，即以教育推进中国文化的复兴与进步，唤起中国民族精神的觉醒，并以中国文化固有理性之精神融合西方文化理智之长处，从而达到中国文化之创新、中国民族之自觉和中国社会之改造的目的。他确信而断言：“民族文化可有第二度的创新、有第二度的生命。”[③]

（二）教育是“推进社会，组织乡村”的强大动力

梁漱溟指出，教育肩负着两大使命：一是推进社会；二是组织乡村。所谓推进社会，就是以整个社会民众为对象，运用教育的力量，推进社会的改造与进步，实现他理想中的最有组织的社会。所谓组织乡村，就是通过教育把全乡村社会组织起来，使农民自觉而有组织地产生力量，解决他们自身的

① 梁漱溟.梁漱溟教育文集[M].宋恩荣，编.南京：江苏教育出版社，1987：171.
② 梁漱溟.梁漱溟教育文集[M].宋恩荣，编.南京：江苏教育出版社，1987：101.
③ 梁漱溟.梁漱溟教育文集[M].宋恩荣，编.南京：江苏教育出版社，1987：164.

问题，完成建设“乡村文明”的任务。他强调此两项任务的关键和核心是组织乡村，这是因为中国乡村历来在文化上、政治上、经济上均无地位，造成乡村极端的愚、弱、贫，而三者又是连环的：“愈贫，愈弱，愈愚……其势愈亟，其象愈险。”[①]解决此问题的唯一办法就是通过教育走组织乡村、建设乡村的道路。具体说，经济上走“合作”的路，政治上走“乡治”的路，教育文化上走开发智能、启迪自觉的路，培起乡村经济力量、政治力量和组织力量，从而完成组织乡村的任务。为达此目的，他提出几点精神：一、以乡村为本，将社会重心从都市移植于乡村，使乡村与都市相沟通调和，均衡发展；二、以人为本，非以“钱”为本，使人支配物而非物支配人，人人自爱爱人，自觉觉人，和谐发展；三、建立“乡村自治体”，实现乡村自治、自立、自卫，使政治、经济、教育融合为一体；四、实施“社会本位教育”，以全社会为对象，着重于平民教育，特别是成人教育和社会教育；五、以教统政，形成社会知识“头脑”，去“左右政治”，“领导政府”。他认为，唯有如此，教育才能完成推进社会、组织乡村的任务，最终完成全社会的改造与新建的伟大使命。

（三）教育是建立“大社会新经济构造”的基础

梁漱溟认为，中国经济问题便是乡村经济建设问题。因为农村经济落后、凋敝，农村人口最多、最穷，受的剥削最为严重，离开农村经济建设，中国经济断无出头的希望。因此，他强调农民是中国经济问题的主人翁。中国经济建设的下手处，就是组织农民走合作经济的道路。教育的任务就是教育农民联合起来，谋求生产技术的改进和经济秩序的改造，实现经济自卫、自立。同时，从农业引发工业，使农业与工业、农村与城市协调发展，建立社会化的新经济构造。据此，他提出以下主张：一、在乡村普遍推行合作制，并逐步扩大为全社会的大组织，不走资本主义竞争与私人发财之路；二、从农业引发工业，使农业与工业均衡发展，逐步实现农业工业化文明，不走城市剥削农村的老路；三、社会生产要以社会消费为目的，不蹈西方为私人营利而生产的覆辙；四、大力引进先进科学技术知识，开发农村智力和资源，促进农业和其他生产事业的发展。

---

① 梁漱溟.梁漱溟教育文集[M].宋恩荣，编.南京：江苏教育出版社，1987：45–46.

梁漱溟充分论证了教育在国家建设、社会改造和文化发展中的特殊地位和重要作用，总体说来是深刻的，是很有见地的，应当予以肯定。但是，他主张“伦理本位，职业分途”，否定中国社会的阶级对立，惧怕暴力革命，企图以教育来完成社会改造，这是一种社会改良的思想和路线，违背了马克思主义原理，是不可能实现的。

二、乡村教育的目的和要求

梁漱溟认为，教育之于人在求个体生命之发展和生活之向上。有人的生命，于是便有生活，便有教育，便有个体生命的发展和社会生命之创建。他说，“唯于人类生命而后教育为可能；亦唯人类生活乃需要教育”①，“教育是人类个体生命与社会生命的贯串”②。离开教育，不仅个体生命不能继续与发展，而社会生命更无以发展和创新。故此，梁漱溟强调：教育的目的在谋个体和社会生命之发展和生活之向上，“教育应当是着眼一个人的全生活而领着他去走人生大路，于身体的活泼、心理的活泼两点，实为根本重要”③。所谓“全生活”，是指生理的和心理的、物质的和精神的、思想的和文化的，经济的和政治的等全部生活。教育的任务就是促进人在这些方面均获得进步与发展，“长养人发达人的智力体力各种能力”，用“心、思、耳、目、手足的力量，来实做他们自己的生活”④。所谓“人生大路”，就是从人生问题上启发指点，使之懂得人生之理，确立合理的人生态度，振奋人生的精神，怀有民族复兴的心愿志向，有“自爱爱人，自新新民”之心，无世俗浮荣、虚名俗利之念，志气刚毅，奋发上进，能负起时代的责任和开创新生活的使命，创造中国社会的新生活和文化的新局面。为达此目的，他要求加强以下几方面的教育。

（一）“人生行谊”和“精神陶炼”教育

“人生行谊”教育，即人生态度、行为品德、人伦情意教育；“精神陶炼”，即深心大愿、民族精神、人类理性的教育。他指出：中国自古以来非常

① 梁漱溟.梁漱溟教育文集[M].宋恩荣，编.南京：江苏教育出版社，1987：253.

② 梁漱溟.梁漱溟教育文集[M].宋恩荣，编.南京：江苏教育出版社，1987：225.

③ 梁漱溟.梁漱溟教育文集[M].宋恩荣，编.南京：江苏教育出版社，1987：9.

④ 梁漱溟.梁漱溟教育文集[M].宋恩荣，编.南京：江苏教育出版社，1987：33.

注重这方面的教育与陶炼，并将其置于一切教育的首位。这是我国教育的优点和特点，也是迥异于西方教育重知识技能教育的根本之点。但是，现在中国教育却丢弃了这个优良传统，致使人生行谊败坏，民族精神颓丧，人民理性泯灭。因此，他反复强调：中国教育“必自人生行谊教育之重提，而后其他一切知识技能教育乃得著其功；抑必将始终以人生行谊教育为基点，而发达其他一切知识技能教育焉”[①]。从人生问题入手，大力加强行谊教育与道德训练，方能树起自觉向上的人生态度，复兴中国人固有的理性和民族精神。梁漱溟尤加重视精神陶炼，认为这是教育意义之所在，其内涵包括合理人生态度与修养方法的指点，人生实际问题的讨论和对中国历史文化的分析，而三者均以中国民族精神为核心。其目的在开发中国人的理性，振作民族精神，启发人的情意，激励人的志气，陶炼人吃苦耐劳、坚忍不拔的精神，养成谦抑宽和的处己待人之德，树立深心大愿，培植清明自觉的力量，去想真问题、大问题，去做大事、创大业，完成乡村建设和民族复兴大业。

（二）知识教育和情意教育

梁漱溟指出，人们要向前生活，莫不取决于知识，受知识的指导，所以知识传授总是居于教育上最重要的一环。目的在给人以生活的工具，智慧上的启牖，获得生活各方面的能力。但是，知识仅仅是生活的工具，而情意乃是生活的根本，“教育不但在智慧的启牖和知识的创造授受，尤在调顺本能使生活本身得其恰好”[②]。因此，他特别重视情意教育，注重人的真情实感的熏陶，高尚情操的培养，美善心灵的陶育和理性人格的感应，使社会和人生达于艺术化的最高境界。

（三）创造教育

梁漱溟强调，人类生命的意义在创造，教育就是帮助人创造。他所说的创造有两层含意：一是成己，二是成物。成己，即个体生命上的成就；成物，即对于社会或在文化上的贡献。任何创造都有其两面，既是成己而于内，又是成物而于外，然而内里的创造是根本的。因此，教育的功夫就是帮助人

① 梁漱溟.梁漱溟教育文集[M].宋恩荣，编.南京：江苏教育出版社，1987：92.

② 梁漱溟.梁漱溟教育文集[M].宋恩荣，编.南京：江苏教育出版社，1987：4.

“在许多个体生命上，求其内在的进益开展，而收效于外”[①]，即指点启迪人生不断向上，发展其才质、智慧和德性，创造自我，完善人生，推进社会文明发展与进步。这是创造教育的根本目的，也是人生创造的根本意义。对此，梁漱溟提出一个创造人生的理想社会构想：“第一，人与人没有生存竞争，而人与人合起来控制自然，利用自然；第二，社会帮助人生向上，一切合于教育意义，形成一个完全教育化的环境，启人向学之诚，而萃力于创造自己；其结果，亦就是学术发明文化进步，而收效于社会。这样，才合于‘人生在创造’那意义。”[②]梁漱溟创造教育的思想，确属独具见地。

三、“社会本位教育”主张及其实验

梁漱溟对当时的教育弊病进行了深刻的揭露和抨击，指出它既不合教育的道理，又不合人生的道理：脱离社会，脱离实际，又太不平等，太残酷，尽搬西洋一套，全无半点精神和生气，尽把聪明人变成愚钝人，把有能力人变成废物，把乡下人诱往城里跑，如不从根本上进行改造，必将误国误民，其害无穷。因此，他提出“社会本位教育”主张，并进行了大量实验工作，以期全盘改造中国的教育。其要点大致如下：

（一）建立“社会本位教育”系统，学校教育与社会教育合流

所谓“社会本位教育”，即以全社会为对象，以社会生活为中心，以社会教育（着重平民教育）、成人教育直至终身教育为主体，建立以社会为本的教育系统。他指出，现代社会生活日益繁密复杂，现代文明日益发达进步，社会变迁日益迅速，尤其是在除旧布新的社会改造时期，其变化更为迅猛而剧烈，今后社会必将发展而渐归于社会本位的组织。因此，教育必须适应这种变化形势着眼于全社会，着重于成人，建立社会本位的教育模式，使学校教育与社会教育、乡村建设融合为一，实现社会学校化、教育化，以期社会的全面改造与进步。其教育设施包含社会生活之基本教育，各项人才之培养训练和学术问题之研究实验等一切方面。其设施区域应按自然与社会的条件，或就行政区划而定，大体设国学、省学、县学、区学、乡镇学（都市设市学、坊学），分别等级，上下统属，著为系统，分别负责区域内教育及各项事业之

① 梁漱溟．梁漱溟教育文集[M]．宋恩荣，编．南京：江苏教育出版社，1987：221.
② 梁漱溟．梁漱溟教育文集[M]．宋恩荣，编．南京：江苏教育出版社，1987：221–222.

责。各级学府任务各有侧重，国学重于学术研究，省、县学（市学）重于人才训练，乡镇学（坊学）重于基本教育，但都要以社会为中心，以社会之指导为己任，以解决社会的实际问题为鹄的。

（二）以教统政，"学府政府，同等并列"

这是梁漱溟的一个重要教育思想。他认为社会本位教育包含社会政治等一切问题在内，以教统属政治，以教统摄其他一切事业。他还指出，政府是一种机械的、被动的、惰性的社会强制力量，缺乏理性和创造性；而社会本位教育是积极、主动、自觉而有生机的社会教育力量。社会本位教育的目的，就是培育社会自觉力量来改造社会、建设社会。"以教统政"，即是运用教育的力量来改造政治，组织社会，建立"社会自治体"，使政治教育化、伦理化。"学府政府，同等并列"，即是各级学府形成社会脑力中枢，统摄乡村建设，负责区域内一切事业之指导与教育；政府配合学府共同完成乡村建设运动的大业。他甚至预言："未来乡村运动大联合成功之时，全部政权都要置于联合中枢的指导之下。"①梁漱溟的这些主张，在客观上反对当时反动政府对教育的控制有一定进步意义，但显然是一种不切实际的空想，不可能实现。

（三）纳社会运动于教育之中，以教育完成社会改造

梁漱溟一向认为，中国一切社会问题的解决都取决于乡村建设，而乡村建设的成败又取决于乡村教育，二者实际是一而二、二而一的事。因此，中国的一切社会问题都应归纳于教育系统之中，以教育促生产，组织生活，改造社会，辟造乡村文明，从而推进整个社会的改造与进步，创辟全社会、全中国的伟大新生命。

梁漱溟对以上这些主张进行了广泛的实验和推广。他在1931至1937年间创建了山东乡村建设研究院，在山东邹平等十几个县创建了村学、乡学和乡农学校以实践他的思想和主张。山东乡村建设研究院由乡村建设研究部、乡村服务人员训练部和乡村建设实验区三部分组成。其任务：一为乡村建设和组织形式的研究中心；二为训练乡村干部，指导乡村工作；三为激发青年知识分子研究乡村问题的兴趣，使他们返回乡村开展乡村建设。他在这七年的

① 李军，等. 中华文化通志·教育学志[M]. 中华文化通志编委会，编. 上海：上海人民出版社，2010：325.

实验中，共培训了3000多名乡村建设研究和工作人员，分赴山东各地从事乡村建设运动。

村学、乡学和乡农学校，实际是融政治、经济、教育、自治为一体的综合共建组织，并取代区、乡、保、村基层政府机构，行使地方行政权力，实行政治上自治、生产上自立、生活上自新，使社会学校化、生活教育化。这些学校在教育实践中实行生活过程即教育过程，在教育形式上，实行“共学团，导友制”，同处同勉，互学相资；在教育方法上，实行“做教学一体”，即做、即教、即学、自学自得，辅导指点，师友讲论，研讨共进。此外，在校内组织各种合作社，生产与服务并举，职业训练、自卫训练、劳作训练同时并作，以及卫生保健、节制生育、敦尚风化、移风易俗等各项事业共进并兴等等。总之，这些实验，是一场全方位的乡村建设运动，尽管是一种社会改良，但其精神和某些经验与做法，是十分可贵的。

总之，梁漱溟毕生致力于乡村建设事业，创建了一套完整的乡村建设理论，在中国教育史上独树一帜。他所进行的乡村建设实验，开辟了中国乡村教育的新蹊径。他提出许多教育观点、思想和主张，诸如：关于教育的文化价值及人生意义；关于乡村建设与乡村教育同一，教育与经济、政治、文化、生活一体理论；关于社会本位教育主张；关于社会教育、平民教育、成人教育、终身教育为主体思想；关于人生行谊、精神陶炼居首位观点；关于生活过程即教育过程，“做教学一体”的原则，他本人正直无畏的人生态度和研究实验的科学精神，等等，都是从社会哲学、人生哲学与教育哲学的高度立论和实践的，发前人所未发，行前人所未行。当然，他不承认中国社会对立阶级的存在，惧怕暴力革命，主张社会改良，企图以教育的力量来达到改造社会、改造中国的目的，无疑是空想的、片面的。然其精神及某些实践和做法，在当时的中国不失为大胆的设想和尝试，于今天也有一定可以借鉴之处。

（本文系人民教育出版社2000年版《当代大教育论·农村教育论》中的一部分，收入本文集时有改动）

美学大师朱光潜的教育思想与实践

朱光潜（1897—1986年），字孟实，安徽桐城人。我国现代著名的美学理论家、教育家和著名教授。他的美学理论和教育思想在我国产生过重大影响。

一、朱光潜的生平与教育活动

朱光潜出身于书香门第，自幼受到家庭的良好教育。少年时一直在旧式私塾读书，同时也接触一些“新学”书籍，向往“新学”思想。1913年，以优异成绩考入桐城中学就读。1916年于桐城中学毕业，一年后，考入武昌高等师范学校国文系，后又被选送香港大学教育系攻读教育学、心理学和英国语言文学，从而奠定了他一生从事教育与文学活动的基础。他在香港大学学习期间，正值“五四”运动爆发，这对朱光潜的心理和思想产生很大震动，他毅然放弃学习古文和文言，转而学习白话文，接受新思想。

从香港大学毕业后，他先后在上海吴淞中学、浙江上虞中学、上海立达学园任教，并加入“中等教育协进会”，还与夏丏尊、胡愈之、叶圣陶、周予同、刘大白、郑振铎、夏衍等同仁组织“立达学会”（后改为立达学园），以“修养人格，研究学术，发展教育，改造社会”为宗旨，力谋中等教育事业之改进与推广。1925至1929年，他在英国留学，先后在爱丁堡大学、伦敦大学攻读英国文学、哲学、心理学及艺术史，获硕士学位。1930至1933年，赴法国巴黎大学读法文和法国文学，后又转入斯特拉斯堡大学深造，获博士学位。回国后先后在北京大学、四川大学、武汉大学任教授，并曾任四川大学文学院院长、武大教务长、北大文学院代院长等职。

抗日战争时期，他加入中华全国文艺界抗敌协会并任理事，积极投身民族救亡运动。抗战胜利后，又积极投入反压迫、反饥饿、反独裁，争取民主自由的斗争中，激励青年学生追随时代的潮流前进。北平解放前夕，他断然拒绝友人劝他去台湾的邀请，他说：“跟去没有出路，跟他们（指国民党）去是会一起灭亡的。”他决然留下。

中华人民共和国成立后，朱光潜继续在北大任教，并历任多届全国政协委员、中国美学学会会长、名誉会长、中国社会科学院学部委员等职，积极从事社会与学术研究活动。朱光潜一生从事学术研究和教育工作，学问渊博，融贯中西，著作极丰，尤其在美学理论方面对我国乃至世界的美学发展都作出了卓越的贡献。他献身教育事业，热忱教导，诱掖青年，为国家培养了大量人才，成为深受学生爱戴的导师。

二、朱光潜的教育思想

（一）对旧教育的批判与改革意见

早在20世纪20年代，朱光潜在中学执教时，就向往教育自由，关心青少年成长，谋求中等教育之改进与推广。他对当时军阀统治下的独裁教育极为不满，对社会种种罪恶戕害青少年的身心非常愤慨，对学校设置的繁琐条文、形式惩奖和敷衍等手段摧残人才异常痛恨，对师无敬爱之心、教无启发感化，学无远大理想，“专以金钱换取资格”等弊端十分痛心。他深刻地指出，教育上产生这种种弊端的祸根乃是“文化的衰颓和政治的腐败”。对此，朱光潜认为必须进行教育改革，才能培养人才，振兴文化，改造社会。所以，他在《立达学园旨趣》中明确提出，以“修养人格，研究学术，发展教育，改造社会”为教育宗旨。并且指出：学校要有特殊精神，才能造就真正的人才；而这种特殊的精神要能对于现时社会有补偏救弊的效用。因此，学校应达到下列目标：

一、学校纯粹由同志的教师、信仰的学生组成。一方面要充满家庭的亲爱。大家都欣合无间，极力求由敬爱而发生人格感化。

二、人格教育第一要素就是诚实。我们师生大家要极力以至诚相见，免除一切虚伪，要使社会对于立达师生所得最深刻的印象就是诚恳的态度。

三、一切伟大的事业和伟大的思想大半都由牺牲的精神中产生；我们更坚信来日光明之出现，也必藉牺牲精神的引导。所以立达的师生要极力培养牺牲的精神，大家都要抛弃身家，为人群谋福。

四、人类最高贵的一点灵光就是排除一切障碍而求得理想的一种毅力。这种毅力要用刻苦耐劳去培养。我们立达师生一方面要极力过俭朴的生活，使精神不易为物欲所屈服；另一方面要实行劳动，每日费若干时间，到工厂农场去做工。我们坚信劳动可以养成刻苦耐劳的习惯，可以使我们领略创造的快慰，可以使我们能独立生活，不完全为社会的消耗者。

五、东方人思想的缺点在偏于综合而短于分析，偏于演绎而短于归纳，偏于因循而短于创造。所以学问事业都很零碎错乱，进步迟缓。救这种弊病，要注重科学的训练。所以我们立达的师生对于学问方面，不纯是记忆书本知识，要能在课本自由研究，独立思索，以求养成科学的头脑①。

以上虽是他对立达学园提出的要求和目标，但对整个学校教育具有普遍的意义。如强调教育要以敬爱感化为基础，进行人格教育、理想教育、诚实教育、劳动教育、艰苦奋斗和牺牲精神教育以及科学的教育等等，以培养学生成为具有科学的头脑，有高尚的道德品质，愿为人群谋幸福的真正人才。这些精辟意见和主张，对改造旧教育，开辟新教育，培养真正人才具有重要意义；而且，它的矛头针对当时军阀专制独裁制度，要求教育独立自由，因而具有反帝反封建的民主性质和进步意义；更重要的还具有振兴民族精神和文化，以及创造民族未来的长远意义。

朱光潜对当时大学教育种种弊端同样进行了猛烈抨击。他指出，“根本错误在把教育狭义化到知识贩卖。学校的全部工作仅限于上课应付考试。……教员力疲于讲，学生力疲于听，于是做人的道理全不讲求”②，教员如同雇工，闻铃声上课，闻铃声下课，敷衍苟且，授课时间过多，讲授又不甚得法，“只是一味灌输死板材料，把脑筋看成垃圾箱，尽量地装，尽量地挤塞，全不管它能否消化启发”③，等等。他进一步指出，这种教育方法“只能产出一些以些许知识技能博衣饭碗的人，决不能培养领导社会的真才”④。因此，他积极主张进行改革，实行“因材施教”、“自由研究”和“导师制”，“尽量减少授课时间，增加师生个别讨论时间。……教员最大的任务在观察学生个别的兴趣与需要，替他们介绍应读书籍，指示当走的门径，说明研究的方法”⑤。同时，“每个学生应该选择一个自己所敬仰的教员做导师，指导他治学和做人

① 朱光潜.朱光潜全集:第八卷[M].合肥:安徽教育出版社,1993:172.
② 朱光潜.谈修养[M].南京:江苏人民出版社,2015:44.
③ 朱光潜.谈修养[M].南京:江苏人民出版社,2015:44.
④ 朱光潜.谈修养[M].南京:江苏人民出版社,2015:44.
⑤ 朱光潜.朱光潜全集:第八卷[M].合肥:安徽教育出版社,1993:472.

的方法”[①]。朱光潜的这些意见很有见地，对今天高校的教学改革仍有现实意义。

（二）主张德、智、美、群、体五育并重

朱光潜从“育人”的宗旨出发，早年在《给青年的十二封信》中就满腔热忱地同青年谈读书做文、处群交友、道德修养、身体健康、人生价值和道路等等，教导青年们要努力进取，要从根本上做功夫，要深入、能刻苦，勿贪容易，勿浮浅粗疏，勿随世俗、图近利，努力使自己成为“国家社会的生力军”。这里已包含了德、智、美、群、体五育的因素。之后，他在大学执教期间，明确提出学校“必须把教育的着重点由上课读书移到学习做人方面去”，教师应“认定自己是在‘造人’，不只是‘教书’”[②]，必须坚持德、智、美、群、体五育并重的方针。

朱光潜非常重视德育工作，认为这是决定着一个人一生的方向和前途的重大问题。他要求学校以极大的热忱关注青年学生的成长，加强理想教育、人格教育、牺牲精神教育、刻苦俭朴和劳动等教育，引导学生懂得做人的道理，从而树立崇高的理想和为人民谋福的牺牲精神，养成刻苦耐劳、生活俭朴的习惯，并对生活和未来充满信念与信心，对社会肯出死力去尽自己的责任。进而指出学校若不重视德育，不教育青年树立崇高的理想，“优秀青年感到这方面的缺乏而彷徨，顽劣青年则放纵恣肆，毫无拘束”，甚至走上章宗祥、汪精卫之流出卖民族和社会的道路上，成为汉奸、卖国贼。他满腔热忱告诫学校要重视德育，希望青年们切实加强道德修养，确立崇高的理想和道德情操。

在智育方面，朱光潜针对当时学校普遍存在途径亦多错误，灌输多于启发，浅尝多于深入，模仿多于创造，揣摩之风多于效忠学术种种流弊，指出智育的重点应是研究学问，求知识，寻真理，培养自由研究、独立思索和分析解决问题的能力，以求养成科学的头脑。他说，一个真正有学问的人必须是知识丰富，思想敏锐，洞达事理，处在任何环境知道把握纲要，分析条理，解决困难。因此，他要求学校必须注重科学的训练，使学生成为具有知识教养，有科学头脑，为寻真理而献身的真正人才。

① 朱光潜. 朱光潜全集：第八卷[M]. 合肥：安徽教育出版社，1993：472.

② 萧弓，任道斌. 中华文化名人传：下[M]. 郑州：河南人民出版社，1991：367.

对于美育的地位和作用，朱光潜给以高度重视和肯定，指出它是教育的重要组成部分，其目的在于通过美感教育、文学艺术教育等形式，引导学生“创造艺术，欣赏艺术与自然，在人生世相中寻出丰富的兴趣”①。他强调美育对于德育更为重要，认为美育“为德育的必由之路”，“是德育的基础功夫”，因为道德并非陈腐条文的遵守，而是真情的流露。进行美的教育乃是陶冶情操，纯洁心灵，和谐个性，修养情趣，使生活愉悦而高尚起来。否则，必然生活枯燥，情感淡漠，性格孤僻寂寞，感到人生空虚，消极颓废，寻求刺激，摧残身心，甚至走向社会的反面。因此，他要求学校要重视音乐、美术及文学艺术的教育，所有学生不论是学文还是学理学工，都要学习文学艺术，重视美感的教育与修养，养成高尚的美的情操。

群育是指培养学生合群、处群的思想意识和群体行为。朱光潜非常重视群育的意义和作用，指出它是教育的主旨之一，对于培养学生群体意识，养成热心公益习惯，形成合群共事的精神以及认识个人在群体中的地位、作用和关系等方面都起着重大的作用。因此，他要求学校经常组织学生参加各种社会活动、团体活动、学术讨论和辩论等，以便进行群育的训练，使学生具有群的意识和行为。他还指出，一个人在个性、性格、品德和学问上会存在种种缺点，也必须在群体活动中，通过朋友间的相互讨论切磋和诤谏，才能得以克服，磨炼“成器”。所以他说：“朋友便是切磋琢磨的利器，与自己愈不同，磨擦愈多，切磋琢磨的影响也就愈大。……孔子论益友，所以特重直谅多闻。一个不能有诤友的人永远是愚而好自用，在道德学问上都不会有很大的成就。”②

关于体育，朱光潜肯定它是健康身心，完成学习任务和各项工作的基本保证，甚至影响一个人的个性、道德和人生观的形成与发展。因此，他强调体育在教育中占据重要的位置，要求学校应重视体育课和体育活动以及休息与娱乐，使学生有劳有逸、劳逸结合，确保学生身心健康。

总之，朱光潜关于德、智、美、群、体五育并重、全面发展的教育思想，不仅在当时具有重大的现实意义和理论意义，而且对当前的教育改革也同样具有重要价值。

① 朱光潜.谈修养[M].南京:江苏人民出版社,2015:129.

② 朱光潜.谈修养[M].南京:江苏人民出版社,2015:90–91.

（三）读书治学方法

朱光潜在读书治学方法上谈了很多宝贵意见，主要有以下几点：

第一，启发兴趣，指示门径。他认为读书治学关键在于启发兴趣，有了浓厚的兴趣，才能学而不厌，疑问无穷，发现无穷。学问之难，在于无疑问、无发现、无兴趣；学问之乐，在于有疑问、有发现、有兴趣。同时，教师要善于指示门径，指导学生自己去读书钻研，掌握学习与研究的方法，让他们自己去读、去写、去做学问。特别要注重科学的训练，独立思考，探索问题，以求养成科学的头脑。

第二，精读深思，涵泳优游。他认为，读书最重要的是要有目的地读，权衡轻重，选得精，读得彻底，切不可无目的、无轻重地泛读乱读。他说，“好书不厌百回读，熟读深思子自知”①，“与其读十部无关轻重的书，不如以读十部书的时间和精力去读一部真正值得读的书；与其十部书只能泛览一遍，不如取一部书精读十遍……少读如果彻底，必能养成深思熟虑的习惯，涵泳优游，以至于变化气质”②。他极力反对读书不求甚解，批评有些人以多读为贵，来装点门面，炫耀自己，其实这在治学方面是自欺欺人，在做人方面是趣味低劣。所以，他反复教导青年们要有目的、有重点、有选择地去读书，精选熟读才能有所得，深思熟虑才能为己用，否则将学无所成。

第三，先博后约，博约结合。朱光潜强调，读书做学问必须打好广阔而扎实的基础，然后在此基础上由博返约，由通到专，这是治任何学问所必守的程序。他指出，书籍是过去人类的精神遗产的宝库，是人类文化学术前进轨迹上的里程碑，必须广泛阅读吸取前人知识的精华，打好坚实的基础。但又不能一味地死读书，陷入书籍堆中，也不能蜻蜓点水、“打游击”式地去读，要深入钻研，认真思索，把读书与研究、学习与实践结合起来，以全力攻坚挫锐，占住要塞，不可目标太多，打消耗战。因此，他主张以“科目”或“问题”为中心去读书，由此逐步扩大读相关书籍，循序渐进，研磨既久，门径自熟，或是发现问题，发明新义，更可触类旁通，运用自如，在做学问上达到充实、专精的光辉顶点。

以上这些方法是朱光潜自身长期治学和教学实践经验的结晶，反映了读

① 朱光潜.谈修养[M].南京:江苏人民出版社,2015:79.

② 朱光潜.谈修养[M].南京:江苏人民出版社,2015:79.

书学习的规律，对我们今天的学习仍然具有重要的价值。

（本文完稿于1992年，系为《安徽省情·安徽古今著名教育家》丛书特约撰写，后该书未出版，收入本文集时有改动）

毛泽东教育改革思想述要

毛泽东（1893—1976年），湖南湘潭人。中国共产党、中国人民解放军、中华人民共和国的主要缔造者，马克思主义者，中国无产阶级革命家、战略家、理论家，中国各族人民的领袖，毛泽东思想的主要创立者。他在领导中国革命和建设事业中，创造性地把马克思主义普遍真理同中国革命具体实践相结合，发展为毛泽东思想。在其思想理论体系中，他的教育思想是极重要的组成部分。他科学地论证了教育的本质及其同经济、政治的辩证关系，论述了教育在革命和建设中的重要地位与作用，制定了各个时期的教育目的、方针和政策，提出了一系列教育观点、原则和主张，从而构成了以改革为核心的教育思想体系以指导我国教育事业不断地向前发展。本文特就毛泽东的教育改革思想作简要论述。

一、废除旧的教育方针，确立为革命战争和社会主义建设服务的方针

毛泽东指出："一定的文化（当作观念形态的文化）是一定社会的政治和经济的反映，又给予伟大影响和作用于一定社会的政治和经济。"[①]作为一定社会文化现象的教育，必定受其经济政治决定，尤其是教育方针更是由经济政治的总任务、总政策所决定。旧中国的教育是为统治阶级服务的，被统治的劳动人民被剥夺了受教育的权利。对于这种教育制度，毛泽东指出必须首先推翻它赖以建立的经济基础和政治制度，建立起人民政权，把教育大权转移到人民手中，只有这样才能从根本上改造旧教育，建立新教育，使教育为革命战争和阶级斗争服务，为推翻旧中国、创建新中国服务。

毛泽东从这个总目标出发，根据不同时期革命斗争的需要，制定了一系

① 毛泽东.毛泽东同志论教育工作[M].北京:人民教育出版社,1992:83.

列正确的教育方针。土地革命时期，他提出文化教育总方针："在于以共产主义的精神来教育广大的劳苦民众，在于使文化教育为革命战争与阶级斗争服务，在于使教育与劳动联系起来，在于使广大中国民众成为享受文明幸福的人。"[①]他还指出文化教育的任务"是厉行全部的义务教育，是发展广泛的社会教育，是努力扫除文盲，是创造大批领导斗争的高级干部"[②]。抗日战争时期，他根据抗日救国斗争的需要，提出抗战教育总方针。他说，"伟大的抗战必有伟大的抗战教育运动与之相配合"[③]，"一切文化教育事业均应使之适合战争的需要"[④]，"提高和普及人民大众的抗日的知识技能和民族自尊心"[⑤]。解放战争时期，他又提出教育要动员一切力量，为全国的解放战争服务的方针。中华人民共和国建立初期，国家面临全面改造旧国家，巩固新政权和恢复生产的严重任务，他提出积极慎重地改造旧教育，发展新教育，实行教育为工农服务、为生产建设服务的方针。在社会主义改造基本完成后，为了解决落后的社会生产力同人民日益增长的物质和文化生活需要的矛盾，在教育方面，他及时地提出社会主义教育方针："使受教育者在德育、智育、体育几方面都得到发展，成为有社会主义觉悟的有文化的劳动者。"[⑥]以上教育方针，反映了教育与革命和建设的本质联系，它随着革命和建设任务的变化而变化、发展而发展，充分表现了毛泽东思想革命性和科学性高度统一的特点。

二、改革旧的教育制度，建立适合革命和建设需要的人民教育制度

毛泽东首先尖锐地指出，在旧社会，学校专为剥削者服务，设在城市，远离农村，脱离生活，脱离生产劳动，排斥广大工农子弟。被剥削、被压迫的农民阶级不可能有受教育、学文化的机会。一切旧学校都存在三大弊端：一是脱离实际，脱离生产劳动；二是束缚思想，摧残个性，残害人才；三是维护腐朽社会制度，阻碍历史发展。这些批判击中了一切旧教育制度的要害和反动实质。

① 毛泽东.毛泽东同志论教育工作[M].北京:人民教育出版社,1992:8.
② 毛泽东.毛泽东同志论教育工作[M].北京:人民教育出版社,1992:8.
③ 毛泽东.毛泽东同志论教育工作[M].北京:人民教育出版社,1992:49
④ 毛泽东.毛泽东同志论教育工作[M].北京:人民教育出版社,1992:48.
⑤ 毛泽东.毛泽东同志论教育工作[M].北京:人民教育出版社,1992:94.
⑥ 毛泽东.毛泽东同志论教育工作[M].北京:人民教育出版社,1992:258.

毛泽东在长期的革命斗争中，越发感到彻底改造旧教育制度，创建新教育制度的紧迫性和重要性。他指出，国民党的学校教育制度完全沦为殖民地、半殖民地的产物，成为大地主官僚买办阶级和帝国主义反对中国革命、奴役中国人民的工具。因此，必须把反对国民党的教育制度同反帝反封建的革命斗争紧密结合起来，革命才能取得胜利，人民的教育制度才能得以建立，人民群众才有享受教育的机会。为此，他在各个革命时期创建了许多新型学校。如第一次国内革命战争时期，他先后创办了湖南自修大学、湘江学校、中央农民运动讲习所，安源煤矿工人学校和工人子弟学校以及各种农民夜校等等。这些新型学校与旧的传统学校有着本质的不同，特别是湖南自修大学和农民运动讲习所，不仅为革命培养了大批干部，而且在中国共产党创办教育的历史上开创了新纪元。

在之后的战争年代里，在毛泽东同志的领导下，根据革命形势发展的需要，根据地创办了许多新型学校，如在中央苏区曾先后办有工农红军学校、红军大学、苏维埃大学、中央红色医务学校和红色护士学校、列宁小学，各种农民夜校、认字班以及群众性的文化教育机构等等，以培养红军干部与地方干部，提高工农群众政治觉悟和文化水平，为巩固和扩大红色政权服务。抗日战争时期，在陕北根据地先后建立起从小学到大学、从扫盲教育到干部教育、从社会教育到专门研究机构的比较完善的学校教育制度。如中国抗日军政大学、陕北公学、中央党校、中央女子大学、延安大学、鲁迅艺术学院、民族学院、中国医科大学、中央研究院、中国科学院等高等学府和研究机构以及各种形式的中、小学和群众文化学校等。这些新型学校，特别是闻名中外的抗大，先后培养了大量优秀干部，为抗日战争的胜利，为中国人民的革命事业做出了重大的贡献，为新中国成立后教育的改革和发展提供了经验。

中华人民共和国成立后，在社会主义改革和建设的过程中，为了迅速培养大批管理国家各项工作干部，毛泽东反复强调要恢复、发展文化教育事业，要彻底改造旧教育制度，学制要缩短，教育要改革，要走中国自己的路，实行两条腿走路的办学方针，采取多种形式办学，等等。在毛泽东这一系列批示的指引下，中国迅速形成了基本符合中国国情的统一性与多样性相结合的学校教育制度体系，培养了千百万建设人才，推动了社会主义改造和建设事业的发展。

三、改革旧的教育内容，主张教育与社会、理论与实际、主学与兼学结合，实施全面发展教育

毛泽东一向认为，旧学校的祸害在于“关门读书”、“智育第一”、“本本主义”，学生从小学到大学，看不见工人怎样做工，农民怎样种地，商品怎样交换，货币怎样流通，一个个都变成书呆子、寄生虫。对于这种三脱离的教育，如不进行彻底改造，必然危害革命和国家前途。他特别强调，教育内容不仅直接关系着人的培养问题，而且关系到革命和建设成败的问题。所以他始终把革新学校教育内容作为与革命息息相关的大事来抓，并贯彻于他的全部教育实践活动中。如在革命战争时期，他非常注重用阶级斗争和革命战争的理论知识教育学生，用科学的革命思想、观点和方法以及斗争策略武装学生的头脑，重视研究中国革命的实际问题。他要求一切学校教育都要把学习马列主义、学习时事政治、加强思想政治工作放在第一位，教导青年学生深入工农群众，走与工农相结合的道路，在实际斗争中增长才干，成为革命化、知识化和实际化的革命者。这些精神在他的《五四运动》、《青年运动的方向》、《为人民服务》、《纪念白求恩》等一系列著作、讲话中充分体现出来。

中华人民共和国成立初期，教育领域的重要任务之一是肃清封建买办法西斯思想的影响，发展为人民服务的思想。所以他在“共同纲领”中明确规定：“人民政府的文化教育工作应以提高人民文化水平，培养国家建设人才，肃清封建的买办的法西斯主义的思想，发展为人民服务的思想为主要任务。提高爱祖国、爱人民、爱劳动、爱科学、爱护公共财物为中华人民共和国全体公民的公德。”以后，他又再三强调：“不论是知识分子，还是青年学生，都应该努力学习。除了学习专业之外，在思想上要有所进步，政治上也要有所进步，这就需要学习马克思主义，学习时事政治。”[①]并且指出，“思想和政治又是统帅，是灵魂”[②]，“没有正确的政治观点，就等于没有灵魂”[③]。要求所有部门都要抓教育，管学生的思想工作，各级各类学校都要加强政治思想教育、文化科学知识教育和健康教育，使学生德、智、体都得到发展，成为有社会主义觉悟、有文化、身体健康的劳动者。

① 毛泽东.毛泽东同志论教育工作[M].北京:人民教育出版社,1992:258.
② 毛泽东.毛泽东同志论教育工作[M].北京:人民教育出版社,1992:269.
③ 毛泽东.毛泽东同志论教育工作[M].北京:人民教育出版社,1992:258.

四、改革旧的教学方法，倡导启发式、自学式、研讨式和实践式教学方法

毛泽东一贯反对压抑学生个性，束缚学生思想的“满堂灌”、“呆读死记”的注入式教学法。早在1921年，他就猛烈抨击旧学校用一种划一的机械的教授法和管理法去戕害人性，使学生处于被动，消磨个性，灭掉灵性。以后又多次批评我们的学校袭用了这些不利于学生生动、活泼、主动地发展的教学方法，并竭力倡导启发式、自学式、讨论式、研究式和实践式等新的教育方法。

第一，反对理论脱离实际，坚持理论与实际结合的教学方针。

理论与实际结合，是毛泽东一贯倡导的教学方针，也是他的教学思想的核心。他反复强调理论源于实践，受实践检验，为实践服务，脱离实践的理论是空洞的理论；另一方面，理论又指导实践，高于实践，没有理论指导的实践是盲目的行动。理论与实践统一并为实践服务，是人们认识客观世界的目的所在，也是学校教育的根本原则之一。他还指出，人们获得知识的途径有两条：一是间接经验，即前人实践经验的总结，表现为理论化的书本知识；二是直接经验，即亲身实践得来的知识。对于学生来说，主要的是学习书本知识，接受前人经验，用来丰富和发展自己。但是，如果只有书本知识，而无实践经验，或者不能将从书本得来的知识运用于实际，那只是片面的、不完全的知识。因此，必须有理论与实际结合的过程，即将间接经验转化为直接经验，将理论知识内化为自身体验，这样才能获得完全的而不是片面的、实际的而不是空洞的知识。因此，他一再强调理论与实际结合，认识与实践一致，学与用统一，不仅是学生获得完全的、实际的知识的问题，也不仅是用什么原则来培养人的问题，而且是关系到党和国家命运与前途的党风和作风的重大问题。所以，他要求学校的一切教育工作都要贯彻理论和实际结合的方针，既要注重学生的理论学习与提高，又要注重实际的学习与锻炼，使两者紧密结合起来，以造就有真知识，真本领的人才。

第二，废除“满堂灌”、“注入式”、“呆读死记”的教学方法，给学生以学习的主动权。

毛泽东指出，“满堂灌”、“注入式”、“呆读死记”的教学方法是旧学校的一大祸害：束缚学生思想，摧残学生身心，压抑学生主动性和独立思考与创

造精神，必须予以彻底废除，给学生以学习的主动权，做学习的主人。所以他竭力倡导启发式、自学式、讨论式、研究式、实践式等教学方法。总的来说，这些方法都是为充分发挥学生的主动性、积极性和创造性，养成独立学习、钻研和运用知识的能力。具体地说，启发式教育，重点在强调教师教的启发性，启迪学生思维，开拓学生思路，指点学习方法，培养学生分析综合、抽象概括、类比推理等独立思维能力；同时强调学生在教师的启发引导下，主动开展思维活动，学会独立掌握并运用分析解决问题的能力。两方面的结合构成了教师主导性与学生主体性的统一活动。自学式、讨论式、研究式和实践式，都是旨在发挥学生学习的自主性、自动性，使学生独立地获取知识，发展能力，锻炼才干。毛泽东特别注重自学成才，重视讨论和调查研究，参加三大革命实践，认为这是全面培养学生的最重要的方法，也是学校贯彻理论与实际相结合的重要途径。

第三，废除以学生为敌的考试办法，使学生从考试的压力下解放出来。

传统教学最大弊端之一就是以学生为敌的考试办法，使学生围着考试指挥棒转，严重束缚了学生思想，压抑了学生个性，毫无学习主动权，极不利于人才成长。对此，毛泽东曾在20世纪60年代多次尖锐批评说：现在的考试，是对付敌人的办法，搞突然袭击，出一些怪题、偏题，整学生。这是一种考八股文的办法，不利于学生全面地发展。我不赞成，要完全改变。为了根本改变这种考试办法，他明确指出：要坚决清除以考试整学生的思想，废除突然袭击，杜绝怪题偏题；要把考试的重点放在检查学生对知识的理解能力和运用知识分析解决问题的能力上；要鼓励学生独立思考，发挥创见，不要照抄书本笔记。这些见解，目的之一就是使学生主动地学习和全面发展，这对当前改革学校考试办法具有指导意义。

总之，毛泽东的教育改革思想是他的教育思想的精髓和核心，指导着我国教育的改革和发展，在当前深化教育改革开放过程中，它必将产生更巨大的指导作用。

（本文系人民教育出版社2000年版《当代大教育论·农村教育论》中的一部分，收入本文集时有改动）

邓小平“三个面向”教育指示及其意义

邓小平（1904—1997年），四川广安人。中国共产党、中国人民解放军、中华人民共和国的卓越领导人，中国社会主义改革开放和现代化建设的总设计师。马克思主义者，中国无产阶级革命家、政治家、军事家、外交家。他在领导中国社会主义建设实践中，坚持发展了马克思主义和毛泽东思想，形成了有中国特色的社会主义理论。1983年9月，他发出“教育要面向现代化，面向世界，面向未来”的指示。这是他的教育思想的核心，对我国教育改革和发展具有重大的现实意义和深远的历史意义。

一、“三个面向”的涵义和实质

“三个面向”是邓小平从我国社会主义建设和未来世界发展的全局出发，对我国教育提出的根本战略思想，它高度概括了我国教育的根本目的、发展方向和战略目标，反映了社会主义新时期教育发展的规律，体现了经济和社会发展对教育的要求，指明了教育改革发展的新方向和新任务，是指导我国教育改革与发展的根本方针，也是马克思主义教育理论在新形势下的重大发展。我们要深刻领会它的精神实质，全面贯彻落实，使我国教育沿着“三个面向”的指示健康发展。

（一）教育要面向现代化

教育面向现代化，是“三个面向”的核心，基本涵义是教育要主动适应社会主义现代化建设的需要，为经济建设和社会发展服务。这是我们党和国家在新的历史时期的总路线、总任务决定的。我们的总路线、总任务是：领导和团结全国各族人民，以经济建设为中心，坚持四项基本原则，坚持改革开放、自力更生、艰苦创业，把我国建设成为富强、民主、文明的社会主义现代化强国。教育面向现代化，就必须坚持以经济建设为中心的社会主义现代化建设这个大目标，主动积极地服务并服从于经济建设这个中心，为发展生产、繁荣经济服务，为建立和发展社会主义市场经济服务。具体地说，就是为四化建设培养各种人才，特别是要为经济和社会发展培养掌握现代科学技术文化，具有现代科学头脑，有开拓精神和创造能力，坚持社会主义方向的高质量的建设人才。这是教育面向现代化最本质的涵义。所以邓小平反复强调，为了社会主义建设，“必须培养具有高度科学文化水平的劳动者，必须造就宏大的又红又专的工人阶级知识分子队伍”[①]，“培养出数以亿计的各级各类人才”[②]。

教育面向现代化，具有本身内涵，即教育自身现代化。就是说，教育思想观念要转变，教育制度要改革，教育体制要转换，教育内容、设施和教学方法、手段要更新，所有这些都要实现现代化。只有教育现代化，才能培养现代化的人才。所以，邓小平一再指出，要解放思想，转变观念，深化教育制度、体制、内容和方法的改革，树立现代的教育思想观念，建立崭新的现代教育制度和体制，以现代技术设备装备学校，用最新的科学技术武装学生，培养人才。这是教育现代化的客观要求，也是现代化教育发展的必然趋势。

（二）教育要面向世界

教育面向世界，就是把教育置于世界发展格局之中进行改革和发展，迎接世界竞争的挑战。现今世界面临着和平与发展两大主题，在其发展过程中，国际竞争异常激烈，而科学技术和人才教育竞争将是决定一切竞争胜负的关键之一。愈来愈多的事实证明：谁要在国际竞争中居于战略主动地位而立于不败之地，谁就必须掌握和发展教育，培养适应现代世界竞争的人才。这种国际形势，给我国建设和发展提供了良好的机遇：把握时机，加快建设和发展；更向我们提出了严重的挑战：或在竞争中取胜，或在竞争中惨败。教育面向世界，正是邓小平站在世界发展与国际竞争的战略高度，对我国教育改革发展作出的战略决策。他要求教育加快改革，扩大开放，走向世界，赶超世界先进水平。要认真学习世界各国最新科学技术成就和科学管理经验，以及有益于我国教育改革发展的教育理论与经验。他强调指出：“科学技术是人类共同创造的财富。任何一个民族、一个国家，都需要学习别的民族、别的

① 中共中央文献研究室.邓小平同志论教育[M].北京:人民教育出版社,1990:59.

② 邓小平.邓小平文选:第三卷[M].北京:人民出版社,1993:120.

国家的长处，学习人家的先进科学技术。我们不仅因为今天科学技术落后，需要努力向外国学习，即使我们的科学技术赶上了世界先进水平，也还要学习人家的长处。”①

教育面向世界，还包括同国际合作、交流一层涵义。要密切关注世界教育发展动向、趋势和特点，瞄准世界教育发展的目标，努力赶上世界教育发展的水平。同时，及时把我国教育改革发展的成就与经验推向世界，让世界人民了解、借鉴我国，相互学习、取长补短、共同发展，这是我国对人类文明应作的贡献。

教育面向世界还有更重要的一点，就是培养具有世界意识，有应变国际环境的能力，有参与国际竞争的才识和胆略，能够坚持社会主义原则的人才，这是教育面向世界的根本意义所在。

（三）教育要面向未来

教育面向未来，就是面向21世纪中国及世界的发展与变化，特别是科学技术的发展及由此而产生的社会生产生活的变化，设计我国教育的改革和发展，培养21世纪的人才。21世纪将是高科技广泛应用于社会生产生活一切领域的时代，需要全新的各级各类科技人才。这种发展态势和特点，必然向教育提出更高更新的要求。目前许多国家首脑都在进行“未来世界的思考”，构想21世纪发展图景，为迎接21世纪的到来做充分的努力与准备；许多有远见的政治家把掌握21世纪的教育，作为掌握世界战略主动权的契机，从而设计21世纪的教育。我们必须有清醒的头脑，有预见未来的意识，有把握未来的构想，把教育置于21世纪发展格局之中，着力改革和发展我国的教育，建立21世纪的教育新体系，培养高质量的人才。邓小平曾明确指出：“我们不但要看到近期的需要，而且必须预见到远期的需要；不但要依据生产建设发展的要求，而且必须充分估计到现代科学技术的发展趋势。”②教育面向未来，正是他对21世纪发展的深刻思考而向教育提出的长期战略目标。

教育面向未来，还有更深远的意义，即面向共产主义的未来。建成社会主义社会是我国的第一步目标，最终目标是建成共产主义社会。建成共产主义社会是人类最高的理想，它包括社会物质精神文明的高度发展与丰富和人

① 邓小平.邓小平文选：第二卷[M].2版.北京：人民出版社，1994：91.

② 邓小平.邓小平文选：第二卷[M].2版.北京：人民出版社，1994：108.

类自身的高度发展与完善两个方面。教育面向未来，就是说，教育不但要为现阶段社会主义建设和人的全面发展服务，而且还要为未来的共产主义建设和人类高度全面发展与完善服务，使人类逐步由必然王国进入自由王国。我们必须从现在起，加强对全民特别是青少年一代共产主义远大理想教育和素质全面发展教育，使他们树立共产主义信念和世界观，提高全民族科学文化和思想道德素质，促进人的全面发展，为创建共产主义社会创造条件。这是教育面向未来最长远的目标，也是人类的最终目的。

总之，"三个面向"是一个统一的整体，其核心是面向现代化。要实现教育面向现代化，就必须坚持改革开放，面向世界，面向未来；面向世界和未来，又进一步推动面向现代化的深入发展。其精神实质就是要加快我国教育改革和发展，推进教育现代化进程，建立适应现代化建设需要的中国特色的社会主义教育体系，培养跨世纪的"四有"人才，推动我国经济建设和社会发展，加速现代化建设。

二、"三个面向"教育思想的重大意义

如前所述，"三个面向"是邓小平教育思想的核心，是他关于教育问题一系列论述的高度概括和科学总结，体现了新时期党在教育工作上的根本要求，是我国教育改革发展的战略指导方针，其意义重大而深远。

（一）"三个面向"是社会主义教育的根本指导方针，为我国教育改革和发展指明了方向

社会主义教育是社会主义建设的重要组成部分，在建设有中国特色社会主义全局中始终居于重要的战略地位。我国社会主义建设又处在国际竞争和新技术革命两大挑战的世界大背景之中，而我国科学技术要落后于发达国家几十年，如不加快发展，迎头赶上，必将贻误社会主义建设，危及国家前途。邓小平基于这种历史紧迫感、责任感和使命感，向教育提出"三个面向"战略思想，作为指导我国教育改革和发展的根本方针。"三个面向"不仅阐明了教育与国家经济、政治及社会发展的关系，明确了它在社会主义建设全局中的战略地位与重大作用；而且还明确了教育与世界及其未来发展的关系，指明了它在世界经济、科技、人才等竞争格局中的战略地位与巨大作用，为我国教育改革和发展开拓了新思路，指明了新方向。

（二）“三个面向”的根本要求是培养跨世纪人才，它向学校教育提出了更新更高的要求

教育的基本任务是培养人才，人才的数量与质量是衡量一个国家综合国力的主要标准，决定着经济和社会发展的速度和水平，因而也就决定着国家的命运和前途。当今世界各国无一不把经济昌盛、文化鼎兴、科技进步、社会发展、国家富强，建立在教育之培养人才上。没有高度发展和高质量的教育，就没有足够数量和高质量的人才；没有足够数量与高质量的人才，就没有国家的富强和社会的进步，这是一条普遍的规律。“三个面向”正是邓小平对人才重要性的高度认识从而向教育提出的战略决策，它的核心在于为四个现代化造就千百万高质量的人才，尽快把我国建设成为社会主义现代化强国。他指出，“把我国建设成为现代化的社会主义强国，并且在上层建筑领域最终战胜资产阶级的影响，就必须培养具有高度科学文化水平的劳动者，必须造就宏大的又红又专的工人阶级知识分子队伍”[①]，“我们要向科学技术现代化进军，要有一支浩浩荡荡的工人阶级的又红又专的科学技术大军，要有一大批世界第一流的科学家、工程技术专家”[②]。他还强调指出：“我们国家，国力的强弱，经济发展后劲的大小，越来越取决于劳动者的素质，取决于知识分子的数量和质量。”[③]为四化建设和未来发展造就大量高质量的人才，是“三个面向”的根本意义所在，也是时代赋予教育的伟大历史使命。

（三）“三个面向”把马克思主义教育原理发展到一个新阶段，标志着中国特色的社会主义教育理论的成熟

马克思主义教育原理是指导我国教育的理论基础，“三个面向”是邓小平在新的历史条件下对它的重大发展，为我国教育理论和实践奠定了新的理论依据。

马克思主义创始人运用唯物辩证法科学地考察、研究和解决了教育上许多重大问题，提出了一系列教育基本原理，揭示了教育发展的普遍规律，构想了无产阶级教育目的、道路、任务、内容、原则以及未来教育发展的框架。

① 中共中央文献研究室.邓小平同志论教育[M].北京:人民教育出版社,1990:59.

② 中共中央党校等联合编写组.邓小平领导理论读本[M].北京:中共中央党校出版社,2000:169.

③ 邓小平.邓小平文选(一九七五——一九八二年)[M].北京:人民出版社,1983:120.

诸如：教育与生产力、生产关系相适应，与经济、政治制度相统一理论；教育与物质生产生活相联系，与生产劳动相结合原理；教育与无产阶级革命、与人的发展关系学说；德育、体育、技术教育相结合的主张；等等。这些理论和主张构成了马克思主义教育学说的基本原理，奠定了无产阶级教育理论的基础，开创了人类教育思想史上的新纪元。

在我国长期革命和建设实践中，马克思主义教育原理得到了进一步发展，形成了毛泽东教育思想。特别是我国进入以经济建设为中心的社会主义现代化全面建设新时期，邓小平又从理论与实践两方面解决了教育上一系列重大问题，提出了许多科学论断、命题、原理和决策，如教育科技是第一生产力的论断；百年大计、教育为本的指导思想；教育的战略地位和优先发展决策；教育要“三个面向”的战略思想；提高全民族素质，培养“四有”人才，造就宏大的知识分子队伍和尊重知识、尊重人才的方针；坚持党对教育的领导，加强思想政治教育的指示；教育与现代大生产劳动相结合的观点；解放思想，更新观念，加快改革，扩大开放，改革一切不适应社会建设的旧教育体制、内容和方法，建立中国特色社会主义教育体系；等等。这些观点、思想和主张，构成了邓小平教育思想的完整理论体系，它是马克思主义教育原理与中国教育实践相结合的产物，是在我国新的历史条件下的重大发展。“三个面向”是邓小平教育思想的精髓和核心，是他对我国教育理论的最大贡献。邓小平的教育思想标志着中国特色社会主义教育理论的成熟，也标志着马克思主义教育理论又发展到一个崭新的阶段。

（本文系人民教育出版社2000年版《当代大教育论·农村教育论》中的一部分，收入本文集时有改动）

第二部分　教育改革探索

略论现代教育三大职能

——兼析现代教育的基本属性

自20世纪50年代中期以来，人类社会大大加速了现代化的进程，以现代科学技术占领宇宙空间为标志，并广泛深入社会生产、生活等一切领域，现代社会发生了空前的变化。在现代国际社会中，教育亦愈来愈呈现出现代化的发展趋势，并成为全世界共同关注的热点和竞争的焦点。从教育思想到教育方针、制度，再到教育内容、形式和方法，各国政府无不竞相改革创新，加速教育现代化的进程，使其更有效地适应现代社会发展的需要。现代教育必须与现代社会同步运行、平行趋进，甚至超前发展。现代教育是现代社会发展的强大动力，是当今世界各国尤其是发达国家决策发展战略的基本依据。现代教育之所以如此重要，乃是由它在现代社会发展中的战略地位和巨大作用决定的，具体说是由其自身的社会职能所决定的。因此，研究并明确现代教育的社会职能，把握其发展的特点和规律，对于认识现代教育的属性、地位和作用，对于决策教育战略，端正教育思想，制定教育规划，深化教育改革以及解决当前教育领域中存在的诸多问题，都有着重大的理论价值和实践意义。

一、现代教育是开发智能、发展个性、培养人才的摇篮。其根本职能是促进个体身心潜能的充分发展，实现人格与个性现代化，造就全面发展的新人

自教育脱离其“母体”而发展为学校教育以后，学校就成为培养人的专门机构，对于发展人的智能起了一定的推动作用。但是，由于社会分工、劳动异化和阶级对立，学校教育被少数人垄断，成为禁锢人性、奴役人格、培养统治者的工具。近代工业技术革命后，虽然生产机械化、社会化给学校教育与其“母体”重新结合提供了一定物质基础和社会条件，为人的个性发展提出了某些需要与可能。现代学校教育在开发智能、培养人格、发展个性等

方面，较之以往一切教育形式都向前迈进了一大步。其具体功能可从以下两方面来分析。

其一，现代教育是开发智能的中心，对于促进人的内在潜能的发展与释放有着直接决定的意义。

人作为生命机体是自然的历史产物，具有先天的发展的生命机制与潜能，有无限发展的可能性；作为社会人，人是社会的历史产物，是一切社会关系的总和，具有后天发展的客观需要，有发展的必要性。然而，只有当人在共同的生产劳动和社会生活实践中，特别是在有组织的教育条件下，人的生命机制才能获得巨大的发展，人的生命潜能才能得到释放，可能性方能变成现实，必要性方能成为必然性。人之所以为人，确切地说，“自然人”之所以发展为“社会人”，关键在于教育的“转化”，或谓“教化”的作用，即通过教育使人体内蕴藏的生命机制与潜在能量得到开发和发展，形成智力和才能，成为能动的现实的人。否则，其生命机制与潜能必沉眠泯灭，人始终处于自然愚昧的状态，与禽兽庶几无异。如果说劳动是人类发展的第一动力，使人脱离了动物界，创造了人类；那么，教育就是人类发展的第二动力，使人的潜能得到了开发，因而创造了人的智慧。这两大动因的结合与统一，就使人提升到智力化的高度。所以教育是开发人体一切潜能的关键。

然而，以往所有社会形态的教育在开发人类潜能上虽起了一定的作用，但由于前述的种种社会原因，未能使教育在开发智能、发展身心方面发挥更大的效应。现代教育是人类教育发展的新阶段，它虽然还因袭着以往教育的某些固有传统，但在开发人的智力潜能方面已经大大前进了一步。这是因为现代教育赖以建立的客观基础是现代化大生产和现代科学技术，这就决定了现代教育是直接为社会生产、生活服务；其发展方向是面向社会、面向未来，着力于智能资源的开发；教育内容是现代的科学、文化和技术；其组织形式是教育与生产、科研，学校与家庭、社会的结合，以全面开发与发展智能为中心的各种教育方式方法，等等。因此，现代学校教育就有可能使学习者自身蕴藏的一切生命机制与潜能获得开发与释放，成为现代社会所需要的各种智能和现实力量。正因如此，当前许多国家教育改革的精力都集中在开发与发展学生的智能上。

所谓现代智能，是就智力和才能的综合体而言，指现代社会生产、生活和科研中多种能力及品质的综合表现，主要包括逻辑思维能力、独立创造能力、科学研究能力、组织管理能力和竞争应变能力。分而言之，逻辑思维能力包括分析比较能力、抽象概括能力、演绎推理与逻辑论证能力、辩证思考和散发性思维能力；独立创造能力包括独立设计能力、技术实践和创新能力、发明创造能力以及发现和解决实际问题的能力；科学研究能力包括阅读文献、资料、工具、符号的能力、吸取科技信息和最新成果能力、科学实验、数理计算、理论探索能力、整理并撰写学术文字能力和口头表达能力；组织管理能力包括计划、决断、实施的能力，组织、调度、指挥能力，发现、使用、协调人员的能力；竞争应变能力包括预见、预测、预谋能力，适应环境、应变事态、驾驭对象的能力，自调、自控、自省和自评的能力以及进取、竞争、拼搏的能力。所有这些能力，创造、创新能力是其中的核心，决定着智能发展的方向、高度和深度，决定着一个人劳动创造和贡献的大小，因而它是现代智能人才的主要标志。所以，现代学校教育改革的重心必须放在发展学生的现代智能上，培养他们成为独立思考、勇于探新、敢于创造和创新的“发展型”、“创新型”的现代人才。这是现代社会赋予现代教育最重要的任务之一，也是现代社会得以发展的关键因素之一。

其二，现代教育是塑造个性的工程，对于形成现代人格、造就全面发展的人起着巨大的作用。

培养人格、发展个性是教育的首要问题，历来为许多进步思想家和教育家所关注和追求。但是以往所有的教育并未能成为培养人格、发展个性的现实，或仅作为谋生的手段，或当作奴役人的枷锁，或成为增值资本的工具，一切剥削阶级的学校教育，无一不是灌注着剥削者的意识，成为奴役人格、窒息个性、压抑身心发展的牢狱机关，人的价值、人格尊严和个性自由几乎泯灭殆尽。

现代社会的教育发生了巨大的变化。由于现代生产力的高速发展，文化科学技术的巨大进步，社会物质文明和精神文明的空前繁荣，不仅给人的价值、人格尊严提供了必要的物质前提和社会条件，而且为人的个性发展赋予了新的内容和意义。特别是第二次世界大战后，社会主义国家的诞生和发展，消灭了造成个性泯灭、人格沦丧的剥削制度，使人类第一次从非人的境遇中解放出来成为自己的主人，恢复了人的尊严，提高了人的价值，这就使教育由奴役人的工具转变成解放人的武器。因此，现代学校教育既有必要、又有可能成为培养独立人格、发展自由个性的平台。

同时，现代社会发展的全面性、丰富性，现代生产的科学性、技术性，现代科学的高度综合性和分化性以及现代技术的高度信息化、网络化等特点，决定了现代教育的全面性与丰富性、科学性与技术性、综合化与专门化、信息化及网络化，以及由此而产生的开放性、民主性和多样性等特点。因此，现代学校教育打破了以往教育的狭隘性、片面性、保守性和封闭性等固有弊端，而置于整个社会的开放系统之中，用系统的现代文化科学理论知识来丰富学生的头脑，用基本的现代技术和知识来培养学生的技能，用科学思维和理论与实践结合的方法来发展学生的才智，并通过教学与生产劳动、社会实践相结合的途径来促进学生的脑力和体力、人格与个性的充分发展，从而为造就全面发展的新人创造了良好的教育条件。

当然，这里所说的“全面”、“充分”发展，是相对于以往教育造成人的“片面”、“畸形”发展而言的，就现实要求和可能达到的程度而言，与马克思主义创始人提出的“全面发展”既非等同，又有联系。马克思关于人的全面发展学说，是从社会发展哲学和人的发展哲学的辩证统一关系中，从消灭资本主义和建立共产主义的远大目标中，从大机器工业制度及思想先驱者教育实验的合理因素中研究总结出来的科学结论。他们把人的全面发展作为现代社会的产物、改造现实社会的手段和实现未来理想社会的目标。这一学说的本质涵义在于求得一切人的一切体力和智力的全面开发与发展，对于人类社会一切物质和精神文明进行占有与创造，人格和人性的彻底解放与自由，并在改造客观世界的实践中实现主体与客体的统一和劳动的自由流动与转换，使人类“从必然王国进入自由王国”。因此，马克思的全面发展学说不仅是马克思主义教育理论的基石，也是整个无产阶级解放斗争的武器和一切活动的出发点与归宿。

然而，人的全面发展在历史过程中与社会发展是同步的，随社会的发展而发展，随历史的进步而进步，呈现出连续性和阶段性的特点。现阶段的全面发展是未来全面发展的基础，未来的全面发展是现阶段全面发展的拓展和提升。就人类的发展而言是无限的，永无止境的；就个体发展而言是有限的，有止境的。有限是无限的条件，无限寓于有限之中，有限与无限、共性与个性的统一，构成了人的全面发展灿烂的图景。因此，我们不能因今天发展尚未达到未来发展的高度而否定现今全面发展的现实可能性，从而忽视或放弃全面发展教育的要求；同时也不能以未来发展的理想为标准作为今天的培养目标，从而无限拔高甚至庸俗化全面发展教育。这两方面，尤其是后者在我国教育理论界和实践中有过深刻的教训。正确的做法应当是立足现实，面向未来，深化教育改革，充分利用我国现有条件，特别是发挥中国特色社会主义制度的优越性，加速我国教育现代化建设，使受教育者的生命机制与一切潜能获得全面的开发，脑力与体力、智慧与才能、人格与个性充分发展，成为有理想、有文化、有道德、守纪律、体魄健全的新型人才。

二、现代教育是开发现代社会生产力的决定性因素。其重要职能是为现代大生产培养输送新型劳动力，实现生产过程物质转化，推动现代生产力高速发展

现代社会建立在生产力高度发展的基础上，现代社会生产力的发展以现代科学技术为依托，而现代科学技术的进步以现代教育为基础。然而这一切都是随人的劳动能力的开发而转移。社会经济学告诉我们，社会生产力诸要素中最首要、最关键、最能动、具有决定意义的是人，是掌握运用科学技术、生产知识和劳动技能的劳动者。人是开发生产力的根本，社会的一切财富都是人的劳动创造的，生产过程物质转化实质是劳动力的物化，从而形成现实的社会生产力。任何国家和社会的发展都取决于生产力的发展，取决于劳动生产率的提高，但最终取决于人的劳动能力的再生产和再提升。因此，劳动力的再生产与再提升就成为一切社会，特别是现代社会生产力发展的决定因素，成为一切国家，特别是现代国家提高劳动生产率的力量源泉，而劳动力的培养与训练必须依赖教育。学校教育是专门造就人才的基地，肩负着培养劳动力的重大使命，尤其是现代学校教育所肩负的任务则更加重大，并随着现代生产力的发展愈来愈重要、愈繁重。

现代社会经济学告诉我们，在现在国际经济社会中，由于科学技术的进步，新技术领域的开发，社会生活的变革，思维方式的更新以及国际社会交往日益频繁等原因，社会生产力在不断充实新的因素与机制，因而现代社会生产力的发展和开发不仅取决于高度科学化、现代化的生产技术和高度社会化、科学化的生产组织机制与管理方式，而且有赖于高度发展的现代科学与现代教育，乃至现代的社会意识（主要是生产意识）、思维方式和生活方式以及时间、空间等客观自然条件，这些因素都直接或间接地给生产力的发展以巨大的影响。这就是说，现代社会生产力发展的内外因素和开发内容已突破

了传统经济学关于生产力三要素的范围而大大扩大和发展了。物质资料的再生产，劳动力的再生产固然是生产力的主要成分，但科学技术的再生产，知识、智力、人才的再生产和再开发以及与生产力相适应的生产关系再生产及建立于其上的生产意识、管理体制、管理方式和思维方式等等，也都构成了现代社会生产力发展的新因素和新内容。这是现代化大生产发展的客观要求和新的趋势。但是，所有这一切都是以现代化的教育为基础，以现代化的科学技术的普及与提高为关键。归根结底一句话，即通过教育培养现代化的人才，提高全体劳动者的科学文化思想素质，是实现现代大生产过程的物质转化，开发现代社会生产力的决定因素。因此，对现代教育不应仅仅理解为单纯传递知识、培养劳动力的手段，它实际已成为决定开发现代生产力的独立因素，发展现代教育事业、开发智力资源，已构成现代国家发展国民经济最重要的组成部分，已成为现代国家应对世界竞争的挑战所采取的战略性的决策。

现代教育是现代社会生产力的原理，不仅为越来越多的国际人士所承认，而且被愈来愈多的国家政府所接受，并作为发展国民经济的战略重点，定为强国的国策，取得了巨大的社会经济效应。以美国为例，20世纪50年代以后，美国为了加速经济发展，加强国际竞争的实力，把重点放在发展现代教育和现代科学技术方面，在已实现普及中等教育的基础上进一步向高一级教育阶段发展，以便提高国民的教育水平和生产技术的能力，适应高速发展现代化大生产的需要。现在美国的高等教育已向大众化方向发展，青年中受过高等教育的已达50%以上。由于国民受教育程度的提高，大量大学毕业生充实到生产部门，大大提高了生产技术水平，加速了现代化进程，生产力得到了空前的发展，成为超级经济大国。在日本，历来以教育立国。二战后，日本几乎是在废墟上发展起来的，它只用短短二十几年（实际是从20世纪60年代开始起步）就一跃成为仅次于美国的世界经济大国，主要原因之一就是大力发展教育，特别是专业技术教育，培养科技人员和大量熟练的现代产业劳动力。思想文化素质的提高，大批科学技术人才的造就，无数技术劳动力的培养，使学校教育在现代化大生产中最大限度地发挥其生产力职能的效应，这是日本经济得以高速发展的关键因素之一。再如欧洲发达国家英、德、法等国的经济发展，亚洲的韩国、新加坡的经济腾飞，主要都是靠现代科学技术力量，靠发展教育、开发智力资源。现在人们无不承认，当今世界各国的竞争实际上是生产力的竞争，科学技术的竞争，而归根结底是人才的竞争、教育的竞争。因此，发展现代教育事业，不仅是发展现代社会生产力，实现高速现代化的关键，而且是取胜于国际竞争，提高国际地位的可靠保证。正因如此，当前世界各国的教育普遍呈现出加强生产性质、密切与现代生产结合的特点，力图为现代生产造就高水平的技术人才和劳动大军。具体表现在：

第一，各国政府和企业界都非常重视教育投资，不断提高它在整个生产资料中所占的比重，并动员和组织社会一切可能的力量，包括人力、物力、财力和技术用于教育和人才培训，从而保证充足的教育经费和优越的教育条件。发达国家每年教育经费一般都占国民生产总值的6%以上。美国在20世纪80年代，每年大中小学教育经费达2800亿美元；企业职工培训经费（含非正式培训费）达2100亿美元。仅美国一商业工业公司年教育支出达600亿美元（相当于美国公立四年制高校全年费用)。优先增长教育投资，确保教育发展和职工素质提高的经费，是发达国家由来已久的立国政策。

第二，在普遍加强普通教育与现代生产密切联系的同时，特别注重发展中等技术教育和高等专业教育，培养具有现代科学头脑、技术精湛、敢于创新、应变能力强的各级各类专门技术人才和脑力生产者，直接为开发现代生产力、提高国民经济效率服务。这是近二三十年来世界各国教育改革的方向。据统计，美国中等技术教育入学人数1975年比1956年增长近5倍，达1578万余人，每十年翻一番。日本为了适应经济发展和技术革新的需要，大力发展职业高中、专修学校和短期大学，教以必备的基础知识和专门技能，做好就业前的技艺准备。其中职业高中学生约占整个高中人数的40%左右，1976年短期大学在校学生比1951年增长了20倍。这说明发展专门技术教育，培养大量熟练的技术人员和工人，是现代国家发展国民经济的客观必然趋势。

第三，发展企业与学校联合，实行教育、科研、生产三结合，进一步加强学校教育同现代生产劳动的联系。这是近些年来发达国家教育发展的一种新趋势。如美国现有一万家企业与两万所学校建立了“养子关系”，从人力、物力、财力、技术、设备、教学实习，直到吸收就业，都给予学校大力支持。特别是高新技术企业与高等学校的合作尤为密切，企业派科技骨干到学校讲课，接受师生到企业的研究所（室）见习、实习和研究，给学校提供高精尖设备，帮助建立实验室，馈赠巨款，合作开展科技研究，等。高校为企业培养技术人才，协助技术研究，转让新技术成果，开发新技术领域，提供咨询和新信息，这种学校与企业合作的势头方兴未艾。在现代，工厂已突破传统的物质财富的生产，而转向物质财富与精神财富的双向生产；学校教育，尤其是高等教育不再仅仅承担传统的传授知识、培养人才的单项任务，而转向既培养人才又创造物质财富的多项任务。教育向生产化、生产向教育化的方向发展，两者联系日益紧密，这必将推动教育、科研、生产三结合新体制的普遍形成，加速现代社会的全面发展。

由上分析，我们可以肯定：现代教育的经济本质在于开发和提高现代的劳动能力以实现劳动的经济效应；教育的经济过程是经济之生产与增殖的过程，即教育之经济投入实现“智化”到教育之经济产出实现“物化”的过程；教育投资是生产性投资，在现代化大生产条件下，其经济效应已超过物的投资与劳动数量之增加的经济效应；劳动者的教育程度愈高，其直接经济效应的释放则愈大。所以，从经济学角度来说，现代教育与现代生产的本质联系即其生产性实质，或者说具有社会生产属性，是我们考察其基本属性和职能的客观依据。只有这样，才能摆脱传统的、小生产的狭隘教育观点，破除片面的、单纯的“阶级斗争工具论”的偏见，从而建立起现代大教育观，即教育的生产观，以更有效地驾驭和开发现代教育事业，充分发挥其生产职能的作用。

三、现代教育是创建现代精神文明的基础。其重要职能是继承、弘扬优秀传统文化，传播、发展现代文化，实现精神文明社会化，推动现代文明不断发展与创新

自人类社会告别野蛮的原始生活方式进入文明时代以来，社会精神文明的生产、创造、传递和享受日益成为社会生活的重要内容。近代工业技术革命后，在社会物质文明的强大刺激和推动下，社会精神文明的再生产、再创造飞速发展，迅速把人类社会推进现代文明的阶段。在现代社会里，人们不仅需要而且有可能利用更多的时间和精力，在更广阔的领域内去创造、传递和享用无比丰富绚丽的现代精神文明。特别是社会主义国家产生以后，精神文明发展到一个完全崭新的阶段，它不仅为广大人民群众所享用，而且以其相异于以往的精神文明的本质而代表人类文明的未来。

所谓现代精神文明，主要是指现代社会的思想意识、理论体系、科学文化艺术、伦理道德以及社会制度、政治法则、民情风俗习惯等等重要方面。它既是历史文明的结晶，又是现代社会的产物；既是现代社会发展的标志，

又是现代社会进步的杠杆。任何历史时代文明的生产、传递、创造和享用，都必须依赖于教育，尤其是现代精神文明的发展，更赋予现代教育以新的历史使命，提出了更高的要求和目标，并大大深化了现代教育的意义、提高了现代教育的地位。

首先，现代教育是建设现代精神文明的基础。众所周知，学校是培育人才的摇篮，其任务之一是传递知识、传播文化。人类在生产、生活实践中积累起来的文化知识得以一代代相传，嬗续发展，绵延不绝，主要是依赖于学校教育。新生一代必须通过专门教育机构有计划、有组织、有步骤地学习，才能接受和掌握人类积累起来的知识与经验，个体才能得以发展，社会文明才能得以延续，人类历史才能得以进步。尤其是现代精神文明发展之迅速远非人们所能预料。仅近二三十年来，其总量已远远超过历史知识之总和，这就更需要通过学校教育向新生一代传递，向社会广泛传播，使新生一代知识化、文明化，使整个社会文明化、科学化，从而推动精神文明向更高阶段发展，并使其转化为强大的物质力量。因此，现代教育愈发达，现代精神文明则愈高，反之则愈落后。这种相互推动、相互促进的关系，已为许多发达国家的事实所证明。如美、欧、日等发达国家，由于早在20世纪50年代就先后实现了中等教育的普及化，七八十年代有些国家高等教育呈现出大众化的发展趋势，所以他们的国民受教育程度普遍较高，精神财富比较丰富（当然有其贫乏的一面），社会意识比较强，社会民主化进程比较快，特别是科学技术的普及与提高更为迅速。这就充分说明发展现代教育是提高科学、文化、思想素质的基础，是发展整个社会精神文明的关键。

其次，现代教育是发展现代学术的主要阵地，高等教育更是科学研究和技术开发的中心。在现代的高等院校中，高级人才密集，科研力量雄厚，资料信息集中，有比较先进、齐全的研究手段，既有条件又有必要选定或接受国家、企业的研究课题开展研究，开发新的研究领域，探索新的理论，发现新的学说，研究尖端技术，创造新的文化，从而把科学技术与文化推向新的高峰。科研与教育结合并日趋一体化，这是现代高校，尤其是重点和名牌大学发展的趋势，也是现代社会发展赋予高校的重大历史使命。

在当代的工业发达国家，无不把高校科研纳入国家计划，作为发展战略的重要组成部分，并投入很大的人力、物力和财力。如美国，在大学工作的科研人员占全美科研人员的50%以上，大学的基础研究占全国基础研究的

60%，大学科研经费约占全美科研经费的13%（每年在50亿美元以上），几乎所有的著名科学家和最尖端的实验室都在高校。日本各类研究人员在高校的占41%，高校科研经费占全国科研经费27%以上。（以上数字均为20世纪70年代中期统计。）就我国高校科研实力、条件和成果看，也是优越于科研单位。据美国四大家科技索引（《科学引文索引》、《科学评论索引》、《科技会议记录索引》、《美国工程索引》）收录我国1987年科技论文成果，高校有3608篇，占总数的54%，科研机构及其他部门仅占46%。其中发表论文最多的十位作者，高校占有八名。可见，高等学校在现代科学技术发展中的重要地位和巨大作用，它既是基础理论研究的基地，又是技术科学开发的中心。现代科学是现代精神文明的主干，是人们确立世界观的基础，而且科学水平愈高，精神文明愈高。因此，通过现代教育提高国民的科学水平与素质，对于发展现代精神文明具有极其重要的意义。

再次，现代教育是发展现代社会意识、培养公民道德、提高民族素质的主要途径。社会意识、公民道德、民族素质是社会文明的三大精神支柱，也是社会发达的三大文明标志。这里所谓的社会意识，是就人们共同的社会心理倾向而言，主要指社会思想、政治倾向、法律观念和信念理想；公民道德，主要指道德观念、道德情操和道德行为习惯；民族素质，主要指民族自尊心、自信心、自豪感和责任感，爱国主义思想和献身社会的积极精神与创造活力。这些既是现代社会发展的内容，又是现代社会进步的动力，在其发展过程中，现代教育负有特殊的使命，既肩负着培养提高青少年一代的社会意识、道德品质、思想素质的任务，又肩负着整个社会成员的教育提高的任务。中共中央《关于社会主义精神文明建设指导方针的决议》指出，它的根本任务“是适应社会主义现代化建设的需要，培养有理想、有道德、有文化、有纪律的社会主义公民，提高整个中华民族的思想道德素质和科学文化素质”。这就确定了社会主义教育在整个社会主义精神文明建设中的总任务、总方向和总目标，赋予了社会主义教育以振兴中华为鹄的的伟大使命与活力。它不但将创造出高度发达的物质文明，而且将创造出以马克思主义为指导的，批判地继承历史传统而又充分体现时代精神的，立足本国而又面向世界的这样一种高度发达的社会主义精神文明。具体来说，社会主义学校要引导和教育青少年一代及全国人民树立远大的共产主义理想，坚信马克思主义科学理论，增强热爱党、热爱祖国、热爱社会主义制度、热爱人民的思想感情，培养热爱集体、大公无私、奉公克己、诚实守信、自觉劳动、艰苦奋斗的共产主义道德品质，形成勇于实践、敢于创新、奋力进取、改革开拓的精神风貌以及遵宪守法、遵守公共秩序、讲文明礼貌的良好行为习惯；同时，教育他们摒弃旧社会所遗留下来的旧思想、旧道德、旧文化的影响，特别是反对剥削阶级遗留的腐朽没落思想意识和生活方式的侵蚀。

最后，现代教育是推进国际文化交流、协作、发展和繁荣的重要渠道。由于现代教育的社会性、现实性特点，决定了它必然面向社会现实，面向全社会成员；又由于现代教育的开放性、未来性特点，决定了它必然面向世界，面向未来。因此，现代教育不仅以提高本国全社会成员的思想道德和科学文化素质为目标，而且以发展全人类的精神文明为目的。后一方面主要是通过科学技术、思想、文化和艺术等广泛领域的国际社会的交流和协作而实现，吸取各国的文化精粹，取长补短，求同存异，并在求同中争发展，在存异中求繁荣，从而推动社会意识的开放与觉醒，世界文明的发展与繁荣，人类文化的融合与统一，最终走向大同的文明世界。这是现代教育，特别是未来教育较之以往任何历史时代的教育都无法比拟的更为光荣伟大的使命。

我们可以肯定：现代教育是建设现代精神文明的基础和中心，同时又是推进世界精神文明发展的必由之路。它肩负着社会精神产品再生产、再传递和再创造，提高社会思想道德素质和科学文化素质的重大任务。所以，从文化学角度说，现代教育属于社会精神生产力的范畴，具有社会文化属性。只有这样，认识现代教育的社会属性、特点和职能，才能确立全面的现代教育的社会价值观，优先发展我国现代教育事业，以推动我国社会主义精神文明的高度发展。

综上所述，我们可以得出结论：现代教育是现代社会生产力、现代精神文明和现代人才的再生产、再创造的社会活动，现代社会因为现代教育才能得以存在和发展。现代教育既是现代社会的产物，又是现代社会的基础；既是现代社会发展的前提，又是现代社会发展的标志；既是造就现代全面发展人才的方法，又是通向未来新社会的有效手段。现代教育与现代社会这种互为前提、互相推动、相互依赖、相依发展的辩证统一关系，是现代社会迅猛发展的一条客观规律。

（本文完稿于1989年，收入本文集时有改动）

从现代教育的发展看高等师范教育的改革

第二次世界大战以后，社会生产和科学技术的飞速发展，带来了现代教育的迅速变革。高等师范教育从制度、发展规模、专业结构、培养规格到内容和教学方法各个方面，都处在不断的发展变革之中。本文试从现代教育发展的要求出发，对我国高等师范教育的改革问题作一些粗浅的探讨。

一、现代教育的普及和结构的变革，要求高等师范学校培养出大批各种类型的、高质量的中等教育师资

现代社会生产和科学技术的发展，要求全体社会成员都要掌握比较全面、比较深广的文化科学知识。因此，在一些经济发达的国家，非常重视教育投资，使社会成员包括青少年和在职人员都有受教育的机会。如美、英、法、日等国家，在20世纪50年代就相继实现了中等教育的普及。而高等教育发展得更快，这些国家的高中毕业生升学率达20%～30%，美、日两国分别高达60%和40%，出现了大学毕业生过剩的现象。另一方面，随着社会劳动分工愈来愈细，科学技术愈来愈分化，现代教育的类型趋于多样化，结构趋于复杂化。中等教育结构由普通中学教育向多种多样的中等专业技术教育方向发展。如美国从1965年到1975年，职业技术学校的数量在十年间增长5倍。据1976年统计，苏联共有中等技术学校6200多所，包含1200多个专业；另外还办了专门培养具有特殊才能学生的特科学校（如数学、物理、化学、生物等）、艺术学校和外国语学校等等。总之，教育的普及化和多样化已成为现代教育发展的重要特征之一。

现代教育的普及化和多样化对高等师范教育提出了新的要求，即要培养出大批各种类型的、高质量的中等教育师资。所以，许多经济发达国家，从20世纪50年代起，在改革整个教育的同时，还特别重视高等师范教育的改革。其主要措施，一是加强基础学科的理论教学，革新教材体系，充实科学

新成就，开设新的理论与技术课程，使学生既打好坚实的基本理论基础，又掌握最新的现代科学技术；二是加强教育业务训练，提高学生的教育理论水平和教学实践能力。如美、英、日、苏联等国家在师范院校和承担培养师资任务的各类院校，开设的教育课程达十几门之多，时间占总学时的15%以上，教育实习15周至半年；三是注重发挥综合性大学在培养师资中的作用，或将师范院校并入综合大学，如美、英、法、日的中等教育师资主要由综合大学和文理院校培养。美国1972年关于教育规划的“白皮书”提出，高等师范学校要向综合大学发展，并入或改为综合大学。原苏联在近年来提出综合大学的主要任务是培养中等教育师资，规定全国75所综合大学中有63所承担师资的培养任务，并将13所师范学院改为综合大学；四是延长师范院校学制，美国逐步把培养师资的院校学制由4年延长为5年。所以，这些国家的中小学教师几乎全由大学或师范院校培养，教师愈来愈“高学历化”。

我国目前教育的普及程度和师资状况又是怎样呢？三十多年来，教育事业在党的领导和重视下，得到了很大发展。据统计，1981年小学在校学生达14333万人，中等学校在校学生为5081.6万人，高等学校在校学生为128万人。但是，由于经济比较落后，教育的普及化程度还很低，只做到基本上普及了小学教育（实际读完小学的只占适龄儿童的65.8%），小学毕业生升学率只有68.1%，初中毕业生升学率只有28.4%，高中毕业生升学率只有4%。中小学师资队伍状况不容乐观，据1981年统计，小学教师合格率（指中师或高中毕业）只略高于二分之一，中学教师合格率（指大学、专科毕业）只有三分之一。我国教育的现状，与现代教育本身的发展不协调，与社会主义现代化建设之间的矛盾更为尖锐。如何解决这个矛盾？

首先，要充分认识教育特别是高等师范教育在发展国民经济、实现四化、建设“两个文明”中的地位和作用，根本改变社会上轻视教育、轻视教师工作的现象。近几年来，中央反复强调教育的重要性，提倡尊师的新风尚，那种轻视教育和教师的状况明显好转，但仍未根本改变，比如说中学毕业生普遍不愿报考师范院校，在校师范生中也有相当一部分人专业思想不稳定。安徽师范大学曾对1977级554名学生作过调查，有233人不愿当教师，比例达42.1%。因此，我们有必要进一步采取措施，提高教师的社会地位和物质待遇，加强师范教育重要性的教育，形成强大的社会舆论，使人们充分认识师范教育是整个教育事业的“工作母机”，教师是崇高而光荣的职业，形成“重教、尊师、爱生”的社会主义新风尚。

其次，应从我国四化建设需要和现代教育发展的要求出发，适当地增加教育投资，加快教育事业的发展步伐。当前，要积极发展以农业中学为主体的多类型的农村初级中学，加快改革高级中学结构，大力发展中等专业学校和职业高中。为了适应教育发展的需要，应优先重点发展中等师范和两至三年制的师范专科学校。高等师范院校要大力提高教育质量，全国和省的重点师范院校可考虑逐步试行五年学制。在招生时，应先于同级院校录取新生，吸收优秀中学毕业生上师范院校。此外，还应该努力发展各级教师进修院校和多种形式的业余师范院校，轮训在职教师，提高他们的业务水平。

最后，改革高等师范教育的单一结构，使其向多样化、专业化的方向发展。目前，我国单一的普通高等师范学校体制，只能培养普通中学的教师，各种类型的中等专业、技术学校的教师缺乏相应的师范院校来培养，因此有必要进行师范教育体制的改革。我们认为，可在普通师范院校增开某些专业课或有关技术课程，使毕业生既能承担普通中学的教学，又能担任中等专业技术学校的教学；也可将部分普通师范院校改为专门性的师范院校，对口培养中等专业学校的教师。同时，对师资培养采取“开放制”，综合性大学和理工农医等院校也要担负培养各类中等学校师资的任务。在这些院校里，开设必要的教育课程，使学生受到必要的教育业务训练，毕业后能胜任教学工作。这样，既可吸收有志于教育事业的人才充实教师队伍，扩大师资来源，改变师资队伍的结构；又可改善教师的知识结构，提高师资质量和教学水平；还可扭转社会上轻视师范教育的风气。今后需要增加专门性质的高等师范院校的数量，以便培养中等专业学校的专业课教师。

二、教育内容的现代化，要求改革高等师范学校的智育结构，注重对学生智能的培养

近三十年来，新兴学科和专业领域不断出现，科学发现和技术发明层出不穷，知识老化的速度越来越快，科学技术转化为生产力的周期愈来愈短。这些都对教育的改革有重大影响。

第一，传统的教学理论受到了挑战。传统教学理论认为，教学任务就是授受知识，却忽视学生智能的培养。20世纪50年代以后，一些学者提出“开发智力资源”的理论，他们认为，在“知识爆炸”、“科技立国”的现时代，

学校教育的主要任务应是开发学生智力，培养学生能力，造就现代社会发展需要的各种专门人才。

第二，学校的智育结构与内容受到冲击。从20世纪50年代开始，先是苏、美两国，接着英、法、日等国，掀起了改革课程结构、更新课程内容的热潮。如美国慑于苏联发射第一颗人造地球卫星的威胁，国会于1958年通过了《国防教育法》，拨付巨款开展中等学校科学技术教育的改革研究，组织了几百名著名科学家、教育家和心理学家研究编写数学、物理、化学、生物等学科的教材。这些新教材打破了传统的学科体系，删去了繁琐陈旧的内容，吸取了现代科学技术新成就，对提高中等学校的教育质量起了积极的作用。到了20世纪70年代，“学科结构”改革受到了批评，一些人提出了“生计教育”主张，要求改造学校教育制度，把学校教育与“劳动世界”、普通教育与职业教育结合起来，使“通”与“专”、“学习”与“生活”相互沟通，以适应社会对劳动技术的需要。高等学校，包括师范院校在内，在加强基础学科的理论教学外，还要革新教材体系，充实自然科学新成就，压缩经典学科的比重，建立新兴的理论和技术学科等等，使学生掌握最新的科学技术。

根据教育内容愈来愈现代化的特点，怎样改革我国高等师范教育的智育结构，加强学生智能的培养呢？

首先，要调整高等师范学校课程结构，正确处理“基础”与“提高”、“通才”与“专才”的关系。

高等师范学校的课程是由普通基础学科、专业学科、教育学科和政治理论学科所组成的。各占比重的大小直接关系到人才的培养规格。目前，在我国高等师范院校的课程设置上，专业学科一般占65%～70%，政治、外语各占10%左右，教育、体育各占5%左右，这个比重不尽合理。突出的问题是：文理科隔绝，学生知识面狭窄，教育课程比重过小，外语要求远低于综合性大学，不利于学生打好宽广的知识基础。我们认为，适当减小专业学科比重（占60%左右为宜），加大教育学科比重（占7%左右为宜）和普通基础学科比重，文理互开一些必要的基础课程，对于提高学生的教育业务水平和适应能力是必要而有益的。

专业学科教育应根据加强基础理论和掌握现代科学技术的要求，开设专业基础课与专业提高课。专业基础课应加强基础理论的教学和基本技能的训练，突出“主干”课程，内容要“少而精”，删去陈旧落后和繁琐的内容，用两年或两年半时间给学生打牢厚实的基础。凡理科系应加强实验课，逐步开设与专业有关的技术课，使学生掌握基本的实验操作技能和一定的专业技术，以便毕业后能承担专业技术课的教学工作。提高课可称研究课（包括选修课），科目应“多而新”，内容宜“精而深”，以便加深学生的专业知识水平、提高研究能力。目前我国师范院校的专业学科教育，强调“三基”，这是正确的，但偏重基础、忽视提高，培养出来的人才往往是“平而不尖”、“知而不专”，适应性和创造性不强。这种状况应当改变。专业基础课与提高课的比例，可考虑七三开或六四开，这样有利于学生理论水平和实践能力的提高。

教育学科教育是高等师范院校区别于其他高等院校的重要特点，它对培养合格的教师具有非常重要的意义。因为教师不仅自己要掌握知识，而且要把自己的学识传授给学生，发展他们的智力和才能。因此，加强学生的教育业务训练，使他们懂得教育理论，掌握教育规律，学会教学工作，热爱教育事业，是高等师范教育的重要任务。那种所谓师范性影响了先进性，教育业务学习影响了专业学习，削减或不开设教育课程，取消教育实习的主张，既背离了高等师范教育的培养目标，也不符合现代教育的要求，是极其错误和有害的。

开设政治理论教育课程，是我国社会主义教育区别于资本主义教育的重要标志。它的主要任务是对学生进行马列主义、毛泽东思想基本理论的教育，使学生掌握马列主义基本原理，坚定无产阶级立场、观点、方法，形成辩证唯物主义世界观。因此，政治理论课只能加强，不能削弱。教学中应突出基本原理，加强理论联系实际，贯彻“学习理论，提高思想”的教学方针，把学习原理和研究现实问题紧密结合起来。当前要着重加强共产主义理想、信念、道德的教育，加强社会主义优越性和前途的教育，加强四项基本原则、党的观念、国家观念、法治观念的教育。

总之，调整高等师范教育的课程结构和内容体系，使学生既具有宽广、丰富的基础知识，又具有扎实、深厚的专门知识，同时有较强的教育业务水平和较高的政治理论修养，才能使高等师范教育适应新形势的要求。

其次，要加强学生的智能培养，正确处理“传授知识”与“发展智能”的关系。

学生的智能主要是指在知识系统和技能系统基础上形成和发展起来的自学能力、思维能力、研究能力、教育教学能力的综合，三者组成一个多层次的、统一的完整体系。

自学能力系指学生独立获取知识的能力，如钻研教材、阅读参考书和使用工具书的能力，收集、整理文献资料的能力，写读书摘要、提纲以及做综合笔记的能力，等等。自学能力对大学生来说，是最基本的能力。如果一个大学生不会通过自学而获取知识，只靠教师传授，其知识必然是贫乏的，更无法及时汲取科学技术的新成就。因此，教师在教学中不仅要教给学生知识，更重要的是要教给学生获取知识的科学方法，注重学生自学方法的指导和自学能力与习惯的训练培养。

思维能力系指分析综合能力、抽象概括能力、判断推理能力等。思维能力是智力的核心，决定着其他智力的水平。教师在教学中不仅要把客观事物的本质、内在联系、发展规律告知学生，而且要注重科学论证和理论分析推导，组织、引导学生的积极思维活动，发展和培养学生思维的敏捷性、严密性、独立性和创造性。

研究能力主要指观察能力、实验能力，处理文献、资料、数据能力和创造能力等，学生的研究能力是衡量教学效果的尺度之一。因此，高等师范学校要重视学生科研能力的训练培养，让学生较早、较快地进入科研，如对低年级学生组织课外科研小组，培养他们的科研兴趣；对高年级学生开设专题研究课，在教师指导下开展科学研究，使学生得到综合的专业训练和科研方法的初步训练。目前，高等师范院校安排的6周科研时间比较少，可考虑延长到10周左右，以使学生有较充裕的时间进行独立的科学研究。

教育、教学能力主要指组织、分析教材和进行课堂教学能力，进行思想品德教育与组织班级活动能力以及一定的教育行政管理能力。教育、教学能力的培养，是高等师范学校的重要任务，也是师范教育的出发点和归宿。培养学生的教育教学能力，教育学科担负着专门的任务，在教学过程中要紧密联系中学的教学实际，组织学生到中学见习、参观、调查、访问。其他课程的教学也应重视联系中学的教学实际进行，不能认为与己无关。中学教育实习是培养学生教育、教学能力的重要途径，目前安排的教育实习时间，有必要延长到八至十周，以使学生得到更多的实际锻炼。

此外，教师工作主要是通过语言和文字形式来进行的，高等师范院校必须加强学生语言和文字表达能力的训练，使他们具有较强的运用语言文字的能力。当前要特别重视普通话的训练，使每个学生都能熟练地掌握汉语拼音，会用普通话进行教学。

以上几方面的能力，是对高等师范学校学生智能的共同要求，各个专业、各门学科都有自己的特点，还应有具体的要求。学生智能的发展，是一个由低级向高级循序渐进的过程。教师在教学中，应当根据学生的知识程度、智力水平，有计划、有步骤地培养。如对低年级学生，应着重培养自学能力、思维能力；对高年级学生应着重培养研究能力、教学能力。既不能超越阶段，要求过高，也不能消极顺应学生的智力水平，降低要求。只有把高标准与适当要求结合起来，连续性与阶段性统一起来，才能使学生的智能得到充分的、全面的发展。

三、现代教育方法的科学化，要求改革旧的教学方法，注重启发式教学

20世纪50年代以来，世界发达国家在改革教育制度、教育内容的同时，竞相改革旧的教学方法，探求教学方法的科学化。美国及其他经济发达国家，进行了一系列的教学改革，不断探求教学方法的革新，提出了“结构教学”理论、“发现教学法”等等。这些改革的共同特点，就是强调教学必须有利于开发智力，发展才能，尊重学生独立创造精神。尤其是在高等学校，更加强调学生的自学与研究能力的培养。

目前，我国高等师范学校的教学突出的问题是教师讲授多，学生活动少，“满堂灌”、“注入式”，学生被动应付，死记硬背，这种教学方法严重地打击了学生的学习积极性和创造性，不利于学生智力的发展。它既违背了教育原理，又违背了社会主义的教育目的，也违背了辩证唯物主义的认识论。

为了克服上述弊端，我们有必要重视和加强对高等教育教学法的研究，总结中华人民共和国成立以来高等教育的经验教训，借鉴国外高等教育先进的方法和成功的经验，找到一套适合我国国情的高等教育教学法。我们认为，在改革高等教育教学方法时，应当注意下列几项原则：一、目的性原则，即教学方法必须符合我国社会主义教育的目的和高等师范学校培养目标的要求，符合专业的特点和学科的要求。二、科学性原则，即科学方法必须建立在辩证唯物主义的认识论和方法论的基础上，符合青年学生的心理发展规律，符合理论与实践统一的原则，符合现代教育理论和科学技术发展的客观要求。三、发展性原则，即应该在使学生掌握现代科学知识的同时，着力于促进学

生智力、能力和创造性才能的发展，促使共产主义世界观和道德品质的形成。四、高效能原则，即采用最有效的教学方法、手段在一定的时间内发挥最大的教学效能。这有三个涵义：高效率地利用时间，高效率地掌握知识，高效率地发展智能；三者缺一，都不符合高效能的教学要求。五、学生的自主性原则，即教师的教学必须充分调动学生学习的主动性和积极性，启发学生的思维，培养他们学习的自觉、主动精神和创造精神。此五项原则是有机联系的统一整体，旨在充分开发学生智力，发展学生才能，培养适应性强的高质量的师资。

根据上述原则的要求，在今后教学中应当大力提倡启发式、自学式、讨论式和研究式的教学方法。如何运用这些教学方法，教师应当根据学科性质、内容特点、教学要求、学生年龄特征及其知识、智能发展水平等因素而确定。但是，这些方法既各有其特点、要求和作用，又相互联系、相辅相成结合为一个整体，我们不能将其割裂而孤立地加以运用。其具体要求分别概述如下：

启发式教学法。这是针对“注入式”教学法而提出的。其主要特点就是教师用现代科学知识来发展学生的思考力，激发学生的求知欲和钻研精神，而不是简单地把现成的结论“灌”给学生。因此，要求教师的讲授一要精，二要少，三要有启发性。所谓“精”，就是讲其精华，揭示事物的本质、内在联系和发展规律，提示教材内容要领，综合分析知识要素，突出重点、难点，讲清疑难问题，等。所谓“少”，就是教师要少讲，让学生多学，凡能适合学生自学的内容就应尽量指导学生自学，不要教师“包场”。所谓“启发”，就是要启发学生开动脑筋，思考问题，开导学生思路，使学生达到“愤”、“悱”的境界，收到“举一反三”的效果。此三者紧密联系而不可分割，“精”是前提，不“精”就不能“少”，也就无以启发。所以教师一定要在“精”字上用功夫，分清教材的精芜、主次、难易，做到精得恰当，少得合理，启发有方；切忌面面俱到，细嚼慢喂，或照本宣科，平铺直叙。

自学式教学法。这是学生在教师指导下通过自学而获得知识的方法。它对培养学生的自学能力极为重要。教师要指导学生掌握自学的方法，使学生“会学”、“善学”，而不是撒手不管，放任自流。学生的自学能力是由不会到会、由弱到强、由低级到高级逐步发展起来的，教师应当循着这个规律有计划地进行指导和训练。如对低年级学生，指导他们阅读教材、参考书，学会抓要点、写提纲、做摘录；对高年级学生，指导他们写综合读书笔记，评点文章、书籍，钻研专著或研究专门问题等等。

讨论式教学法。这是通过师生共同讨论问题而进行教学的方法，它对开启学生的智力特别重要。根据教学目的的要求，讨论式教学的具体形式可分巩固消化性的课堂讨论，综合训练性的专题讨论和研究性的学术课题讨论三种。第一种形式多用于低年级，第二、三种形式多用于高年级。在进行讨论式教学中，教师的命题、引导和总结三个环节特别重要。因此，教师一定要周密考虑题目是否抓住问题的本质、核心，是否有综合性和启发性，是否能反映学科的基本内容，切忌设置简单的问答。引导时，要抓住学生争论的焦点，开通学生的思路，鼓励学生大胆发表自己的意见，强调尊重事实，服从真理。总结时，教师应进行理论概括，分析各种观点的正确与谬误，提出有待深入研究的问题等。

研究式教学法。这是通过研究的方式使学生获得知识和研究能力的教学方法。其特点是师生共同进行研究或在教师指导下学生独立地研究，主要适用于学习能力较强的高年级学生。其教学形式一是研究课，以加深、提高学生专业知识水平为主要目的。可独立设课或结合学科研究一本专著或一个课题。二是专题研究，学生独立进行或师生共同开展研究，完成某一学术专题。三是撰写学术论文（含毕业论文）和开展学术讨论等。在采用研究方式教学法的过程中，一定要根据学生的知识和能力水平，由易到难，由浅入深，逐步提高；要使学生明确研究的目的、任务和要求，向学生介绍研究方法，指导学生开展研究。

此外，还有其他一些行之有效的教学方法，如实验教学法、调查教学法、实习教学法等。但是，我们觉得在高等师范院校的教学中，上列四种教学方法是主要的、基本的教学方法，对其他具体教学方法起着指导的作用。因此，我们应当大力提倡启发式、自学式、讨论式和研究式的教学方法，并不断总结经验，使其逐步完善起来。

[本文原载于《安徽师范大学学报》（哲学社会科学版）1982年第3期，收入本文集时有改动]

略论德育的整体机制与学校整体应对策略

学校德育是塑造学生心灵的整体系统工程，它是通过政治思想、伦理道德、法纪法规和良风美俗等方面的教育，培养学生具有坚定正确的政治方向，社会主义思想觉悟，共产主义道德品质以及遵纪守法行为和良好的生活习惯，成为有理想、有道德、有文化、守纪律的社会主义事业建设者和接班人，这是一个完整统一的教育培养人的过程，即发展个性、塑造人格、形成人生观和世界观的整体过程。但是，在以往德育理论上对其整体机制研究较少，在德育实践中也常是认识错位，主观性、随意性、盲目性和片面性较大，如学校德育时重时轻，紧一阵松一阵，抓重点丢全面，或应一时之急，趋近功而舍长效，或只重思想伦理说教，而忽视道德践履与品德行为训练，等等。这种割裂的、孤立的教育方法，有悖于德育整体机制和规律，很难达到预期教育效果，会给整个教育工作造成严重损失。因此，研究和探讨德育的整体机制，对于改进和加强学校德育工作，深化德育理论研究是非常迫切而重要的课题。本文拟就德育整体机制与学校整体应对策略两个问题略作探析。

一、学校德育整体机制之客观性与必要性

所谓德育整体机制，涵义有三：其一，各种社会机制形成整体作用于教育对象，即国家、社会、学校、家庭构成一个统一的整体机制对受教育者发生整体作用；其二，教育对象以整体机制进入教育过程，即受教育者以全部身心投入教育全过程，以主体意识和主动态势参与并接受教育；其三，教育活动形成整体而发生效应，即各种教育活动、形式、手段和措施聚成一个合力，给受教育者施加以统一的整体影响，三者是有机统一的整体：前者为外在教育机制，是客观对主观的作用，中者是主体接受客体作用的内化机制的过程，后者是教育者将外在教育机制转化为受教主体的内化机制并形成品德、个性和人格的过程。只有三者融为一体才能充分发挥其整体教育效应，受教

育者也才能既是主体、又是客体，既是对象、又是动力，外在的思想、观念、道德和行为准则规范才能转化为主体的内在思想、品德和个性人格，实现道德内化与外化的统一，即道德的主体化、人格化和社会化的统一。这是德育整体机制原理的完整涵义，是指导德育实践的基本原则。

首先，德育整体机制原理是以科学理论和现实为依据的，它是建立在马克思主义关于世界统一性原理和系统科学整体原则以及个性发展心理学理论的基础上。马克思主义认为，社会是一个统一的整体，是由多结构、多层面、多系统组合而成的，无论是经济政治，或是思想文化，或是伦理道德及生活方式等等，都是相互联系、相互制约、相互依存和发展的统一整体，彼此孤立、互不联系的情况是根本不会存在的。系统科学理论为社会整体提供了理论佐证，认为社会是一个有序的大系统（母系统），由无数多层次的子系统构成，所有系统之间互制互约、互依互存，形成一个整体运行机制，因而推动着社会不断运动和发展。尤其是在当今高度科学化、技术化和信息化的社会，其整体性机制更强，社会联结网络更为严密，信息传导系统和形式更为先进而多样，使整个社会机制由往昔封闭型、孤立型、松散型转变为开放型、组合型、严密型，因而当今社会组合机制更加整体化、严密化和协调化；并且这种整体机制将随着现代化的发展而愈来愈严密，其整体效应也愈来愈有成效。这是现代社会内在机制发展的必然趋势和重要特点，也是我们认识和处理现代社会一切问题的重要依据。因此，作为培养现代完整人格的德育工作必然受社会整体机制的决定和制约，其政治、思想、伦理、道德等教育内容也必然以其整体机制作用于人并发挥教育效应。总之，社会机制的整体性决定了德育机制的整体性，它是社会整体机制在德育工作中的体现。

其次，德育整体机制又受人的身心发展机制整体性所决定的。现代人体科学和个性发展心理学研究证明，人是高度统一的生命主体和社会主体，身心发展是生命机制和社会机制相统一的产物。就是说，人的身心包括生命机体、机能和素质，以及思想意识、道德品质、意志性格、行为习惯等等，都是在社会生活实践中以其不可分割的整体性而形成和发展，并且是以其主体内体机制为条件的。外在机制的作用只提供身心发展的客观条件，而主体内化机制乃是身心发展的基础和关键，只有通过主体内化机制功能实现由外向内的转化，才能真正获得身心的发展。主体内化机制是一个统一的整体过程，主要由认知机制、情感机制和行为机制等心理要素构成。认知机制是主体对外在影响（包括思想、观点、伦理道德和行为准则规范等）的感知、认同和理解，是内化机制的基础，形成道德品质的前提。情感机制是在道德认识基础上产生的主体道德体验、感受和态度，是内化机制的动力，形成道德品质的关键。行为机制是主体在前两者的基础上进行道德抉择、调控和行动，是内化机制的外化形式，是形成道德行为习惯和意志性格的决定性的一环，也是主体道德自觉性、能动性的表现。三者相互渗透、相互制约、相依相存，并在道德实践中形成统一的整体机制，人的道德认识、情感、意志、信念和行为等，就是在这种主体内化与外化统一的机制过程中形成发展起来的。由此可见，主体内化机制过程的实质就是将外在思想、伦理、道德等转化为内在思想、品德，再由内在思想、品德转化为外部行为的统一过程，它是德育机制的内部基础和决定因素。这一理论为德育整体性原理提供了心理学理论依据。

最后，德育的整体性也是社会环境复杂性、矛盾性、多变性和不易控制性等特点所要求的。特别是在当前德育处在改革开放的历史背景下，一方面，新人、新事、新思想、新风尚不断涌现，为德育工作创造了良好的社会环境。另一方面，国际环境瞬息变化，资产阶级思想、观念、文化不断侵入，没落的封建阶级意识时有泛起，国内外敌对势力反对社会主义制度，反对中国和平崛起的斗争异常尖锐复杂，尤其是对青少年一代的争夺更为尖锐激烈，这种种复杂的社会环境给德育工作造成了极为不利的影响。再加上青少年缺乏社会经验，政治敏锐性差，辨别是非和抵御外界侵袭能力薄弱，且喜追求所谓“新思潮”，欣赏西方某些价值观和生活方式等弱点，给德育工作增添了很大的难度。德育的任务之一就是要净化整体教育环境，排除不利因素，消除负能量影响，使青少年认识社会斗争的复杂性、尖锐性和长期性，站稳立场，明辨方向，分清是非，自觉抵制和清除一切非正能量的思想、观点的影响和侵蚀，逐步树立社会主义——共产主义理想、信念和世界观。因此，净化整体社会环境，不仅是加强与优化德育的整体机制的需要，是政治思想领域斗争现实的客观要求，也是争夺青少年一代和革命事业接班人和保障坚持走社会主义道路的刻不容缓的战略措施。

综上所述，德育整体机制原理有其深刻的理论基础和坚实的社会现实依据。它是由社会机制的统一性、整体性所决定的，是德育工作和思想品德形成规律的体现，也是社会主义教育目标和社会斗争现实的要求。加强整体德育机制，充分发挥德育整体效应，对于培养造就社会主义事业建设者和接班人具有重大而深远的意义。

二、学校德育整体机制之应对策略

德育以整体机制而发挥教育效应，学校德育工作就应按其整体要求进行组织、整合和实施，其整体性愈强则整体效值愈大。因此，应当提高德育整体意识，切实加强学校德育工作的整体应策。

（一）德育目标整体化

德育目标整体化是指学校德育目标的规范化、统一化、体系化。它规定了德育的目的、任务、标准和要求，是学校德育工作的总纲和基本依据。德育目标的确立应从社会主义建设和我国国情以及教育目的和任务出发，立足现实，着眼未来，体现社会主义方向，符合当前与长远、现实与未来、理论与实际相结合的原则，并应突出以下特点：

第一，方向性与科学性统一。这是德育目标的灵魂和理论基础。要把社会主义政治方向置于首位，把维护国家和人民的利益作为德育的最高准则，把全面提高学生素质，培养报效祖国、建设四化、献身国家社会，成为社会主义事业自觉的建设者和接班人作为德育的最终目的。并且，要以中国特色社会主义理论和全面发展教育方针为依据，遵循青少年儿童身心发展特点和规律。只有使两者统一起来，才能保证目标的方向性和科学性。

第二，现实性与未来性统一。这是制定德育目标的重要依据，也是体现时代特点和社会发展的重要原则。因此，德育目标要立足于社会主义现实生活，充分体现新时代的精神和改革开放的要求，反映人民群众新的道德风貌。同时，还要适应新世纪我国发展的需要，建立起既具有时代特点、又具有未来精神的德育目标。

第三，理论性与实践性统一。这是正确处理道德认识与道德行为对立统一的重要原则，也是衡量学生道德水平的重要标志。青少年儿童的道德认识往往滞后于道德行为，甚至知行严重脱节。因此，确定德育目标必须把思想伦理的教育与道德行为的践履紧密结合起来，既喻之以理，又践之以行，使知与行、理论与实践统一，并且在道德行为目标上要具体明确，具有可行性和可控性，便于付诸行动和反馈监评。

第四，连贯性与阶段性统一。这是解决目标序列之间关系的重要原则，也是青少年儿童思想品德发展规律的要求。连贯性要求德育目标循序渐进、前后衔接、连成整体，阶段性要求德育目标适应各学龄阶段学生身心发展的特点，难易适度、层次分明、重点突出、易为学生接受和履行。例如：小学阶段，以日常生活行为习惯和“五爱”教育为主要目标，培养学生具有良好日常生活行为习惯，诚实、讲卫生、有礼貌、爱父母、爱同学，具有初步的爱祖国、爱人民、爱劳动、爱科学、爱社会主义的思想感情，从小打下良好的基础。初中阶段，以“两拥护”、“三热爱”、“遵纪守法”教育为主要目标，培养学生拥护中国共产党、拥护社会主义和热爱祖国、热爱人民、热爱社会主义制度的思想品质，养成遵纪守法与公共道德等行为习惯，为树立科学人生观奠定初步基础。高中阶段，应以培养政治思想基本观点为主要目标，进行中国特色社会主义理论路线，四大观点和一个宗旨的教育，初步形成科学的世界观和人生观。大学阶段，以马克思主义和系统的中国特色社会主义理论与实践教育为主要目标，着重从理论与实践结合上解决道路方向、价值观、人生观和世界观问题，确立理论自信、信念自信、制度自信和道德自信。这样，构建起“小学——行为习惯，初中——思想品德，高中——基本观点，大学——理论信念”螺旋上升的德育目标体制，既体现了连贯性，又突出了阶段性。

第五，稳定性与发展性统一。德育目标规定了每个学龄阶段学生的努力方向，反映了党和国家社会对学生的要求，应具有相对的稳定性，使学校、家庭和社会都能有所遵循，不应轻易变动。但是，社会思想道德不断进步和发展，德育目标应当随之不断提高，及时反映社会发展的新要求，使稳定性与发展性统一起来。

（二）德育内容整体化

德育内容整体化是指德育的组成要素、基本目的和具体要求的整合化、序列化和规范化。它是全面实现德育目标，提高学生素质，促进全面发展的依据。因此，在整体优化其基本内容时要充分体现下述原则。

其一，先进性。共产主义思想和伦理道德是人类最先进的思想体系，当代工人阶级和其他劳动人民的优秀品质是人类道德发展的高峰，中国传统优秀美德是中国人民长期行为品质凝聚的结晶，学校德育应当用这些思想体系和优秀品质武装学生的头脑，塑造学生的心灵，使他们成为有理想、有道德的新人。这是社会主义学校德育的根本目的所在，也是德育先进性的集中体现。在坚持其先进性的过程中，提倡什么，反对什么，要旗帜鲜明，是非明确。对于一切有利于社会主义文明建设的思想、观点和伦理道德要敢于坚持，对于一切剥削阶级的腐朽思想意识要坚决抵制，保证德育内容的先进性、鲜明性和战斗性。

其二，开放性。思想道德是一个开放动态的系统，它随着社会发展而发展，尤其是在今天改革开放的时代更是如此。因此，德育内容必须适应社会改革开放潮流，符合时代发展需要，不断吸取新思想、新道德，并及时淘汰落后陈旧的内容。开放性是保证德育工作旺盛的教育活力之所在，一切封闭的、僵固的、静止的思想和做法，都有悖于开放性原则，会贻误青少年一代的健康成长。

其三，整合性。社会思想、观点、道德又是一个多类型、多结构、多层次的复杂系统，作为育人的德育内容不能良莠不分，巨细不择，应当根据教育的要求和学生年龄特征以及学生思想品德形成发展特点与规律进行整体优化，保持教育内容的合理组合，并具有高度的概括性、集中性，这样才能更有效地发挥教育作用。

其四，少而精。这是精选德育内容的重要原则。少是条件，精是目的，两者辩证统一。因此，德育内容必须简明精湛，重点突出，要求明确，难易适度，并符合生动性、形象性、通俗性和可操作性等要求。

（三）德育过程整体化

培养和塑造学生思想品德、个性与人格是一个复杂而又统一的整体过程，其整体效应取决于客观动力机制与主观动力机制的统一性。就是说，学生所受到的外部教育影响，必须通过个体能动的心理活动即内化机制过程，才能转化为内在思想品质，并表现为外部道德行动和行为。德育的任务就是建立并组织外部动力系统，使这一过程的各个方面达到最优化的组合，从而促进内在机制的积极转化。为此，需做到下列几点：

首先，外在机制与内在机制统一。

学生的思想、品德、个性和人格是社会关系的总和，是现实各种关系协同影响的结果。但是，现实影响往往是随意的、无组织的、非逻辑性和教育性的，这就需要从教育的角度整体优化组合各种关系（包括学校、家庭和社会等），使之成为有组织、有计划、有目的的教育机制，才能获得正向教育效应和最佳教育效值。德育效值的大小既受制于外在动力结构关系和条件的影响，又取决于个体内在机制结构关系和条件的转化。所以在这一转化过程中，学生既是能动的主体，又是受动的客体；既是由外入内的“内化”过程，又是由内到外的“外化”过程。教育者的任务就是精心组织这一过程，优化组合内外机制，促进两者的统一和转化。

其次，知、情、意、行统一。如前所述，学生思想品德的形成，大致经历道德认知、道德情感、道德意志和道德行为几个主要发展阶段，每个阶段虽各有不同内涵、特点和功能，但以整个发展过程来看是有机统一的整体。其整体状态如何决定着一个人的思想品德发展的速度、深度和质量。因此，教育者的责任就是对受教育者晓之以理，动之以情，炼之以志，践之以行，达于知、情、意、行的统一。

最后，动机、志向、理想、信念统一。道德动机、志向、理想、信念是一个复杂的动态的心理活动机制系统与过程，它与道德知、情、意、行相伴而生，相随而发展，是人们一切道德活动的内动力，对思想品德的形成和发展起着主导的、决定的作用。

道德动机是人们为了追求一定的目的以满足个人或社会的需要而产生的，它推动人们去完成道德行动。道德志向和理想是最能动的内在动力，激励着人们以积极行动和坚韧毅力去追求所设计的未来目标，以实现人格的完美化。道德信念是主体道德发展的最高形态和核心，它以行动的坚定性、刚毅性为特点，决定着一个人的全部道德行动和道德面貌。道德信念、理想、志向是世界观的有机组成部分，只有与共产主义理想、信念和世界观结成整体服从并服务于其目标，它才能真正成为道德的巨大动力。所以德育的任务就是培养学生正确的道德动机，树立远大的道德理想和志向，形成坚定的道德信念和共产主义世界观。这几方面的高度统一，方可以使人达到真善美的绝佳境界。

（四）德育途径、方法整体化

德育目的、任务和内容要通过一定的教育途径、形式和方法才能实现，但教育效值则取决于活动形式的选择和教育方法的运用，尤其是取决于其形式与方法的统一性和整体性。因此，整体优化组合德育活动及其形式与方法乃是德育工作获得成功的保证。当前，要解决好下列问题：

第一，主渠道与大社会结合。学校教育是学生德育的主渠道，对学生的思想品德和个性的形成发展起着主导作用。但是，社会是一个广阔的天地，沸腾的社会主义建设，迅猛的改革开放浪潮，不断涌现的新人新事，都是极好的教育课堂和教材。学校应经常组织学生到社会大课堂中去经风雨、见世面、体验生活、进行锻炼。同时，要积极争取社会各方，尤其是社会教育机关、文化媒介和信息传导部门，以及社会各种力量的配合，共同承担和完成教育下一代的任务。

第二，德育与各科教学统一。将德育置于首位，是坚持学校的社会主义性质，确保人才培养的政治方向，促进学生全面发展的重大措施，也是正确处理全面发展教育关系的重要原则。实施德育主要通过思想品德课、政治理论课和其他各科教学以及学校各种教育活动等渠道进行。学校的一切教育教学活动都要充分体现德育首位的精神，不可须臾以离。各科教学要充分挖掘教材的内在教育因素，寓教于学，寓道于文。德智结合、文道统一是教书育人的实质所在，绝不可以政代教、以德代学，重犯政治冲击教学的错误。

第三，集体教育与自我教育并重。集体教育是社会主义学校德育的重要原则和方法，也是区别于旧社会个人主义教育的重要标志。学生既是教育的主体，又是教育的客体，既是教育对象，又是教育手段。学生的思想品德和人格个性都是在集体活动中形成和发展起来的。因此，教育者的责任就是将学生组织起来，形成集体，使之成为教育的巨大力量，并在集体活动中教育集体和集体中的每个成员。但是，集体教育对学生个体来说毕竟是外因，效果如何取决于内因即学生的自我教育意识。自我教育意识是学生道德自觉性、成熟性的标志，它一旦形成就成为教育自我的巨大力量，自觉地、主动地进行德性修养，追求自我人格的完善。如果说集体教育是学校德育的基础，那么，自我教育乃是提高德性的关键。两者有机结合，是学校实施德育的最重要的原则和方法。

第四，综合教育与重点教育相互配合。综合教育包含多层含义：一是教育内容的综合性；二是教育目标、要求的综合性；三是教育途径的综合性；四是教育方式、方法和措施的综合性。综合教育是由学校德育目标所决定的，是学生思想品德形成规律的要求。然而，实施综合教育并不排斥重点教育，在一段时间内根据客观实际需要，突出某项重点内容，通过某个途径，运用某一方式方法进行教育是必要的。在注重重点教育的同时，也应体现综合教育的精神，将两者密切结合起来，才能发挥更好的教育效应。

第五，诱导感化与锻炼督导融为一体。青少年学生正处在长思想、长知识、长身体的时期，具有强烈的进取心、自尊心、自信心，但又缺乏自制、自律、自责的能力。正因为如此，学校的一切教育活动都应坚持正面教育的方针，采取说服、诱导、感化和实际锻炼与行为督导的方法进行教育，说服诱导在于启发自觉，明之以理，懂得怎样做、为何做。感化在于动之以情，形成道德责任感、义务感。实际锻炼在于训练行为，形成道德技能技巧和良好的道德习惯。督导在于扬善救失，发扬积极因素，克服消极因素，养成自制、自律、自强、自进等品质。只有使这几方面融成统一的整体，才能培养和造就出品端行正、情笃志坚、人格高尚的社会主义新人。

综上所述，德育整体机制是受社会整体机制所决定，它是社会主义教育总目标的要求，是教育规律和学生思想品德形成发展规律的体现。学校德育是造就全面发展新人的重要组成部分，它必须符合其整体机制原理、客观要求，从德育目标、内容到教育途径方法，从德育过程、德育环境到一切教育活动，都要满足整体化的要求，使青少年一代在整体教育实践中达到社会道德个体化与个体道德社会化的统一，实现个性和人格的全面发展。

（本文完稿于1990年，系在安徽省教育学会道德教育专题讨论会上交流论文，收入本文集时有改动）

略论师范生的师德教育

师德，指教师职业道德，又称教育道德或教育伦理。它作为社会道德的一种特殊形态，是从教育独立成为一种社会职能，教师成为一种独立社会职业时就开始产生并逐步形成和发展起来的。它是教师调节教育劳动关系的行为规范，社会评价教师活动的舆论准则，也是促进教育事业发展的一种内在精神力量，它随着教育的发展而发展，随着教育性质的变化而变化，具有鲜明的历史性和时代性。对于师德问题，中外历代教育家曾有过很多论述。春秋末期，孔子提出“学而不厌，诲人不倦”、“循循善诱”、“躬行”、“身教”等师德规范。唐代韩愈提出教师的任务是“传道、授业、解惑”，强调“道之所存，师之所存”，以此作为从教与择师的标准。17世纪捷克教育家夸美纽斯反复强调教师应该是道德卓异的优秀人物，要无限热爱学生。20世纪中叶以后，国外对师德问题的研究更为重视。中华人民共和国成立以来，我国对师德的研究比较薄弱，这与教育发展对师德的要求不相适应；而师范院校忽视师德教育造成一些师范生的师德观念比较淡薄，这种状况亟待改变。胡耀邦同志在党的十二大报告中指出：各行各业都要“加强职业责任、职业道德、职业纪律的教育”，使社会成员成为“有理想、有道德、有文化、守纪律的劳动者”。国家还颁布了相关文件。这一切都说明加强师范生师德教育的重要性和迫切性。

那么，师德教育在师范院校整个教育中的地位、作用究竟如何？它对师范生的培养有何意义呢？

第一，众所周知，师范教育是整个教育事业的基础，它在发展教育事业中起着“工作母机”的作用，其根本任务是为中、初等教育培养合格的师资。而教师工作的好坏在很大程度上决定着我国社会主义建设的成败，决定着我们国家的未来。这就决定了师德教育在师范院校各项工作中的特殊意义。因为今日在校的师范生即是明日之教师，共产主义的接班人要靠他们去培育，认识和创造能力要靠他们去发展，他们的思想道德面貌将对下一代将产生最直接、最深刻的影响，甚至影响青少年儿童一生的发展。正因为如此，师范院校的培养目标明确规定：培养学生具有高尚的共产主义道德品质，忠诚人民教育事业，全心全意为人民服务。可见，加强师范生的师德教育，使其受到系统、全面而严格的师德训练，成为有职业理想、职业道德、职业纪律的优秀教师，是师范院校的根本任务，也是教师职业所要求的。

第二，师德教育是师范院校道德教育的中心内容，它对师范生整个思想品德的成长起着巨大的促进作用。师范院校的道德教育，按其内容来说是属于共产主义道德伦理体系，按其结构序列来说大体包括三个层次。第一层次是社会公德教育，如文明礼貌、社会秩序、公共卫生等，它是全社会成员都应具有的道德，是教师最起码的道德要求之一；第二层次是教师职业道德教育，如忠诚教育事业、热爱学生、教书育人等，它是教师在教育劳动中表现出的特殊道德形态，是师范院校道德教育的中心内容；最高层次则是共产主义道德教育，如热爱党、热爱祖国、热爱社会主义、热爱劳动、大公无私和集体主义等，它是道德的总原则，也是处理所有关系的最高准则。三者各有要求，相互联系，构成一个完整的共产主义道德体系。就师德的实质而言，它是共产主义道德在教师职业活动中的具体表现形态；共产主义道德又寓于职业道德之中，必须通过个体的道德行为才能表现出来，并获得丰富与发展。因此，师德教育在师范院校的整个道德教育中处于中心的地位，培养师范生献身教育的崇高志向是师范院校的中心任务之一。师范院校应当围绕师德教育这个中心来组织各项教育工作，通过职业道德的培养促进学生整个道德品质的成长和思想觉悟的提高。

第三，师德教育可激发师范生为祖国而学习。一个人的学习必须有强烈的内驱力，这种内驱力就来源于对未来从事工作的认识。师德教育正是为了提高师范生对教育事业的认识，端正对教师工作的态度，树立牢固的专业思想，从而为他们自觉学习奠定牢固的思想基础。学生的学习状况充分说明，凡专业思想巩固、热爱教师职业的学生，学习目的明确，劲头足，钻劲大，成绩都比较好；反之，则学习自觉性差。因此只有加强师德教育，才能有效地使学生树立专业思想，端正学习态度，激发学习热情，自觉地完成学习任务。

如何加强师德教育？它有哪些具体任务和要求？通过哪些途径和形式？

根据当前师范生的师德修养实际状况，我们认为应着重加强以下几方面的教育。

一、加强忠诚教育事业的思想教育，培养师范生具有远大的职业理想和献身精神

忠诚教育事业，是人民教师道德的核心。它是党和人民向教师提出的根本要求，也是教师对党、对人民忠诚的表现。这种品质是人民教师的崇高美德，是产生充沛的革命精力和旺盛的工作热情的力量源泉，是忠于职守，献身事业，完成教育任务的思想保证，同时它又是教师的整个职业道德品质形成发展的基础。因此，加强忠诚教育事业的思想教育，培养师范生树立远大的职业理想，是师德教育的核心任务。

第一，要进行正确的教育观和职业观的教育。这是忠诚和献身教育事业的前提。学校应当从师范生入学的第一天起就有计划、有步骤地对他们进行社会主义教育的性质、意义和作用以及人民教师的地位、任务的教育，使他们深刻认识社会主义教育是人类最伟大的事业之一，人民教师是社会最崇高的职业之一，从而培养师范生对教育事业和教师工作的光荣感和自豪感。在当前要特别教育师范生正确认识党和国家对教师的信任、重视和关怀，认清自己未来的重大使命和远大前途，从而培养他们对教师工作的责任感和事业心，树立以教为荣、以教为乐的思想感情和自觉的献身精神。

第二，要把职业理想教育同共产主义理想教育密切结合起来。教师职业理想是以共产主义理想为精神支柱的。只有当职业理想服从于共产主义理想并受其指导时，它才会有更远大的目标和更巨大的动力。那么，这两者如何结合呢？一方面，要把共产主义理想教育置于职业理想教育的领先地位，帮助他们逐步树立共产主义理想、信念和世界观，为职业理想奠定坚实的思想基础。另一方面，要把教师职业理想纳入共产主义理想教育之中，成为它的一项具体内容和教育环节，使每一项教育活动都服从于确立共产主义理想的需要。其结合途径，包括系统学习马列主义理论与党的路线、方针和政策，组织他们参加社会主义各项建设，针对师范生或社会上某些思想倾向与实际问题，组织学生展开讨论或辩论，等等。总之，只有两者密切结合，融成一体，才能使他们既有远大目标和理想追求，又能立足实际，成为有实干精神的教师。

二、加强师德观念教育，发展师范生的道德认识能力和判断能力

师德观念是教师关于教育道德伦理、原则和规范的认识，是对教师行为的是非、善恶、美丑的评价。它是师德品质赖以形成和发展的基础，是指导教师道德行为的依据。可是，目前有不少师范生师德观念淡薄，对教师应具备的品德修养认识模糊，对教育行为的是非、善恶、美丑的判别力较差，其主要原因是缺乏师德观念的教育。因此，对师范生进行师德观念教育，使他们具有强烈的教育道德意识，是师德教育的一项重要任务。

发展师范生的道德认识能力和判断能力，首先要系统地给他们讲清教育道德概念及其意义，阐明其伦理、原则和基本要求以及师德规范和行为准则，指导他们按照这些道德原则、规范去具体行动，从而使他们对教育道德有深刻的理解，并在此基础上培养他们对教育行为进行分析、评价和判别的能力，明辨怎样的思想和行为是真善美，怎样的思想和行为是假恶丑。发展学生这种能力的意义不仅在于帮助他们树立正确的道德思想，更重要的是指导他们进行正确的道德实践，从而起着定向、指导、调节和强化的作用，达到扬善弃恶、褒是抑非、颂美恶丑的目的。

学生的教育道德认识与判断能力的发展，是同其社会意识的发展密切联系的。因为道德观是社会观的反映。只有当他们对社会及其发展规律有正确的认识，并意识到自身的社会责任，才能建立起坚定而正确的道德观念和信念。这就要求学校把这一教育同发展社会意识，特别是共产主义思想意识密切结合起来，使之建立在科学认识的基础上，从而使他们对教育道德达到必然性的认识，自觉地完善道德面貌。但是，由于社会问题的复杂性和主观认识的局限性，学生的道德认识往往出现反复，并呈现出螺旋式的上升运动。学校应当根据这个特点，引导他们开展积极的思想斗争，促其在反复中前进。应当循序而渐进、积极而有恒地诱导，使他们对教育道德伦理、原则和行为规范逐步加深理解，不断增强其自觉性。

三、加强师德规范教育与训练，培养师范生具有高尚的教育行为和道德情操

道德认识必须转化为道德行为，形成道德品质，成为自觉自愿的行动。这是由道德品质形成的实践性的特点决定的。认识与实践脱节，思想与行动分离，不可能产生高尚的道德行为、形成高尚的道德品质。因此，必须对师范生进行师德规范的教育与训练，使他们牢固地掌握教师道德规范，养成良好的教育道德行为习惯，成为有高尚道德情操的教师，这是师德教育的根本任务。

对师范生进行师德规范的教育与训练，必须以《中小学教师职业道德要求》为依据，帮助他们逐条掌握其基本内容、具体要求和精神实质，严格地按照这些要求去规范自己的行动。道德品质的形成，是其对道德的认识、情感、信念、意志和行为的高度统一，这就要求在组织教育活动时，必须把这五个方面结合起来，构成一个完整统一的教育过程。

为使学生养成良好的教育行为习惯，必须通过各种实际活动去进行训练培养。经验证明，下列几种活动是行之有效的形式：一、组织师范生到中、小学进行教育见习、实习、调查、访问，担任团队和班级课外活动辅导员，与中、小学教师举行联欢等活动，这有利于培养他们热爱教育、热爱学生的感情；二、聘请中小学领导、教师介绍教育、教学经验，特别是宣传优秀教师的先进事迹，激发他们对教师职业的光荣感、责任感的认知；三、向师范生介绍老一辈革命家、党和国家领导人关心教育、尊师重教，或亲身参与教育实践的典型事例，介绍古今中外教育家献身教育事业的崇高品质，为他们树立典范；四、组织师范生开展教育问题的座谈、讨论、报告、演讲，引导他们进行自我教育；五、通过节假日，特别是教师节的庆祝活动，对他们进行重教、尊师、爱生教育，结合“五讲”、“四美”、“三热爱”、“学英雄、树理想”等活动，培养他们形成好思想、好行为、好品格。

四、不断开展对旧思想意识的批判，增强师范生抗腐蚀的能力

由于旧的思想和小生产者狭隘心理长期存在，特别是十年动乱留下的严重后果，极左思想尚未清除，目前社会上仍然存在轻视教育、轻视教师的现象。而且师范生年龄小、知识浅、社会经验缺乏，世界观尚未形成，抵御旧

思想意识侵蚀的能力较弱，容易受外界影响。这些原因造成一些师范生毕业后不愿当教师，尤其是不愿到农村、山区或艰苦的地方去任教，甚至认为当教师没出息，成就不了大事业，这些问题说明反对旧的思想侵蚀仍是一项长期的任务。因此，应正确引导师范生面对现实，解剖矛盾，针对问题组织讨论，以提高他们的识别能力和抵御能力，切不可回避和掩盖问题。事实证明，只有当学生具有正反两方面的经验时，他们分辨是非的能力和抵御侵蚀的自觉性才会增强。

综上所述，忠诚教育事业的教育，培养师范生的远大职业理想和献身精神，是师德教育的核心；师德观念教育，发展师范生的教育道德意识，是师德教育的基础；进行师德规范的教育与训练，使师范生养成高尚的教育道德行为与品质，是师德教育的根本目的；不断开展对旧的思想意识的批判，增强其抵御能力，是师德教育的一个重要方面。他们是相互联系、不可分割的统一整体。学校在组织教育活动时，应把这四个方面组成一个完整统一的教育过程，将每一个师范生都锻炼成有远大职业理想、有高尚道德修养、又红又专的优秀人民教师。

（本文原载于《教育评论》1986年第1期，收入本文集时有改动）

综述革命老区教育的伟大变革

农村教育古已有之。早在原始社会，我国先民就开始教民农耕稼穑。据《易经·系辞》记载，神农氏“斫木为耜，揉木为耒。耒耨之利以教天下”①。《孟子·滕文公上》也曾记称：“后稷教民稼穑，树艺五谷，五谷熟而民人育。”②从教育的发展历史看，先有农村教育，而后才有城市教育。人类社会在极其漫长的历史发展过程中，由于生产力的发展和社会劳动的分工，城市逐渐形成和发展，城市教育也随之逐渐发展起来，成为社会教育的主要形式，并为统治阶级所垄断，作为统治人民的工具，而农村教育也失去其天然的重要地位，广大农民被剥夺了受教育的权利，长期处于愚昧无知的状态。尽管如此，农村教育还是在农民生产生活实践中极其缓慢地、自然地发展着。在封建社会里，农村中的村塾、私学、义学、社学等，都曾承担着教育农民子弟的任务，也曾有过热心于农民教育的学者和教育家承担这一任务。战国时期农家学派代表人物许行，提出以农为本的社会构思和教育思想，主张“播百谷，劝农桑，以足衣食”③，“贤者与民并耕而食，饔飧而治”④。人人平等劳动，从事农业生产，共同享受教育，反映了古代农民的社会理想。清代教育家颜元，主张习行之学，教民习以农耕、水利、地理、象数、兵事、钱谷、工艺之学，培养农民从事农业生产等实际能力，表现出他重视农业教育的思想。到了近代，特别是20世纪二三十年代，农村教育问题成为教育界乃至社会各界普遍关注的热点之一，先后提出普及教育、平民教育、职业教育、乡村教育等主张，并进行了大量教育实践，农村教育有了一定的发展。然而，所有这些都未能、也不可能真正解决农村教育的问题。自中国共产党成立后，

① 聂石樵.聂石樵文集(全13册)[M].北京:中华书局,2015:3.

② 杜占明.中国古训辞典[M].北京:北京燕山出版社,1992:82.

③ 张岱年.孔子百科辞典[M].上海:上海辞书出版社,2010:364.

④ 吕思勉.读史札记:上[M].南京:译林出版社,2016:508.

特别是中国革命中心由城市转入农村，建立农村革命根据地以后，党中央和毛泽东同志始终把发展和建设根据地的教育作为革命事业极重要的组成部分，作为教育农民、组织农民争取自由解放的强大武器，进行了伟大的实践和创造，这不仅为夺取新民主主义革命的胜利奠定了基础，而且开创了我国农村教育的新时代。

一、党成立初期的农村教育

早在五四时期，中国一批共产主义知识分子在传播马克思主义的同时，就进行了以工农劳苦大众为对象的平民教育运动。党成立以后，明确提出反帝反封建，建立独立、统一、民主共和国的革命纲领，在文化教育领域制定了与之相适应并为之服务的方针政策。1922年党的第二次全国代表大会明确提出“改良教育制度，实行教育普及”，“废除一切束缚女子的法律，女子在政治上、经济、社会上、教育上享受平等权利”。要求“个个中国人（不但是劳动阶级）都应当知道自己受苦的原因”，“教导被压迫的中国劳苦大众”，“最要明瞭现今世界大势，才能从受压迫的痛苦中加快地救出自己来”[①]。此后，在广大农民中开展了大量教育工作，推动了农村教育运动的兴起和发展。

党领导的农村教育运动，首先是在当时的革命中心广东、湖南两省兴起，广东海陆丰是我国农民运动和农村教育兴起最早的地区。1921至1922年间，党的领导人之一，农民运动先驱彭湃就曾深入这一地区，教育、组织农民建立农会，发展农民运动；创办农民学校，开展识字、写算、文化教育和革命思想教育，提高农民文化水平和阶级觉悟。不到一个月，就成立农民学校十余所，接纳学员五百余人。湖南也是农民运动和农村教育发展较早的地区，1922至1923年间，就有一批共产党人和进步人士在湖南各地创办了农民补习学校，向农民宣传革命思想。1924年，毛泽东在韶山组织农民运动，建立起二十多个农民协会，创办了农民学校。1926年，湖南各地创办的农民学校达七千七百多所，出现了农民教育运动的高潮。这是中国有史以来真正的农民教育的普及运动，是划时代的伟大的历史创举。

为了培养农民运动干部，党还创办了两所农民运动讲习所。一是1924至1927年，彭湃等在广州创办的广州农民运动讲习所，前后六期共培养了近八

① 华东师范大学教育系教科所．中国现代教育史［M］．上海：华东师范大学出版社，1983：49.

百名农运干部。二是1927年，毛泽东在武汉创办的中央农民运动讲习所，培养了八百多名农运干部，农运讲习所对推动我国农民运动和革命事业作出了重大的贡献。

为进一步推动农民运动和农民教育的发展，党还于1925年和1926年，在广东和湖南分别召开了多次农民代表大会，讨论通过了《关于农村教育决议案》，提出农村教育方针在"使农民于教育中养成其革命思想"，"增进其农业之知识与技能"，并指出其教育内容和办学形式要适合农民的特点与需要，"给各地农民以政治及革命理论的常识，指示农民铲除封建势力，建设民主政治的道路"[①]。由于坚持了教育为农民革命运动服务的方针，因而极大地提高了农民的革命积极性，推动了农民运动的迅猛发展，为第一次大革命和以后建立农村革命根据地以及发展农村教育奠定了良好的基础。

二、土地革命时期苏维埃地区的教育

1927年大革命失败后，党领导的中国革命中心由城市转入农村，创建农村革命根据地，建立工农革命政权，进行土地革命。这一时期，毛泽东同志创建了中国第一个农村革命根据地——井冈山革命根据地，开创了中国革命的新纪元。此后，党又先后建立了闽赣、湘赣、湘鄂赣、闽浙赣等15个革命根据地。1931年，在瑞金成立了中华苏维埃共和国和中央工农民主政府，下辖300余县，拥有近3000万人口。

以农村为革命根据地的苏维埃政权的建立，标志着中国革命走上了一条崭新的道路。革命的任务是彻底完成土地革命，推翻国民党反动统治，赶走帝国主义一切在华势力，完成反帝反封建的民主革命。党和苏维埃政权提出这一时期工作的总方针是"一切苏维埃工作服从革命战争的要求"。根据这个总方针，《中华苏维埃共和国宪法大纲》规定："中国苏维埃政权以保证工农劳苦民众有享受教育的权利为目的。……应开始实行完全免费的普及教育。首先应在青年劳动群众中施行并保障青年劳动群众的一切权利，积极地引导他们参加政治和文化的革命生活，以发展新的社会力量。"[②]在第一次全国工农兵代表大会宣言中也明确宣布："一切工农劳苦群众及其子弟有享受国家免

① 毛礼锐，沈灌群. 中国教育通史：第五卷[M]. 济南：山东教育出版社，1988：139.

② 郑登云. 中国近代教育史[M]. 上海：华东师范大学出版社，1994：322.

费教育之权，教育事业之权归苏维埃掌管……”[①]在上述教育总方针、总政策和总任务的指导下，苏维埃地区各种教育迅猛发展起来，主要为红军教育、干部教育、工农群众教育、儿童教育和师范教育五种。

（一）红军教育

为培养大批领导革命战争的干部，党和苏维埃政府非常重视红军的建设和军事干部的培养，先后创办了各种军事学校，诸如：培养团以上干部的红军大学，培养连排干部的红军彭杨步兵学校（纪念彭湃、杨殷），培养炮兵、工兵等的干部学校，训练游击队、赤卫队干部的游击干部学校，训练通讯技术人才的无线电学校，培养军医、医护、医药人才的红军医务学校和红色护士学校以及其他各种形式的军事训练班，等等。

这些红军干部学校，都贯彻了“理论与实践并重，前方与后方结合”的原则。特别是红军大学，除教授军事理论知识课外，还着重总结战争经验，进行军事演习，使实战经验系统化、理论化。毛泽东同志提出的著名“十大教授法”，就是总结红军教育经验而提出的。红军大学及其他红军学校为革命战争培养了大量英勇善战的军事干部，有许多人后来成为我军的将领。

（二）干部教育

为了培养党政干部，提高干部的理论、政治、经济、文化等方面的水平，1933年，中央在苏区创办了苏维埃大学、马克思共产主义大学、中央农业学校，1934年又创办了高尔基戏剧学校，在各根据地创办了各种干部培训班，初步建立起比较完整的干部教育体系。

苏维埃大学是一所多科性的政治干部学校，毛泽东亲任校长，设有土地、国民经济、工农检察、教育、内务、劳动、司法、外交、粮食等专业。学习内容为理论、实际问题研究和实习三个方面，这所学校为革命培养了大量干部。

马克思共产主义大学是一所党校性质的干部学校，学员均是具有一定革命斗争经验和工作成绩的地方干部。主要任务是培养前后方政治工作的领导。设有新区工作干部训练班、党团干部训练班和高级干部训练班。学习内容主

---

① 中共江西省委党史研究室，中共赣州市委党史工作办公室，中共龙岩市委党史研究室．中央革命根据地历史资料文库·政权系统6[M]．北京：中央文献出版社，2013：46.

要为马列主义原理、党的建设、中国革命基本问题、工人运动、游击战争以及一般文化、历史、自然科学常识等。

中央农业学校是一所半工半读的农业干部学校，主要任务是培养农业建设干部。设本科、预科和教员研究班。这所学校的特点是以农业实践为主，为农业生产服务，理论与实际结合，学与用一致，教学、实习、研究和农业科学技术推广结合为一体，这在中国农业教育史上是一个重大的创新。

高尔基戏剧学校是一所培养文艺干部和戏剧艺术人才的学校，招收有戏剧和文艺特长的青年，经过艺术教育，派往各地俱乐部、剧团、剧社专门从事戏剧艺术工作。

（三）工农群众教育

党和苏维埃政府历来高度重视工农群众的教育，在各个革命根据地创建了各种形式的农民学校，以提高农民的文化水平和阶级觉悟。如办夜校、半日学校、星期学校、识字班（组）、读报组、俱乐部、图书室等。1934年据江西、福建、粤赣三省统计，共有夜校6462所，学员94517人；江西、粤赣两省共有识字班（组）32388个，参加学习农民达155771人，仅兴国一县，就有夜校学生15741人，识字班3337个，学习人数达22529人[①]。这是中国历史上一次真正的农民文化翻身运动。

（四）儿童教育

苏区的儿童教育实行免费的、义务的和普及的教育方针，目标是培养“参加苏维埃革命斗争的后代”和“将来共产主义的建设者”。根据这一方针和目标，对儿童教育进行了彻底的改革，创造了极其丰富而宝贵的经验。

在教育制度上，小学实行“三二制”。在办学形式上，采取全日制、半日制两种。在教育内容上，知识教育与劳动教育、政治思想教育相结合。初小设语文、算术、游艺三科，高小设语文、算术、社会常识、自然常识、游艺五科；各年级均设劳动实习与社会工作课。这些课程的开设保证了教育为革命斗争和生产服务目的的实现。在教育教学方法上，注重与政治斗争、生产实际相联系，启发儿童的阶级意识，培养阶级观点、劳动观点和生活集体化、

① 王予霞，汤家庆，蔡佳伍．中央苏区文化教育史[M]．厦门：厦门大学出版社，1999：176.

纪律化的精神；注重“少而精”和启发式教学，启迪学生思维，引导学习兴趣，发展儿童的自动能力和创造性，成为有能思想的头脑，有能劳动的双手，有对于劳动的坚强意志的完全的新人。

由于大力进行教育教学改革，苏区的儿童教育得到了飞速的发展。据1934年统计，江西、福建、粤赣三省共有列宁小学3052所，学生89710人。仅兴国一县入学儿童达12868人，占学龄儿童20969人的60%以上。而当时国民党统治区的入学儿童仅占其总数的20%左右，不到苏区的三分之一①。

（五）师范教育

为了培养学校师资和文教工作干部，在苏区曾先后创办了中央列宁师范学校（1932年成立）、中央教育干部学校（1933年成立）、闽瑞师范学校（1932年成立）。此外，苏区各县还创办了各种短期教师和教育干部培训班，如教师轮训班，寒暑假教师讲习会，等，以提高县区教育行政干部和小学教师的业务水平。

概括苏区师范教育经验，除注重提高教师文化、科学和政治素质外，还有以下特点：一、根据革命战争、社会斗争和文教建设的需要，各级师范学校以短期培训为主，学习时间灵活掌握，切实保证工农子女及在职教师子女的优先权。二、注重教育方针政策和教育理论的学习与教育实际问题的研究，特别注重教育实习和教育实验工作。三、注重学校与社会实际相联系和学用一致的原则，强调用马克思主义唯物辩证法和教育方法批判传统教育，以建立苏维埃教育的真正基础。四、注重马列主义基本理论教育和政治思想工作，提高师生政治思想觉悟，实行民主管理，养成自治和自我教育的能力；规定所有教职员和学员参加军事训练，以适应战争的需要。这些特点和经验形成了新型的师范教育体系、制度、内容和方法。

总之，这一时期苏区的教育，开创了我国教育的新纪元，培养造就了大批党政军和文教干部，为革命战争和根据地建设做出了重大贡献；同时，创造了极为丰富的教育理论和实践经验，为以后的教育建设奠定了基础。

---

① 李桂林.中国教育史[M].上海:上海教育出版社,1989:423.

三、抗战时期抗日民主根据地的教育

1937年“七·七”卢沟桥事变后，中国人民的抗日战争全面爆发，中国革命进入了伟大的抗日战争时期。中国共产党为将日本帝国主义驱逐出中国，拯救国家民族危亡，团结全国人民奋起抗日，先后建立起以陕甘宁边区为中心的19个抗日民主根据地，拥有近一亿人口，抗击着70%以上的日本侵华兵力。抗日民主根据地成为全国人民抗日的中心，保证了抗日战争的胜利。

这一时期的教育，在一切为着战争，夺取抗日战争的全面胜利的总原则下，以“实行抗战教育政策，使教育为长期战争服务”为方针。

根据上述教育方针政策，各抗日民主根据地的教育主要是：一是干部教育，培养大量抗日干部；二是民众教育，提高人民的民族觉悟；三是少年儿童教育，培养革命新后代。而且在所有教育中，抗战教育、生产教育重于文化教育。因此，在整个抗战时期，不论是大学、中专或其他专门学校，都具有干部学校的性质，从而建立起适应抗战需要、为长期战争服务的新教育制度。

（一）干部教育

当时著名的干部学校有：中国抗日军政大学、陕北公学、延安大学、鲁迅艺术学院、中国女子大学、华北联合大学、延安自然科学院。此外，还有医科大学、军政学院、俄文学院、民族学院以及各根据地开办的各种干部培训班等等。其中，抗大办得最具有特色，抗大在其他根据地还办有12所分校。该校以“训练抗日救国军政人员为宗旨”，以“坚定正确的政治方向，艰苦奋斗的工作作风，灵活机动的战略战术”为教育总方针，坚持“团结、紧张、严肃、活泼”的校训，贯彻理论与实际结合、学与用一致等原则，是一所锻造革命干部的革命熔炉，先后为抗战培养了20万余名革命干部。其他各校也都贯彻了抗大的办学方向和精神，为夺取抗日战争的胜利做出了重要贡献。

（二）民众教育

为了动员和组织广大人民群众投入伟大的民族自卫战争，党和各地抗日民主政府都把发展民众教育，扫除文盲，提高边区成年人民之民族意识与政治文化水平作为抗日时期教育的主要任务，广泛开办了各种形式的扫盲和文化学校，如冬学、民校、夜校、半日学校、识字班、民教馆、读报组、文化岗等等。陕甘宁边区成绩最为突出，1937年开始办冬学382所，参加人数10337人，到1940年发展为965所，人数达21689人，到1944年冬，村村有冬学，绝大部分青壮年都参加了冬学学习。华北敌后根据地的北岳区，1938年开办冬学2000所，人数69826人，1940至1941年发展为8831所，入学人数达502882人。曲阳游击区有96%的行政村建立了民校。

由于民众教育适应了农村生产的特点，贯彻了为抗战服务、为生产生活服务的方针，办学形式又灵活多样，群众学习的积极性特别高涨，千百万劳动群众摘掉了文盲帽子，提高了政治觉悟和文化水平，积极地投身于伟大的抗日战争和阶级斗争，为夺取抗日战争的胜利做出了巨大的贡献。

（三）中小学教育

根据抗日战争和根据地建设的需要，各抗日民主根据地的中等学校，主要是为地方工作培养干部，甚至有些高小也承担这一任务。但小学的任务仍是培养革命后代，提高他们的民族意识和民族觉悟，培养劳动兴趣，锻炼健壮体格，增加生产和斗争知识，树立为大众服务的思想。

由于中小学教育坚持为抗战服务为生产服务的方针，各抗日民主根据地的中小学得到了飞速发展。据统计，陕甘宁边区20几个县原有小学120所，边区政府成立后，1937年发展到545所，1938年增至733所，1940年增至1341所，有小学生41260人。晋察冀边区原有的学校被日寇全部摧毁，民主政府成立后，发动群众恢复和重建，1939年有小学7000余所，1940年达10000所以上，中学20余所。据不完全统计，山东抗日根据地1944年共有小学近万所，大大超过战前。华中根据地在1943年共有中学64所以上，至抗战胜利前夕达94所。以上数字充分证明抗日民主根据地中小学教育发展之快，成绩之巨，它培养、造就了千百万革命干部和革命后代，有力地支援了抗日战争。

抗日民主根据地的中小学教育创造了很多宝贵经验，概括起来有以下几点：一、改革传统旧学制，办学形式灵活多样。如中学多以训练班为主，学习时间根据需要而定。小学采用全日制、半日制、分散制、巡回制、轮流制、分组制、小先生制以及一揽子小学等办学形式。此外，在游击区、近敌区还采取办抗日两面小学（敌来时讲敌人教材，敌走后讲抗日教材），抗日地下小学和游击式、化装式小学等。二、坚持群众办学路线，贯彻艰苦奋斗、勤俭办学方针，大力发动群众自觉自愿办学，政府加强指导，并给以适当扶助。三、一切教育教学内容服从抗战需要，实行“学校与社会沟通，教育为抗战服务”，大力加强抗日救国教育，组织学生参加各种抗日活动，不断提高学生抗日的自觉性和积极性。四、坚持教育与生产联系，同劳动结合，开展生产自救，一边生产，一边教学，一边参加社会工作，将三者密切结合起来。五、学校生活实行军事化、革命化、战斗化和民主化，培养学生的革命精神、爱国精神和民族气节，锻炼学生独立工作的能力，培养集体主义思想。这些经验充分体现了抗战教育的特点和民族精神，其精神实质对于今天仍有重要现实意义。

四、解放战争时期解放区的教育

抗日战争胜利后，中国人民革命的任务是反对美帝国主义侵略，推翻蒋介石的反动独裁统治，解放全中国，建立和平、民主、独立的中华人民共和国。这一时期解放区的教育方针是建立民族的、民主的、人民大众的、科学的教育，为解放战争服务，为建立新中国服务。教育的主要任务，就是争取和培养大批知识分子，训练政治、经济、军事、文化等建设人才，为战争和建设服务。根据这一方针和任务，各个解放区把教育的重点放在了干部教育和群众教育上。

（一）干部教育

由于解放战争迅猛发展，解放区迅速扩大，前方军事和后方建设都需要大量干部，因而干部教育就成为这一时期教育的最重要的任务之一，各个解放区的干部学校因此迅速发展起来。如在东北解放区，先后创办有东北大学、东北军政大学、辽宁公学、辽北民主学院、东北行政干部学院、哈尔滨大学、铁路学校、邮电学校、农专、商专等学校；在华北解放区，先后建立了华北联合大学、北方大学、白求恩医科大学、华北工业交通大学、铁路学院、内蒙古学院、建国学院等学校；西北解放区有西北军政大学、延安大学、工专、财专、艺专；华中解放区有华中大学、华中建设大学、华中公学；苏北解放区有建设大学、教育学院、工专、师范、军事、医务、新闻等学校。随着解放战争的推进和解放区的扩展，还陆续创办各种培养干部的学校和培训班。

所有这些学校都坚决贯彻了为解放战争服务，为地方政权等各项建设服务的方针，争取、教育和培训了大量知识分子和干部，为夺取全国的解放和中华人民共和国成立后的建设作出了重大的贡献。

（二）群众教育

这一时期解放区的群众教育，主要是教育与发动工农群众积极支援和参加解放战争，开展土地革命，建设地方政权等工作；同时，大力争取、教育和改造知识青年，消除敌人造成的反动影响，提高政治思想觉悟，走革命的道路。教育组织形式，在工农群众中除继续办以识字扫盲、提高文化为主的各种学校，如冬学、夜校、文化补习学校等以外，还结合土改、支前、参军等中心运动对农民进行翻身斗争的教育。在知识青年中，主要通过学校培训、大会报告、上大课、参加当地群众运动，组织各种宣传活动，以及各种讨论会、座谈会等教育形式，学习党的方针政策，认清革命形势任务，启迪他们的政治觉悟，提高他们参加革命的积极性。由于坚持了正面教育引导的方针，新解放区的绝大多数知识青年都投身解放战争的行列和新区的建设斗争中，成为积极的革命战士。

（三）儿童教育

为了适应解放战争发展形势的需要，解放区的儿童教育主要采取恢复、改造、发展的方针；同时根据新老区的不同特点与任务各有侧重，在老区重点放在发展、普及上，新区重点放在恢复、改造上。如1947年人民解放战争转入反攻之后，党中央随即明确指示，对新解放区的学校教育机关要实行保护、不侵犯的政策。根据中央指示精神，中共东北局作出规定：对原有学校实行暂时维持现状、逐步改造的政策；对不切合目前需要的课程，酌量减少或修改，取消反动的课程和训导制度，代之以革命的政治思想教育和政治工作制度；对原有教职员除少数反动分子和破坏分子外都采取团结、教育和改造的方针，树立为人民服务的思想。中共西北局也明确指出，“办好新区教育，争取和改造广大知识青年，为目前建设新区的重要任务之一”，并规定对原有学校要争取迅速开学，团结原有教育工作者，在政治上、生活上要予以关心照顾，帮助他们进步。由于这些方针政策的正确实行，确保了教师队伍的稳定和学校的恢复与发展。据不完全统计，1948年东北解放区共有小学

17726所，学生1688446人，较1947年分别增加了72.4%和90.8%。华北各解放区原有学校遭国民党军事进攻的严重破坏，所剩无几。随着华北大片土地的解放和土改的开展，学校迅速恢复发展起来，到1949年上半年，全区共有小学51900余所，学生325万余人，小学教师达76600余人。至1948年，山东解放区共恢复和发展高小1600多所，初小18400多所。由此可见，解放区的儿童教育得到了飞速发展，这是国民党统治时期所无法比拟的。

总之，党领导的农村革命根据地的教育蓬勃发展、欣欣向荣，开创了中华民族教育的新纪元和农村教育的新天地，创建了适应革命斗争需要的崭新教育制度，创造了丰富的教育理论，积累了宝贵经验，培养了亿万革命后代，造就了千百万革命干部和建设人才，为中国革命事业的胜利奠定了基础，为新中国教育的建设提供了经验。当前，在深化教育改革，建设面向21世纪的教育工程中，我们应当重视并认真总结其经验，坚持其革命方向，发扬其革命传统，创建中国特色的社会主义教育制度，建设高度富强、民主、文明的社会主义国家。

（本文系人民教育出版社2000年版《当代大教育论·农村教育论》中的一部分，收入本文集时有改动）

现代家庭教育内涵及特点之探讨

家庭教育与学校教育、社会教育共同构成了现代教育的三大支柱。家庭教育是整个国民教育的基础，在现代教育体系中起着奠基的作用。同时，家庭教育具有自身的涵义、特点、规律和功能，认识这些问题对于提高对家庭教育的自觉性具有十分重要的意义。本文就其涵义与特点两个问题作一些探讨。

一、我国现代家庭教育的新义与本质

家庭教育是一个古老的话题，又是一门全新的学问。从历史的层面上来看，家庭教育，源远流长。

早在原始社会时期，新生一代为氏族家庭所公有，其教育是由氏族家庭承担，即所谓原始公共教育。但是，幼儿的哺乳、喂养、护理和抚育以及生活习惯的培养与生活技能的传授，仍然不能离开母亲，这种母养、母育、母教的方式，可以说是家庭教育的胚芽或雏形。

当人类社会由氏族家庭发展到一夫一妻制并组成个体家庭时起，新生一代乃为个体家庭所私有，其抚育、培养和教育主要是由父母来承担，这时才开始产生了真正意义的家庭教育。家庭教育从产生到现在，经历奴隶社会、封建社会、资本主义社会和社会主义社会几种社会形态的发展阶段。在漫长的历史发展过程中，家庭教育在培育新生一代、创造人类文化、传承社会文明等方面发挥着巨大的作用。

自古以来，我们中华民族就有重视家庭教育的优良传统，我国素以“文明古国”、“礼仪之邦”著称，这和我国历来重视家庭教育是分不开的。我国历史上许多文学家、科学家、艺术家以及无数伟人贤哲、社会名流、英雄豪杰，都是在良好的家庭教育的影响、熏陶下成长起来的。我国家庭教育经历了长达数千年的发展，对创造中华民族灿烂文化，维护中华民族团结统一，推动中华民族的进步和发展产生过巨大的影响，积累了十分丰富的理论和经验，值得我们认真研究、总结和发扬光大。

家庭教育发展到现在，已走入社会大舞台，国家重视，社会关心，家庭关注，它已从个人行为发展为国家行为，从家长教育子女发展到全社会共同的任务，家庭教育发生了质的变化，成为一项全新的社会事业。现代家庭教育，承担着现代社会赋予的培育新型人才的光荣使命。

现代家庭教育的基本涵义有二：一是狭义，二是广义。

狭义的家庭教育是指家庭中的父母或其他年长者，运用教育资源对子女或其他年幼者实施的教育和影响，以促进他们的身心健康发展，使他们成人成才。从这一含义中应当明确以下几点认识：第一，在家庭教育中，家长与子女之间不仅存在亲子关系，而且存在教育者与受教育者的关系，这种关系应充分体现教育性、平等性、互动性和并进性等教育原则，这样才能收到教育的效果。第二，这一含义中所界定的教育对象是0至18岁的儿童[①]，他们正处在生长发育和成长的关键时期，促进他们身心健康发育与成长乃是家长的天职。第三，家庭教育资源极其广泛、丰富、多样，它包括家庭日常生活、行为习惯、言谈举止、文明礼貌、思想品德、文化艺术、民俗风情、家风家规、各种信息、国家大事、世界风云等等。所有这些教育资源，只要运用合理，就有可能使家庭教育丰富多彩、生动活泼地开展起来。第四，家庭教育的目的在于为国教子，为社会育人。因此，要把教育重点放在教育子女做人上，促进子女从小养成良好的品德，身心全面健康成长。

广义的家庭教育，一是指家庭教育的全员性。即家庭成员之间（包括父母与子女、长者与幼者等）相互教育、相互影响和教育地位相互转化。在家庭教育过程中，不仅表现为亲子间双方互教互学、互相促进、共同提高，还表现为教育双方的地位相互转化，即父母、长者由教育者转为受教育者，子女、幼者由受教育者转为教育者。这种教育角色的相互转化，充分体现了现代家庭教育的平等性与互动性。尤其是在当代，孩子接受新生事物快，信息渠道多，知识面广，在许多方面超过了父母。因此，父母向孩子学习，接受孩子的教育，已是现代家庭教育的重要涵义之一。二是指家庭教育的终身性。现代家庭教育是由胎教开始，直至生命终止，在整个生命的过程中都有受教

① 根据联合国《儿童权利公约》与《中华人民共和国未成年人保护法》规定：18周年以下的人为儿童。

育的责任和义务。特别是在当今科学技术迅猛发展，知识化、信息化、网络化的新时代，更迫切要求人们终身学习，终身受教，这是新时代赋予家庭教育的最新涵义。

现代家庭教育与以往任何历史时期的家庭教育有着本质的区别。它建立在现代社会先进生产力和现代经济、政治、科学、文化的基础上，体现了新时代的精神与要求，并以科学的教育思想理念，培育现代社会所需要的全新人才。因此，从本质上说，现代家庭教育是家庭教育发展的最新阶段，它具有深刻的时代性、先进性、科学性和创新性。

在我国，现代家庭教育除具有上述的一般特性外，还具有自身的特点，这是中国特色社会主义所决定的。具体说，它具有以下几点：一是社会主义方向性。即我国家庭教育充分反映中国特色社会主义事业的要求，体现社会主义发展的方向，凸显全面建设小康社会和社会主义现代化建设的奋斗目标，表现出高度的思想性和目的性。二是科学育人观。即我国家庭教育必须坚持先进的教育理论、思想、观点，教育新一代成人成才，包括：①以人为本，科学育人，为国教子，为社会育才；②三大教育结合、城乡家庭教育互动，共同协调发展；③生育、养育、教育并举，优生、优育、优教并重，使生与育、养与教紧密结合，使子女身心健康发展；④亲子教学相长，创建学习型家庭，提高两代人素质。三是全面发展观。即我国家庭教育必须坚持全面发展方针，包括德育、智育、体育、美育等方面，使儿童青少年一代在德、智、体、美几个方面都得到发展，思想道德素质、科学文化素质和健康素质都得到全面提高，脑力劳动和体力劳动等各种能力都得到综合训练，成为有理想、有道德、有文化、有纪律的中国特色社会主义事业的建设者和接班人。

总之，充分认识和理解现代家庭教育的新义与本质，对于全面地、创造性地开展家庭教育工作，具有极其重要的意义。

二、我国现代家庭教育的特点

家庭教育与学校教育、社会教育共同担负培养“四有”新人的任务，有其共同的特性和规律，但也有其各自的特点和优越性；而且，现代家庭教育具有许多新时代的特质与精神风貌。归纳起来有以下几点：

（一）教育理念的时代性、超前性

教育理念的时代性、超前性，是现代家庭教育最重要的特征，它充分体现新时代的特点和精神，反映新时代的要求和发展方向，把培养和造就高素质的创新人才作为新时代赋予自己的最重要的使命。

首先，它是以中国特色社会主义理论和“三个面向”指示为指导思想，以全面发展教育方针和培育“四有”新人为依据，以现代教育新思想、新理念为准则，把全面实施素质教育，培养创新人才作为根本目标，立足现实，面向未来，与时俱进，开拓创新。因而，现代家庭教育充分体现了先进生产力的发展要求、先进文化的前进方向和最广大人民的根本利益，体现了面向现代化、面向世界、面向未来的发展方向，体现了新时代对培育全新人才的要求，它具有时代的先进性和创新性。

其次，它是用大社会、大文化、大教育的观念和前瞻性的眼光，全面审视、处理家庭教育的理论与实践问题，充分体现新时代的特点和要求，反映其发展趋势和前进方向，展现时代的精神风貌。因而，现代家庭教育具有许多新的教育理念。诸如：以人为本思想，素质教育、创新教育、终身教育理念，现代教育观、人才观、成才观，科学发展观，全面素质观以及主体、民主、平等、互动、开放原则等，既体现出时代的现实性，又展现出时代的超前性。

最后，现代社会是一个全面改革开放的社会，又是一个文明、民主的社会，改革开放是现代社会发展的动力，文明民主是现代社会的重要标志。作为现代社会的家庭教育，必须要反映社会的特点、精神和要求，坚持变革，坚持开放，坚持民主，尊重人格，尊重个性，尊重孩子的要求，给孩子以自由发展的空间和时间等，是现代家庭教育重要的全新理念。

（二）教育文化的民族性、多元性

这一特征主要是由多种文化背景造成的，突出表现在以下方面。

首先，家庭教育文化的多民族性。我国是一个多民族国家，由56个民族构成，在漫长的历史发展中，形成了中华民族共同的文化。同时，各个民族又具有独自的文化特点，而呈现出琳琅满目、异彩纷呈的多元文化。中华民族文化是我们国家的根，民族的魂，具有极强的亲和性、包容性、交融性和团聚性等特征。随着中国特色社会主义事业的发展，将会进一步发扬光大、繁荣昌盛。

教育文化根植于民族文化土壤之中，建立于民族文化基础之上。民族文化的多元性决定了教育文化的多元性，特别是家庭教育文化更突出地表现出这一特点。在各民族家庭中，总是把传承本民族的文化传统，弘扬本民族文化精神，宣扬本民族的文化特质以及传习本民族的民族心理、宗教信仰、语言文字、生活方式、风土人情、民俗习惯等作为首要任务。譬如：汉民族文化是以儒家思想为主体的文化，在旧时代的家庭教育中，总是把孝、悌、忠、信等修养之道作为主要内容。我国西南、西北等地区的少数民族大都信仰宗教，形成了不同的宗教文化，如伊斯兰教文化、藏传佛教文化等，在这些民族家庭教育中，总是要灌输其思想信念、宗教信仰，教授宗教法典，传习宗教礼仪、教规等，使其宗教文化代代相传，绵延不绝。

其次，家庭教育文化多地域性。我国幅员广袤，疆域辽阔，地理环境复杂，经济、政治发展不平衡，历史地形成了丰富多彩的地域文化。诸如历史上的齐鲁文化、三晋文化、荆楚文化、秦文化、吴文化、越文化、闽文化、徽文化、巴蜀文化等等，这些不同地域的文化各有特点，如不同地区有不同的人情风俗、生活习惯，在家庭教育中必然要反映出来，使家庭教育呈现出一定的地域性特点。

最后，家庭教育文化的城乡二元性。我国城乡二元经济结构决定了城乡文化的二元性，因而在城乡家庭教育中也呈现出二元文化现象。在城市，主要是工业文明和商业文明，在其家庭教育中，较多地渗透着工业和商业文化意识；在农村，主要是农业文明，在其家庭教育中，较多地渗透着农业文化意识。当然，随着农村经济的发展和农村城市化的推进，城乡二元文化的差异将会逐步缩小而最后走向一元化。

继承和发展家庭教育文化的多元性，是党和国家繁荣民族文化政策和宗教自由政策的充分体现，家庭教育的这一特征将会发挥巨大的作用。但是，在多元性的教育文化中含有某些消极的、落后的甚至是迷信的因素，应当加以清理和剔除，以保持民族文化的先进性和纯洁性。特别是随着改革开放的发展，国际文化交流的深入，国外的各种文化思想意识、理论观点信念以及生活方式等等，都会传入渗透进来，与我国固有文化相交流结合，或相抵触冲撞，造成我国家庭教育文化的复杂性，这是我们开展家庭教育必须重视的大问题。

（三）教育内容的实用性、实效性

教育内容实用性、实效性的特点，是家庭教育具体目标和孩子生活实际情况所决定的。应根据孩子当时的实际情况，有针对性地进行教育，因而教育内容特别注重实用性与实效性。

一是注重生活教育，将其置于先行的地位。生活教育包括饮食起居、清洁卫生、身心健康、待人接物等方面的生活知识、能力和行为习惯以及生活志趣、理想和人生信念，使子女养成独立的生活意识和生活能力，如自理、自立、自治、自强，为今后进一步发展做好充分的准备。

二是注重品德行为培养，并作为家庭教育的中心内容。品德行为包括日常行为规范、处人处事准则、对国家社会的认识和态度等方面，使子女养成良好的文明习惯，具有强烈的社会意识、国家意识、民族意识，富有深厚的爱民爱国情操与社会责任感、义务感和事业心，正确处理个人、集体、国家三者的利益，愿为社会服务，为国家效力。

三是注重实用科学技术教育，特别是在当前科学技术高速发展，技术化、信息化、网络化日益普及的情况下，现代科学技术已成为亿万家庭生活的组成部分。在今天，如果有人既不懂，又不会使用电视、电脑和网络技术，那他就是一个科盲，就不能享受现代家庭生活。所以，现代家庭教育必然把学习、掌握现代实用科学技术作为教育子女的重要内容，把运用这些实用技术作为享受现代家庭生活的重要手段。

（四）教育过程的综合性、开放性

所谓家庭教育过程的综合性，一是指综合运用各种教育力量、渠道、手段、方式方法，如家庭、社会、学校三者教育的结合，政治、思想、道德、文化艺术等方面的整合，自然与社会、物质与精神、有形与无形、有言与无言等等的综合，以发挥综合统一的教育作用，而不是单一的、孤立的、片面的作用。二是指受教育者心理过程的统一性，即知、情、意、行四者的统一。在教育孩子的过程中，既要晓之以理，又要动之以情，还要形之以意，更要践之以行，使知情、意、行紧密结合起来，相依相促，相辅相成，从而达到“明于理”、“动于心”、“感于中”、“践于实”的最佳教育效果，以造就知情达理、情深谊厚、志高意坚、品端行正、德才兼备的人才。

教育过程的开放性，系指家庭教育实行全面的和全过程的开放，即让孩子走出家门，走进社会，走进大自然，在社会群众中学习，在自然怀抱中锻炼，培养和提高适应并改造社会与自然的能力。这是一个全面的和全过程的学习、锻炼与提高的过程，而不是一时一事的举动。家庭教育开放与否，是直接关系子女能否成才和怎样成才的大事，不可等闲视之，可有可无。

实行开放性的家庭教育，必须首先给孩子以自主的权利，给孩子以时间和空间的自由，让孩子从种种约束下真正解放出来。早在20世纪40年代，伟大的人民教育家陶行知就曾发出“敲碎儿童的地狱，创造儿童的乐园”的呼吁，并提出给孩子“六大解放”，即：①解放孩子的头脑，让孩子从迷信、成见、曲解、幻想中解放出来，使之能思；②解放孩子的双手，让孩子有动手的机会，使之能干；③解放孩子的眼睛，不要带上有色的眼镜，使之能看清事实；④解放孩子的嘴，给孩子言论自由，使之能说；⑤解放孩子的空间，不要把孩子关在笼中，使之能接触大自然和社会；⑥解放孩子的时间，不逼迫他们赶考，使之能自己渴望学习的东西。陶先生的主张具有重大的现实指导意义。可是，现在还有不少家长不懂得这个道理，在行动上违背这个主张，总是想方设法把孩子关在家中，坐在书桌前，不给孩子一点自由活动的时间和空间，这与当前开放的时代氛围相违，与培养现代开放型人才的目的相悖。其实，孩子的思想道德品质，只有在与他人交往和群体活动中才能培养，各种能力和才干，只有在社会与自然实践中才能得到锻炼提高。特别是大自然和社会中的教育资源极为丰富，小到花虫草木生长的奥妙，大到山川湖海奇丽的景色，再到国家的宏伟建设和世界的风云变幻……只有让孩子深入其中研究、探索、考察，才能获得真实的认识和体验，才能提高认识社会、认识自然、改造社会、改造自然的能力。

（五）教育手段的先进性、优越性

随着现代科学技术迅速发展，先进的科学技术不断运用于社会生活、家庭生活等一切领域，成为人们生活与享受的重要组成部分。如电话、电视、电脑、网络等先进技术，在城市家庭中几乎普及；在农村家庭中，手机、音响、录音机、录像机、电视等一般家用电器也较普遍。地球上任何一处发生的事，瞬间即可传遍全球。人们形象地说：“地球变成了一个地球村。”在如今科技发达的条件下，家庭教育已由面授面传的直接教育方式，转变为以信息化、网络化为主要手段的先进教育方式。其优越性有：教育资源丰富、内容新鲜、信息快捷、操作简便，这些优点是非传统教育方式、手段所没有的。

以上特点是相互联系、密不可分的，是现代家庭教育本质的具体体现，是做好家庭教育工作必须把握的重要问题。这些特点将随着现代社会的发展愈来愈加明显和突出，从而推动现代家庭教育不断向前迈进。

（本文系人民日报出版社2004年版《现代家庭教育教材·综合研修卷》中的一部分，收入本文集时有改动）

谈现代家庭教育的育人功能与社会价值

家庭教育是家庭的重要职能之一，是现代教育的重要组成部分之一，它与学校教育、社会教育构成了现代教育的三大支柱，在现代教育体系中起着奠基的作用。家庭教育既承担着为国教子、为社会育人的使命，又肩负着传承文化、创造文明、提高全民素质的任务；同时，在推动社会经济发展，稳定社会秩序，巩固社会团结，构建和谐社会等方面也起着重大的作用。

一、开发智能，发展个性，培育人格，促进新生一代健康成长

家庭是孩子成长的终身学校，父母是教育孩子的首任教师，家庭教育对于孩子的健康成长以及成长为社会所需要的人才具有独特的作用，非其他教育所能比。具体表现在以下几方面：

（一）从胎教开始，促进胎儿健康发展，为后天发展奠定良好的生理基础

胎教是人的个体生命教育的伊始，也是人生教育的开端。打从母体受孕起，人的个体生命就已开始，胎教也就随之而起始。现代科学实验证明，胎儿具有感受能力，对环境的变化有一定的反应性，胎内环境对胎儿发育与成长至关重要。因此，孕妇在重视自己身体健康与营养以确保胎儿物质需要的同时，一定要注意自己的情绪变化及周围环境对胎儿的影响，如心态要平和，心情要舒畅，情绪要乐观，喜怒哀乐要适度，始终保持积极的心理状态和乐观的情绪体验，使胎儿在良好的环境中健康发育。同时，还要避开来自外界的种种不良刺激，如噪声、怪音、异味、恶色，有意识地给胎儿创设良好的外部环境，施以良好的教育影响，如给胎儿听优美的音乐、歌声和吟诵有韵律的诗文等，以促进胎儿感受器官的正常发育，为其出生后的教育和发展提供良好的生理基础。

（二）实施早期教育，促进婴幼儿大脑机能早期开发

新生儿从出生那一刻起就开始了他们的学习历程，即开始接受外界的影响和教育。人的生命过程就是不停地生长发育、接受教育和自我发展完善的过程。这个过程往往受制于乃至取决于个体的早期教育。我国的《易经》中有这样一句话："蒙以养正，圣功也。"[①]说的就是正确实施早期教育的重要性。

早期教育的关键是开发婴幼儿大脑的机能。脑科学研究证明，婴幼儿时期是大脑发育及其机能发展的关键时期。据统计，新生儿脑重量约为成人脑重的30%，9个月时即接近成人脑重的50%，6岁时几乎接近或达到成人的脑重量；人脑细胞数约有140亿个，其中70%到80%是在3岁以前生成的。随着脑细胞迅速发育增长，脑组织结构日益复杂、严密，脑机能也日益发展、完善，因而幼儿的各种心理活动，特别是大脑的智力活动迅速发展起来。美国心理学家杰明·布鲁姆研究认为，若一个人17岁时的智力水平为100，而他在4岁时的智力即达50%，8岁时已达80%。北京协和医院著名儿科专家鲍秀兰教授主持的"婴幼儿早期智力开发"课题，经过10年临床研究得出的结论是：挖掘儿童智力应从他们出生时开始，对0到3岁孩子进行的早期教育将直接影响他们的智力发展水平。他们还曾将119名窒息儿随意分成两组，一组进行早期教育，一组进行常规教育，到1岁半时，早期教育组儿童智力发展指数为105分；常规教育组儿童仅为90分，并且还有9%的孩子智力低下[②]。以上结果充分说明：第一，婴幼儿时期是大脑发育的快速期，是智力发展的关键期；第二，实施早期教育对开发幼儿的大脑机能，促进儿童智力尽快发展至关重要。

（三）开发智能，启迪智慧，促进新一代向智慧型、创新型人才发展

随着儿童年龄的增长，其生活范围不断扩大，接触外界的影响不断增加，知识不断丰富，因而他们的心理活动随之迅速丰富发展起来。儿童心理研究

① 王守仁.王阳明全集(全四册)：四[M].徐枫，等点校.4版.天津：天津社会科学院出版社，2015：207.

② 鲍秀兰，董奇，等.婴幼儿早期干预与智力开发研究[J].医学研究通讯，2002(2)：21-22.

证明，4岁半到10岁左右是儿童智力发展的最佳期，其中9到11岁是思维能力发展的关键年龄。如果说婴幼儿期的家庭教育主要是养成教育，那么可以说从这个时候起，主要进行开发智能，启迪智慧的启智教育，促进孩子向智慧型、创新型人才方向发展。

尤其是在当今社会，知识化、信息化、网络化迅速发展，高新科学技术突飞猛进，社会竞争特别是人才竞争异常激烈，这就要求社会的每一个成员都必须具有应对社会发展变化的才识和本领，改造社会、推进社会进步的知识和才能，参与社会活动与竞争的才干、胆识、谋略和毅力，等等。因此，家庭应从孩子很小的时候起就要把开发其智能、启迪其智慧作为教育工作的重点，把孩子培养成为智慧型、创新型的人才作为家庭教育最重要的任务之一，这是当今社会迅猛发展变化的客观要求，也是现代家庭教育的重要功能之一。家长在开发孩子智能的过程中，要遵循大脑活动的规律，指导孩子科学用脑，帮助孩子手脑并用，脑体并重，左脑右脑同时开发，使大脑活动得以全面合理训练。要指导孩子科学使用时间，合理安排学习与活动、娱乐与休息，使大脑有张有弛、张弛结合，切不可采取强制性、野蛮性的开发。要帮助孩子掌握正确的学习方法，培养孩子广泛的学习兴趣和强烈的求知欲望，激发他们的好奇心，启发孩子多想多问和好学善问，鼓励孩子大胆探索、敢于创新，尊重孩子的创新意识和创新精神，允许、鼓励孩子带有探索性的“破坏”尝试（如拆毁玩具等物件）等等。所有这些都有利于大脑机能的开发。

（四）发展个性，培育人格，促进新一代个性化与社会化的统一

这是家庭教育对于孩子个体发展最重要的职能，也是现代社会对新生一代的根本要求。这里所说的“个性”，是指个人的意识倾向（如需要、动机、理想、信念、世界观等）与稳定的、独具特色的心理特征（如气质、性格、能力、情感、意志等）的总和，即常说的个人心理面貌。这里所说的“人格”，在广义上是指个人的性格、气质、能力、品质等特征的总和；在狭义上是指个人的道德品质，即常说的个人品格。而“个性化”，是指个人在教育、学习和生活实践中，逐步形成的独具特色、比较稳定的意识倾向与个性心理特征的过程；“社会化”是指个人在社会生活条件及社会交往中，通过不断学习与实践掌握社会生活规范，使思想、观念、道德、行为等符合社会要求，

并使个体社会性不断发展与完善的过程。人的社会化与个性化，两者的关系是共性与个性的关系，是相互依存、相互渗透、融为一体的统一过程。

家庭教育对于孩子的个性发展与人格形成具有非常重要的作用，小时养成的性格、品质、行为习惯，往往决定着一个人的未来，影响人的一生的活动。古语说“少成若天性，习惯成自然”，俗话说“三岁看大，七岁看老”，讲的都是这个道理。为了发展孩子个性，培养孩子的人格，家长首先要转变观念，树立科学的教育观、人才观和成才观，全面实施素质教育，把家庭教育的立足点与落脚点真正转移到提高孩子的素质上来，全面提高孩子的思想道德素质、科学文化素质和健康素质，使他们成长为个性全面发展的“四有”新人。

二、传承、弘扬民族优秀传统文化，创新、发展和繁荣民族新型文化

我们中华民族有着五千多年的文明历史，有着灿烂的文化，有着伟大的民族精神和优秀传统。在中华民族文化漫长的发展过程中，家庭教育不仅起了积极的传承作用，而且还起了孕育、创新和发展的重大作用。

（一）继承、传递和弘扬民族优秀文化

人类文化特别是精神文化的传播、继承和发展，要通过各种文化载体和社会渠道才能实现。家庭和家庭教育作为文化的重要载体和渠道，在其传播、继承和发展中起着特殊的作用。首先，家庭是历史文化产生的基础，是孕育民族文化的摇篮。而且，我国家庭蕴藏的民族历史文化极其深厚，家庭教育文化底蕴极为厚重，民族精神极为深刻，伦理道德意蕴极强，亲情、人情、家国民族之情极其深切，特别是家庭文化和传统美德在我国家庭中更是根深蒂固。诸如：团结和睦、艰苦朴素、自立自强、勤俭持家、扶难济困、尊老爱幼、爱国爱家等家庭美德，公正无私、疾恶如仇、诚实笃信、不尚空谈、戒奢节俭，三省吾身、豁达大度、谦虚谨慎等修养之道，敬业乐群、公而忘私的奉献精神，“天下兴亡，匹夫有责”和“苟利国家生死以，岂因祸福避趋之”的爱国情操，“先天下之忧而忧，后天下之乐而乐”的崇高志向，自强不息、艰苦奋斗、勤劳勇敢的昂扬锐气，富贵不淫、贫贱不移、威武不屈的浩然正气，厚德载物、达济天下的广阔胸怀，奋不顾身、舍生取义、见义勇为

的英雄气概，“以天下为己任”的社会理想，“己立立人，己达达人”，“己所不欲，勿施于人”的社会风尚，等等。所有这些传统美德，不仅深深根植于我国的家庭之中，而且几乎是最先在家庭中孕育、发展起来的，而后才发展成为中华民族的共同精神财富。可以说，家庭是孕育民族文化的摇篮，家庭教育是继承、传递和发展民族文化的基础。

（二）创新发展和繁荣民族新文化

人类文化是在人类社会生产、生活实践中产生和发展起来的，同时随着社会制度的变革而不断发展变化。尤其是在当今社会，变革、创新成为社会发展的主流，文化更是如此，而家庭教育在这方面所承担的责任与起的作用十分重大。

第一，家族教育为社会文化不断变革、创新提供智力资源。家庭教育的重要任务是文化启蒙与智力开发，使新生一代成长为具有变革精神、创新意识与能力的人才。而一个民族的文化，无论是传统文化的传递与变革，还是新文化的发展与创新，都必须有良好的文化修养、智能素质，并有创新意识与能力的新型人才来承担才能完成其任务。因此，家庭教育应当义不容辞地为文化变革创新这一历史使命培养和提供良好的智力资源。

第二，家庭作为民族文化的载体主要是以“活化文化”的形式而存在，并以“活化文化”的形式实现文化的继承、传播、变革和创新。所谓“活化文化”，是相对符号、文字、图像、信息、实物等为载体的有形文化而言，系指以人为载体的无形文化，即存留于人们大脑中的文化资源及人们运用文化资源进行文化传递、生产和创造的活动。只有活化文化才具有文化的变革和再生产、再创造的价值。家庭教育的文化实质就是不断通过活化文化的形式继承、传递、弘扬历史传统文化，并在继承的基础上实现文化的变革和创新，进而创造出新质文化。这是“活化文化”独具的功能，也是它的本质所在。

（三）进行文化交流，促进各族文化发展和繁荣

我国是一个多民族的国家，每个民族的文化都有其自身的文化特质和传统；同时，又在不断地吸取其他民族的先进文化精髓来丰富和发展自己。各个民族的文化就是在这种相互交流、相互吸收、取长补短中求得共同发展与繁荣。在这个过程中，家庭教育起着积极的促进作用。首先是选择、吸收其

他民族的优秀文化，以利于本民族文化的发展和新生一代的健康成长。其次是排除、抵制各种文化垃圾的侵袭，特别是抵制腐朽没落文化的腐蚀，杜绝敌对、反动文化的破坏，以维护民族文化的优良传统和纯洁性，使民族文化沿着社会主义方向健康发展。

三、提高未成年人思想道德素质，促进社会主义精神文明建设

加强未成年人的思想品德教育，不断提高他们的思想道德素养，促进社会主义精神文明建设与发展，是现代家庭教育的重要职能。

（一）加强思想品德教育，提高未成年人思想道德素质

未成年人是祖国未来的建设者，是中国特色社会主义事业的接班人。提高未成年人思想道德素质，不仅直接关系到他们的健康成长及其家庭幸福，而且关系到中华民族的整体素质，关系到国家的前途和民族的命运。家庭教育在未成年人思想道德建设中具有特殊的意义和作用。首先，成年之前是一个人成长的关键期，在这个时期打好思想道德基础，将来才能更好地发展，所谓“苗正树才直”说的就是这个道理。其次，未成年人主要是生活在家庭中，与父母朝夕相处，接触密切，接触时间最长。同时，父母对他们了解最深、最及时，因而对其教育也最有针对性和深刻性。最后，家庭教育主要是通过亲人的言传身教、口耳相传、耳濡目染等形式进行的，其教育有亲和力和感染力，具有潜移默化的作用，因而，其效果最易深入人心。

特别是在当前，面对国家经济轨转、社会转型、全面改革开放、国际国内形势深刻变化的形势下，进一步改进和加强未成年人的思想道德建设，提高他们思想觉悟和道德品质，比任何时候都显得重要。家庭在开展思想道德教育中，要深入持久地进行爱国主义、集体主义、社会主义和中华民族精神的教育，培养孩子爱祖国、爱人民、爱社会主义制度的感情，弘扬和培育民族精神和思想情操；要深入地开展社会主义理想、信念和科学世界观、人生观、价值观的教育，使孩子从小树立远大的人生理想、志向、信念和正确的世界观、人生观、价值观；要加强公民道德、行为规范、遵纪守法、明礼诚信等教育，使孩子养成良好的道德品质和文明行为，全面提高未成年人的思想道德素养和精神风貌。

（二）推进社会主义精神文明建设与发展

社会主义精神文明是社会主义社会的重要特征，是我国全面建设小康社会、实现四个现代化的重要目标，也是中国特色社会主义事业持续、健康发展的基本保证。家庭文明是社会文明的基础，家庭教育是创建社会主义精神文明的基石。没有家庭的精神文明，社会的精神文明必将成为无根基的空中楼阁。从这个意义上说，家庭教育最重要的、最长久的功能就是家庭精神文明建设，并通过家庭精神文明的建设为社会精神文明丰富内涵，夯实基础，从而推动社会主义精神文明的建设与发展。在家庭文明建设中，必须坚持社会主义大方向，坚持以社会主义精神文明发展为目标，大力推进以爱国主义为核心的思想道德教育和中华民族精神及优良传统的教育，把继承弘扬中华民族优秀文化与变革创新新时代的文化，把构建和谐家庭与构建和谐社会紧密结合起来，从而推动中国特色社会主义精神文明的发展。

四、振兴国家民族，推动社会发展与进步

家庭教育在现代国家、民族和社会发展中具有特别重大的意义和作用，它直接关系着国家兴衰、民族存亡的大问题。

（一）为国家兴盛、民族振兴、社会进步创建稳固的社会根基

家是国之本，是社会之根基。家庭的和谐与稳定，特别是家庭成员素质的高低，直接影响着社会组织的建构稳固与否，及其组织机制的运行和功能的发挥，而且还关系到国家、社会之发展和人民群众之幸福。我国素有“齐家、治国、平天下”的古训，把“齐家”作为“治国”、“平天下”的根基。俗话说“家和万事兴”，说的也是这个道理。现代家庭教育的重要职能就是要教育家庭成员具有现代的社会意识，正确的人生理念，新时代的精神风貌，积极的生活态度和健康向上的生活方式，把他们培养成为国家、社会的积极的建设者和创造者，把家庭营造成为团结祥和、民主进步、文明幸福的社会主义新型家庭。这是国家兴盛、民族振兴、社会进步的基础和前提。

（二）为实现全面建设小康社会和四化目标提供充足的人力资源

全面建设小康社会是全国人民的战斗纲领，实现社会主义现代化是我国

人民长期为之奋斗的目标。为了实现这个目标，需要培养同现代化相适应的数以亿计的高素质的劳动者、数以千万计的专门人才和一大批拔尖创新人才。家庭教育承担着为全面建设小康社会和四化目标培养各种高素质人才的任务。全国所有家庭都应当负起这一艰巨而光荣的任务，把子女教育好、培养好，使他们全面、健康地成长，成为具有开拓思想、创新意识、敢于拼搏、勇于奉献的高素质的人才，教育他们全心全意为全面建设小康社会和实现四个现代化而效力。

（三）为国家团结巩固、社会长治久安奠定坚实的思想基础

国家的团结巩固，社会的长治久安，必须以家庭的团结稳固为基础；而家庭的团结稳固，又以其每个成员的思想素养为前提。因此，家庭教育必须把提高家庭成员的觉悟，特别是提高未成年人的思想品德修养作为最重要的职能抓紧抓好。在教育过程中，家长要时时教导孩子牢固树立国家意识和社会意识，正确处理个人与社会、国家的关系；养成科学的世界观、人生观和价值观，正确对待生活，正确对待人生，正确对待是非善恶和名利荣辱；养成强烈的社会责任感、义务感，正确对待社会各项工作与义务，遵纪守法，养成积极向上的生活方式和良好的行为习惯，自觉遵守社会秩序和社会公德，抵制和反对社会种种错误、腐朽、没落思想的侵蚀；等等。所有这些思想品德是国家团结巩固、社会长治久安的坚实基础。

总之，现代家庭教育是国家、社会发展的基础，它对国家培养建设人才、提高全民素质起着奠定基础的作用，对于传承人类文化、传播先进思想、创造社会文明起着巨大的推动作用，而且对于国运昌盛、民族振兴、社会和谐、人民幸福等方面，也起着积极的促进作用，我们应当正确认识并高度重视它在家庭、国家、社会发展中的重要地位和巨大作用，切实认真地把家庭教育工作做好，为国家教子女，为社会育人才，为人民谋福祉，为中华民族谋复兴而发挥更大的作用。

（本文系人民日报出版社2004年版《现代家庭教育教材·综合研修卷》中的一部分，收入本文集时有改动）

我国社会经济转型期家庭教育新问题之剖析

现在，我国正处于社会大变革、经济大转型的历史新时期，生产关系、社会结构、经济体制、分配方式以及人们生活方式、家庭结构、经济收益等，都发生了全面调整和巨大变化。我国社会转型，从本质意义上说，是由农业社会向工业社会转型，由传统工业化向信息工业化转型，由计划经济向市场经济转型。这是一个三重转型叠加的重要时期，对我国社会全面发展与进步起着极大的推动作用；同时对我国家庭和家庭教育产生巨大影响。一是社会经济持续、高速发展，使我国家庭由基本小康型向全面小康型发展，这为提高家庭对人力资本投入和教育消费支出，为提升家庭教育质量、推进家庭教育发展提供了较厚实的物质基础。二是随着城市化进程的加快，农村人口迅速向城镇转移，推动了家庭结构、家庭成员职业、家庭经济文化迅速变化，加速了城乡一体化的进程。三是知识化、信息化的发展，加速了学习型家庭的建构和学习型社会的建设，推动了家庭教育的发展和全民学习、终身学习体系的形成，为家庭教育向终身教育阶段发展开辟了广阔前景。四是随着社会的发展与进步，人们的现代意识，特别是市场意识、竞争意识、创新意识、民主意识和平等意识大大提高，思想解放，个性张扬，观点前卫、消费超前，促进了新一代的成长与成熟。

但是，社会转型对家庭教育也带来了巨大冲击，诸如：市场经济改变了原有的社会分配格局，加速了社会成员之间利益关系的调整，造成了社会阶层和家庭经济的迅速变化，对不同家庭子女的教育条件、心理健康造成严重影响；以“趋利”为目的的市场经济和价值取向，对社会主流文化带来了冲击，使家庭教育的道德和行为发生严重失范；技术至上的社会时尚造成人文精神与人文关怀的缺失，使人格教育在许多家庭中出现“真空”；家庭职能的某些错位与失误，干扰了全面发展教育方针的贯彻和素质教育的实施；家长人生观、教育观、人才观、价值观的困惑和迷失，严重地影响着孩子健全人格的形成；家庭结构小型化、家庭文化多元化、家庭背景复杂化使家庭教育遇到了前所未有的新矛盾、新问题等等。从这些情况分析，我国当前家庭教育出现以下几个突出的新问题：

一、陈旧教育观念的干扰

这些年来，我国家庭教育受到党、国家和社会各方面的重视与关注，特别是进入21世纪以后，家庭教育更是呈现出蓬勃发展的大好势头。亿万家长为了把孩子培养成为新世纪的有用人才，采取种种措施加强对孩子的教育，期望他们尽快地成人成才。但是，由于受旧的传统教育思想观念的影响，由于社会转型中某些问题的干扰，以及外来的一些思想、文化的冲击，给家庭教育造成种种矛盾和困难，出现了不少问题，甚至陷入无法摆脱的误区，严重地阻碍了家庭教育工作的顺利开展。

第一，家教观念陈旧、落后。主要表现在家长的养育观、教子观和成才观上。一些家长把子女视为私有财产，把教育子女的工作当作家庭私事，把教子成才仅仅与孩子个人前途、家庭幸福荣誉联系在一起，为国教子的观念不强，为社会育才意识淡薄；“望子成龙”、“盼女成凤”心切，期望值过高，要求过严，却又缺乏正确的教育观、成才观；不顾孩子的意愿和实际情况，一味地按自己的愿望给孩子设计前途和人生，把家长的主观意志强加给孩子，强制孩子学这学那、做这做那，使孩子没有自主权。结果，剥夺了孩子的独立性、自主性，抹杀了孩子的独立人格和主动精神，使孩子变成了家长手里的“面团”，甚至成为家长的“隶属”和“附庸”。

第二，家教认识片面、错位。主要表现在家长对家庭教育目的、任务的错误认识上。有不少家长认为，让孩子读书就是为了上名校、升大学，将来谋个好职业，把培养全面发展新人的教育目的异变为单纯的应试教育，把教子做人成才异变为升学考试，把育德、启智、审美、学能、强身、健心等教育任务，异变为单纯的知识教育和分数教育，等等。结果家庭教育完全脱离了正确的教育轨道，变成了“应试教育—分数教育—升学教育”这个唯一的目标。思想认识上的片面与错位，必然导致家庭教育“学校化”的倾向，把家庭变成了学校的“附属机构”或“第二学校”，家庭对孩子的所有教育工作全都围绕“作业、考试、分数”打转，使孩子处于高度的紧张、疲劳状态。

第三，家教内容片面、单一。由于一部分家长教育思想认识的片面和错误，因而在家庭教育内容上也极其片面、单一。有些家长只抓智育，忽视德育；只抓书本知识学习，忽视生活实际知识学习；只重视考试分数，不重视能力培养；只重视培养智力因素，不重视发展非智力因素；只重视身体发育与保健，不重视心理发展与健康；等等。结果，把构成德智体美全面发展的教育内容，缩减为仅仅是课本上的一点知识，思想品德教育严重弱化，审美教育以及生活能力、社会体验、心理健康等被家庭教育所忽视，使孩子成天埋头于案前书本之中，远离丰富的社会生活。

第四，教养方式封闭、方法不当。由于我国社会长期封闭，家庭又是长期受家长式统治，在家庭教养方式方法上至今仍受其严重影响。目前，典型而普遍的错误方式方法主要有下列几种：一是过度封闭。很多家长唯恐孩子受到外界不良影响，总是把孩子关在家里，捆在书桌前，不准外出，不准与外人接触，不准参加社会活动，使孩子脱离社会，缺乏生活体验，成了不知身外还有广阔天地的笼子里的人。二是过度保护、娇宠。现在的一些年轻父母对孩子过分呵护、娇宠和溺爱，一味地迁就孩子，无条件地满足孩子的要求。过分地保护，过多地操心，吃、喝、穿、戴全部包下，不让孩子有任何动手的机会，养成孩子“衣来伸手，饭来张口”，一切依赖别人的坏习惯。据有关部门调查，过分保护式家长占33.9%[①]。三是过分干涉、控制。这是目前家长教育子女的普遍现象，他们总是认为孩子年龄小，什么事都不放心让他干；或者画框框、定调调，要孩子按框框调调行事，不许越雷池半步；或者干预孩子的隐私，样样都要盘问，事事都要看管，不给孩子任何行动自由；等等。如此种种，严重限制了孩子的自由，侵犯了孩子的权利，束缚了孩子思想的发展，泯灭了孩子的独立精神和创新能力，使孩子变成谨小慎微、胆小怕事的人。据调查，过分干涉式家长占30.4%[②]。四是训斥、惩罚。这类父母总是信奉“不打不成才”，“棍棒底下出孝子”的陈旧信条，对孩子态度粗暴，方法简单，动辄训斥、责备、恐吓、打骂，甚至罚站罚跪，不让吃饭、睡觉，把孩子赶出家门，等等。严厉惩罚的教养方式的家长占7.7%[③]。如此教养方式实质是封建家长制思想的反映，也是家长无能的表现，严重伤害了孩子的身心。五是怂恿、放任。这类家长相信“树大自然直”的信条，认为孩

① 王极盛.让父母远离困惑——王极盛教授谈成功家教[M].北京:当代世界出版社,2000:78.
② 王极盛.让父母远离困惑——王极盛教授谈成功家教[M].北京:当代世界出版社,2000:78.
③ 王极盛.让父母远离困惑——王极盛教授谈成功家教[M].北京:当代世界出版社,2000:78.

子小又是独苗苗，做父母的责任就是给孩子创造无忧无虑的生活环境，尽量满足他们的要求，不要给孩子任何限制和束缚。在这种思想指导下，对孩子的无理要求不予制止，对其错误思想不加教育，对其自私自利行为不加批评指正。还有极个别的家长对孩子一些损人利己、损公肥私等错误行为，不加制止，反而怂恿、鼓励，对孩子违反社会公德、违反社会治安，甚至触犯刑律等违法乱纪行为，也视而不见，听而不闻，结果使孩子误入歧途，走上了犯罪的道路。

第五，家教行为盲目，功利主义严重。这主要表现在盲目攀比、赶风头、急功近利等问题上。譬如一些家长不遵循教育法则和规律，不考虑孩子的自身条件，盲目地跟别人的孩子攀比，比上名优学校，比学习名次，比分数高低，比请家庭教师，比上辅导班、提高班、兴趣班，等等，使孩子成天处于超负荷、超高压的状态下。又如不少家长一听到社会上办什么班、兴什么学，不考虑孩子的意愿，非逼着孩子去学，盲目地跟着社会上的“风”跑。特别是有一些家长不顾孩子的学习状况、智力水平和身体条件，主观地向孩子提出这个要求，达到那个标准，考上什么名牌大学，将来成为什么“家”，用超量课外练习题压得孩子喘不过气来。这种盲目、主观的过高标准、过高要求、过高期望，使孩子成天处于高强度的“精神虐待”之中，不但收不到预期效果，相反，还造成孩子心灵上和身体上的极大损伤。

以上所列举的问题，究其根源主要是旧社会家庭传统教育思想、观念的影响，同时也是家长缺乏科学教育理论知识的指导，不懂得教育规律与方法等原因所造成的。这些问题与现代家庭教育发展的要求是相悖的，应该树立正确观念，走出误区，从根本上进行转变。

二、城镇贫困家庭家教的窘迫

在城镇贫困家庭中，家庭教育情况不容乐观。1999年据国家统计局统计，全国城镇贫困人口1477万（按各省贫困标准统计），约占城镇人口的3.8%，占非农业人口的4.73%；另据民政部2000年8月统计，全国城市居民最低生活保障对象人数为1382万人，约占城镇人口的3.5%，占非农业人口的4.43%。困难职工反映最怕是三关：“生病关，子女辍学关，年节关”，最发愁的是无力承担日益加重的医疗、教育、住房的开支。他们是城市的弱势群体，处于十分窘迫的境地。据青岛市调查资料显示，城镇贫困家庭教育呈现如下特点：

一是父母关注子女的教育更多的是为了改变命运，得到实惠。“咱家穷，主要是父母没文化，你得好好上学，将来全靠你自己了”，“考大学，找个好工作，摆脱贫穷”，这些话反映了城市贫困居民教育子女的共同心声。二是孩子的生活资源和教育学习资源匮乏，这对磨炼孩子的生活能力与意志品德有好处，但限制了孩子的学习和生活，影响了孩子身体的健康和心理的发展。三是亲子沟通时间少，内容贫乏，只限于学习成绩、作业，沟通的方法也很简单，检查式的问答，教育效果不佳。还有不少孩子常面临辍学失教的危险。

三、农村家庭教育的滞后

改革开放以来，我国农村发生了翻天覆地的变化，农业生产大发展，农民生活有了较大提高，农村社会繁荣进步，在全国范围内基本实现了小康。现在，农村教育改革正在全面深入发展，创建学习型家庭和学习型社会正在农村展开。然而，在农村社会经济发展过程中，暴露出不少新矛盾、新问题，其中农村教育滞后，农民科技文化素质偏低，是阻滞农村进一步发展的拦路石，家庭教育中的问题，实在令人担忧。

（一）农村贫困家庭的现状

贫困家庭系指国家或省及当地政府规定的贫困标准线以下的家庭。据国务院扶贫开发办公布，现国家级贫困县有592个。据国家统计局统计，我国目前年人均收入637元以下的绝对贫困人数近3000万（月均收入53元），人均年收入865元以下的低收入人数近6000万（月均收入72元），两者累计近9000万人，约占全国13亿人口的7%。这些贫困者主要分布在我国西部地区，且山区、边区、少数民族地区和革命老区为最多。他们的温饱问题还远未解决，生活十分艰苦。他们家庭生活如此困窘，又何能顾及子女的教育呢。这是我国目前学校教育和家庭教育最突出、最严重的问题。

（二）大量“留守儿童”家庭教育出现“真空”

农村“留守儿童”，保守估算有一两千万，他们的教育与监护多数是委托祖辈、亲属、邻里照管。父母长期在外，使孩子常感无亲人之依靠，少亲情之呵护，缺双亲之教育，内心会出现情感饥渴、精神空虚、人身不安全、行为无奈等心理反应。这种亲情与教育双重“真空”，对儿童身心健康及情感发展极为不利。同时，祖辈或亲戚、邻里对孩子的教育有诸多不便，如祖辈对孙辈的娇惯，亲戚、邻里与孩子的感情距离等，都不利于孩子的教育和成长。

（三）市场经济的消极因素冲击家庭教育

由于以“趋利”为目的的市场经济和农民急切致富的思想，“一切为了钱”成为一部分人的追求。在这种情形下，极少数人为了私利，不顾国家法律、政策，不讲道德信义，搞假冒、伪劣商品坑害消费者；谋财害命、行凶打劫、杀人放火等恶性刑事案件也有所闻……这些社会消极因素使农村生产、生活受到破坏，农民特别是未成年人的思想道德、精神风貌受到侵蚀，使农村家庭教育受到一定影响和冲击。

（四）父母文化素质偏低严重影响家庭教育的有效度

由于历史、经济、文化等原因，我国农民文化程度普遍偏低，科学技术素养不高，尤其是女性的文化水平更低，这严重地影响了家庭教育的有效度，使家庭教育功能不能充分发挥。在农村，一些错误的思想观念，如重男轻女、分数至上、棍棒成才、封建迷信等，也成为农村家庭教育的严重障碍。

四、流动人员家庭教育的难题

随着改革开放和市场经济的发展，我国流动人口逐年增加，并由个体、群体性的“民工潮”向家庭型、组织型流动。据国家统计局统计，全国流动人口已超1.2亿，其中有73%是从农村流进城市的农民工。据估计，随农民工父母流进城市的儿童有300～700万，这些孩子成为“流动儿童”。流动儿童进入城市后，他们感受到现代城市的繁华文明；城市的建设与发展，使他们体验到国家改革开放和现代化建设成就的巨大和未来的前景；城市人的工作、生活和精神风貌，使他们体悟到新时代社会生活的气息，学习到以前无法学到的新知识、新思想、新文化、新风尚……这一切在他们增长知识、启蒙思想、开启智慧、认识社会、发展才干、加速社会化等方面，起着积极的催化作用。但由于城市情况复杂，青少年年纪尚小，无社会阅历和经验，分辨是非和抵御外界诱惑的能力差，他们容易受某些消极因素的影响，甚至受腐朽、没落文化的毒害。对于这些问题，家庭与社会都要高度重视，加强对流动儿童的教育，以防患于未然。

现根据北京、上海、广州三市流动儿童家庭教育的突出问题综合分析如下：

第一，家庭教育的条件和环境很差。一是居住条件差，流动人口多数住在城乡结合部或近郊的工棚、集体房或租赁房中，缺乏必需的生活设备和学习条件；二是文化教育设施差，儿童学习书籍、资料极少，缺乏休闲、娱乐和学习设备；三是居住地周围环境差，人地复杂，环境脏乱，缺乏学习氛围；四是父母文化水平低，难于指导孩子学习，孩子处于自发自流的学习状态；五是父母劳动时间长、强度大，无时间和精力指导孩子学习；六是孩子要帮助父母分担一些家务活，课外读书时间少。

第二，家庭教育意识淡薄。打工家长对孩子的教育和成长是比较关心的，想让孩子能在城里受到好的教育，学到新的东西，但对于用什么思想教育孩子，怎样教育孩子，知之甚少。他们一般只要求孩子有学上，有书读，不学坏就行了，对孩子有何大发展不奢求。同时，由于城乡二元结构、二元文化的鸿沟和城市某些政策、管理制度的限制，生活习惯的隔阂以及城市一些人对进城农民工及其子女的歧视等原因，使他们深感心理压力很大，精神负担很重，感慨社会不公、不正，感叹命运不济，自卑自怨，这些思想和心理状态严重影响了对子女教育的信心，影响了家庭教育的开展。

第三，流动儿童的思想品德教育堪忧。来自农村的儿童，诚实纯朴，思想单纯，爱劳动，好助人，自理能力和独立意识较强，具有正直、谦和等优良性格和品质；但也存在思想保守，性格孤僻、自卑，行为拘谨、胆怯，心胸狭隘，缺乏良好的生活、卫生习惯等缺点。特别是他们面对喧闹繁华、五彩缤纷的城市生活而倾心慕赏，面对千变万化的复杂社会而一筹莫展，面对不公正、受歧视、遭欺辱的待遇，产生愤懑、对立情绪，甚至发生反抗行为的时候，极易造成性格扭曲，思想混乱，行为失范，乃至发展成对他人、对城市、对社会的憎恨心理。对此，家庭及社会要高度重视，及时对孩子进行教育和指导，帮助他们树立正确的社会观、是非观，提高他们的鉴别能力，教他们正确对待和处理所面临的种种新矛盾、新问题。

五、单亲家庭家教的困境

这里所讲的单亲家庭，主要是指父母离异子女随一方生活的家庭。近些年来，离异家庭数量呈逐年上升趋势。据国家统计局、民政局统计，全国夫妻离异人数：1990年80万对，1995年105.5万对，2000年121万对；离婚与结婚对比率，1980年为11.35%，1997年达到13%，其中北京、上海高达25%左右。离异家庭的子女绝大多数处在中小学的年龄阶段，这就更严重地影响了孩子们的教育、学习和生活，特别是对他们的心理造成极不利的影响。

（一）造成子女心理严重障碍

首先是对子女的情感造成极大伤害。因为追求双亲之爱是人的天然本性，当孩子一旦失去父爱或母爱，成了残缺不全的单亲之爱，其内心自然产生被抛弃感（被父或母）和不安全感，精神紧张、惶恐，情绪低落，有时出现因“情感饥渴”而焦虑、悲伤、愤慨、愤怒等严重情感反应。对子女性格的影响也很严重，子女易出现孤僻、冷漠、自卑、内向、固执等不良性格。据调查，在离异家庭中，子女有自卑心理的占48%，性格孤僻的占44%，感情脆弱的占44%，情绪波动的占25%，心理早熟的占24%，情感变异的占68%。这些问题严重影响了他们心理的健康发展。

（二）对子女的教育和学习极为不利

由于父母离异，家庭破裂，和谐、温馨、幸福的家庭遭到破坏，孩子则失去了良好的读书学习的环境与氛围。同时，原先由父母双方承担教育子女的任务，现在只能由父或母一方承担，势必削弱了教育力量，孩子的学习成绩很有可能因此而下降。据有关方面统计，单亲家庭的孩子因家庭结构裂变而成绩落后的比率达90%以上①。据锦州一项调查显示，因父母离异而学习成绩下降者达55%，原因是情绪不好、学习积极性下降、缺少良好的学习环境。

（三）对子女品德行为造成不良影响

离异家庭的孩子，由于心理受到创伤，容易产生逆反心理和消极情绪，缺乏上进心、责任心，合群性不强，自制力和自觉性都较差，容易出现道德失范、行为偏离，甚至越轨的行为。据有关调查显示，离异家庭孩子有偏离行为的占59%；在2260名犯罪青少年中父母离异的占5.1%②。以上说明父母离异给孩子的思想、品德和行为造成的影响不可低估。

① 邓佐君.家庭教育学[M].福州：福建教育出版社，2013：317.

② 邓佐君.家庭教育学[M].福州：福建教育出版社，2013：27.

（四）有害子女健康

世界卫生组织近期公布一项调查报告，对35个国家和地区的16.2万名儿童进行调查，结果显示，生活在单亲家庭的孩子，健康状况令人担忧。单身的母亲或父亲，独自艰辛地生活，不可能有太多的时间照顾孩子，很多孩子沉湎于可能有害健康的行为，如吸烟、饮酒、接受不健康的饮食、甚至有的吸食毒品，严重损害青少年的身心健康。

以上这些问题，从表面上看是家庭教育问题；从本质上看是社会矛盾问题，即社会的矛盾在家庭教育上的反映。从发展观点来说，它是发展中的问题，前进中的问题，这是好事。因为矛盾暴露、问题呈现，可以引起人们的重视，研究对策，采取措施，加以解决。所有这些问题，也许会随着经济的发展和社会的进步而一一得到解决。

（本文系人民日报出版社2004年版《现代家庭教育教材·综合研修卷》中的一部分，收入本文集时有改动）

现代家庭教育目标之一——学会求知

21世纪是知识经济的时代。它和依赖于土地的农业经济及依赖于自然资源和资本的工业经济不同，它是以知识为基础的经济。它将呈现出以知识为基础，以信息为先导，以全球为导向，以网络为载体，以知识经济为核心的新经济形态，它将主宰未来世界经济发展的主流。现代经济的主要职能是“知识和信息的生产和分配”，而不再是“物质的生产和分配”，而知识和信息都是人的脑力劳动的产物。所以，当今国与国之间的竞争，企业与企业之间的竞争，归根结底都是智力的竞争，人才的竞争。知识经济对我们既是机遇，又是挑战，作为企盼国家富强，渴望子女成才的父母来说，不得不面对这样一个迫切问题：怎样让你们的孩子应对知识经济的挑战？联合国教科文组织提出，教育已扩展到人的一生。“学习、学习、再学习”，是知识经济时代人们生存的座右铭。作为个体的人，需要了解各种社会关系，习得民族的文化观念，学会遵守社会行为规范，即知道积极意义上的“为人处世”。面对21世纪，家庭教育必须围绕四种基本学习能力——学会求知、学会做事、学会共处、学会做人，来重新设计、重新组织。这四种基本的学习能力将是每个人一生的坚强支柱，也是现代家庭教育的四大目标。本文先就学会求知作些分析。

学会求知的“知”，在这里不只是指“知识”，而是指广义上的“认知”，既要认识自身及其主观世界，又认识包括自然、社会的客观世界。学会求知就是“学会学习”本身，即学会掌握认识世界的工具。正如国际21世纪教育委员会主席雅克·德洛尔说的，学会求知的根本目的是“使全世界人的潜力得到发展”。联合国教科文组织提出，教育已扩展到人的一生。我们再也不能指望一劳永逸地获取知识了。再有职业的流动岗位的变换日渐平常，“终身职业”已成为明日黄花，那些读死书的书呆子，在知识经济社会是站不住脚的。一辈子靠一两种技能为生的“铁饭碗”时代已经一去不复返。既然学习是一辈子的事情，所以学会学习就显得十分重要，这也是以知识经济为主要特征的未来社会对学习提出的新要求。现在国际上认为文盲不是指那些不识字的人，而是指那些不会主动寻求新知识或不会把学到的知识应用于实践的人。简言之，就是指不会学习的人。只有善于学习，才能在新世纪一路绿灯，通行无阻。

在知识经济时代，每个人都面临着无数的选择。人们既要依赖大量的信息资源，又必须在无限的信息中选择最有利于自己生活、工作或发展的信息，只有具备选择和处理信息的能力，才不至于被淹没在知识信息的汪洋大海中。为此，家长必须教育孩子在以下几方面做出努力。

一、自主性学习

新的学习观强调学习的自主性。即强调所有的学习活动都应该在学习者主动需要的基础上进行。反对在学习问题上的任何灌输和强迫行为。

通常孩子的学习多是在老师和家长的灌输与约束下进行的。其实，学习是孩子自身参与的活动，只有教者的积极性，没有学者的积极性是不会有好效果的。教师的“教”或家长的“育”绝不是单方面的行为，而应该是双方面的互动。父母在孩子学会学习方面能做的只是提供学习条件，创造良好的学习氛围，从旁给予必要的指导，而真正能摄取信息、掌握知识、获得知识、获得自身发展的还是孩子本身!

孩子是学习的主体，这就要求孩子在学习过程中充分发挥自主性。孩子能否进行自主学习，主要在于自身认知系统与动力系统对学习过程的控制与调节。孩子认知系统作用的发挥，主要形成学习中的智力潜能，为学习认知活动的顺利进行提供可能性；孩子内在动力系统的作用，是控制和调节孩子的学习活动，使孩子智力的特点和水平得到正常发挥，使学习活动收获最佳效果。因而，动力系统是孩子学习中的自觉能动性所在。孩子一旦具有学习自觉性就必然会自主学习了，因此，调动学习行为驱动系统就显得很有必要。

（一）诱发学习动机

学习动机是将学习愿望变为学习行动的心理动因，是发动和维持学习行为的力量源泉，是推动孩子进行学习以达到某种目的的内部动力。通常表现为对学习的注意状况、情绪倾向、意志毅力等。一般来说，学习动机愈强，学习积极性愈高；相反，学习动机不强的人，在学习上则表现为马虎敷衍，得过且过。因此，学习动机在提高学习效率上比延长学习时间、增加学习内容具有更重要的意义。

作为家长要想诱发孩子的学习动机，首先要为孩子提供良好的诱因条件。诱因可以分外部和内部两种。外部诱因是客观外在因素，如良好的学习氛围，教师和善的教育态度，有趣的学习内容，等等，都可以成为良好的外部诱因。内部诱因如学习的兴趣、求知欲、远大理想、强烈的成就感等。家长在提供诱因的同时，要注意从孩子的实际情况出发，提出适当的学习要求。既要适合孩子的知识基础、心理水平，又要具有一定的难度和高度。这个“度”一定是孩子经过努力能够达到的，要使孩子始终保持“欲跃而获”的状态。过高则孩子“吃不了”，过低则孩子“吃不饱”，这些都会损伤孩子学习的积极性。另外，还应利用学习结果的反馈激发孩子产生进一步努力学习的良好愿望，从而增强孩子的学习动机。实践证明，反馈信息之所以对学习起着促进作用，原因在于它可以对学习动机进行强化，从而使孩子保持学习的主动性和积极性。在让孩子及时了解学习结果方面，父母绝不能只宣布学习结果，而应帮助孩子进行分析，巩固正确、校正错误，使孩子既知其然，又知其所以然。对学习成果好的孩子应肯定成绩，分析成功的原因，鼓励继续上进；对学习成果差的孩子，要帮助分析不足的原因，制定改进措施，并设法让孩子在点滴成功之中获得积极的心理体验，从而体会到父母对自己“学习结果”的认真负责态度，进而产生奋发向上的愿望。

（二）提高学习兴趣

现代教育心理学认为，学习兴趣是指一个人对学习的一种积极的认识倾向与情绪状态。这种认识倾向与情绪状态就是我们经常提到的“乐学”。孔子曾把学习兴趣分为三个层次：知之、好之、乐之。他说：“知之者不如好之者，好之者不如乐之者。”[①]他经常引导学生由低层次的“知之”向中层次的“好之”转化，进而达到高层次的“乐之”。实践表明，学习兴趣是学习动机中最现实、最活跃的成分，是学习的一种动力。王羲之练字，专心致志到将饼子蘸墨汁往嘴里塞的程度；牛顿研究物理学，入迷到自己弄不清到底吃没

① 杨伯峻.论语译注[M].2版.北京：中华书局，1980：61.

吃饭的程度；陈景润为了证明哥德巴赫猜想，做了几麻袋纸的算题演算。正是兴趣使他们忘记了辛苦，忘记了疲倦，忘记了个人的琐事，专心致志于攻克学问的难关。孩子的学习兴趣，是在教师、家长以及社会各方面的教育或影响下，逐渐形成和不断变化着的。因此，作为家长应高度重视孩子学习兴趣的养成。但孩子的学习兴趣，只能靠引导，而不能采取强制手段。

首先，父母可以在学习与游戏间架起一座桥梁。通过游戏，诱发孩子的学习兴趣。游戏是孩子的天性，是孩子的正当行为。但有些家长自从孩子入学那天起，就对孩子说："你现在是学生了，不要老惦记着玩。"其实，这种做法太绝对化了，把孩子的学习和游戏决然对立起来实属下策。家长配合学校教学的有关内容，可以组织教学性游戏。比如孩子常把"步"写错，有位家长就编了个"步"字顺口溜："上面正字少一横，下面少字缺一点"，孩子记住这句顺口溜，就不会把"步"字写错了。

其次，要想提高孩子的学习兴趣，家长必须根据孩子的年龄特征进行启发诱导。从心理学角度看，学龄初期的孩子对有关具体事实和经验的知识较有兴趣，对比较抽象的带规律性的知识，一般不很感兴趣。这就要求我们家长在帮助孩子进行预习和复习的时候，尽量使知识具体化、生动化。如有位家长在帮助孩子理解数学的梯形面积公式时，拿一张纸，动手剪两个一样大的直角三角形和一个同样高的长方面，然后把这三个图形拼拼拆拆，启发孩子推算出了梯形的面积公式。孩子这样进行学习，不但不觉得枯燥，相反感到很有趣味。

最后，要激发孩子的学习兴趣，必须注意提高孩子学习的成功率。兴趣的产生，有赖于知识的掌握以及认真地钻进学习，把知识弄懂，懂了就会感到兴趣无穷，对于一无所知的事，当然不会感兴趣。科学实验证明，一个正常的孩子，大抵都有某些"兴趣"和"天赋"，有的孩子对这个学科不感兴趣，对那个学科很有兴趣，家长可以利用心理学的迁移规律，扬长避短，以增强孩子的学习信心，使孩子通过学习上的成功，体会到学习中的乐趣。

（三）改善学习情绪

学习情绪是由求知欲的满足与否、学习中的成功与否而产生的内心体验。在日常生活中，人们都有同样的体验：当心情舒畅、情绪愉快时，则思维灵活、敏捷，想象丰富，记忆准确迅速，头脑清晰；当情绪不佳时，则思维迟钝，记忆受阻，想象困难，头脑糊涂。学习活动是一种很复杂的认识活动，要求学习者在一定时间内摄取、储存大量信息，对人的智力要求较高。在学习活动中，如果善于调节情绪，就能起到提高智力的作用。

学习是艰苦的过程，常会遇到挫折和失败。这里特别要指出的是，由于挫折产生的情绪对于学习的作用，可能是消极的，也可能是积极的。著名科学家爱迪生说："失败也是我需要的，它和成功对我一样有价值，只有在我知道一切做不好的方法之后，我才知道做好一件工作的方法是什么。"古今中外有许多志士、学者、伟人、科学家等都在成功之前含辛茹苦，经受过许多挫折和失败，却从中产生了无穷的力量，更加奋发努力，最后成功。怎样使孩子在遭受挫折时，重新激发起学习的内在动力，主动积极地去争取成功呢?

在孩子已尝到挫折的苦果后，家长一方面设法不使他们连续失败，切忌过多地指责和惩罚；另一方面应及时鼓励、帮助他们找到学习中的症结所在，鼓舞成功的信心。凡是父母不抱期待、被嫌弃的孩子，往往变得孤僻、疑虑、消极、学习不求上进。相反，父母的爱能使孩子体验到父母的信任和真诚，解除受非难、受歧视、受抛弃的顾虑。这种爱可以产生对孩子的期待心理，会有意无意地通过自己的眼神、笑貌等等流露出对孩子的信任。此时，还应对他们提出适当的要求，采取一定的措施，在这种情况下，孩子也必然体会父母的一片苦心，更加自尊、自爱、自信、自强，从而产生学习上进的良好效应。

总之，学习动机、学习兴趣、学习情绪等是孩子学习内在动力系统的几个重要方面，它们是相互联系、相互影响的。作为父母只有重视各种因素的作用，才能调动起孩子自主学习的积极性。

二、创新性学习

新的学习观倡导创新学习，即不是以解决已经发生的问题为出发点，而是以解决未来的或将要发生的问题为出发点。也就是说，学习是训练应付新情况的过程。这种学习具有两个主要特征。其一是"预期"，就是强调学习要面向未来。其二是"参与"，就是强调学习要注重实践。提到创新，有些人总觉得很神秘，似乎只有少数人才能办到。其实，创新有大有小，内容和形式各不相同。人们进行的各种活动都可以迸发出创新的火花，学生的学习活动也不例外。但是，不少家长过分重视孩子的学习成绩，要求孩子言听计从，而对于孩子是否具有创造力却不太看重。孩子对事物的好奇心、探索心，在家长对孩子学业的苛求下被压抑或消失。而对新时代的挑战，家长必须重视孩子创新性学习能力的培养。

（一）保护孩子的好奇心

好奇是思维的源泉，创新的动力，是孩子与生俱来的天性。儿童在发育、成长的过程中，由于对周围事物的陌生和无知，好奇心远大于成年人，所以他们所问的问题，也就无奇不有了。如“牛头为什么会有两个角?”，“为什么月亮晚上不睡觉?”这样的问题在成人看来是非常幼稚可笑的，而对孩子来讲却是神秘莫测的。正因为好奇，孩子萌发了探究问题的愿望，总想揭开事物神秘的面纱。有时，孩子可能提出一些“科技含量较高”的问题，如“为什么电视机会放出图像和声音?”，“为什么飞机会飞上天?”等让家长难以回答的问题。面对这些问题，家长绝不能搪塞，要认真对待，即使一时不能回答，也要一起与孩子从不同角度寻求答案，热情地支持孩子去探索新的未知领域。这正是求知行为在孩子心灵中点燃的思维火花，是最可贵的创造性心理品质。对此，家长千万不能感到厌烦，或置之不理，更不能强行制止，否则就会使孩子的探究愿望在萌芽状态下遭到泯灭。生活中有好多为什么，家长要珍惜与孩子共处的每一瞬间，启发孩子多问。古人云：思源于疑。通过“问”，解决“疑”，就可以促使孩子开动脑筋，从而萌发求知创新欲望。

孩子总是试图从他们周围寻找一些有别于其他、又好玩又奇怪的东西。国家教委原副主任柳斌在谈到素质教育的问题时，讲了一个故事：一个小女孩，偶然发现蚯蚓断成两半后，两半都在蠕动，感到特别好奇。她把断了的蚯蚓分别搁在两个有土的花盆里，想观察一下断了的蚯蚓还能不能活。妈妈看了非常生气，说：“一个女孩子，摆弄什么泥巴，没出息!”把有蚯蚓的两块泥巴扔出门外，并打了孩子一巴掌。柳斌同志痛心地说：“你看，这么一骂、一扔，就给未来的中国断送了一位女科学家!”孩子创新的火花在母亲的巴掌下熄灭了。儿童心理学家指出：凡是因好奇而受到奖励的孩子，都愿意继续进行某种试验和探索，这既有助于培养孩子的创造性思维能力，又能增强孩子的自信心。因此，在日常生活中，家长应小心呵护孩子的好奇心。

（二）发展孩子的想象力

想象在人类生活中起着重大的作用。离开了想象，人既不可能有什么预见，又不可能有什么发明创造。人的生活和各个领域都离不开想象，设计师的设计，画家的绘画创作，作家的人物塑造，工人的技术改革，都要求有丰富的想象力。孩子的想象力的培养对创造性思维的发展同样具有十分重要的意义。一个想象力十分贫乏的人，是很难进行创造性学习的。

在家庭中，父母不应只教孩子识几个字，背几首诗，应着意培养孩子的想象力。如在教孩子背诵《咏鹅》时，可让孩子闭上眼睛，在头脑中想象出一群白鹅在碧水中嬉戏的情景。孩子在绘画时，可能会出现小孩长上翅膀，美女配上了鱼身，等等，家长无需纠正。因为人面、鱼身、小孩、鸟翅都是他们经常感知到的，能在画笔下进行组合，这正是孩子的想象力极其丰富的表现，应予以肯定。现实生活中有很多培养孩子想象力的机会，如编讲故事，阅读童话、神话、科幻小说等。家长要善于抓住开拓孩子想象力的机会，给孩子插上想象的翅膀，让他们在大千世界里纵横驰骋。

在以创新为基础的知识经济时代，人类的想象力是主要的价值源。有一句很响亮的口号被许多著名的大企业家奉为名言："只有想不到，没有办不到！"只要你敢想，就有希望获得成功。比尔·盖茨成为美国首富，主要是因为他和同伴保尔·阿伦有一个要把计算机放在每张办公桌上以及每个家庭中去的梦想。因此，孩子即使是"异想天开"，也不要指责，而要引导，因为"异想天开"实际上指的也是一种想象力。

（三）教孩子学会思维

思维作为一种能力，是人的智力核心和智慧的集中体现。思维力在创新性学习中起着十分重要的作用。思维水平高低特别是创造性思维能力水平的高低，在不同程度上制约着创新的成功。

中国13亿人口没有培养出一个诺贝尔奖获得者，原因何在？诺贝尔奖得主美籍华人杨振宁博士说："中国留学生学习成绩往往比一起学习的美国学生好得多，然而10年以后，科研成果却比人家少得多，原因何在？这不得不归咎于我国教育存在的弊端，即学校、家庭一直以传授知识作为培养目标，最终以升学为唯一追求，使得繁复的练习、盲目的抄写、无休止的记诵成为师生奉为神明的教育方法。在沉重的课业负担下，孩子思维得不到应有的锻炼，抑制了孩子的主动思考，扼杀了孩子们的探索精神和创新精神。”当今是激烈竞争的时代，创新是这个时代最重要的素质，不会创新就意味着被淘汰。创新精神、创新能力并非与生俱来，其必要的先决条件就是创造性思维。而家庭教育在创造性思维的培养与发展中则起着无法代替的作用。孩子的思维活跃与否，跟家长平时有意识启发和孩子日积月累的知识、见闻、生活中的体验有着密切关系。其中，养成孩子良好的思维习惯尤为重要。许多科学家的创造发明都是由思维引发的，树上的苹果掉在牛顿头上，于是有了后来的万有引力定律；阿基米德在浴盆中看着溢出浴盆的水，从而推出浮力定律；开水变成蒸汽顶开了水壶盖，于是瓦特发明了蒸汽机，进而引发了一场工业大革命。人从婴儿到儿童、少年，直到独自面对社会的成人，哪一个不是在无数个“是什么”、“为什么”以及“怎么办”的发问和思考中完成的？能否达到正确答案，是衡量一个能否可持续发展的标志。如果一个人从小养成了良好的思维习惯，即使离开了学校、家庭，也能不断学习新知识，解决新问题，不断发展自己。因此，家长要鼓励孩子在学习中勤观察、勤思考、勤分析，不断发现问题，并能有创见地解决问题。如有的孩子对两步计算题发憷，搞不清题中的条件及条件与题目的关系，尤其对根据条件求出间接的问题就更糊涂。家长就要帮助孩子认识什么是间接条件，什么是题中的中间条件，两步应用题与一步应用题的关系是怎样的。然后，从最容易的例题做起，通过自己独立思考，独立分析，到后来，较难的题目也能迎刃而解了。孩子在学语文时，可通过找近义词、反义词和根据某字组词的练习，发展孩子的思维。判断孩子创新性学习水平，不仅要看他们掌握书本知识的熟练程度，更要看解决问题能力的高低。家长应当让孩子多参与创造性的学习活动，如小实验、小制作等，这样可以使孩子既动手又动脑，使他们在实践中学会创新。

三、网上学习

新世纪与网络化同行。为21世纪培养具有国际眼光和竞争能力的人才，已成为各国教育改革的共识。“国际教育”有三个支点：以实现人的现代化为目标的道德教育、外语教育和计算机教育。后两个支点，人们称之为打开新世纪之门的两把“钥匙”。帮助孩子配制好这两把“钥匙”，他们就能在新世纪的天地里去打开一座座知识和信息的宝库。以往在教师指导下进行课堂知识学习的学生尚未真正学会学习。因为学会学习的含义是：一是学会掌握最适合自己的学习方式，能够通过探索独立地进行有效的学习；二是不仅学习课堂知识，更重要的是学习信息处理的方法、培养科学素养以及交流、适应的能力等。在某种意义上，互联网就是一个大课堂。在这个课堂里，儿童和青少年没有统一的课本，没有固定的教师，有的是充满挑战性和创造性的学习机会。

儿童、青少年时代是寻求信息的时代，互联网上大量的、不断更换的信息满足了他们的学习需求。更重要的是孩子们通过网上学习，能够获得一种自发式的自由探索，产生尝试性的冲动，经过一次或多次尝试，能够操纵某种事物，从而体验成功。

儿童、青少年需要交流。互联网不仅提供信息，也提供交流。依靠这些交流功能，12岁的中国儿童可以访问身在南极的科学家，7岁的美国儿童可以与不同国度的儿童交流如何学习养金鱼……在互联网这个虚拟世界里，可以实现最大程度的参与。他们可以对任何感兴趣的交流组织提出自己的意见和见解，可以制作自己的网页以发布自己的信息。

儿童、青少年天性喜欢尝试，但如果这种尝试长时期得不到反馈信息，就容易放弃这种尝试。而互联网上的信息查询、网上交流等活动都可即时反馈，使孩子们能够了解、判断自己操作的正误。一旦经过尝试达到了这个目标，就具有了控制此项活动或信息的能力，并由此获得成功的体验。

互联网的学习方式可以使儿童、青少年在学习过程中，意识到自我的存在。他们不用花费很多力气就可以了解世界上的每一个科技进步。这正显示了互联网传播知识信息的功能。今天，中国的孩子正处于科技日新月异的信息时代，开阔的视野、优裕的条件使他们容易接受新的观念，其中，计算机网络正扮演着一个举足轻重的角色。越来越多的父母开始把电脑作为教育子女的重要手段之一，孩子们也比较容易接受网络学习这种新的学习方式。但是，有些家长对孩子上网存有顾虑，怕孩子受到色情、暴力的侵袭或染上“网瘾”而影响学习。因此，有些家庭虽然买了计算机，但不上网。其实，这并不是好办法。第一，不良影响的来源不仅仅是网络；第二，家里不能上网，孩子会想办法出去上网；第三，你不允许孩子上网，很可能使他失去了一个发展自己的机会。所以，在孩子上网学习方面，父母应该做的是“导”而是不“堵”。

（一）父母自身应该学会或了解互联网

在新的生活和机遇面前，学会上网可以不断更新自己的知识、能力，成为现代生活的积极参与者，为孩子树立一个自信自强，勇于进取的人生榜样。父母学会使用计算机，才能真正领会计算机文化。可以对购买软盘、光盘发表意见，这样既可以向孩子推荐好盘，也可以有效地防止孩子使用不利于成长的软件，并可以使用一定的技术手段帮助孩子学习。当父母与孩子坐在计算机前，一起在互联网络上探讨，他们就成为互相学习的朋友。与孩子有着共同语言，将有助于消除代沟。在与孩子的共同切磋中引导孩子正确地使用电脑。另外，父母们还应该了解网上安全规则或技术措施。尤其是年龄较小儿童的父母，应该学习这部分内容，以保证监护权能有效地落实。很多青少年网站上都有相关内容，父母可以与孩子一起学习这些规则，并督促孩子积极遵守。

（二）让孩子熟悉计算机网络

对于中小学生来说，不能要求人人学会编程，成为电脑神童或软件专家，而应当将电脑看成和笔、算盘一样的工具，让孩子从小和电脑交朋友，掌握信息工具的使用方法，学习计算机科学严谨的逻辑思维方式，这对孩子的早期智力开发很有帮助。一些电脑辅助学习软件自成系列，从幼儿园的看图读童话、看图识字到小学、初中、高中的各门课程无所不有，无所不包，而且知识准确规范，学习功能齐全，题库量大，趣味性强。每一科目都有习题集、分析归纳、解答等等。以理化实验为例，实验用品在电脑软件中一应俱全，可能通过鼠标、键盘信手拈来，实验过程在电脑屏幕上一一显示，使孩子仿佛置身于实验室中，有身临其境之感。电脑辅助教学免除了学外语在生活中缺少外语环境，在家里做理化实验和进行其他教学缺少实验用品和教学设施的烦恼，摆脱了环境的限制，家长受自身素质制约对子女的学习爱莫能助的窘境，为孩子提供了一个第二课堂的好老师。家长可充分发挥这位老师的辅导作用。

（三）通过网络学校，对孩子进行辅助教学

目前全国面向中小学的网校有很多，而其中大多数网校的主要功能是补

习辅导，学生主要是做题和看题。家长在利用计算机对学生进行辅导教学时，应当充分发挥因材施教的优势，引导孩子通过人机对话自己提出问题，自己寻找信息，或深入研究在课堂上学习过的某些科目的内容；还要允许孩子按照自己的水平，选择相应的材料和练习。有些网校在栏目的设置上进行了科学的构想和创新，不仅让学生做题，而且有学习方法指导、心理咨询、智力开发训练等。北京汇文网校向他的学生们发送了一份来自美国的四年级小学生的研究报告，他的题目是苹果的大小与苹果籽数的关系。他的假设前提中大苹果的籽多。他首先切开一个大苹果，里面有四颗籽，随后切开的小苹果有三颗籽，初步结论假设成立。他又切开了一个大苹果，里面还是四颗籽，但是他再切开的小苹果却是六颗籽。第三次切开的大小苹果的籽数一样多，这样他得出结论，苹果的大小与籽数没有关系。这个案例本身并不稀奇，但它是一种运用网络提供的全新手段去进行探索和创新，这种精神对孩子还是非常有益的。

计算机网络与其他的工具一样，只是这种工具更加智能化。在当前普及信息技术教育之际，作为家长应该引导孩子充分利用网络，培养自己获取信息、分析信息、运用信息的能力；引导他们充分运用网络的大信息量、存取的方便性以及交互的及时性进行学习，提高创新精神和综合素质，以适应21世纪信息化社会的需要。与此同时，家长还必须注意到电脑对孩子的成长主要侧重于智力因素，父母不能把教育的责任拱手让给电脑。不仅如此，还应扬长避短，既充分发挥网络学习对孩子的积极作用，又要防止或克服电脑给孩子带来的负面影响。

（本文由林若男、余永德合写，完稿于2004年，收入本文集时有改动）

现代家庭教育目标之二——学会做事

学习的目的是什么？人们可能会有各式各样的回答，但根本仍然是为了做事。国际21世纪教育委员会强调指出："学会做事，以便不仅获得专业资格。而且从更广泛的意义上说，获得能够应付许多情况和集体工作的能力。"[①]显然，21世纪更重视人的能力。

我国古代先哲认为，学习的目的就是为了把所学的知识转化为能力，从而处理好该做的事情。庄子曾说："学而不能行谓之病。"[②]荀子说："不闻不若闻之，闻之不若见之，见之不若知之，知之不若行之。"[③]都是告诫人们把所学的知识运用到实践中去。一些外国学者在这方面也有过精辟的论述。未来学家托·夫勒指出：知识是宝库，但开启这个宝库的钥匙是实践。由此可见学以致用的重要性。

长期以来，考试成绩决定着学生命运，应付考试成了学习的唯一目标。正因为如此，我国中小学生在基础知识学习方面大多在世界上处于领先地位，而在实践能力方面却远远落后于许多国家的同龄人。极个别大学生、研究生乃至博士生不受用人单位欢迎，其根本原因是他们有学历，却缺乏能力、不会做事。我国著名教育家徐特立先生曾说过："只有书本知识，没有实际经验，谓之半知；既有书本知识，又有实际经验、知行合一，谓之全知。"[④]现代社会正是一个呼唤实践能力、需要实践能力的社会。现代人应该超越资格本身，去追求综合能力。根据原国家教委有关部门所承担的"学生实验动手能力"的调查，其结果显示，高中和初中学生物理、化学、生物三科实验能力总成绩不及格，小学生自然实验成绩刚够及格线。这说明我国相当一部分

① 教育——财富蕴藏其中：国际21世纪教育委员会报告[M].联合国教科文组织总部中文科，译.北京：教育科学出版社，1998：87.

② 时金科.道解庄子[M].北京：中央编译出版社，2015：416.

③ 王让新.哲学通论[M].成都：电子科技大学出版社，2015：79.

④ 孟彩霞，唐昭利，孙秀伟.大学文化素质教育论[M].哈尔滨：哈尔滨地图出版社，2007：114.

中小学生缺乏实践知识的能力，不能从知到做，学以致用。这项调查只是想了解学生实验动手能力，其实，孩子们实践能力差表现在多方面。有位13岁男孩在向记者谈自己参加中日少年探险夏令营的体会时说，“在夏令营里有件事使我很尴尬。野炊时，大家都忙东忙西，积极参与，我什么都不会，只能站在旁边看。我长这么大，在家连火柴都没划过，家炊都不会，怎么会野炊呢？不是我不想干，而是父母不让干，没干过的事怎么能会呢？”面临新世纪的挑战，作为父母都希望孩子能在社会上崭露头角，成为时代的强者。要想实现这一美好愿望，不妨及早行动起来，放手让孩子经受实践磨炼，使孩子成为既有知识又能够做事的出色人才。

一、为孩子提供实践的机会

一般来说，孩子身上都潜藏着探索精神和实践欲望。如有的孩子喜欢把物品拆开看个究竟，有的孩子喜欢用工具东敲敲、西打打，有的孩子喜欢用笔到处涂抹乱画……可是，有些家长见不得孩子课余时间“瞎”鼓捣，常常加以训斥、阻止，怕耽误孩子学习。但有些明智的家长，从孩子行动中了解到孩子的实践欲望，注意予以引导，尽量保护孩子这种可贵的素质。他们认为，孩子通过动手，不仅可以养成善于观察、勤于思考的习惯，而且还可以学到一些课本上学不到的知识，大大增长孩子的才干。

北京市空军某部机关干部金慰康有两个令人羡慕的双胞胎儿子，15岁就双双考上北京航空航天大学。他们并不是超常儿童，之所以能够如此出色，主要是因为家教有方。其中重要的一点就是父母能为孩子提供动手实践的机会。在这两个孩子小的时候，父亲很少给他们买现成的玩具，更多时候会给他们买一些可拆可拼的玩具，鼓励孩子自制玩具。等孩子稍大一些，就带他们做航模、船模。家里买了新的电器，先让孩子对照说明书学着使用。孩子们11岁时成功装了无线遥控话筒；12岁时，他们各自试装了一台六管晶体管收音机，由于装机过程比较复杂，孩子们一度有些灰心。这时，孩子父亲引导他们去检查故障，没想到又因短路把几个晶体管烧坏了。孩子没买到零件，准备放弃。为了鼓励他们，父母就把家里一台现成的收音机拆了当配件。孩子们经过多次反复试验，终于获得了成功。13岁那年，他俩边看书，边学组装，装成了一台486计算机。他们拷软件时，一些外文说明看不懂，就查字典、翻杂志。假期，他们到一家公司去帮忙，学习修理计算机和家用电器。

家中从自行车到电器有了问题都由哥俩先拆开修理，解决不了再送修。因此，两个孩子不仅实践能力强，而且成绩优异。现实告诉人们，实践能力和书本知识是相辅相成的关系，两者并不矛盾。

作为父母要相信每个孩子都有巨大的潜能，放手让孩子去尝试，从中体验成功与失败。实践能力就是在体验中积累起来的。成功可以增强孩子独立解决问题的自信心，失败可以发现问题，总结教训，求得下一次实践的成功。总之，正反面经验都是独立解决问题的金钥匙。只有这样，才能使孩子变被动接受家长的教育为主动接受实践的教育。

二、让孩子学会自己管理自己

学会管理是一项智能劳动，新世纪需要会管理的人。要培养孩子的管理意识，首先应让孩子学会管理自己。一般说来，自理能力是指一个人能自己料理自己的生活、学习、工作、交往，能自己妥善处理自己所遇到的各种问题的能力，其中，初步的生活能力是孩子形成自理能力的基础。历史上有个例子：刘备临死前把儿子刘禅（阿斗）托付给诸葛亮，诸葛亮为报知遇之恩，对刘禅关怀备至，事无巨细，都要亲自过问，结果导致刘禅失去了最基本的自理能力。历史发展到今天，“阿斗”的影子仍徘徊在我们四周。如有的中学生因父母外出，不会做饭，宁愿饿肚子；有的小学生轮到值日需要爷爷奶奶前去帮忙；就连上了大学的孩子，不会安排自己生活的事例也比比皆是。孩子生活的自理能力如此低下，主要原因是父母对子女的娇惯。《北京青年报》在北京进行了一次调查，调查对象是6到14岁的学生及其家长。调查共发问卷1000份，回收有效问卷989份。在此调查中，家长问卷中设有这样一个问题：“你最关心、看重孩子在哪方面的表现?”71.4%的家长回答：“孩子的学习。”而关心孩子劳动的家长仅占14.3%。在学生问卷中，也设有类似的问题：“你最看重自己在哪方面的表现?”60%的学生回答：“学习成绩。”由此可见，孩子的学习已成为家庭教育中压倒一切的任务。家长把孩子的学习仅仅片面理解成书本知识的学习，其实学会自理，同是重要的学习。因为，孩子总要离开父母自立的，当父母的“包”得了一阵子，却“包”不了一辈子；什么都由父母代“庖”，看是爱，实则是害，会给他们日后的生活造成很大困难。孩子如果习惯于“衣来伸手，饭来张口”，就会滋长孩子好逸恶劳的坏习气。久而久之，自然会出现“依赖的一代”，“懒惰的一代”。因此，凡是有远见的家长，都很注意对孩子自理能力的培养。

在培训孩子自理能力方面，父母要善于把握时机。有些家长认为，吃饭、穿衣等生活技能是不用训练的，孩子长大后自然就会了。其实这种观念是不正确的。从儿童发展的观点来看，神经成熟后应出现的行为，如没有机会练习会变得迟钝。1岁多，父母可以用不易摔破的碗及汤匙，让孩子有机会参与喂食过程，逐渐做到自我喂食，这样不仅会产生成就感，而且会对吃饭产生兴趣。2岁左右的孩子即可练习脱简单的衣物及鞋袜，4岁左右应当可以穿简单的衣物鞋袜，且上厕所也可以自己穿脱裤子。家长若能多给予练习的机会并予以鼓励，孩子就能学会自我生活料理的事。

培养孩子的自理能力，就要在孩子力所能及的范围内做到自己的事自己做，这里讲的力所能及，就是说不是全部自己的事都自己做。孩子在完全脱离家庭之前，自立总是相对的，但我们不能把孩子力所能及的事都包办。当然，自理能力是多方面的，包括接触人的能力，安排和运筹时间的能力，外出独立办事的能力，等等。在培养多方面的能力中，当家长的一是要“管”，二是要“放”。所谓“管”就是在让孩子办某件事时，要过问一下，估计一下有什么困难，会出现什么问题，提出一些建议，促使孩子引起重视。所谓“放”，就是要放手让孩子去做。自理能力是在“做”或者在实践过程中培养起来的，在做的过程中，孩子会增长才干，甚至可能用父母未能预料到的方法去解决困难和问题，当父母的大可不必忧心忡忡。周围的世界在孩子的眼里是神奇的、丰富多彩的，他们什么都想试一试，做一做。家长们绝不要剥夺孩子勇于尝试的权利。一个不会自理的孩子，长大以后会怎样走向社会是可想而知的。而孩子自理能力的提升，父母的作用必不可少。要想让孩子学会自动地处理自己的事情，可参阅下列几个原则：一、把握孩子学习自理的时机，多给予尝试的机会。因为，自己事自己做的过程是一个学习的过程，如果父母不给孩子尝试的机会，那么让孩子学会自理只能成为一句空话。二、由易到难地给孩子安排一些容易有成就感的事。如年龄小的孩子可以自己洗手帕、红领巾；年龄大一点的可洗袜子、内裤；再大一些的可洗自己的衣服、打扫自己的房间等。三、多鼓励称赞、少训斥责罚。孩子在初学做事的过程中难免会出现一些问题，甚至会闯祸，家长应有耐心，要以鼓励为主，宽容孩子的不足，而绝不能以打骂处罚，更不能产生因噎废食，情愿自己多操劳，也不愿再让孩子动手的情况。相反，要教给孩子方法，从旁给予帮助，使孩子意识到自己的父母就在身边，不管遇到什么麻烦都是能够解决的。

三、教孩子懂得服务他人

按照人们的传统观念，钢铁、汽车等制造业应该是一个国家发展的重要支柱，但事实上，当今世界已经发生了重大变化，服务业已经无所不在，甚至占据了重要位置。以美国为例，美国的经济实际上一直是由服务业支撑的经济。目前，世界上十大信息服务公司中，美国占了8家。有人预言说，到2010年，美国的经济构成只有10%是制造业，其余全部是服务业。可见，知识经济时代，服务业将唱主角。21世纪是充满机遇的社会，是需要合作的社会。在合作的过程中，人人都希望得到他人的帮助，但我们首先需要付出自己的劳动，需要先去帮助别人。这种相互帮助的精神就是服务。所以21世纪是离不开服务精神的。如果一个人懂得为他人服务，他就有可能获得更多，有可能更快地取得成功。同时，服务业也被赋予了崭新的价值。我们国家就涌现出不少像房修工徐虎、公共汽车售票员李素丽这样的“服务明星”。

作为家长首先要培养孩子的服务意识。在一些人眼里，房修工、售票员是很不起眼的职业，不少人都不屑一顾，很多人想去干那些既干净又体面、既轻松又挣钱多的工作，究其根源，出现这些问题主要是因为这些人对服务性劳动存在认识上的误区，从而阻碍了上岗的决心。而那些在平凡岗位上做出不平凡成绩的“服务明星”们，却都能认识到服务工作的重要性和它的光明前景，也看到了服务工作大有可为，懂得服务精神的价值，甘愿为大家服务，他自身的价值也就在服务中得到了人们的认可和评价。为人父母应当让孩子懂得服务就是满足他人的需要，服务就是踏踏实实地做事。有些家长不给孩子为他人服务的机会，“只要你把学习搞好了，什么都不用去干”是家长的口头禅。孩子由于缺少锻炼，服务意识逐渐淡化，只希望别人为自己服务，很少考虑自己是否应为爸爸妈妈以及身边其他的人服务。某校三年级作文考试出了这样一道题：把你最近帮助别人做的事，按顺序写下来，语句要通顺、连贯。很多同学在文章开头这样写道：“今日是星期天，我不上学。我想帮妈妈拖地板……”，“星期天，我发现自己的球鞋太脏了。妈妈又不在家，我想我已经9岁了，应该帮妈妈做些事了，刷球鞋吧……”，“今天，我帮妈妈干了许多家务活，洗了一些我上周换下来的衣服……”从孩子们的字里行间我们可以看出，这些孩子似乎都认为自己的衣服脏了该妈妈洗，鞋脏了该妈妈刷，这是天经地义的事情。这确实应该引起家长的反思。

另外，还有些家长反对孩子当学生干部，认为当干部出力不讨好，耽误学习时间，甚至要求老师免去孩子的职务，弄得孩子很扫兴。听听这位同学的感受："我特别喜欢文娱活动，去年开学时，班里同学选我做了文娱委员，我别提多高兴了，暗暗下决心要把班里的文娱活动搞好。可是，当我得意洋洋地把这个好消息告诉妈妈时，妈妈却大发雷霆，她说我是傻子，做班干部太耽误学习时间，就是因为别人都不愿干才选了我。最后，她硬是找到了学校向老师要求免去了我的职务。我恨死我妈妈了，她剥夺了我的爱好，也使我在同学面前丢尽了脸。"其实，孩子能担任班干部，就是得到一次表现自己、锻炼自己的机会，从中可以获得为他人服务的乐趣，进而增强孩子的奉献精神。中国运载火箭技术研究院院长王永志在接受访谈时说："学生时代做社会工作对人的培养、锻炼特别重要，如果真想成才，年轻时非得有这方面的锻炼不可。我就主张在学校时，大家轮流当一当学生干部，都锻炼锻炼。"

四、培养孩子的责任感

所谓责任感，是说一个人要把自己必须做的、应该做的和能够做好的事情都做好，责任感包括对外部环境负责和对自己负责。对外部环境负责是指要对别人负责、对集体负责、对家庭负责和对社会负责。尽可能使外部环境能因为自己的行为而受益，不因自己的行为而受到损害。对自己负责，是指人对自己的行为所可能导致的结果要承担责任，人应该管好、处理好自己的事情，不要让自己的事情影响、损害了别人的利益和集体与社会的利益。

中国自古以来的传统是做人、做事要有原则，叫做"清清白白做人，认认真真做事"。认认真真就是指人在做任何事情的时候，都应当具有责任感。一个没有责任感的孩子，由于认识不到自己生活在社会中的地位的重要性，便会感到迷惘，而失去创造成就的动力，并容易被其他一些物质性的事物所吸引，沉溺其中。可以说，责任感是能力发展的催化剂。

不少父母认为：现在条件好了，我们要为孩子争取一切可能的机会，为他们提供最好的学习条件和物质条件，只要他们有所作为，不负父母一番苦心，我们再苦再累也心甘情愿。但往往事与愿违，父母越是怀着这种心态对待孩子，孩子越是辜负他们的期望。这主要因为家长只重视为孩子创造优越的生活条件，而把一些对孩子成长十分重要的品质看轻了，更主要的是孩子的责任心的培养被丢到脑后了。在以往比较艰苦的环境中，孩子们看见父母为照顾一家生活而辛勤劳作，感到自己必须为父母承担一部分责任，尽自己的义务包括照顾弟妹、省吃节用为家里减轻生活负担，希望有一天能够为父母解忧去烦，这一切都使孩子感到自己是家庭中的一员，自己的行为能为他人带来影响，从而产生责任感。随着孩子年龄的增长与社会接触面的扩大，这种责任感的内容也会增长、扩大，从家庭中培养出来的这种感觉，正是增长孩子未来责任感的基础。眼前独生子女优越的生活条件使孩子的以自我为中心的倾向加重，作为父母有必要配合学校找出教育的途径和手段，来弥补成长中的孩子在新的社会环境中所缺乏的重要一课——增强责任感。

古话说："蓬生麻中，不扶自直。"有了良好的家庭环境，孩子才能在日常的潜移默化中养成负责任的品性和习惯。父母在待人接物，处理各种事情时，必须严格要求自己，不能有丝毫的随意、任性。在事关工作、集体事务等社会公共生活的场合，不能用小聪明去追求不正当的利益，因为父母的不良表现会在孩子心目中留下很难抹去的印象甚至烙印。所以在培养责任心的过程中，父母的带头作用、模范作用是第一位的。

由于孩子的知识有限，意志力和自我控制能力还不强，所以父母必须帮助他们，在为他们做出榜样的同时，还要教育他们，要耐心地、反复地讲，直到把道德变成孩子自己的认识。对于孩子认真负责的劳动态度要予以表扬、奖励；对于孩子心不在焉、马马虎虎而使工作中出现了差错，要给予合情合理的批评；当孩子在责任感的驱使下做了正确的事情，却遇到了麻烦、打击，做父母的应全身心地支持和保护孩子，这对孩子能否最终形成牢固的责任心，是十分关键的一个环节。

另外，培养孩子的责任感，应从日常生活中的小事抓起。比如，在家里应该让孩子做好自己力所能及的事情。如打扫卫生、负责为花草浇水等。让孩子承担一些家务劳动，有利于培养孩子对家庭的责任感，由此将有利于培养他们的社会责任感。但在有些事情上可以让孩子自己选择，因为现代人每天面临太多的选择，而"负责"的选择不是与生俱来的，也不是一蹴而就的，应该从孩子很小的时候就开始培养。如在完成作业方面就可以让他选择：是先玩一会儿再做作业，还是先做作业再玩？是饭后做还是饭前做？但要附加一个条件，由他自己选择的结果，不会对做作业产生负面影响；如果他自己选择的结果，影响作业的完成，则第二天可取消一次选择的机会，而由父母决定。父母的责任是提供安静的学习环境，不要随便打扰孩子。不少父母习惯替孩子作决定：做完作业才能玩。结果，父母必须在一旁督战，否则孩子就磨磨蹭蹭。因为，孩子做作业已不是对自己的学习负责，而变成了服从父母的规定。这样，必将事与愿违。

（本文由林若男、余永德合写，完稿于2004年，收入本文集时有改动）

现代家庭教育目标之三——学会共处

与他人相处，是现代社会一个人最重要的品质和能力之一。联合国教科文组织关于面向21世纪的学习四大支柱中称：学习与人相处不仅是一项十分重要的内容，而且是生存的必要前提。自古以来，与人相处就是由一个自然人转化成为一个社会人的关键任务。随着新世纪的到来，社会信息量激增，社会化程度加强，社会对人的素质要求也会相应发生变化。因为科学知识向纵深方向发展，社会分工越来越细，人们不可能再成为百科全书式的人物。每个人都要借助他人的智慧完成自己人生的超越，于是这个世界充满了竞争与挑战，也充满了合作与快乐。我们正处于一个合作的时代，合作已成为人类生存的手段。可以说，不具备人际交往的本领，就不可能在未来社会获得成功。

有人曾问日本的一位校长："你办学最注重什么？"这位校长回答说："教孩子理解别人。在现代社会，如果不能上下左右相互理解和合作，知识再多也没用。"这位校长确实富有远见。现代社会在要求人们进行激烈竞争的同时，更需要人们进行广泛的多方面的合作。比如一个厂家和另一个厂家开展激烈的竞争，就必须和它的原材料供应单位、新技术研发单位、销售单位等建立起密切的合作关系。所以说竞争与合作并不矛盾，只有竞争与合作互动才能取得成功。

况且，这个世界上的每个人都有所长也有所短，联合起来却可以创造奇迹。这如同5个手指有长短，合在一起就是一只灵巧的手，一个有力的拳头。如果每个人的手只有一个中指，即使它长得再长，它所能做的事情也是有限的，合起来我们会变得更有力量。单枪匹马、孤军奋战是很难在事业上有所作为的。

改革开放给中国带来的好处是竞争，竞争带来了活力。然而，在竞争中我们只有合作，才能获得事业上的成功。竞争是市场经济的灵魂，竞争搞活了市场，竞争起到了优胜劣汰的作用。只有竞争，人们才会不断地进取，社会才能进步。在这样一个竞争的时代，我们必须完善自己的各方面素质，提高竞争能力，方可应付瞬息万变的世界。今天的孩子大多是独生子女，他们从小处于一种独立的生存状态，在家里得到的大多是大人们的娇纵溺爱，在学校却面临着各种竞争。这些孩子在以后的生活中也许不乏竞争的能力，但缺少合作。可以说，当代独生子女，无论是在与人相处的品质方面，还是能力方面都存在着先天性不足，特别需要社会和家长予以高度重视。

一、要支持孩子的交往欲望

在一份儿童人际交往的问卷调查中发现，孩子们愿与人交往的占被调查总人数的71.9%，有的想与人交往，但因自己私心重或不敢与人交往，或因自身攻击性强，难以交到朋友。心理学研究表明，从孩童懂事时起，就有一定的交往倾向。1至2岁的孩子，也喜欢抱着娃娃聊天、玩耍。3至4岁的孩子就知道找伙伴玩，即使不相识，只要年龄差不多，一点点时间就闹熟了。上学以后，交往的范围和规模就更扩大了。一般来说，年龄在6至9岁之间的儿童之间的交往，其友谊多建立在单一的活动基础上，交往的时间相对比较短暂。比如，一路上学的朋友、一同玩耍的朋友、共进午餐的朋友。9岁以上的学龄儿童，在情感上的成熟程度，足以使他们和同龄人产生共鸣。这种思想和感情上的分享，可以在许多年中成为孩子快乐和痛苦的重要源泉，这个时期的友谊和感情都比以前更加复杂，更加持久。

心理学家指出：人格主要是在与人交往的过程中逐步形成的，孩子与人交往对他的心理发展具有重大意义。对儿童来说，主要有三个方面的交往关系。即亲子交往关系、同龄人交往关系、师生交往关系。孩子最喜欢和同龄人交往。有位初二女同学说："和同学在一起，可以谈心里话，可以得到快乐。"因为他们之间经验与能力相似，兴趣相投，彼此完全处于平等、独立的地位，他们既互相吸引与模仿，又彼此竞争与对抗。父母应当"开放门户"，让左邻右舍、亲戚朋友的孩子之间建立"外交关系"，经常往来、友好相处。无论如何都不能以家庭的整洁卫生为由将孩子的朋友拒之门外。而应鼓励孩子花费一定的时间和精力去与同龄人聊天、游戏、出游，绝不能只重视孩子的学习而忽视孩子的交往，并应对孩子的交友予以密切关注，给予必要的指导。要时常知道自己的孩子在哪儿，和谁在一块儿，密切关注孩子的动向，但不要满足于孩子的简单回答。在必要时，可以通过电话核实一下孩子的去向，如是否在孩子的朋友家。家长切忌采取高压手段，强行禁止孩子与某某继续往来，对年龄稍大的孩子尤应如此。因为处于青春期的孩子们，大都把交友看作一件由自己来决定的私事。父母要设法让孩子轻松地谈论友谊，如定期地或偶尔地表达你对孩子交友方面的兴趣，提及孩子以前曾提到的人名或者事件，或者和孩子分享你对于自己过去的友谊的回忆，尽可能地向孩子传授自己的情感的成长经验。

当孩子由于与同学闹矛盾而产生苦恼，甚至出现厌恶情绪时，要及时了解真相，分清是非，鼓励孩子自己解决。在父母的帮助下使孩子感受到矛盾解决后的快乐，从而增进友谊。

二、要重视孩子交往能力的培养

在这方面，关键在于转变家长的错误观念，如孩子的交往能力是天赋的，不需要培养，现在不必多花精力去考虑人际关系，最重要的而是应当考虑孩子的学习成绩问题，等等。教孩子学会交往应当从家庭开始人际交往，让孩子在家庭中先学习一些与人交往的经验。家长与孩子在学习、生活、情感上进行着亲子交往。尤其应当指出的是：对孩子交往指导负有主要责任的家长，其亲子关系融洽与否，也是“交往技能”指导效果好坏的关键。当然，家庭成员间的交往与同伴间的交往是有区别的。家长应掌握特点，给予孩子正确的指导。

第一，要教孩子学会沟通。在孩子的一生中，总会不断地遇到陌生人。到了一个新的场合，进入一个新的环境，遇到一些陌生人，不少孩子或是胆怯、或是害羞，从内心总会产生几分紧张。作为家长要告诉孩子，初次见面产生紧张情绪是大多数人的共同反应。俗话说“一回生，二回熟”，也就是承认人在初次见面时总是有所顾忌，到再次见面时，就会比较放得开了。在这里关键在于能不能战胜自己的紧张心理。

与此同时，可告诉孩子一些具体的技巧。进入一个新的环境后，自己要积极主动地寻找与人认识的机会，热情地与人打招呼。比如一进屋就要大胆地抬起头，当你的眼神碰到另一个人的眼神时，就可以看着他微笑，距离远的可以点点头，距离近的可以说声“您好”。进入一个新的环境，认识第一个人非常重要，认识之后，如要继续交往下去就要寻找共同的话题。作为青少年可以把话题扩展到学习、生活、追求等方面。古人说:“口者,心之门户也。”[①]要让孩子在学会说话中学会与人共处。如在陈述自己的想法和观点时,不要断然对其“错误”观点下“断定”,注意使用像“我认为”、“我想”这样的词语谈论问题。

第二,要教孩子学会倾听。与人交往,倾听是一门艺术,只有通过倾听,才能了解别人的想法,也才能与别人交流。对于青少年来说,学会倾听,顾名思义,就是要学会在与人交谈的场合,克服浮躁之气和轻慢之举,做到认真而仔细地听取别人的话语。有人可能会觉得,谁不会听呀,有耳朵、有听力就成了。其实,“听”也有多种情况:第一种情况的听就是听而不闻,如同耳边风;第二种情况的听是敷衍地听;第三种情况的听是选择性地听;第四种情况的听是专注地听;第五种情况的听是设身处地地听,这是听的最高层次。我们可以先让孩子从简单的做起,掌握一些基本的技巧,如听的时候眼睛要看着对方,听的过程可以插入一些与交谈的话题有关的小问题,一方面让对方知道你在认真地听,另一方面便于你把问题了解得更清楚。发表自己的意见要在对方谈话的间歇,不要随意打断对方的话。在这里,特别要提醒家长注意,要想让孩子掌握听的艺术,自己首先要学会倾听孩子说话。

第三,教孩子学会协作。在与人交往中,要学会协商,寻找共识,彼此支持,合作共事。在完成一项任务前,应尽量通过协商取得一致看法。要让孩子面对现实,即每个人看问题的视角不同,分析问题的方法不同,思想观念不同,对事物的认识就必然有所不同。在讨论问题时,要允许他人有自己的想法和见解。不赞同或保留自己的观点是可以的。但要努力使问题有一个折中的解决方案,有一个满意的结果。这既要靠彼此之间的真诚相待和信守承诺,即自己承担的事情一定尽力完成,还要靠彼此之间的求同存异,即暂时忽略一些次要的差异或冲突之处。在达成共识以后,大家齐心协力去完成某项任务,在执行任务的过程中,互相协作,主动关心,形成“你好,我更好”的局面。只有具备这种能力,才可能在今后与人共事中,提高效率,取得成功。

① 季景书.鬼谷子[M].长春:吉林大学出版社,2010:9.

三、要培养孩子交往所需要的心理素质

第一，要让孩子学会认识自己，欣赏他人。认识自己即要对自己有一个正确的定位，摆正自己的位置。认识自己一般来说要比认识别人难。认识自己，就是要了解自己的脾气、性格、能力、长处和不足。只有在对自己的实际能力和潜在能力有了充分了解之后，才可能较为自信地与人共处。与人交往是一个互动的过程，也就是大家彼此影响、促进的过程。欣赏他人，是要求尽量发现别人的优点和长处，即使别人一时失误或遇困受挫，也要善意指出问题或提供帮助，不能只顾看人笑话。能够欣赏别人是一种心胸开阔、善于博采众长，调动和利用他人资源的本领。从实质上来讲，合作是双方长处的珠联璧合，也是双方短处的互相遏制。因此，只有相互认识到对方的长处，欣赏对方的长处，合作才有了真正的动力和基础。所以，家长要常和孩子讲"金无足赤，人无完人"的道理，要教育孩子善于发现别人的长处，进行实事求是的肯定。这种肯定绝不是虚假"讨好"，而是发自内心的真诚吐露，使别人感到人与人之间的理解和温馨，从而有效地增进人际间的良性的心理交流，成功地缔造彼此之间的友谊。

第二，要让孩子懂得尊重他人，理解他人。家长要教育孩子有交往的热情，用爱心和同情心去对待周围的人，当别人需要帮助的时候，助人一臂之力。要让孩子知道人与人之间存在着明显的个性差异，同伴之间产生一些不同的意见是生活中的正常现象。家长要引导孩子能够与意见不同的人交往和相处，真诚地学习他人的长处，决不能求全责备、苛求他人，因为理解是人际关系的核心。多数人际冲突的产生都是由于人们彼此过分强调自己的立场，而不能从对方的角度来分析问题。一个人要想成就一番大业，就必须善于理解别人，宽容别人的过失，必要时做出一定的让步。不能理解别人的人是很难找到事业上的合作伙伴的，更不可能在患难时得到帮助，项羽正是因其刚愎自用，终落个自刎乌江的下场。只有理解他人，才可能尊重他人，也才能受到别人的尊重。

第三，要教育孩子学会分享。假如孩子凡事都自私自利，斤斤计较，那么他就难与别人友好相处，更谈不上合作了。现在的孩子在家中是"太阳"，父母都围着他们转，到了学校，"太阳"碰"太阳"，就容易产生摩擦与矛盾。只愿他人顺从自己的意志，不愿与他人分享快乐，这是同龄人交往中遇到的

较为普遍的问题之一。因此，家长有必要让孩子表现出慷慨大方的品质，让他们体会到分享的快乐。比如让自己的孩子和别的孩子分享他所喜爱的玩具，不妨对他说："你玩一会儿，让他也玩一会儿，你们俩都高兴，不是很好吗?"，"你把车给他玩，你玩他的积木。"等适当地引导孩子，进行鼓励，他就会感到分享时他不是在被剥夺，而是一种增添更新、更多的乐趣的机会。

四、要让孩子多参加有利于产生合作关系的活动

社会心理学家认为，当一个活动的目标和手段是参与者积极地相互依赖时，最可能产生合作关系。有人依据这个理论做了一项实验，把一群孩子分为5人一组，共10组，给每组提出两个问题去解决。其中5个组是合作组，他们是作为一个整体来评分的，这样一来，这个组的成员有着共同的目标；反之，另外5个组是竞争组，他们每个人的分数是按个人的成绩分别评分的。结果表明，合作组成员表现出更大的相互依赖感、更密切的合作关系和协调一致。家长可以让孩子玩一些诸如共同搭积木、拼板等需要彼此协作的活动。许多体育和游戏活动，如足球、篮球、排球、跳皮筋、跳绳等，有团体之间的对抗与竞争，更有团体内部的协调与一致，非常有利于培养参与者的合作精神。

近年来，中小学在"素质教育"的呼声中，进行了"假日小分队"、"手拉手结对子"、野营、节假日公益活动等，这些活动培养孩子的团队精神，使孩子学会了交往，升华了爱心。实践表明，集体活动对营造心理相容的环境和人际关系特别重要。它可以使孩子在群体中感到温暖和友善，得到支持、增强信心，从而养成合作的良好意识和习惯。

（本文由林若男、余永德合写，完稿于2004年，收入本文集时有改动）

现代家庭教育目标之四——学会做人

国际21世纪教育委员会在向联合国教科文组织提交的报告中指出，学会做人，是前面三种“学会”成果的主要表现形式，前三个“学会”又是学会做人所要求的，最终是通过“做人”体现出来并加以证明的。因而，学会做人即做一个全面的、多方面发展的人，是21世纪教育所关注的核心目标。也就是说，在支撑现代教育四大支柱中，最基础、最坚实、最重要的是学会做人。学会做人在这里超越了单纯的道德、伦理意义上的“做人”，而包括了适合个人和社会需要的各种能力的相对全面而充分的发展。从这个意义上说，学会做人与我国教育方针强调的“在德、智、体诸方面都得到生动、活泼、主动的发展”相吻合。教育的根本目的是教人做人。陶行知曾指出：“千教万教教人求真，千学万学学做真人。”陈鹤琴也曾说：“做人，做中国人，做现代中国人，做世界人。”

为人父母，多是望子成龙，望女成凤，为达到此目的，含辛茹苦，付出的代价很大。但有些孩子却不尽如人意，令父母心寒。原因在于不少父母把主要精力花在督促孩子学习上，把全部注意力集中在孩子的分数上，以为只要孩子学习成绩上去了，就可以高枕无忧了。其实，父母恰恰忽视了重要的做人教育。与此相反，一些杰出青年反映，父母在做人方面给自己的影响最大，尤其是诚实、进取、勤奋、吃苦耐劳等优秀品质，深深地影响着自己，使自己终身受益。1995年，中国青少年研究中心曾对148名杰出青年的童年与教育进行研究。被调查的148名杰出青年分别是中国十大杰出青年、全国青年科学家、全国杰出青年企业家、全国青年科技标兵、全国青年岗位能手、全国十佳少先队辅导员等等。在研究中发现，多数杰出青年来自普通的劳动者家庭。他们的父母由于历史原因没有机会接受较好的教育，文化水平都不很高，职业也很普通，但在教育孩子方面都取得了非凡的成功。他们的共同体会就是要把教育孩子做人放在第一位，从重视孩子人格教育入手，提高孩子的综合素质。

做人教育的一个重要内容就是让人学会做品德高尚的人，就是说，做人教育首先要承担起德育的使命。做人教育在充分体现德育的时代性、方向性的同时，为适应经济全球化和现代科技迅猛发展的需要，还应充实一些具有全球意义的教育内容。因此，现代人的品格应该具备以下几个方面：

一、创新意识

创新是一个民族进步的灵魂，是国家兴旺发达的不竭动力。如果不能创新，不去创新，一个民族就难以发展起来，难以屹立于世界民族之林。创新最根本的一条就是靠教育，靠人才。

人的本质在于创造，从一定意义上说，人类的历史实际上是一部创业史。正是人类永不停息的创造活动推动着历史不断进步。当今的世界正迅速走向知识经济时代，创造性的活动正逐渐取代重复性的非创造性活动。创造性的知识活动成为人们活动的主要形式和社会发展的强大杠杆。过去说“时间就是金钱”，而现在说“主意就是金钱”。时间对每一个人来说都是一样的，而在相等的时间里，谁的主意最好，创造力最强，谁就取胜。世界上因创新而获得成功的人简直不胜枚举。这些勇于创新的人首先是勇于告别熟知的领域，乐于到新的天地里寻求发展。一个有作为的人只有通过有所创新，为人类作出自己的贡献，才能体会到人生的真正价值和真正幸福。可以说，当今世界的时代精神就是创新精神。科技的发展，知识的创新，越来越决定着一个国家、一个民族的发展前途。在知识经济时代，只有进行持续不断地创新，才能在激烈的竞争中立于不败之地。未来社会需要的不是分数，而是能力，最值钱的，不是学历，而是创造力。因此，必须从小培养孩子的创新意识，使孩子成为具有创新欲望和创造力的人才。

二、竞争意识

当今世界是竞争的社会，物竞天择、适者生存这一自然竞争的真理，同样也适用于人类社会，因而为了发展，为了生存，就必须具有竞争意识。

改革开放给中国带来的好处是竞争。竞争搞活了市场，竞争起到了优胜劣汰的作用。竞争是市场经济的灵魂。没有竞争，就没有活力，没有竞争，社会就难以进步。当今社会，各种形式的竞争已经愈演愈烈，竞争的内容也日益丰富：价格竞争、质量竞争、品种竞争、广告竞争、信息竞争乃至人才竞争。一个人成绩再好，学历再高，也只是成功的一小部分条件，只有具备综合竞争能力，才可能显示出自己的与众不同之处，才可能在职业竞争中表现得出色而完美。将来，和我们竞争某个职位的将不只是中国人，还有来自世界各地的人。当然，我们自己也可以走出国门去和外国人竞争自己理想的职业。可见，竞争不光是推动社会发展的原动力，也是推动自己发展的动力。

有一项面向中、小学生关于竞争意识的测验：考试后，全班谁成绩最好，最好成绩是多少，我对这些总是特别感兴趣。选择“完全符合自己想法”和“比较符合自己想法”的占72.6%。选择“不太符合自己想法”和“完全不符合自己想法”的占27.4%，这说明，大多数中、小学生已经具有了竞争意识。实践证明，学习期间，适度的竞争能激发学习兴趣，强化学习动机，激励自我实现与自我超越，最大限度地发挥个人潜能。

既然竞争已渗入社会的每个领域，谁也无法躲避。作为家长就要鼓励孩子勇往直前，力争上游，为孩子规划竞争，立足今天，面向明天，不断提高孩子的综合素质，争夺第一、争创一流。

三、诚实守信

诚信是人类社会最恒久的道德价值之一，不论在哪一个历史时代，诚信都是一种最受重视和最值得珍视的品德。其中，诚实是做人的最基本、最起码的行为准则，是人类共同追求的美德。那么，当代青少年在“诚实”这一问题上持有什么样的态度？一项调查设计的题目是：你在商店买东西，售货员多找你5元钱，这时你会怎样做？选择“立即退还”和“犹豫后退还”的，小学生占90.5%，初中生为84.3%，高中生为72.2%。而选“不退，不是我的错”的小学生为3.5%，初中生为6.1%，高中生为10.3%。从这题的选择中，我们看到，绝大多数中小学看重诚实的品德，并愿意以诚实的方式解决问题。但与此同时，值得注意的是，随着年龄的增长，持有诚实这一价值观的学生却在减少。年级越高，选择“不退，不是我的错”的人越多。其原因在于随着年龄的增长，对社会的了解加深、受到社会上的消极负面影响，如坑蒙拐骗的现象影响，假冒伪劣商品屡打不尽，这些冲击了学校、家庭的正面教育。

中国是个非常注重守信的国家。自古就有“人无信，无以立”之名言，强调交友重在讲诚、讲信上。如果一个人无信用或言行不一，那个人就会遭人鄙视。

守时是信守诺言的一个方面，在现代社会中，是否守信用是判定一个人的人格高下的标尺之一。同时，信守诺言更是现代社会生活得以进行，人与人之间的交往得以继续的基本原则。在市场经济激烈竞争的今天，信誉好坏在一定程度上起到关键作用。不论人或事，信誉都是一笔不可估量的资源，那些说假话、干假事，把承诺当作戏言的人，也许一时得手，轻而易举占了上风，其实等待他们的将是“大浪淘沙”，他们终究会被淘汰。

青少年正处在价值观的初步形成阶段，为了让孩子能在市场经济社会中生存，就要教育孩子以“诚信”为本，以“诚信”作为处世的最基本准则，而这一切又必须从小开始培养。

四、富有爱心

何谓“爱心”？爱心，就是能觉察、体验别人的心情，能站在别人的位置和角度，感受别人的欢乐、痛苦、烦恼、失望。

爱心是美德的基础，也是美德最直接的表现。一个人如果连爱心都没有，他还有什么值得称道的地方呢？爱心无大小，只要付出爱心，别人都能感受到你所拥有的美德。

一个富有爱心的人总是为别人考虑，极少追求太多的私欲，他们从帮助别人、关心别人的过程中获得自我价值。一些拥有爱心的人往往会在不经意间得到曾经被他们付之爱与关怀的那些人深深的感激之情。

富有爱心的人易与人交流，容易事业有成。因为富有爱心的人给人的感觉是平易近人，易于相处的。由于这些人常常会主动关心别人，也就成了朋友遍天下的人，爱心可以把人与人联系起来，有利于人与人之间的沟通与合作。当事业上遇到困难、挫折，心情烦闷、不愉快时，就会获得别人的关心、安抚，甚至助以一臂之力，帮助自己渡过难关，获得成功。

富有爱心的人，必然具有奉献精神，那些为国为民献身的人，多是千古留名，载入史册，成为人们永远效仿的榜样。

五、追求成功

当今社会是技术革命、知识更新、旧传统的破灭、新文明的兴起的全面创新的时代。生活在这个时代，生命在于进取。因为，一切成功都取决于进取步伐的大小，它无情地把一切不思进取、得过且过、具有惰性的人远远地抛在后面，使他们不断地品尝着弱者的滋味，承受着弱者的内心痛苦。如果，现代的青少年缺乏远大志向和追求，那么，我们的民族就将是没有希望的民族。

纵观古往今来诸多事例，不难发现，对于命运赋予的良机，只有勇于拼搏者才会取得成功；只有奋发努力，才能使他们的能量上升到顶点，成为一个成功者。著名童星金铭就是一位十分珍惜机遇的人。她早期出道时演的多是一些毫不起眼的小角色，然而她非常珍惜表演的机会，认认真真地把每一个角色演好。功夫不负有心人，她的才华被台湾导演看中，力邀其出演琼瑶名剧《婉君》的女主角。一炮走红后，她依然对自己毫不放松，继续努力，为人们奉献了一部又一部经典之作。

实践证明，不论才干或学识有多少，没有奋斗目标，缺乏进取精神，最终只能是个碌碌无为之辈。反之，学识缺少一点，或才干拙劣一点，只要有远大志向，肯拼搏努力，就能不断实现自我价值。因此，孩子应当具有进取的雄心，追求成功的欲望，在为社会奋斗的过程中不断地提高和完善自己。

追求成功的意志来自个人的远大抱负和历史社会的责任感，来自对自身力量的充分信任，来自抓住机遇、掌握自己命运的勇气，来自拥有别人无法匹敌的敬业与热忱。创造了经济高速增长奇迹的日本人有一句名言，叫做“世上无难事，只怕工作狂”。如果你的孩子从小就学会以最高的热情投入所追求的目标中去，愿意为所要达到的理想付出代价，那么在未来的社会里，他一定会是一位健康、幸福的成功人士。

六、善处逆境

人在成长的道路上，不可能一帆风顺，难免会遇到自己难以逾越的障碍。成长往往是与艰难、困苦、挫折、逆境相伴而来的。面对逆境，一些人千方百计克服困难，争取成功。但也有一些人怨天尤人，欺骗自己，逃避现实。同样面对逆境，处理得好，可以磨炼意志，使人奋发向上，处理得不好，就会产生消极情绪，使人败下阵来。后者是不可能在现实生活中获得成功的。

两千多年前孟子就说过：“天将降大任于是人也，必先苦其心志，劳其筋骨，饿其体肤，空乏其身，行拂乱其所为……”孟子这一句话之所以千古传诵，就是因为它揭示了人才成长的规律：第一，经受过大的挫折磨难的人才会有所作为。随着社会的发展，人们愈加认识到抗挫折能力的重要。现代社会，信息量大，机遇多．节奏快，经受挫折的可能性也就越大。外国有的学校为了让孩子能对抗挫折、经受磨难、承受压力，把孩子送进荒岛，教师离去，让学生学会死里逃生。这正是让孩子经受住生活中巨大变化的考验，在恶劣环境中求得生存。要想让我们的孩子能适应未来社会，在未来社会中生存得更好，就必须使孩子具备善处逆境的心理素质和精神状态。善处逆境的人首先能预料到未来的种种困难，一旦遇到意外，能勇敢地面对现实。第二，能正确看待失败与挫折，认真对待每一次失败，找出失败的原因，在下一次奋进中引以为戒。第三，也是最可贵的一点，是能保持顽强和乐观的精神，不屈不挠，持之以恒，坚持到光明的时刻，乐观、向上才可能迎来美好的明天。

教孩子学会做人，学校教育、社会教育和家庭教育，各有其不可替代的作用。其中家庭教育的作用是最基础的也是最根本的，因为人从呱呱落地开始就在家庭中生活，就受到父母的影响，而且这种影响几乎渗透到一切方面。当前许多为人父母者的苦恼是自己的教育往往不能收到预期的效果，有时甚至适得其反，这在新的历史时期并不为怪。人作为物质发展的最高形态，他的成长本来就不可能像捏面团那样简单。绝大多数家长实际上教育观念尚未更新，对孩子的生理、心理特点比较生疏，有些家长自身素质的缺陷也不可避免地影响着他们的子女。为了发挥家庭教育在教孩子学会做人方面的基石作用，请家长注意以下几个方面：

（一）家长观念要与时俱进

做父母的教育自己的子女，都希望把他们培养成才，要实现这一愿望，首先就要认清当前所处的时代特点，了解新时代对人才的新要求。随着新技术革命的到来，整个世界正在急剧地发生变化，变革的浪潮势不可挡。古希腊辩证法的奠基人赫拉克利特有句名言：“一切皆流。”如果说这句话适合过去，那么它就更适用于现在。眼下的变革时代，为人父母绝不能只用上代人对自己的要求来要求自己的孩子。比如，什么样的孩子是好孩子？过去的标准是“听话”，听老师的话，听父母的话，现在则要求孩子具有独立意识，有自主精神，在必要时，能做出抉择。具有这样素质的孩子才能适应社会生活，才能走向成功。作为家长，不能把自己的意愿强加给孩子。

（二）教育措施要适时适当

家长根据孩子不同年龄段的不同特点，给予相应的教育，不要错过孩子的最佳发展期。研究表明，各种良好习惯的形成3岁可开始，超过13岁再培养诸如学习、劳动、生活等各方面的习惯恐怕要事倍功半。另外，教育内容必须符合孩子身心发展的特点，不可要求过高，不切实际，否则会使孩子不堪重负。因为孩子不管学习能力或行为品德或各种技能的形成，都有一个由浅入深，由简到繁、由易到难、由低到高的过程，家庭教育必须考虑孩子的这种认识水平，操之过急，必然会欲速则不达，甚至酿成不良后果。

孩子都有个性差异，在对孩子实施教育时，还要考虑孩子的个性特点，因人而异，对症下药。生活中有些家长常常不考虑孩子的接受能力和兴趣爱好，而是按照自己的意愿强制要求和培养孩子，结果往往是事与愿违。

（三）父母自身要树立威信

威信是威望和信誉。威信的一个重要特征就是意志服从，使人产生一种发自内心的尊重而信赖的情感。威信是对孩子进行教育和孩子自觉接受教育的重要条件，是一股无形的、巨大的教育力量。中国父母对孩子的爱心和期望可以说居世界领先地位，然而，不少家长抱怨孩子经常顶撞自己，不服管教，我行我素，父母有时甚至遭到孩子的嘲笑、捉弄或公开反抗。这正说明父母在孩子心目中是没有威信的，这样的父母即使整天管教孩子，也不会产生好的效果。要想提高自己的威信，首先要健全自己的人格品质，用自己的正确言行，影响和教育孩子。其次，要保持健康的精神状态，并善于控制自己的感情，情绪适度。要让自己在孩子心目中产生可亲、可敬、可爱的形象。最后，也是非常重要的，就是要和孩子建立起民主、平等的关系，为人父母要放下架子，尊重孩子，循循善诱，启发自觉，这样树立起来的威信才能有效而且长久。

（本文由林若男、余永德合写，完稿于2004年，收入本文集时有改动）

变革创新——现代家庭教育兴盛发达的必由之路

变革、创新，是时代永恒的主题，是人类社会发展与进步的强大动力。一个国家的强盛和民族的昌兴，取决于这个国家民族的变革意识和创新精神。正如江泽民同志所说："创新是一个民族进步的灵魂，是一个国家兴旺发达的不竭动力。"我们中华民族素有变革创新的优良传统，对人类社会的发展作出了杰出的贡献。中华人民共和国成立以后，我国的变革与创新的成就尤为巨大，特别是近30年来，改革开放被确定为国家建设的长期战略方针，创新成为全国人民建设社会主义现代化的行动指南。在当前改革、开放、创新的大潮中，我国家庭教育遇到了千百年来从未有过的发展机遇和有利条件，同时带来了前所未有的冲击和挑战，更提出了新的任务与要求。如何抓住机遇，迎接挑战，唯一的选择就是走变革、创新的道路。

一、变革创新是新时代的呼唤

（一）信息知识经济时代的必然选择

我们所生活的时代，是一个伟大的变革创新的时代。在这个时代里，科学技术以惊人的速度和巨大的威力向前发展，极大地影响着人类社会一切领域的发展与进步，一种全新的经济形态正在全球范围内迅猛形成和发展，把整个世界推向信息知识经济新时代。在信息知识经济条件下，知识就是资本，智力就是财富，谁拥有了知识和智慧，谁就有了资本和财富。信息知识经济的兴起，给社会生产、生活等一切领域，乃至人们的生活方式、工作方式、思维方式以及思想观念等都带来了巨大的变化。

随着信息知识经济的发展，社会经济生活全面围绕着知识运行，特别是现代科学知识和技术成为推动社会发展的决定性力量。因此，对知识尤其是对高新科学技术知识的拥有、创新和应用的质与量是衡量一个国家民族发展程度的重要标志，同时也是衡量一个人能力发展水平的首要标志。所以，信息知识经济时代对社会全体成员特别是对青少年一代提出更高、更新的要求，要求他们具有丰富的现代科学知识技术，强烈的创新意识和创新能力，为知识经济的快速、稳定、持续发展提供雄厚的知识基础和智力资源。

我国目前的情况是，已基本实现了小康目标，并开始全面建设小康社会。如果从经济形态具体分析，知识经济仅仅初见端倪，工业经济虽占据主导地位，但农业经济仍然占相当大的份额。若从人口与文化比重来看，城市人口与工业文明虽占主导地位，而农村人口和农业文明仍占很大比例，掌握现代科学知识与技术的人口比重还很小。如此多种经济形态和多元文化系统并存的格局，将会在我国长期存在。上述分析说明，我国现阶段及未来经济、文化发展状况决定着家庭教育的状况，还具有较强的复杂性、多元性和滞后性；同时它又反映了全新的知识经济及先进文化的发展方向，具有鲜明的时代性、超前性和创新性。正因如此，我国家庭教育只有通过不断变革和创新，切实加强对孩子的教育，使他们及早具有较强的竞争意识与创新能力，以便将来在激烈的社会竞争中能够生存发展、游刃有余，在社会迅速变革中能够与时俱进、开拓创新，与知识经济及文化同步发展、相互促进。这是知识信息时代发展的客观需要，也是我国历史发展新阶段的必然选择。

当前，我们的儿童和青少年一代生活在竞争如此激烈的世界中，如何让他们从小就养成很强的竞争意识、变革意识和创新能力，这不仅关系到这一代人能否健康成长，将来能否立身社会、报效国家的重大问题，而且是关系到国家命运、民族前途和人类未来的重大问题。因此，我国家庭教育必须适应当前世界竞争的特点，大力进行变革和创新。

（二）全面建设小康社会的客观要求

在21世纪头二十年，我国人民齐心协力为全面建设小康社会而奋斗。全面发展的小康社会是经济更加发展、民主更加健全、科教更加进步、文化更加繁荣、社会更加和谐、人民生活更加殷实的社会。这是我国各族人民的伟大奋斗目标，是中国特色社会主义建设事业全面发展的重要历史阶段。在这个历史阶段，我国家庭教育必须根据全面建设小康社会的要求加速发展，为全面实现小康社会作出贡献。

第一，要围绕经济发展这个总目标的要求加速家庭教育的发展、变革与创新，充分发挥家庭教育对于培养人才的作用，把家庭中蕴藏的丰富人力资源转化为人才资源，为经济发展培养高素质的人才，以推进社会生产力的发展。在家庭教育中，要加强经济建设路线、方针、政策教育，帮助子女理解新时期经济发展路线和方针政策，正确认识现阶段多种经济成分并存与发展的新格局，支持社会主义市场经济的发展。同时，要加强劳动教育、创业创新教育和艰苦奋斗教育，帮助子女树立正确的劳动观念、创业观念、价值观念和幸福观念，为今后投身社会建设和创造性劳动打好思想基础。

第二，要加强民主教育，把宣传、发展社会主义民主，建设政治文明作为重要任务融入家庭生活和教育中，家庭一切教育措施要充分体现民主、平等精神，维护孩子民主、自由、平等的权利，尊重孩子的个性、兴趣爱好，保护孩子的积极性、主动性和创造性，支持孩子的正确欲望和要求，使孩子始终生活在民主、自由、平等的环境中，养成民主意识和民主习惯。同时，要加强法纪教育，帮助孩子正确认识和处理民主与法制、自由与纪律、个人与组织的关系，形成既有纪律又有自由，既有统一意志又有个人特点的生动、活泼的民主生活局面。

第三，要根据科教进步目标的要求，大力推进家庭教育向纵深发展，把家庭教育纳入建设学习型家庭、学习型社会的轨道，形成全民学习、终身学习的学习型社会。学习型家庭是学习型社会的基础，是培育学习型、智慧型人才的摇篮，是造就高素质的全面发展新人的平台。创建、发展学习型家庭和学习型社会，使人人学习、终身学习，是我国家庭教育发展的最新形式和最高阶段，我们应当把握这个发展大方向，推动其发展。

第四，要根据文化繁荣的要求，大力加强家庭文化建设和思想道德教育，把发展和发扬民族文化优良传统，弘扬民族精神，坚持以科学的理论武装人，以正确的舆论引导人，以高尚的情操塑造人，以优秀的作品鼓舞人，使子女在先进的文化熏陶下茁壮成长。在建设与发展家庭文化过程中，要把提高子女的精神境界作为首要任务，下大工夫，花大力气，通过各种渠道启迪、引导和激励孩子树立远大的人生理想，确立崇高的信念，培养正确的世界观、人生观和价值观，培育高尚的思想道德情操和精神风貌。同时，要教育孩子坚决抵制没落、腐朽文化的侵蚀，保持民族文化的严肃性和纯洁性，使我国家庭文化朝着社会主义的方向发展。

第五，要大力加强和谐社会与和谐家庭的教育和建设，营造一个和谐的家庭环境，达到亲情和谐、生活和谐、教育和谐，让孩子在和谐的环境中成长。特别是要注重教育的和谐性，即德、智、体、美诸育的和谐实施，使孩子的身体与心理、体力与脑力、知识与能力、智力因素与非智力因素等都得到和谐发展，成为全面发展的新型人才。同时，还要教育孩子树立广泛的和谐意识与团队意识，善于与他人相处与合作，共谋发展。

总之，全面建设小康社会为我国家庭教育创造了极为有利的发展契机和前景，同时也对家庭教育提出了更高更新的要求。家庭教育的变革、发展与创新，是全面建设小康社会的客观需要，是我国现代化建设发展新阶段的必然要求。我们应当珍惜时机，与时俱进，加快改革，推进创新，把我国家庭教育推向新的发展阶段。

（三）中华民族伟大复兴的热烈召唤

中华民族的伟大复兴，就是把我国建设成富强、民主、文明、和谐、幸福的社会主义现代化国家，实现国家富强、民族振兴、人民幸福的目标。这是全国各族人民的共同理想和奋斗目标。它维系着56个民族的人心血脉，凝聚着全国13亿人的意志与愿望，体现了中国人民长期为之奋斗的信念和决心。这是中华民族和全国人民最光荣而伟大的事业，正在成为全国人民团结奋斗、奋勇前进的行动。我国家庭教育面临着发展的最好历史时期，肩负着最光荣也是最艰巨的历史使命和任务——培养为实现中华民族伟大复兴的建设者和接班人。因此，在这个历史阶段的家庭教育要努力做好以下方面的工作。

——加强中华民族伟大复兴的思想教育。家长要长期教育孩子充分认识理解实现中华民族复兴的伟大意义、奋斗目标、道路路线和方针政策，使孩子自觉地拥护并以之指导自己的一切言行。

——加强中国道路和中国精神的教育。中国特色社会主义道路是国家富强、民族振兴、人民幸福的唯一正确道路。中国精神是以爱国主义为核心的民族精神，以改革创新为核心的时代精神，它是一个国家和民族的灵魂，是国家发达、民族兴旺、社会进步、人民幸福的力量源泉。家长要长期教育孩子坚信中国道路的正确性，认清其他任何道路都是错误的、行不通的，从而坚定地走中国道路。要发扬光大中国精神，并将精神转化为自觉的行动，为实现国家民族振兴而献出智慧与力量。

——加强理想信念教育。理想指引人生的方向，信念决定事业的成败。

没有理想信念，就会迷失方向，无所适从，甚至走到邪路上去。家庭教育一定要坚持不懈地抓紧、抓好这方面的教育，教导孩子树立远大理想志向，坚定社会主义信念，把人生理想信念与国家民族命运紧密联系起来并为之奋斗。要教育孩子敢于寻梦、勇于追梦、勤于圆梦，让每个青少年都为实现中国梦奉献自己的青春。

——加强“三观”和高尚品格教育。世界观、人生观、价值观是人生的定向标，只有有正确的“三观”，才能有前行的方向和目标。家长要教育和帮助孩子树立正确的世界观、人生观和价值观，使他们永远热爱祖国、热爱人民、热爱中华民族，永远跟着党走中国道路。要不断加强道德教育，帮助孩子把正确的道德认知、自觉的道德养成、积极的道德实践紧密结合起来，自觉树立和践行社会主义核心价值观，锤炼高尚的道德情操和风貌。要弘扬爱国主义、集体主义、社会主义思想，积极倡导和践行家庭美德和社会公德，以养成积极的人生态度、健康的生活情趣、良好的社会风貌，以实际行动促进社会的进步与和谐。

——加强创新创造和艰苦奋斗的教育。创新是民族进步的灵魂，是一个国家兴旺发达的力量源泉。青少年儿童具有创新创造的禀赋与活力。家庭教育要教导、帮助他们树立敢于超越前人的雄心壮志，解放思想、敢于探索、敢于创新、勇于实践、勇于创造，并敢于面对创新创造实践中的失败。同时，要教育他们艰苦奋斗、踏实苦干，不怕困难、不畏险阻，攻坚克难、求真务实，自强不息、锐意求索，立足本职、开拓进取，刻苦学习、练就过硬本领，等等，为国家民族振兴而创新创造。

时代在前进，祖国在召唤，人民在期待。我国家庭教育应肩负时代赋予的使命，应担当起新时代交给的伟大而光荣的任务。

二、破除陈旧观念，树立全新理念

2000年年初，国务院副总理李岚清曾明确指示：家庭教育要实现三个转变，即由经验育人向科学育人转变，由片面注重书本知识向注重教孩子怎样做人转变，由简单命令向平等沟通转变，使家庭教育真正发挥应有的作用，为提高全民族整体素质打下坚实的基础。根据这一指示精神，并立足于我国当前家庭教育存在的问题，我们认为必须从以下几方面做起：

——在养育观上。一要破除把孩子当作私有财产，把教子作为家庭私事的落后观念，彻底铲除封建家长制思想残余，牢固树立“为国教子”，“为社会育才”的新理念；二要破除过分保护、过分宠爱、过分干涉和严厉惩罚的错误教养方式，树立平等理念和科学施爱思想，为孩子健康成长创建温馨、和谐的家庭环境；三要把单纯的血缘亲情关系上升到国家、社会的高度来认识，变亲子教育为亲职教育，真正做到为国家繁荣、民族振兴、社会进步而教子，使孩子成为我国社会主义现代化的积极建设者和创造者。

——在教育观上。一要破除应试教育观念，扭转家庭教育“学校化”倾向，牢固地树立素质教育、创新教育和全面发展教育的质量观，把家庭教育的重心放在教子做人这个根本问题上，促进孩子的人格和品质的形成与发展，成为全面发展的新人；二要克服呆读、死记硬背的机械学习方法，树立重实践、重思考、重创新、重能力培养的学习观，教育孩子学会求知、学会思考、学会创造；三要破除说教式、管压式、封闭式等教养方式和方法，清除主观武断、闭门教子、打骂成才等错误观念，树立以人为本，尊重孩子人格，尊重孩子个性的新理念，掌握科学的教育方法，实施民主式、开放式、疏导式等教育方法，教导孩子学会生活、学会生存、自强不息、奋斗不止；四要破除以学习成绩特别是以分数作为衡量孩子好坏的唯一标准，树立德、智、体、美全面、和谐发展的正确评价标准，关注孩子身心健康，重视人文精神培养，全面提高孩子的素质。

——在成才观上。要纠正“逼子成龙”、“逼女成凤”、过高期望、过严要求、求全责备等错误做法，树立有道德、有知识、有能力、能创造、能奉献的德才兼备的人才观和行行出状元、勤奋出天才、人人可成才的观念；尊重孩子的个性差异，保护孩子的兴趣爱好，鼓励孩子自主学习、自主发展，拓展孩子自由发展的空间，为孩子成才开辟广阔道路。

——在民主、平等观上。要大力破除封建家长制思想残余，根除父母对子女的绝对权威、子女对父母无条件服从的错误观念，树立人格平等、家庭民主的新理念，充分尊重孩子人格，维护孩子的权益，倾听孩子的意见和呼声，以真正平等的心态与孩子对话，以协商的口气与孩子沟通、交流，用民主的方式与孩子商讨、研究，创建“同志加朋友”的新型父母子女关系，营造民主、平等、祥和、温馨的家庭氛围。

三、实施创新教育，培养创新人才

（一）创新教育的涵义与本质

所谓创新教育，是指以培养人的创新精神和创造能力为基本价值取向的教育。它是一种全新的教育理念和教育实践，也是一种新型的人才培养模式。其实质是：在全面实施素质教育的基础上，把教育重点放在发掘学生的创造潜能，激发学生的创新意识，培养学生的创新精神、创新能力和创新人格，把他们造就成为高素质的创造型人才。因此，创新教育有其独具的特质。

其一，“创新”是其精髓和核心。这里所说的“创新”，是指学校、家庭、社会对青少年儿童施以系统的教育和影响，使他们作为独立学习的主体，能够善于发现和认识新知识、新事物、新思想、新方法，并掌握其中蕴含的规律，具备一定创新的能力，为将来成为创新型人才奠定全面的素质基础。因此，教会学生“创新”是创新教育的根本任务。它的一切活动与措施，都要围绕“创新”这个任务而展开，都要为实现培养学生的创新精神与创新能力，成为创新人才这个根本目标而努力。这是创新教育的本质所在。

其二，创新教育是知识经济和信息文明时代的产物，它充分反映了新时代的特点和要求，体现了时代发展的方向，并且符合马克思关于人的全面发展学说，符合毛泽东的教育思想，特别是深刻体现了邓小平“三个面向”的指导方针和培养创新人才的要求。因此，它具有强烈的时代特征、深刻的理论蕴涵和鲜明的实践特性。

其三，创新教育是对传统教育思想、理念、观点的扬弃，对陈旧教育制度、内容、模式、方法的改革，并对人类未来教育发展趋势、走向以及未来社会对人才的要求等问题的探讨和预测，它是素质教育的深化与发展，是一项具有综合性、系统性的教育工程。

（二）家庭如何实施创新教育

实施创新教育，培养创新人才，是一项极其宏伟的工程和艰巨的任务，需要学校、家庭、社会各个方面的共同努力才能完成。家庭如何开展创新教育，可考虑从以下几方面做起：

——培养创新意识。

创新意识主要包括创新欲望、创新动机、创新意向、创新兴趣和创新体验等。青少年儿童具有强烈的创新意识，突出表现为好奇心和求知欲强，这是他们的天性。家长要特别重视孩子这种天性的发展，遇事多向孩子提问，鼓励他们多想、多问，启发他们对事物的好奇心，激发他们的求知欲。在学习上应经常鼓励孩子的奇思异想，突破常规，支持孩子“异想天开”、“别出心裁”、“独辟蹊径”、“独树一帜”，以激发和强化他们的创新意识。

——培养创新精神。

创新精神主要包括批判精神、探索精神、开拓精神、追求真理精神等。这些精神是创新的灵魂，是一个人进行创造活动的强大动力。在家庭教育中，应当把培育这些精神作为重要任务，从小抓起，并且抓实、抓紧、抓出成效。在日常生活、学习和工作中，要教育孩子不怕困难，不惧挫折和失败、大胆实践、勇于创新等等，从而培养他们的创新精神。

——培养创新能力。

创新能力主要包括创新思维、创新技能、创新研究、创新实践等能力。其中，创新思维是创新能力的核心和关键。在家庭教育中，要特别重视训练孩子思维的独立性、灵活性、敏锐性等思维品质。在培养创新技能方面，家长应在孩子小时就训练他们的动手操作能力，如小设计、小制作、小发明、小实验等，以帮助他们养成良好的动手能力和动手习惯。创新研究能力，主要是孩子善于发现、认识新事物、新知识、新思想，探索、研究和解决新问题以及对事物的分析、综合、抽象、概括、判断、推理等能力。创新实践能力，是孩子在实践中善于发现问题、解决问题的能力，主要通过各种实际活动如各种兴趣小组、科技制作小组、科学实验小组等活动，以训练实际创新能力。

——培养创新人格。

人格主要包括个性、气质、性格、品德、情操等。创新人格是创新人才面貌的集中体现，它是一个人进行创造活动永不衰竭的动力。在家庭教育中，从日常学习、生活、工作、劳动等小事，到对国家、社会、事业、人生等大事，都要着力于培养孩子远大的理想、坚定的信念、坚强的意志、崇高的品德、宽广的胸怀以及团结、合作、诚实、守信、热情、开拓、进取的精神风貌……这些品质是创新人格必备的条件，它对一个人的创造能力的发展和创造目标的实现，起着重要的思想支撑和动力推进的作用。

此外，应创设有利条件，给孩子以创新的自由空间。适宜的家庭环境是培养孩子创新意识、精神和能力的重要条件。融洽、和谐、平等的家庭关系，轻松、愉快、无拘束的家庭气氛都有助于孩子创新活动的开展。家长的勤学好问、爱钻研、好动手的行为习惯，对孩子创新活动起着良好的榜样作用。家长应经常指导孩子开展一些有意义的小设计、小制作、小实验、小发明等科技活动，带领孩子参观科技馆、博物馆、文化馆、纪念馆，观赏名胜古迹，游览名山大川，领略湖光山色，考察古今建筑以及有计划地引导孩子开展科技、科普、童话、幻想小说等书籍的阅读与讨论，等等。这些活动都可为孩子的创新提供自由的思路和广阔的空间。特别需要指出的是，有好奇心、喜欢动手，喜欢拆开东西（如玩具等）摆弄一番，这是孩子的天性，家长应积极支持他们这种天性的发展，千万不可因孩子好奇拆坏东西而斥责、打骂他们。须知发明家、科学家往往就在这种鼓励、支持声中成长，相反也可能在这种斥责、打骂声中泯灭。

（本文系人民日报出版社2004年版《现代家庭教育教材·综合研修卷》中的一部分，收入本文集时有改动）

谈子女的严教问题

一、严是爱，宠是害

“养不教，父之过；教不严，师之惰”，这是中国古人教育子女的至理名言。可是，现时在我国家庭教育中普遍存在教育不严、过于宠爱子女的问题。首先表现为父母对子女百般娇宠惯养，过分呵护照顾，以子女为中心，全家围绕孩子转，百依百顺，什么也不让孩子干。再是表现为对子女放任自流，迁就姑息，见过不教，有错不纠，掩错护短，任其纵性。甚至还有少数家长为孩子的过错辩解、开脱，怂恿孩子逞强撒野、打架骂人，唆使孩子为非作歹，尽干坏事，父母也不严加管教。他们总是错误地认为，现在孩子都是独根独苗，娇生惯养不为过；况且孩子年龄尚小，知识未开，不应过早严加要求管束，待长大明理懂事后再进行教育也不迟。殊不知，人的培养和成长要从幼小时抓起，如果小时不抓，一旦沾染了恶习，教育起来就为时过晚，甚至难以挽救。

古今中外大量事实证明，严教是家庭教育的重要原则，是父母正确对待子女所应有的态度，同时也是一个人成长的基础和条件。古时“孟母三迁”、“曾母教子”、“岳母刺字”等故事就充分说明了这个道理。宋代大教育家曾强调“蒙以养正，圣功也”。朱熹曾说：“养圣坯于幼稚之时。”意思是说，孩子幼小时期就要严加管教，养之以正，培养圣贤坯模。如果从小就打好了圣贤坯模，以后在这个基础上加工磨光，教育培养，就可深造成才，成为圣贤。若是坯模没有打好，或者打坏了，将来就无法挽回，甚至毁了人的一生。足见，教育孩子必须从幼小时抓起，严格要求，严加管教，一时一刻也不能放松，一丝一毫也不能疏忽。

现实中也有无数事实说明“严是爱，宠是害”的道理。为什么有的孩子能够成长为社会的栋梁之才，而有的孩子却成为家中逆子，甚或成为社会渣滓和罪人呢？究其原因不难发现，前者从小就受到良好的、严格的家庭教育，而后者往往从小就未受到严格家庭管教，沾染恶习，久而成性而不能自拔，乃至走上犯罪道路而成为社会罪人。一成一败的经验教训，难道还不足以令人铭记和深省吗？

二、严有度，爱有方

“严”与“爱”是家庭教育的两条重要原则，也是子女健康成长的最重要的条件。然而，“严”，不是愈严愈好；“爱”，也不是愈爱愈有成效；而是严而有度，爱而有方。所谓“严有度”，是说“严”应有一个限度，在这个“度”的范围内予以严格的要求，施以严格的教育。在教育问题上，当严则严，不当严则不严，切不可超出“度”来严格要求，强行教育。如果超出了“度”，不当严而严，孩子不但不能接受和执行，反而会伤害自尊心，造成孩子的畏惧心理，养成拘谨、畏缩、懦弱，胆小怕事，谨小慎微，缺乏自主性、自动性和独立创造精神，甚至产生逆反心理和对立情绪而进行抵制或反抗，导致性格扭曲而难以教育。所谓“爱有方”，是说“爱”要讲究爱的科学，讲求爱的艺术和方式方法。当爱则爱，不当爱则不爱，不要无原则地爱，也不要无要求一味地爱，更不要娇宠溺爱。娇宠溺爱的结果会养成孩子的依赖性和怠惰恶习，形成任性、自私、好逸恶劳、贪图享受等不良品质。

怎样才能做到严有度、爱有方呢？一要符合少年儿童身心发展的水平和特点，适合他们的接受能力。对孩子提出的要求应是他们力所能及的，既不要太难，也不要太易，太难则无法做到，太易又无需努力，应难易适度，通过一定努力而可做到的。二要坚持原则，严格要求。不严则无教育，严而不当亦无教育。要把原则性与灵活性结合起来，凡原则性的问题切不可迁就让步，琐事小事则不要唠叨不休，纠缠不放。三要持之以恒，守之以常，毫不松懈。凡提出的要求就要坚决执行，一抓到底，抓出成效，切不可忽松忽紧，忽严忽宽，有始无终。否则，孩子会产生侥幸心理而不见行，也会出现无所适从的情况。四要检查、督促和指导。凡向孩子所提出的要求应是实实在在，切实可行，易于操作，易于检查，易见成效，易于评监。切忌言之无实，空洞说教，空则无法执行，也无法检查监督，还会使孩子养成不严肃认真、不实事求是的坏习气。五要以表扬为主，批评为辅，凡符合要求的行为，均应表扬，不符合要求的要循循善诱，扬长避短，褒是抑非。如能做到以上几点，相信孩子定能在家长的严格要求下健康地成长。

三、严有格，教有规

“不以规矩不能成方圆”，这句话是匠人制圆作方成器的经验之语，也是古人喻以育人的至理名言。言虽简短，而意蕴却极其深刻。

教育子女也是如此，必须以规成其圆，以矩成其方，以绳成其直。无论是圣贤豪杰、大方之家，或是黎民百姓、匹夫孺子，无一不是以规矩而成其人、成其才的。这里所谓“格”与“规”，是指育人的规格，即标准，包括培养人的目标、方向和具体规格要求。然而，目前有不少年轻父母虽然爱子甚切，“望子成龙”心重，但是他们教之不以其道，严之不知其格，娇宠惯养、呵爱备至就是明证。怎样做到严而有格，教而有规呢？首先，要明确规格，把握方向。这是决定家庭教育和子女健康成长的至关重要的大问题。这个规格就是德、智、体、美的全面发展，身心素质的全面提高。邓小平同志提出的培育有理想、有道德、有文化、有纪律的“四有”新人，就是这个规格的最高、最全概括，是包括家庭教育在内的一切教育工作的总纲和根本方针。我们做父母的特别是年轻的父母，在教育孩子时一定要把握住这个总纲和大方向，一刻也不能疏忽或偏离，否则就要迷失方向，走到邪路上去，贻害无穷。同时，在总纲的前提下，还要有具体的规范，比如在品德培养上，应根据孩子身心发展特点和水平提出一些明确而具体的要求。诸如：饮食起居等良好的生活习惯的培养，待人接物等文明礼貌行为的养成，诚实、勤劳、勇敢、刻苦、节俭等品质的锻炼以及尊长爱幼、关心他人、热爱祖国、热爱集体、爱护公物、遵守纪律、讲究卫生、勤奋学习、珍惜时间等思想行为的训练。凡此种种，都要有明确的规范和严格的要求。这里需要着重说明，在孩子的品德培养上，“大事”、“大德”固然重要，“小事”、“小德”也不能疏忽。古语说：“积土成山，积水成渊”，又说“千里之堤，毁于蚁穴”，就是从正反两方面说明集小成大的道理。因此，我们教育孩子一定要从日常小事抓起，从一点一滴做起，才能打好人生的根基，才能成长为对社会有用的人才。

（本文完稿于2002年，收入本文集时有改动）

第三部分　古皖重教兴学与书院教育

两汉时期名儒崇教尊儒兴学活动

汉初60余年间，汉王朝接受了秦迅速灭亡的教训，在经济上，采取与民休养生息、恢复经济发展生产的政策；在政治上，以黄老道家的“清静无为”作为指导思想，儒家思想不受重视，甚至遭到诋毁。儒家思想被确立为政治思想路线并取得独尊地位是从汉武帝开始的，因为这时汉王朝已经过60多年的巩固和发展，出现了暂时的经济繁荣、政治稳定、国家统一的局面。如何进一步发展这种政治形势，巩固封建君主专制制度，建立长治久安的“大一统”的社会秩序，必须有一个适应其需要的统一的思想理论，儒家思想正好顺应了这个客观要求。因而，汉武帝一即位（公元前140年）即采纳了董仲舒“罢黜百家，独尊儒术”的建议，确立为指导全国政治、思想、文化、教育的根本方针。从此，儒家思想定为“一尊”，成为两汉时期以至中国整个封建社会的统治思想和精神支柱。

为了推行“独尊儒术”的方针，汉武帝采取了一系列重大措施，诸如：在政治上，重用儒士，定规立制，统一法度，实行儒术统治；在学术思想上，罢百家之言，禁诸子之书，息邪辟之说，以统一全国思想；在文化教育上，立太学，置博士，纳儒生，培养治术人才；兴学校，明教化，教民化俗；定察举，选贤能，改革选士制度，吸纳儒生；尊孔读经，立五经于学官，置经学博士以教授等等。此后，汉宣帝、章帝两次招集巨儒举行经学研讨大会，考辨经书之异同，统一经学思想内容，并将第二次讨论结果编成《白虎通义》，使儒家经学统一化、法典化。随着儒学独尊地位的确立和强化，汉王朝有了适合封建专制特点的思想理论武器，从而统一了思想，巩固了政权，推动了“大一统”社会的发展。同时，也促进了教育的发展，促成了经学的昌盛，实现了教育内容的经学化，以尊孔读经为特色的封建教育制度基本形成，为我国封建社会的教育制度奠定了基础。但是，必须指出，由于“独尊儒术”政策的实施，儒学处于独尊的地位，学术的自由争鸣被大大限制，不利于文化科学特别是自然科学的发展。

自汉武帝确立“独尊儒术”文教政策以后，两汉历代帝王都大力尊崇儒学，兴办学校教育，除在京师创立太学，培养高级治术人才外，还多次诏令地方兴学，设立学官，并规定：郡国曰学，县、道、邑、侯国曰校，乡曰庠，聚曰序。校、学置经师一人，庠、序置孝经师一人。两汉时期，有许多地方官吏很热心地方教育，纷纷兴立郡国学校；也有不少居官名儒或退官名师乡贤，也私立精舍或学馆，特别是东汉时期地方官学和私学更为发达。班固在《东都赋》中记称：“学校如林，庠序盈门。”可见当时学校发达的盛况。

两汉时期，属皖地区[①]是学校教育发达的地区之一，既有各地官员重视教育，兴办郡国学校，为地方培养治理人才，也有地方名儒乡师设立私馆或村塾于乡里，聚徒授学，教民子弟，还有官员、学官、乡贤重视社会教化，教民破除陋风劣俗，推广生产技术知识，等等。现择其中对皖地兴教化民有贡献的几位主要人物的兴教活动简介于下，借以了解当时皖地尊儒兴学的情况。

一、何武重教扬州

何武（约前71—公元3年），蜀郡郫县（今四川郫县）人。西汉儒官，历任扬州刺史、沛郡太守、御史大夫、大司空等职，是一位主张限田、限奴婢，关心民众疾苦，重视教育的名宦。他在任扬州刺史的五年中，十分关注学校教育，每次行巡工作必先亲临郡国学校视导问业。《汉书 · 何武传》称：“行部必先即学，宫见诸生，试其诵论，问以得失，然后入传舍，出记问垦田顷亩，五谷美恶，已乃见二千石，以为常。”[②]这段记载说明何武非常重视学校教育，把它置于各项工作的首位，先行视导，亲自考问诸生学业，问其得失，视其所成，并定为常制。何武如此重视教育，在封建官吏中实为难得。同时，从这段文字还可看出，当时扬州郡属六个郡国都设有官学；其中有四个郡国（六安国、庐江郡、九江郡、丹阳郡）治所均设在皖地，说明当时皖地至少设有四所郡国学校，这在全国当属发展较早、较发达的地区之一，这与何武重视教育工作紧密相联。

① 两汉时期，属今皖省地区的有：沛郡（属豫州，东汉时改为沛国，另分置谯郡），九江郡、庐江郡、丹阳郡、六安国（以上均属扬州，东汉时六安国归并庐江郡）。

② 班固.汉书详节[M].吕祖谦，编纂.周天游，导读.戴扬本，整理.上海：上海古籍出版社，2007:530.

二、李忠兴学丹阳

李忠（？—43年），东莱黄县（今属山东龙口）人。东汉官员。王莽代汉称帝时，以父任为郎，任新博属长，治郡颇有政绩，深孚众望。光武帝建武六年（30年），任丹阳太守，治所宛陵（今安徽宣州），辖境相当于今安徽长江以南，江苏大茅山，浙江天目山脉以西及浙江新安江支流五强溪以北地区。当时丹阳地区僻陋，经济、文化、仪礼风貌落后。李忠一到职，即大力发展生产，整治社会秩序，安定群众生活；同时，积极兴办学校，开展教民化俗工作。据《后汉书·李忠传》记载："忠以丹阳越俗不好学，嫁娶礼仪，衰于中国，乃为起学校，习礼容，春秋乡饮，选用明经，郡中向慕之。垦田增多，三岁间流民占著者五万余口。十四年，三公奏课为天下第一。"①李忠是一个"好礼修整"的名儒官吏，他把教民化俗工作作为治郡的首要任务，于是兴起学校，推广教化，传习礼仪，举行春秋乡饮礼，教以尊老敬长之道，习以孝悌爱幼之行，借以匡治礼俗，提高社会道德风化。他还选用明经之士，充任官职和学官，执掌教民化俗工作。由于李忠重视教化，迅速改变了丹阳郡落后陋俗的面貌，发展生产，安定群众生活，改善民风民俗，取得全国第一的政绩。应当肯定，李忠对皖南地区的文化教育发展是有重大贡献的。

三、桓荣教授江淮

桓荣（？—59年），沛郡龙坑（今安徽怀远西）人。东汉经师、学官。历任博士、太子少傅、太常，帝尊以师礼，封关内侯。少时学于长安，以博士朱普为师，习《欧阳尚书》。因家贫无资，常客佣以自给；勤奋致学，"精力不倦，十五年不窥家园"。后奔九江为师朱普吊丧，因留居教授，弟子达数百人。王莽末年，为避世乱，"抱其经书与弟子逃匿山谷，虽常饥困而讲论不辍"②。随后，返里教授江淮，直至光武帝建武十九年（43年），始辟大司徒府，被引荐入朝，为帝讲说《尚书》拜为议郎，入授太子，又拜为太学博士。建武二十八年（52年），拜为少傅。建武三十年（54年）拜太常。明帝即位，尊以师礼，每言必称"大师"，永平二年（59年）拜为五更（古代乡官名），尊养于辟雍。同年，病卒，明帝亲临送葬，甚见恩礼厚重。

① 范晔.后汉书(全12册):第1—10册[M].李贤,等注.北京:中华书局,1965:756.
② 范晔.后汉书(全12册):第1—10册[M].李贤,等注.北京:中华书局,1965:1249.

桓荣毕生以教授为职，由创办私学，聚徒授教约30余年，后到太学任博士，入官为少傅、太常，直至为两代帝王之师约20余年，共计50余年执教生涯。他执教极敬，为师极勤，始终以经义诲人，以礼让相厌（心服），备受儒者称慕。《后汉书·桓荣传》记称：帝“幸太学，会诸博士论难于前，荣被服儒衣，温恭有蕴藉，辩明经义，每以礼让相厌，不以辞长胜人，儒者莫之及”[①]。由于他道笃业精，教授有方，成就了不少大才，学博、行正、位尊，名显于世者达数百人之多；他的学生中，身为朝官，出入宫廷，执掌国运，直至为帝师者也大有人在。桓荣及其子郁、孙焉三代均为帝王师，其余子孙及门生或教授于学，或从政于世，功显一方。由上足见，桓荣的一生是崇儒尊道、献身教育、成就英才的一生，其道德之高，术业之精，育人之诚，成才之多，堪称一代师之典范。

四、曹操令郡国兴学

曹操（155—220年），字孟德，东汉沛国谯县（今安徽亳州）人，著名的政治家、军事家和文学家，是一位重教兴学、深富儒风的儒吏。东汉末年，军阀混战，豪强兼并，儒道衰微，学校教育遭到严重破坏，在兼并战乱的年代中，曹操还把兴办儒学，培养人才作为大事来抓。献帝建安七年（202年），他屯兵于谯，即令为死亡将士子弟“置学师以教之”。次年，又向所属郡国下兴学令：“令郡国各修文学。县满五百户置校官，选其乡之俊造而教学之。”[②]当然，曹操下令兴学的目的是为了招揽和培养自己的势力，为夺取政权作准备。但是，他在戎马倥偬的战争年代里，能如此重视教育，培养人才，实为难得。东晋瘐亮曾给他很高的评价：“魏武帝于驰骛之时，以马上为家。逮于建安之末，风尘未弭，然犹留心远览，大兴学业。所谓颠沛必于是，真通才也。”[③]曹操对于文教事业的重视，确实起到了积极的作用。

除上述四位名宦立儒学、育人才、兴教化外，还有一些名宦也很重视对百姓进行破除迷信和生产技术教育。如王景于汉章帝建初八年（83年）任庐江太守，当时当地农民还不会使用耕牛和铁犁耕种，生产力很落后。他积极向农民推广牛耕和铁犁等先进生产技术；教民以养蚕纺织等知识技术，发展

① 范晔.后汉书[M].郑州：中州古籍出版社，1996：410.

② 葛鑫浩.魏武帝曹操传[M].石家庄：河北人民出版社，2016：173.

③ 徐国荣.魏晋玄学会要[M].南京：江苏人民出版社，2014：67.

蚕纺事业；率民修复芍陂，引水灌田，垦荒种植，使当地农业生产得到了发展，农民生活得以改善。又如宋均约于光武帝元年（25年）任九江郡太守，郡内浚遒县（今合肥东北）有唐、后二山，民共祀之，众巫遂取百姓男女为山公、山妪以祭之，岁岁如此，使百姓不敢嫁娶，守令莫敢禁止。宋均仿西门豹治邺时禁止为河伯娶妇的办法，下令“自今以后，为山娶者皆娶巫家，勿扰良民”。从此，以男女祭山的事被禁绝了。

以上介绍的几个重教兴学、化民易俗的事例，足以说明当时皖地在“独尊儒术”政策思想指导下学校教育和社会教化的活动，它为安徽文化教育的发展奠定了初步基础；同时还说明当时封建统治者清楚地认识到教育事业在治国治政中的重要地位和作用，并把治政治民与教民化俗紧密结合起来，以求达到封建社会长治久安的目的。

[本文系南京大学出版社2000年版《安徽文化史》（上）中的一部分，收入本文集时有改动]

魏晋南北朝时期皖地私学兴起

魏晋南北朝时期是我国历史上又一个长期分裂离乱的年代，封建割据，战争连年；国运短暂，人主频迁；社会动荡不安，政局变幻莫测；阶级斗争日烈，民族矛盾迭起，人民长期生活在饥馑流亡交迫之中。在这三百六十多年中，官学衰废时多，兴盛时少，始终处于时兴时废、兴废无常的状态，于是私学便应运而兴，并逐渐发达昌盛起来，承担着培育人才、传递文化、发展学术的任务。

为什么在这动乱年代里官学衰废，而私学却发达昌盛呢？考其原因主要有如下几点：第一，由于社会动乱，统治者疲于应付政治或军事，既无财力、又无精力来发展教育，振兴官学，因而私学便适应社会的需要而兴盛起来，成为动乱年代满足学子求学需要的场所和培养人才的基地。第二，由于官学衰微乃至废毁，使广大学子无处修学进业，广大教师无处传业授教，于是广大师生便趋于私学，私学随之而兴盛起来。第三，在丧乱年代，许多疾时愤世、耿介正直之士隐居不仕，终身以讲学授徒和学术研究为职志，也有一些退官名士或居官学者创办私学，教授弟子，使私学更为发达。第四，动乱年代里，统治者相对放松思想统治，因而出现了学术、思想较为自由的局面，这为学者自由设学授徒、阐发学旨、培植势力、扩大阵地提供了有利条件。同时，当时在玄、佛、道的盛行下，社会思想发生了变化，有些学者追求“洁身自好”、“超俗之操”的人生哲学，甚至崇信佛道，因之起而设馆收徒，讲学授业。总之，社会政治离乱是私学发达的社会条件，官学衰废是私学兴盛的直接原因，较宽松的思想学术环境和众多有志于教育的名儒学者等推动了私学的发展和勃兴。当时皖地私学也是在这些客观原因和条件下兴盛起来的。

一、献身乡梓私学教育的杜夷

杜夷（258—323年），字行齐，庐江灊（今安徽六安东北）人，西晋名儒、经师、学官。少性恬泊，家境贫窘，然博览经籍百家之书，算历图纬靡不毕究。曾寓居汝、颍之间，潜心攻读习研，十载足不出户。年四十余，始还乡里，设学聚徒，闭门教授，生徒千人。

杜夷才学精博，道行高洁，然绝意仕途，屡辞拔擢。晋惠帝时，三察孝廉。永嘉（晋怀帝年号）初，公车征拜博士，不就。刺史王敦又以“履道弥高，清操绝俗，思学融通，才经王务”荐为方正，并促赴京（洛阳）供职，乃辞远遁。元帝即位前，以相位除夷为国子祭酒，以疾谢辞；即位后，又立即除为祭酒，虽迫于时命，亦未尝朝谒。然而，他仍受皇家崇敬和礼遇，皇太子（即明帝司马绍）三至其家，执经问义，国有大政，亦恒至咨访。明帝即位，他自表请退。同年，卒于家，年66。追赠大鸿胪，谥曰贞子。著有《幽求子》二十篇行于世。

由上可以看出，杜夷除在很短时间任国子祭酒外，其余二十余年均在乡梓教授私学，弟子多达千人，说明他不仅是一位才学精博、深受皇家礼敬的名儒学者，也是一位安贫乐道、德行高洁的君子，同时更是一位热爱乡梓、献身私学教育事业的教育家，他对皖地乃至全国私学教育的发展，对社会教化、人才培养等方面，都作出了重要的贡献。

二、肇玄学教育之始的何尚之

何尚之（382—460年），字彦德，庐江灊（今安徽庐江西南）人，南朝宋官员、教育家。少时轻薄，好樗捕（古代一种博戏），及长，折节蹈道，以操立见称。文帝时，历官丹阳郡尹、吏部尚书、国子祭酒，领建平王、汝阴王师，领太子中庶子、詹事等职。孝武帝即位，复为尚书令，迁侍中、左光禄大夫等。孝武大明四年（460年），卒于位，年79。追赠司空，谥曰简穆公。

元嘉（文帝年号）十三年（436年），何尚之为丹阳尹时，曾于南郭外立宅舍，置玄学，聚生徒，讲授和研究玄学。时有东海徐秀，庐江何昙、黄回，颍川荀子华，太原孙宗昌、王延秀，鲁郡孔惠宣等名流学者，慕道来游，称为“南学”。可见当时追随何氏研习的学生遍布大江南北，并形成一个学派，其影响之大是可以想见的。元嘉十五年（438年），帝诏于京师立儒学、玄学、史学、文学四馆，并令何尚之主持玄学馆，专门研究和讲授老庄之学。

必须指出，南北朝时期，魏晋玄学之风仍很盛行，加之统治者的利益之需要而对玄、佛、道的提倡，使玄、佛、道思想成为社会的主要思潮，而儒学则相对退居次要地位，何尚之及刘宋创立玄学馆正是适应了这一客观形势的需要。还需指出，正式成立专门玄学馆，并立玄学为学校正式科目进行教授和研究，这在中国古代教育史上是首肇其始，它打破了儒家经学一统学校的局面，对后世的教育产生了深刻而长远的影响。

三、教授越、吴的名师何胤

何胤（446—531年），何尚之之孙，字子季，庐江灊（今安徽庐江西南）人，南朝齐学官、梁经师。早年，轻薄不羁，晚乃折节好学，曾师事沛国刘瓛，受《易》及《礼记》、《毛诗》。通儒学、佛学。齐初，历官建安（今福建西北，治所在建瓯）太守、黄门侍郎、国子祭酒、侍中、中书令，领临海、巴陵王师等职。其时，尚书令王俭受诏撰新礼，未就而卒，乃由胤置学士20人，佐其撰录而成。建武（齐明帝年号）初，“筑室郊外，恒与学徒游处其内”。后隐居会稽山，教授生徒。梁时，武帝深加礼敬，遣学士6人于东山受学。后地狭不容，迁至秦望山，起学舍，营田亩，讲授之余随生徒游处其内。晚年至吴，居武丘山西寺讲授经论，学徒追随于后，凡东境守宰经途者，莫不毕至受学。中大通（梁武帝年号）三年（531年）卒，年86。著有《毛诗隐义》、《礼记隐义》、《礼答问》，另注《周义》、《百论》、《十二门论》等书。

总之，何胤除短时间在齐任官外，大半生均隐居于越、吴，设学山林，收徒授学和从事撰著工作，享誉东南，堪称一代硕儒名师。

四、“关西孔子”刘瓛

刘瓛（434—489年），字子珪，沛国相（今安徽濉溪西北）人，南朝宋、齐名儒、教育家。家甚贫，少笃学，博通《五经》。宋孝武帝大明四年，举秀才。早年，设学乡里，聚徒教授，常有数十人。平生无荣进之意、宦达之情，自谓“吾性拙人间，不习仕进……量已审分，不敢期荣……既于闻道集泮不殊，而幸无职司拘碍，可得奉温凊，展私计，志在此尔”[①]。故此，屡荐不

① 萧子显.南齐书[M].北京:中华书局,2000:460.

仕。齐高帝时曾拟任中书郎转国子博士，兼总明观祭酒，均不就，而学徒从之者尤众。据史书记称：“瓛姿状纤小，儒学冠于当时，京师士子贵游莫不下席受业。”①而其本人性谦率通美，生活极其简朴，从不以高名自居。曾“兄弟三人，共处蓬室一间，为风所倒，无以葺之，怡然自乐，习业不废”②，又曾“住在檀桥，瓦屋数间，上皆穿漏。学徒敬慕，无敢指斥”③。齐武帝永明七年（489年），帝为其立馆，生徒皆贺，瓛独曰：“室美为人灾，此华宇岂吾宅邪？幸可诏作讲堂，犹恐见害也。”④同年卒，年56。梁武帝天监元年（502年），下诏为其立碑，谥曰贞简先生。著有文集《礼义》行于世。

由上可见，刘瓛终身从事私学教育工作，循循善诱，教导有方。他曾与名儒吴苞同于褚彦回宅讲授，诸生朝听瓛讲《礼》，晚听苞讲《论语》、《孝经》，培育了不少人才：著名无神论学者范缜在其门下多年，梁学馆主持人、通儒严植之曾亲聆其教诲。刘瓛深受朝野赞誉，被称为“关西孔子”。

［本文系南京大学出版社2000年版《安徽文化史》（上）中的一部分，收入本文集时有改动］

① 萧子显.南齐书[M].北京:中华书局,2000:460.
② 马宗霍.南史校证[M].长沙:湖南教育出版社,2008:785-786.
③ 萧子显.南齐书[M].北京:中华书局,2000:460.
④ 萧子显.南齐书[M].北京:中华书局,2000:460.

宋元时期皖地书院的兴起与发展

宋元时期是我国古代教育十分发达和完备的时期。宋元两朝为了满足封建专制的中央集权的需要，在文教上分别采取了重文和汉法的政策，表现在重教兴学、尊孔崇儒，提倡理学等方面。因而，学校教育制度获得了很大发展，并出现一些新特点、新因素，特别是书院制度的形成和理学教育的昌盛，大大丰富并发展了我国古代教育理论和实践。

书院是我国古代一种特有的教育组织形式，它既是独立于官学制度之外的学校制度，又是与教育密切结合的学术研究机构。它发轫于唐，初为私人读书治学之地，以书院之名标榜自己的书屋。而后才逐步发展为私人讲学、宫廷藏书校书和集贤征询侍讲之所。至宋初形成制度，南宋时大盛，迄明清两朝极为发达完备，成为我国古代重要的教育制度。书院教育对于传递我国古代文化，传播学术思想，发展教育事业，培养学术人才，丰富教育理论与经验，均作出了重大的贡献，特别是对理学的传播和发展起着巨大的作用，在我国古代文化、教育和学术发展史上占据重要的地位。

一、书院兴起的原因

书院的兴衰，与当时的政治、经济、文化、学术以及学风有着直接关系。我国书院是在一定的社会背景下产生的，在特定的思想文化条件下发展起来的，并随着这些条件的变化而兴衰。

（一）官学的衰颓

唐末五代以来，长期分裂割据，政局动荡，经济萧条，社会紊乱，因而造成“学校废而礼义衰”的局面。宋承五代丧乱，又忙于统一国家、巩固中央集权制度，无暇顾及学校教育，所以在宋初80余年间未兴学设教，读书士子多居草野，病无所于学。后虽经庆历、熙宁、元丰和崇宁几次兴学，但重点都放在发展官学和培养举士上，把士子尽引向竞奔仕禄之途，因而学校徒有其名，而无教养之道和育长人才之实。太学衰败，州郡县学亦是形同虚设，名存实亡。兵部侍郎虞俦曾上书指出："窃怪夫近来州郡之学，往往多就废坏。士子游学，非图啜餔以给朝夕，则假衣冠以诳流俗。而乡里之自好者，过其门而不入。为教授者，则自以为冷官，而不事事。自一郡视之，若未甚害也，举天下皆然，则实关事体也。"①

在官学如此衰败的情势下，不少有志于兴教设学的儒家学者，为了挽救学校之不济，匡振教育之复兴，乃别创书院、聚徒讲学、培育人才为社会国家之用，于是书院便应运而兴起，并日益发展成为我国古代的一种重要的学校教育制度。许多学者在论及书院兴起原因时，都明确说明了这一点。朱熹在《石鼓书院记》中说："予惟前代庠序之教不修，士病无所于学，往往相与择胜地，立精舍，以为群居讲习之所。"②吕祖谦在《白鹿洞书院记》中称："窃尝闻之诸公长者，国初斯民，新脱五季锋镝之厄，学者尚寡，海内向平，文风日起，儒生往往依山林，即闲旷以讲授，大率多至数十百人。嵩阳、岳麓、睢阳及是洞为尤著，天下所谓四书院者也。"③这充分说明，官学衰败，士无所学，则别立书院以济士子修学之需要，此乃书院兴起和昌盛的直接原因。

（二）理学的发展

书院的兴起和发展同理学的兴盛发达有着极为密切的关系。理学家们为了传播理学思想，进行理学研究，拓展理学阵地，培植理学势力，扩大理学范围，积极致力于创立书院，作为开展这些活动的基地。理学兴起，书院亦随之而兴起；理学发展，书院亦随之而发展；理学鼎兴，书院亦随之而鼎兴。反过来，书院的兴起、发展和鼎兴，又促进了理学的研究，加速了理学的发展，推动了理学的繁荣。如北宋时期，理学初兴，理学家们纷纷聚徒讲学，书院随之兴起。南宋时，理学大盛，理学名师巨儒竞相创立书院，广收门徒，传授理学，书院亦随之而鼎盛。据统计，宋代一朝全国共有书院397所（一说

① 陈元晖，尹德新，王炳照．中国古代的书院制度[M]．上海：上海教育出版社，1981：27.
② 陈元晖，尹德新，王炳照．中国古代的书院制度[M]．上海：上海教育出版社，1981：14.
③ 陈元晖，尹德新，王炳照．中国古代的书院制度[M]．上海：上海教育出版社，1981：14.

为229所），北宋约占22%，南宋约占78%[①]。

再从理学名流学派及其活动地区看，他们大多生长及活动在文化荟萃、经济发达的江南、东南地区（如赣、浙、湘、闽、皖等省），因此这些地区的书院最为发达。诸如：朱熹为徽州人，生于福建，创立闽学，活动在赣、湘、闽等省；吕祖谦为婺州（今浙江金华）人，创立婺学；陈亮为永康（今属浙江）人，创立永康学派；叶适、薛季宣、陈傅良均为永嘉（今属浙江温州）人，创立永嘉学派；陆九渊为抚州（今属江西）人，创立象山学派；杨简为慈溪（今属浙江）人，学承陆九渊；张栻，湖南人，与其师胡宏共同创立湖湘学派等等，这些理学巨儒及学派都在所活动地区创建或修复书院，主持、讲授理学，所以当时赣、浙、湘、闽理学最为发达，书院亦最为昌盛。特别是这些名师巨儒都是以研究、讲授理学，传道、授业、育士为己任，并以此作为书院的根本任务和活动中心，倡导自由探讨、自由讲论、自由择师、自由研究学问，以及教学得法，教育质量好，成就人才多等特点，为书院树立了威信，扩大了影响，四方学子不远千里而奔趋书院从师，受业问学。总之，理学的兴起和发展为书院的兴起与发展创造了条件；而书院的发展又为理学的传播和研究提供了基地，推动了理学的进一步发展与普及。彼此互为条件，互相推动，从而促成了书院的发展和理学的繁荣。

（三）私学传统的激励

我国自古就有私人办学、讲学的优良传统。孔子首创私学，给后世两千余年留下了积极的影响。两汉、魏晋、隋唐时期，许多经学大师、居官名儒或退官经师以及隐居学者大都积极创建私学，广收弟子，传经授业，程度高者时称“精舍”或“精庐”，程度低者时称蒙学、家塾。至宋代，发展为书院（有的书院仍采用精舍之名），这是私学发展的最新组织形式。考察我国古代私学兴盛的历史，大都是在社会动乱、官学衰微、仕制腐败、学派蜂起、学术思想活跃的时期。其原因：一是社会政治紊乱，政府无暇或被迫放松对社会讲学的控制，因而为私学兴起提供了条件；二是有意上进之士，无所于学，又耻于仕进，为不荒废学业，必求师问学于私人，在学问上求得发展；三是有志于教育的名师大儒，为匡救教育之不济，谋求人才之振兴，纷纷创办私

① 陈元晖，尹德新，王炳照．中国古代的书院制度[M]．上海：上海教育出版社，1981：30．

学，传道授业，培育人才；四是学派兴起，学术活跃，为私人自由设学授业创造了良好的学术氛围和广泛的教学内容。这些因素和条件在宋代均很成熟，因而私人兴学之风盛行，书院随之兴起，并以一种全新的组织形式出现而赢得社会与学界的信誉和支持。所谓“全新”，是指书院既不同于以往专事讲经、读经的私学，也不同于官府严密控制、教学刻板、专门培养官员的官学，而是以自由讲学、自由择师、自由研究，师生共同探讨、相互问难为特点，以培养学术人才为主要目的的一种学校教育组织。所以，书院一旦兴起，就以强大的生命力迅速发展壮大起来。

（四）排佛尊儒的推动

佛教自东汉初年传入中国，经魏晋南北朝的发展，至唐宋盛极一时。特别是唐王朝的大力推崇，佛道庙寺道观密布全国，信教传教活动极为普遍，严重威胁儒学的地位和儒家思想的传播，阻碍了学校教育的发展与健康社会风俗的形成，迷乱人心，动摇根基。所有这些与儒家以文教为立国之本的思想决然相悖。所以，儒家历来就有排佛、反老的传统，如韩愈曾数次上书朝廷，请求罢迎佛骨，险些丧命。宋儒排佛尤烈，朱熹曾尖锐抨击佛道泛滥之危害：“今佛老之宫遍满天下，大都至逾千计，小邑亦或不下数十，而公私增益，其热未已。至于学校则一郡一邑仅一置焉，而附郭之县或不复有，盛衰多寡之相绝，至于如此，则邪正利害之际，亦已明矣。”①朱熹还在请修复白鹿洞书院奏折中指出：“考此山（庐山）老佛之祠，盖以百数……独此儒馆莽为荆榛……然此洞之兴，远自前代，累世相传，眷顾光宠，德意深远，理不可废。况境内观寺钟鼓相闻，殄弃彝伦，谈空说幻，未有厌其多者，而先王礼乐之官，所以化民成俗之本者，乃反寂寥稀阔，合军与县仅有三所，然则复修此洞，盖未足为烦。”②自朱熹修复白鹿洞书院以后，儒家名流学者纷纷效仿白鹿，别设书院，聚徒授业，宣传儒学，维护儒教，以抗衡佛道势力的扩散。由上可见，书院的兴复往往是儒家为了排佛尊儒并在其斗争中兴建发展起来的。应当指出，书院也吸收了禅林活动的某些特点，如仿禅林择优美幽静的山林胜地；没洞主、山长主持书院教育教学；教学方式方法上，仿禅林讲经授法、讲学问教；学禅林“坐禅”、“入定”，主张静坐、内省。这是书

① 李国钧.中国书院史[M].长沙：湖南教育出版社，1994：150.
② 李国钧.中国书院史[M].长沙：湖南教育出版社，1994：150.

院接受禅林教育影响的一面。

（五）庶士阶层斗争的需要

唐宋以来，社会上出现了庶士阶层，他们是一批代表中小地主利益而无门阀品级身份的社会新生的政治势力，但社会一切权力均为门阀士族所把持。庶士阶层为了自身发展的需要，强烈要求跻身于统治集团，参与政权，发表政见，批评政弊，改革时政，并成立自己的教育机构和学术组织等，以扩大庶士阶层的势力和影响。于是，他们纷纷创立书院，通过自由讲学的形式来组织力量，开展活动，以求达到自己的政治目的。可以说，书院的兴衰同政治斗争是紧密联系在一起的，它是在庶士阶层同门阀士族的斗争中逐渐发展起来的，并随着斗争的起伏而呈现出时兴时衰、时起时落的状态。如北宋时期，官府为巩固政权的需要，三次兴学，使刚兴起的书院大受挫折，沉寂了一百多年；但也有一些学者转入私人讲学，培植人才，积蓄力量，进行积极的思想斗争。南宋宁宗庆元间发生“庆元禁学”事件，将道学打成“伪学”，赵汝愚、朱熹、杨简等59位道学家打成“逆党”，加以迫害，禁止其活动，书院为之一度消沉。稍后，宁宗取消对道学的禁令，改正对道学家的迫害，道学重新获得发展，书院亦随之得到更大的发展。以上充分说明，书院的兴起是庶士阶层政治上的迫切需要，其兴或衰是与政治斗争的形势紧密相关联的。

综上所述，书院是在官学衰颓腐败和理学兴起的形势下直接产生的，是在庶士阶层的崛起、排佛尊儒的需要及思想政治斗争中发展和兴盛起来的，它适应了时代的需要，满足了士人读书习业的要求，并弘扬、发展了我国私学的优良传统，成为我国古代一种崭新的学校教育制度。

二、宋元时期皖地书院发展概况

安徽的书院在全国产生较早，安徽也是书院教育最发达的省区之一。早在唐玄宗天宝十四年（755年）安禄山反唐，次年攻入长安，李白为避乱隐居宿松、太湖间，相传他曾读书于太湖县北司空山中，其室名“太白书堂”（今遗址立有镌刻“太白书堂”四字巨石一块），山中诸生与书院（即书堂）相近者，亦读书于其中，这可以视为安徽最早的一所书院，也是全国最早的私人书院之一。至宋时，书院兴起，并形成制度，历元、明、清之发展、勃兴以至鼎盛，成为皖地最重要的教育组织形式。从宋至清安徽共有多少书院，据近人吴景贤《安徽书院志》记载有265所；民国《安徽通志稿·教育考》记载有254所。实际上，安徽书院总数要大大超过这两个数字。从我们现已掌握的材料看，从宋至清各朝书院累计总数至少有420所以上，其中宋代约有34所，元代约有44所，明代约有138所，清代约有203所。

（一）宋代书院

在赣浙等省书院迅速兴起的影响下，安徽书院也很快发展起来。据考，北宋时期建有书院6所。其中绩溪2所：一为桂枝书院，宋景德四年（1008年）胡忠创建，为宋时安徽最早创立的书院之一；二是乐山书院，宋政和间由许润创建。婺源2所：一是龙川书院，天禧间张舜臣建，胡炳文等著述于此；二称四友堂，院址在婺源大畈，为北宋西京文学汪存讲学之所。阜阳1所西湖书院，宋仁宗皇祐元年（1049年）颍州郡守欧阳修爱府西湖之胜，因建书院，集贤治学。和县1所古和书院，宋哲宗元祐间建。

南宋时，安徽书院发展甚速，据不完全统计约有28所。歙县6所：紫阳书院，宋哲宗元祐六年（1091年）为纪念朱熹郡守韩补创建，理宗赐额“紫阳书院”；西畴书院，宋末鲍寿孙、元曹泾、方回皆讲学其中；秘阁书院，在西溪，为宋直秘阁汪叔詹、汪若海建；灵山精舍，在山泉，约理宗时建；江东道院，宋建，在府南门内古郡学遗址，元时曾与紫阳书院两易其地，后废；友山藏书楼，在许村，宋处士许友山、洪寿建。休宁4所：柳溪书院，在城内，宋硕儒汪莘讲学处，明末被毁；西山书院，在会里，宋龙图阁学士程大昌建，以淑学者；秀山书院，在藏溪南山之阳，宋汪若楫建；竹洲书院，在商山，南宋绍兴进士吴儆建。婺源4所：万山书院，在九都金竺，宋程传宸建；醉经堂，在九都金竺，宋饶州府助教程忠建；心远书院，在龙井，宋乡贤俞皋讲学处；山屋书院，在许村，宋许月卿藏书、读书处。绩溪3所：槐溪书院，在县东，宋淳熙间由戴季仁建；云庄书院，在狮子峰，南宋淳熙间汪龟从建；东麓书院，在华阳镇，宋殿中胡舜陟建。太平1所：天门书院，宋理宗时建。泾县1所：峨岱书院，宋进士文澄源等建。当涂2所：天门书院，宋淳祐六年（1246年）守臣孙垲建，九年（1249年）理宗赐额“天门书院”，元、明间屡废兴，清同治三年（1864年）移建，旋复废；丹阳书院，宋景定五年（1264年）建，理宗赐额“丹阳书院”，后颓废，元时重建，明天启间改为公馆。贵池2所：八桂书院，宋淳祐八年（1248年）提举周必正建，以庭植八桂故名，嘉定间改为贡院；齐山书院，宋代建，至元犹存，后废，明正德九年（1514年）重建。无为2所：林泉书院，宋枢密王之道读书之地；芝山书院，宋代建（建置过程不详）。舒城1所：龙眠书院（旧称龙眠山庄），为宋李公麟读书处。元至顺间知县燮理溥氏建为书院，明时重建。六安2所：龙山书院，宋汪立信读书于此；武涉书院，宋焦氏兄弟读书于此，建置过程不详。

由上书院建置与分布情况可以看出如下特点：一、宋时安徽书院由北宋初建，至南宋兴起。北宋时已有6所，南宋时已发展至28所，而且绝大多数是建立在南宋后期，这与全国书院发展的特点相一致。二、宋时安徽书院除少数（仅有4所）分布在江淮地区外，绝大多数（30所）集中于徽州及江南经济富庶、文化荟萃地区，反映了当时全国书院的地域分布的特点。三、宋时安徽书院也同全国一样，绝大多数为私人创建，而且不少先是私人读书治学之地，而后才发展为书院。官办的书院仅有4所（阜阳西湖书院、歙县紫阳书院、当涂天门书院、丹阳书院），且有3所由皇帝赐额提名；但主持或主讲者仍聘请私人，自由讲学，自由收徒，自由择师，仍具有私学的性质（至多为半官半私）。四、有不少书院由硕师名儒主持讲学，如宋儒程大昌主持休宁西山书院，硕儒汪莘主讲休宁柳溪书院，曹泾等主讲歙县西畴书院，文澄源主讲峨岱书院，等。书院教学质量很高，因此赢得了社会信誉，诸县学子竞相前来受学进业。五、书院教学内容均为儒家经典“四书”、“五经”和程朱理学，以培养明经义、识义理的士人（或学人）为主要任务，一般不以举业仕进为目的，这是宋时安徽书院，也是全国书院共同的最重要的特点。所有这些特点构成了书院教育独具的特色，为安徽及全国以后书院的发展和勃兴奠定了极好的基础。

（二）元代书院

元入主中原及江南以后，为了建立和巩固统一的封建帝国，一方面利用军事力量加强对汉民族的镇压和统治；另一方面采取“汉法”政策，效法汉人统治方法，并利用汉人以加强政治思想和文化教育的控制。其主要措施，除争取和吸纳宋代原有文武官员及知识分子帮助其管辖统治外，在文化教育方面实行崇儒尊孔、推崇理学的方针，继续实行科举制度，保护和鼓励学校教育与书院制度并举的政策，企图吸引汉族士人为其服务，缓和汉民族的反抗情绪。在这一方针政策的推动下，元代书院较之前代有较大发展。同时，由于南宋一些有民族气节的名儒学者入元不仕，隐而创办主讲书院，收徒授业，因而促进了元代安徽书院的发展。诸如：安徽汪维岳自比陶渊明，读书讲学于歙县友陶书院；曹泾入元不仕，讲学于西畴、初山两书院；胡一桂退而创建并主持婺源湖山书院；汪一龙退而讲学于婺源紫阳书院；等等。所以，元代安徽书院有了长足的发展。

现根据有关资料初步统计，元代安徽新建书院有35所，保留、修复或重建前代的书院有9所，共计44所。歙县11所：师山书院，在师山，元儒郑玉建；友陶书院，在从睦，元初汪维岳建；初山书院，在石耳山，元初曹泾讲学地；凤池书院，在深渡，元末姚琏讲席地；斗山书院，在府东城斗山上，元明间士人在此作精舍讲学，明嘉靖十年（1531年）知府冯世雍葺为精舍，万历间改为书院，后多次重修；三峰精合，在槐塘，元末唐仲实讲席地；枫林书院，在石门，元末朱千建；南门书院，元时建，“明初毁于兵，后唐桂芳请于部使佥宪黄公庭桂及郡守魏公珍，卜地东门，鸠材僦工，阅六月而成”。另，保留前代书院有紫阳、西畴和江东道院三所。婺源5所：晦庵书院，在文庙前，元至元二十四年（1287年）知州汪元奎建；明经书院，在考川，元至大三年（1310年）里人胡淀建，明、清屡次重建；阆山书院，在阆山，元至正间行枢密院判官汪同创建；石丘书院，在考川南，元末里人胡孟成建；湖山书院，在太白、元乡贤胡一桂结庐讲学于此。休宁6所：南轩书院，元至元间汪士逊曾任山长；商山书院，在涪田，元行枢密院判别官婺源汪同建；东山精舍，在龙源，元儒赵汸建；共学斋，在东山，元儒赵汸讲学所；万川家塾，在万安，元里人汪德懋建；保留前代的有柳溪书院1所。绩溪1所：翚阳书院，在仁里，元忠显校尉海州同知程璲建，元末兵毁，明弘治间重建。黟县1所：集成书院，在黄村，元至正十一年（1351年）里人黄直元立义庄，内建义学曰集成书院，教族中子弟。祁门5所：竹溪书院，在北隅，元方贡孙建；安乐庄书舍，谢俊民建，与汪克宽讲学于此；查山书院，在西坑，元汪时中构为讲肄之所，后废，明重建；中山书堂，在桃墅，元里人汪应建；遗经楼，在霞阜，元儒汪泰初建，储经籍，延倪道川讲学。当涂4所：采石书院，在采石镇，元至元十四年（1277年）儒士赵心晃请建，明清间重修；东川书院；保留前代的书院有天门书院、丹阳书院两所。贵池2所：齐山书院、八桂书院（均为保留前代）。芜湖1所：汝临书院。无为2所：秀溪书院，在城北门外贾家湾，贾氏建于元至正八年（1348年）；兴文书院，在州学前，建于元至正八年（1348年）。望江1所：慈湖书院，元至元间王幼学读书讲道著纲目集览于此。合肥2所：三贤书院，元时建，祀包拯、马亮、王希吕，后废；西岩书院。舒城1所：龙眠书院（保留前代）。六安1所：怀德书院。宿县1所：文山书院，传闻元监郡木撒飞在此尽心课士，特起东斋。

从以上书院的建置和分布情况可以看出如下特点和发展趋势：一、元朝安徽书院较前代有所发展，除保留或修复前代的部分书院外，新建35所，约占其书院总数44所的80%，这说明元政府比较注重书院教育的发展和保护原有的文化教育。二、元取代宋后，不少儒家学者入元不仕，退而创办或主讲书院，作为隐居避世之所，这是元时安徽书院发达的重要原因。三、元时安徽书院仍主要集中在经济、文化发达的徽州及沿江地区，但开始向皖中、皖北地区发展，如合肥建有2所，宿县建有1所。四、元时安徽书院绝大多数仍为私人创办，约占总数的90%；但也开始向官学化发展，如宿县文山书院，由元监郡木撒飞亲自课士；婺源阆山书院，为行枢院判官汪同创建；晦庵书院，为知州汪元奎创建等，说明官方逐渐控制书院工作。五、当时绝大多数书院由名儒名师主持和主讲，如胡炳文主讲明经书院；郑玉、鲍元康主讲师山书院；曹泾主讲西畴、初山书院；汪一龙主讲晦庵书院；胡一桂主讲湖山书院；等等。而且，坚持自由讲学、自由择师的学风，因而书院教学质量一般较高。书院教学的内容主要是讲授程朱理学，这与元政府重视理学的政策和理学发展的形势相一致。以上特点和发展趋势在明清时期的书院发展中进一步加强。

三、宋元皖地书院的历史地位及贡献

据统计，宋时安徽书院在全国书院中居第四位，仅低于江西、浙江和湖南三省；元时跃居第二位，多于浙江和湖南，足以说明安徽书院在全国的地位。从其作用与贡献看，首先在教育方面，它是一种新型的学校教育组织，坚持自由讲学、自由收徒、自由择师和师生共同探讨、互相问难等教学形式，注重学风建设和人才培养，积累了丰富的教育教学经验；不少书院由名师巨儒主持和主讲，吸引了大量有志于学的青年学子及社会名士前来深造，培养造就了不少有学有识的人才。这与专注培养官员、热衷仕禄、竞奔科场、追名逐利的官学是迥然不同的。其次，在文化学术方面，由于宋代理学勃兴，元代又推崇理学，所以宋元两代的书院均以传播理学、讲授经籍为主要任务和活动阵地，尤其是理学名儒主讲的书院，注重理学理论的研究和儒家经义的阐发，这不仅推动了理学的发展和儒家思想的传播，促进了理学队伍的形成及理学研究阵地的开拓；而且，对于理学领域的深入研究和儒经义理的深入发明，对于活跃学术思想，承传文化传统，开启新的士风学风等方面，都做出了重要的贡献，在安徽及全国教育、学术、文化发展史上留下了辉煌的一页。

[本文系南京大学出版社2000年版《安徽文化史》（上）中的一部分，收入本文集时有改动]

明清时期安徽书院的昌兴

明清之际，特别是清代，是我国封建社会走向全面没落和崩溃的时期，是我国封建教育制度走向衰落和消亡的时期。在这“天崩地裂”的历史阶段，一方面，封建统治者在思想领域极力实行文化专制和崇儒尊经、推崇理学的文教政策，使学校教育日益颓靡败毁，空疏无用；另一方面，西学东渐，实学兴起，科学、民主思潮蓬勃发展，民族爱国运动蜂拥迭起。因此，新旧教育思想、教育制度的矛盾和斗争构成了这个历史时期的重要内容，推动了历史的前进与发展。

在宋元书院发展的基础上，明清两朝的书院蓬勃兴起，盛极一时，其发展之快，分布之广，学生之众，质量之高，都远远超过官学。明清书院鼎盛的主要原因：一是明清政府注重文教、重用文士、重视仕进、鼓励书院的政策，推动了书院的大发展；二是学派盛行，朱学、王学、湛学及清代朴学与桐城文派等派学者在安徽广泛创办并主讲书院，大大加速了书院的兴起；三是官学颓靡，科举腐败，学风日坏，皖地名儒学者为匡救教育，拯治时弊，积极创办书院，传道授业，振兴文教，培育人才，从而促进了书院的鼎兴；四是安徽以“文化之地”、“仪礼之乡”著称，历来就有社会与私人办学的优良传统。特别是徽州、安庆两地，文风尤为昌盛，文人学者、乡贤名流、仕宦富贾等等，大都关心教育事业，热心创办书院，或亲自创建，或受聘主讲，或捐资修复，或集资兴建，广收弟子，教导一方，于是书院随之兴盛起来。以徽商捐资创建或重建书院为例，清歙商鲍肯园等捐银七万余两（鲍肯园一人捐银一万一千两）重建歙县两处紫阳书院①；绩溪商人章必泰捐金创建东山

① 徽州紫阳书院，原为宋淳祐六年(1246年)郡守韩补创建，理宗赐“紫阳书院”额，后毁于战乱。明清时徽州(歙县)紫阳书院有二：其一为洪武初年邑人建于歙县学右，祀朱熹。清初一度衰微。乾隆间，邑人户部尚书曹文埴、内阁中书鲍志道等重修，名“古紫阳书院”。其二为正德年间知府张芹建于城外紫阳山麓，又称“山间书院”。康熙时，称盛一时。

书院；婺源绅商于嘉庆九年（1804年）一次捐助县内紫阳书院银三万余两；婺源江溶身为大商雇用，于道光十二年（1832年）捐资重建湖山书院。再如名宦胡缵宗于明嘉靖间任安庆知府时，曾在安庆创办二良书院、近思书院、山谷书院，在所属县桐城创立桐溪书院，在潜山创立皖山书院。可以肯定，明清两朝徽州、安庆书院之盛，既是徽商慷慨资助的结果，又是地方名宦关心重视的结果。由于以上原因，明清时期安徽书院非常发达，并呈现出一些新的特点和发展趋势：第一，官学化的程度日益加强，政府控制日益严密，私学性质日益削弱，致使书院日渐失去宋元时期自由讲学的特点，成为科举的附庸，即所谓"洞学科举化"。第二，书院教学与政治活动相结合日渐紧密，并随着政治势力的起伏而兴废，这在明朝表现得更为突出。第三，由于不同时期、不同地区的不同学派的形成和消长，因而明清两代书院的时间性、地域性和学派性进一步发展和加强，并且清代出现了多种类型和性质的书院，特别是在西学东渐、学术思想激烈变化的清代末年，出现了讲求实学、注重学习西技西学的书院。这是我国古代书院向近代学校的转变与过渡。这些特点及发展趋势，体现在安徽书院发展、勃兴的全过程中。

一、书院的勃兴昌盛

明清两朝是安徽书院的极盛时期，也是书院逐渐向官学化、多类型化过渡并最后走向衰落消亡的时期。

（一）明代书院

据统计，明代安徽书院至少有138所（包括新建和修复重建的书院）。然而，其发展经历了一个由沉寂到勃兴的过程，并经过激烈而反复的斗争。明初百余年间，书院长期处于沉寂状态，这是因为明初诸帝把文教政策的重点放在兴办官学、注重科举、荐拔文士、充实官员等方面，以巩固其政权，加强其统治。同时，儒家学者多被吸收到各种官学中任教，士子也多被吸引入官学读书，以求仕进荣禄之机。所以，明初百余年书院极少，呈现一片冷寂荒漠的状态。全国如此，安徽亦不例外，据统计，洪武年间安徽书院不到10所。

明中叶以后，由于政治日渐腐败，教育日益空疏，科举积弊日益严重，学风士风日益颓废，于是理学家们为拯治时弊，匡救教育，振兴学问，纷纷修复或别建书院，收徒讲学，书院遂经成化、弘治、正德年间的缓慢发展，至嘉靖、万历年间，书院达到极盛时期，全国与安徽的绝大多数书院都是在这段时间内修复和兴建起来的。当时安徽书院有时间可考者，由成化至正德年间，兴建和修复的仅有10余所，而嘉靖年间兴建和修复书院47所，万历年间兴建和修复书院23所．合计达70所，约占明代安徽书院总数的一半。由此可见，明代安徽书院的勃兴昌盛是在其中叶，特别是在嘉靖、万历年间，可谓极盛时期。

再从安徽书院发展的地区分布情况看，已由宋元时期以皖南诸县为主要区域向皖中、皖东、皖西等地区发展，而且安徽江淮地区书院发展甚快。据统计，皖中、皖东、皖西计有书院40余所，约占书院总数的三分之一以上，但淮北地区书院业不发达，仅有几所。尤其是官办书院较之宋元时期甚为发达，所占比例大大增加。据统计，属地方官员创建的书院约占书院总数的三分之二，私立书院仅占三分之一。这是明政府借官办加强对书院的控制，使其更有效地为培养官员服务；同时，地方官员多为文儒学者，热心文教，兴办书院，既可教导学子，诱掖四方，又可显耀政绩，名高声重。如前已列举的安庆知府胡缵宗在任三年创建书院5所。所以明代官办书院大大超过私办。然而，官办书院增多也产生一些新的矛盾和问题，即书院官学化和科举化，士子多习课艺时文，热心科考，竞奔仕途，使书院失去原有的自由讲学、习业的特点，而成为科举的附庸和预备场所，全无讲习、治学可言，因而教育质量大降。但私办书院或由私人主讲的官办书院，不仅保持了自由讲学习业的特点，质量较高，而且还发展为讲会制度（相当于现时的学术研讨会），把自由讲学之风推向更新、更高的阶段。当时安徽影响较大的讲会有：歙县紫阳讲会、泾县水西会、宁国同善会、太平九龙会、广德复初会、贵池光岳会、宣城六邑之会、休宁还古讲会等，讲会制度盛行一时。

但是，正当书院勃兴昌盛之际，明王朝慑于书院风靡“清议”、讽议朝政、裁评人物之举，从政治斗争需要出发，发起了三次禁毁书院运动。第一次发生在嘉靖十六至十七年（1537—1538年），以王（守仁）湛（若水）倡其邪学，广收无赖，志行邪伪，私创书院之罪名，毁其书院。第二次发生在万历七年（1579年），张居正擅权，以书院“群聚党徒”、“空谈废业”之罪名，诏毁应天等府书院64处。第三次发生在天启五年（1625年），魏（忠贤）党专权，为翦除异己，以“东林党祸”之罪名，毁废天下书院，迫害所谓东林党309人。这次安徽被毁废的书院主要在皖南地区，如黟县中天书院、林历书院，宣城宛陵精舍，广德复初书院，当涂丹阳书院，等等。明朝三次禁毁书院，虽使全国及安徽书院遭到严重破坏，但由于书院制度深深植入人心，社会影响很大，威信很高，再加上士人进行了不懈的斗争，其结果是官方越禁，民间越办，只不过更换一下名称而已。如当时安徽创办有：宣城同仁会馆，六安安湖会馆、青云会馆，当涂当仁会馆，绩溪光霁书屋、尺丈斋、云谷文会等，都是当时士人为避书院之名而创办起来的。所以，当时民间书院并未因政府禁令而全被废止，反而越办越多，这是形势所使然，也是斗争的结果。综观明代安徽书院，明初长期沉寂，后经中叶半个世纪的缓慢发展而极盛，后期又日渐衰落。这一发展轨迹，说明书院的盛衰与政治斗争形势的紧密关系。

（二）清代书院

清政府为了巩固在全国的统治，清初诸帝采取了两手策略，一手实行军事高压和民族压迫，一手实行“汉化”政策，强化思想钳制。在文化教育方面，提倡儒术和理学，采用科举，笼络和利用汉族士人为其封建专制政权服务。所以，在清初八十余年间，对书院一直采取抑制的政策，修复和新建的书院很少。至雍正时，明末清初的儒家学者已经去世，无反清复明后患之忧，于是才诏令各省城设立书院，实行官办，加强控制。乾隆时，对书院控制有所放宽，各府、州、县均得设立，于是书院顿时大盛。此后，书院继续发展增多，遍及全国。据有关材料统计，清朝共有书院1900多所，其中新建780多所，其余为修复或改建的书院，而这些书院中民办的仅有180多所，不及全国书院总数的十分之一，说明绝大多数书院都掌握在政府或官员手中。然而清一朝书院比宋、元、明时期全国书院的总数还多，足见清朝书院之昌盛发达。

同全国一样，此时期安徽书院甚为发达，据有关材料统计，这一时期新建书院116所，修复重建46所，另有41所建置情况不详，共计为203所。从清朝安徽书院的发展情况看，清初年皖地书院较发达，顺治、康熙时期设有书院37所（其中修复11所），占当朝全省书院总数的18%，大大高于全国的比例。这是因为清初不少皖籍名儒怀有反清情绪，不与清政府合作，遂隐而兴办或主讲于书院，以示名高节气。至中叶，书院甚为发达，特别是乾隆年间，新建与修复的书院近50所，约占当时全省书院总数的四分之一。从上述数字可以看出，康乾时期是清朝国力极盛的时期，所以书院也极为发达。清末虽有新建和修复的书院，但常因兵乱而时兴时废，远不及中期之盛。

从安徽书院的分布情况看，已遍及全省各县，但由于各地经济、文化发展的不平衡，书院的发展亦不平衡，江南诸县仍居第一位，江淮居第二位，淮北居第三位。按官私性质分，官办占绝大多数，而私办不足三分之一，官办书院数量多于前代，但相比全国官办书院占90%以上的比重又低得多。这是安徽素有私人办学传统以及一些文儒无意仕进而宁愿讲学于书院的缘故。即使官办书院是当时安徽书院的最重要的特色，书院与官办的州府县学的实质无异，从择山长、选教师、收学生到课业、课考、廪养、俸禄以及参加科考、取任等方面，均由政府官员或学官掌管。这种书院实际成为官学的附庸，成为科举的预备场所。但也有一些名师巨儒创办或主讲的书院，仍坚持自由讲学之风，注重实学，讲求经史致用，并有少数书院开始引进西技西学，使书院逐步向近代学校的形式过渡。随着书院的演变颓坏和新教育的兴起，清光绪二十七年（1901年），清廷诏令各省州县所有书院改为学堂。从此，中国教育史上延续千年之久的书院制度完成了历史赋予的使命而宣告结束。

二、书院讲会之风

书院讲会始于南宋，盛行于明中叶以后，至清初仍很盛行。它是书院教学和学术研究与交流的重要形式，也是书院迥异于一般学校的标志之一，在书院教育和学术研究中发挥了极为重要的作用。

南宋时期，理学最盛，流派盛行，主要有朱学、陆学和浙学（浙学又分金华之学、永嘉之学和永康之学）三派。他们各以其理论相标立，又以不同观点相抨击，经常举行讲授式的学术讲学和讨论（辩论）式的学术讲会，前者多以同一学派为主体的学术讨论会，讲述学术基本思想，阐发学派之意蕴，探讨学术之真谛；后者多是不同学派间的学术讨论会、辩论会，论辩不同学派观点之真伪，辨析各个学派之异同，交流学术研究之新意，等等。开创书院史上不同学派讲会之先河的乃是朱陆的“鹅湖之会”。南宋淳熙二年（1175年），朱熹与陆九渊在江西鹅湖寺就为学之道开展论辩，朱熹崇“道问学”，主张“即物穷理”，先泛观博览而后归之约。陆九渊崇“尊德性”，主张“求诸于心”，先发明本心而后使之博览。双方争论激烈，各持己见，但不伤和气，为不同学派之间的学术争论树立了典范。还有一次是在淳熙八年（1181年），朱熹邀请陆九渊赴白鹿洞书院专讲义利之辨，之后，朱熹还把陆九渊的讲稿镌刻成碑文，立于院门之前，供学子时习，又一次为不同学派在他院讲学树立了典型。此后，讲会之风日盛，相互讲学风靡一时。明中叶以后，由于王学、湛学兴起，讲会之风大盛，发展成为一个地区或几个地区众多书院的联讲会，联讲会成为社会广泛的学术研讨的基地和组织形式。书院讲会对推动学术研究，发展学术思想，树立学术风气，开拓学术领域和开启新的学风等等，都起了重大的作用。

安徽书院的讲会，发端于南宋歙县紫阳书院。元、明之际，皖地朱门后学甚众，或为山长，或任主讲，常举行讲会。明中叶以后，讲会最盛，至清初仍很盛行。当时皖地风行王学，王门弟子遍布宣城、歙县等地；朱学和湛学虽不及王学之盛，但也还有较强的势力。他们为了昌明师旨，阐扬理学，竞相创办书院，开讲会，立联会，于是讲会盛极一时。诸如：讲王学的有泾县水西会、宁国同善会、贵池光岳会、太平九龙会、广德复初会、全椒南谯讲会、宣城同仁讲会和开元讲会；讲朱学的有徽州紫阳讲会、休宁还古讲会（初讲王学，后讲朱学）；讲湛学的有休宁天泉讲会；等等。这些讲会先是一院或数院举行，后发展为一县或数县众多书院联合举行，与会者由数十、百人发展至数百、千人，成为书院和社会学术活动的广泛而重要的阵地。讲会组织严密，宗旨明确，规章完备，订有会旨、会规、会约，由名儒任会宗、会长或主讲，对会友有一定要求，会期多为固定，开会有一定仪式，并且每次讲会都坚持自由讨论、质疑问难、论辩互学等等。

歙县紫阳讲会。紫阳讲会肇端于南宋，尊朱学，祀朱熹，元明之际，朱门后学主持或主讲书院，仍坚持讲会、倡明朱学。明中叶以后，王学风行，王门高弟钱德洪、邹守益、王畿、刘邦采等一度主讲紫阳书院，尊王学。明万历中，尊朱明儒方学渐主持新安六邑（歙县、休宁、祁门、绩溪、黟县、婺源）大会，辟王尊朱，扭转了紫阳讲会的学术方向，对紫阳及皖地书院讲会影响颇大。清初，名儒杨泗祥、汪德元、汪知默、吴汝遴、旋璜等主讲紫阳，崇扬程朱，阐明朱学，大兴讲会，与苏州紫阳书院、无锡东林书院、休宁还古书院等讲会遥相呼应。自此每年举行讲会，历时四五十年。乾嘉年间，桐城文派姚鼐及凌廷堪、汪龙主教书院，学风趋重经史考据及辞章，虽偶有讲会，但随理学的衰落而渐告终结。

紫阳讲会具有规范性和典型性，对安徽乃至全国的讲会都颇有影响。它宗旨明确，规约严密，制度详备，要求严格，并订立具体规约，如《崇实会约》、《紫阳讲堂会约》、《紫阳规约》。《崇实会约》中第十一则“会有戒”规定如下戒条：学贵下，傲心宜戒；中贵虚，满心宜戒；功贵恒，怠心宜戒；人贵巽，躁心宜戒；养贵静，荡心宜戒；应贵直，机心宜戒。器贵宏，褊心宜戒；欲贵寡，贪心宜戒；用贵节，侈心宜戒；识贵超，习心宜戒。《紫阳讲堂会约》对接收新会友规定五项规则：一、崇正学，务经明行修，崇尚周、程、张、朱之学，讲论悉符于践履，著述心本于躬行，德孚闾用，望重学林者。二、敦实行，居必孝悌，言行谨信，廉节自定，为乡党新友所称许者。三、谨士趋，凡渎乱人伦，不矜名节，及为名利奔竞公门，居闲作证，语言无实，刀笔讼师，一切所为，有妨名教，而欲登讲尚为名高，挟浮说而取胜者，勿令入会。四、严始进，凡有志入会者，必须有老会友介绍，经会长、会宗审核同意，方得入会受教。五、图晚节，凡在会诸友或有为公德不卒，败名丧检，内忝伦常，外辱坛坫，及在会不遂仪注，矛盾讪侮，散会后夸诞不经，欺诳流欲者，经众议除名，原介绍人记过一次。《紫阳规约》规定六项：“一、敦伦之学；二、择善之方；三、执礼之本；四、存诚之功；五、寡过之法；六、崇俭之效。”①每项均附以发挥，勖勉会友。从以上规约、规定看，包括为学进业、修身立德、待人、处事、接物等方面，内容丰富，要求极严，堪称为学、做人、立身的典则。

休宁还古讲会。还古书院建于明万历二十年（1592年），清初邑人赵吉士重修，聚士讲习，宗陆王之学。稍后，杨景陶邀请王佑赴书院会讲，开始发明程朱之学。自此讲会尊程朱而辟陆王，与歙之紫阳书院讲会遥相呼应，并共同遵守《白鹿洞书院学规》、《崇实会约》等规约。继之有吴儒遴、汪学圣、汪俊、施璜等名儒主教，定期举行讲会。每次讲会，仪式庄重，会规严肃，会友注有会籍，为清初复兴朱学的重要阵地之一。雍正间，汉学盛行，学风趋于经史考据。

宣城同仁会馆讲会。明万历年间邑人施宏猷等率六邑（宣城、南陵、泾县、宁国、旌德、太平）学者建馆。因避书院之名而改称会馆，实为会讲式书院。会馆每月中举行一次会讲，讲学歌诗，每年四月举行大会会讲一次，

① 陈元晖，尹德新，王炳照．中国古代的书院制度[M]．上海：上海教育出版社，1981：143–144.

为期三天。每次大会，六邑学者齐集，多达800余人。学宗程朱，阐扬朱学，与紫阳、还古书院讲会应和，成为皖南宣扬朱学的重要阵地和学术中心之一。

宁国同善会。明嘉靖间，宣城王门弟子贡安国为追念其师遗教，阐扬王学而在宣州泾县组织的讲会。与会者主要是宣州六邑之士，主讲王学，成为皖南传播王学的学术中心之一。此外，贡安国还参与泾县水西六邑之会，立水西精舍，举行会讲。后又主讲宣城志学书院，聚徒甚众。这两处均成为传播王学的中心。

总之，安徽书院的讲会极为发达，它既是书院教学的重要组织形式，又是其教学内容向深层发展和高层推进的高级阶段；既是学界研究、探讨和交流的学术中心，又是社会传播学术思想的重要基地，对于提高教育教学质量，推动学术的传播和发展以及培养学术人才、开启一代士风学风等，都起过重大作用。

[本文系南京大学出版社2000年版《安徽文化史》（上）中的一部分，收入本文集时有改动]

后　记

本文集得以付梓，有赖于以下单位和个人的大力支持与帮助，特向他们表示衷心的感谢！

——安徽师范大学教育科学学院的诸位领导，尤其是桑青松教授和阮成武教授，亲自向出版社推荐本书，并在审批选题、安排查校引文出处以及编审进度等方面，予以热情关注。

——安徽师范大学出版社领导及编审有关同志，特别是责任编辑王一澜女士，她极其认真负责，精心编纂，一丝不苟，为本书付梓付出了辛勤劳动。

——安徽师范大学教育科学学院孙德玉教授的热情支持，并安排杨慧、李盼盼、汪璇三位同学，以数月之时间，付出辛勤劳动，为全书查对引文出处（因原引文出处为文中夹注，只注原著书名、篇名，现按新规范注于页下。而尚有不少引文出处为非一手资料，非原著作，深感不恭不敬，特表愧歉），使本书得以付梓。

——本文集中《现代家庭教育目标之一——学会求知》、《现代家庭教育目标之二——学会做事》、《现代家庭教育目标之三——学会共处》、《现代家庭教育目标之四——学会做人》四篇论文，系由余永德、林若男合作撰写，经林若男老师同意收入本书中，本人特别致谢！

——本文集参阅诸多专家、学者著作，汲取了他们的思想、观点与研究成果，在此一并致谢！

由于个人才学浅薄，能力有限，本文集中会有不足、欠妥乃至错误之处，恳请专家、学者和广大读者，不吝赐教，至诚感激！

余永德　志于愚翁书斋

二〇一七年十月